WENN KINDHEITEN ZU WORT KOMMEN

Erschließung autobiographischer Quellen
für religionspädagogische Erkenntnis

D1828833

Landauer Schriften zur Theologie und Religionspädagogik
Band 4

Kristina Johanna Zapp

WENN KINDHEITEN ZU WORT KOMMEN

Erschließung autobiographischer Quellen für religionspädagogische Erkenntnis

Seminar Evangelische Theologie
der Universität Koblenz/Landau
Abteilung Landau
1990

Zum Geleit

Nach drei Fest- bzw. Gedenkschriften folgt als Band 4 der "Landauer Schriften zur Theologie und Religionspädagogik" die erste Promotionsschrift, die im Rahmen des Seminars Evangelische Theologie an der Abt. Landau der neu benannten Universität Koblenz/Landau entstanden ist.
Die Arbeit wurde von B.Buschbeck betreut. Korreferent war Siegfried Wibbing. Sie wurde nach der mündlichen Prüfung am 5. Juli 1989 als Dissertation zur Erlangung des Grades Doktor der Philosophie angenommen.
Es ist nicht von ungefähr, daß es sich dabei um eine interdisziplinäre Arbeit handelt, die Methoden und Einsichten der Soziologie, der Pädagogik, der Religionspädagogik und der Systematischen Theologie in den Dienst einer Auswertung zeitgenössischer Biographien in religionspädagogischer Absicht stellt.
Damit wird eine gute Tradition der Erziehungswissenschaftlichen Hochschulen aufgenommen und weitergetragen, um des Kindes bzw. Schülers willen nach der Ganzheit zu fragen und sich nicht in einen wie auch immer zu beschreibenden Elfenbeinturm exclusiver Erkenntnis zurückzuziehen.

Es wäre zu wünschen, daß weitere Arbeiten das Anliegen fortfortführen, Gesellschaftswissenschaften und Theologie im Gespräch zu halten und dabei der Theologie treu zu bleiben, wie es hier in der Konfrontation mit einem von heutiger Wirklichkeit her interpretierten Rechtfertigungsbegriff geschieht.

Landau im August 1990 Bernhard Buschbeck

Ein Wort des Dankes

An meinen Doktorvater Professor Dr. Bernhard Buschbeck. Er hat mich wissenschaftlich und seelsorgerlich zugleich begleitet und mich immer wieder ermutigt, m e i n e Arbeit zu schreiben. Sein Interesse an der Verknüpfung theologischer und nicht-theologischer Reflexionen, von Rechtfertigungstheologie und biographischer Literatur, sein konsequentes Eintreten für eine lebendige Religionspädagogik hat die Arbeit in entscheidender Weise gefördert.

An Professor Dr. Siegfried Wibbing. Sein unvoreingenommener Blick als Korreferent hat mich auf erklärungsbedürftige Punkte hingewiesen.

An meinen Analytiker Dr. Ulrich Noelle. Er hat mir einen Zugang zu meiner eigenen Kindheit und dadurch zu Kindheiten überhaupt eröffnet.

An meine Freundinnen Heidi Mühle und Marianne Seitz. Sie haben mir aus ihrer religionspädagogischen Praxis wertvolle Gedanken geschenkt.

An meine Freundinnen Barbara Langenbach und Fleur Meyl. Sie haben Korrektur gelesen und nicht nur das.

An die Therapeuten Gabi und Alf Kappauf. Sie haben mir die Aktualität der Selbstwertproblematik bei Kindern aus ihrem therapeutischen Alltag bestätigt und mich dadurch motiviert, Teil III der Arbeit zu entwerfen.

Böchingen im August 1990 Kristina Johanna Zapp

INHALTSVERZEICHNIS

Teil II: Kapitel 8

Teil III: Kapitel 9-12

1. Einleitung

Christlicher Glaube ist unablösbar auf menschliche Erfahrung bezogen.[1]

Diese These ist in Vergangenheit und Gegenwart der Theologiegeschichte nie strittig gewesen.[2] Strittig war allenfalls die theologische Einschätzung der Erfahrung, d.h. Stellenwert und Qualifizierung des Erfahrungsbegriffs.[3] Geklärt werden mußte zudem stets die Frage, wie ähnlich die Glaubenserfahrung den allgemein menschlichen Erfahrungen ist, und - wenn sie denn unähnlich ist -wie die unähnlichen Erfahrungen miteinander vermittelt werden können.[4] In der Frage eines möglichen "*Anknüpfungspunktes*" steckte die Suche nach einem theologisch verantwortbaren Erfahrungsbegriff ebenso wie die Suche nach einem pädagogisch verantwortbaren Glaubensbegriff.

Die religionspädagogische Frage, die sich aus dieser Suchbewegung ergibt, heißt dann: *Wie* bezieht sich christlicher Glaube auf Lebenserfahrungen und Lebenssituationen?

Der christliche Glaube existiert nicht *neben* unseren Erfahrungen, die wir machen, und nicht *neben* den Situationen, die wir erleben. Christlicher Glaube hat *mit* unseren Erfahrungen und Situationen zu tun, indem sie

---

1 Vgl. hierzu v.a. Situationsansatz, S. 90; Angermeyer, S.141; Baudler,Thesen; O.Betz,Zugänge; Feifel, Bedeutung; Leist; Nipkow,Erwachsenwerden; Tischler; Wibbing,Wunder,S.81 ff.

2 "*Für die Sachbestimmung der Theologie ist es (...) entscheidend, daß der Gesichtspunkt der Erfahrung nicht außerhalb bleibt, sei es als Verstehensbezug, sei es als Bewährungsprobe, sondern einbezogen wird.*" Ebeling, Klage, S.24 f.

3 Zilleßen, Glaube.

4 Joest.

aufgenommen, gedeutet, bestätigt oder in Frage gestellt werden. Auf der anderen Seite prägt auch die Lebensgeschichte eines Menschen das, was er glaubt, seine Glaubensgeschichte.[5] Christlicher Glaube gründet in einer *bestimmten* Grunderfahrung und bezieht sich auf die *allgemeinen* Grunderfahrungen des Menschen.[6] Der christliche Glaube ermöglicht dem Menschen eine "*Erfahrung mit der Erfahrung*".[7]

Die *bestimmte* Grunderfahrung, die der christliche Glaube meint und auf die er sich gründet, ist das Geschehen, in welchem Jesus von Nazareth in seinem Wort und Werk, in seiner Person und seiner Geschichte einem Menschen begegnet und dadurch in Zuspruch und Anspruch das Leben dieses Menschen trägt, verstehbar macht und verändert. Diese Erfahrung des Glaubens stellt eine Unterbrechung der subjektiven Erfahrung sowie eine Aufhebung der Erfahrung im Sinne von Aufgehobensein, d.h.Geborgensein und im Sinne von Hinter-sich-lassen der alten Erfahrung dar. Die Erfahrung des Glaubens ereignet sich *in* einem individuellen Lebenszusammenhang auf je besondere Weise. In den Situationen eines Lebens, in den Fragen und Fragwürdigkeiten der Lebensgeschichte trifft diese bestimmte Erfahrung auf die allgemeinen Grunderfahrungen: auf Freude und Sehnsucht, Angst und Verzweiflung, Suchen und Finden, Fragen und Antworten, Erinnern und Hoffen, Planen und Bewältigen, Scheitern und Zu-Ende-Gehen. "*Das ...für alle Zeiten Gültige kann uns nicht in anderer Weise zugänglich sein*

5 Vgl. hierzu v.a. Klessmann.
6 Situationsansatz, S.91; Schäfer, S.28-45.
7 Jüngel, Wahrheit, S.122.

als in der Form des Besonderen, als das es zu uns redet."[8]

Religionspädagogik, die als Teildisziplin Theologie auf dem Weg der Elementarisierung vermitteln will, ist in besonderer Weise mit Erfahrung als Lebenserfahrung konfrontiert.[9] Religionspädagogik in Theorie und Praxis sieht sich vor die Aufgabe gestellt, die je spezifische *Form des Besonderen* zu entdecken, damit der Mensch in seinem Leben der bestimmten Grunderfahrung begegnen kann und christlicher Glaube dem menschlichen Leben seinen besonderen Sinn geben kann. Diese Aufgabe ist zu Recht immer mit der Frage verbunden, ob denn religiöse Erziehung der lebensgeschichtlichen Entwicklung und Erfahrung gerecht zu werden vermag, gerade wenn man davon ausgeht, daß religiöse Erfahrung nicht in den Kategorien von Alltagserfahrung aufgeht, wohl aber daran anknüpft.[10] Diese Aufgabe ist auch mit dem Anspruch verbunden, *"entwicklungsbezogen"* und nicht *"entwicklungsstörend"* zu sein.[11] Grundaufgabe einer entwicklungsbezogenen religiösen Erziehung kann mit den Begriffen *"Lebensbegleitung"*[12] oder *"konkrete Biographiebegleitung"*[13] beschrieben werden. Religiöse Erziehung als Begleitung heißt dabei insbesondere, daß es nicht in erster Linie auf einen Unterrichtsfortschritt durch Wis-

8 Barth, Wort, S.134.
9 *"Die Kategorie 'Erfahrung' ist seit Mitte der 70er Jahre zu einem Schlüsselbegriff der Religionspädagogik geworden, mit dessen Hilfe die unterschiedlichen Ansätze der Reformjahre verknüpft werden sollen. 'Erfahrung' ist Grundlage einer integrativen Religionspädagogik."*
Biehl, Erfahrung, S.13.
10 Schibilsky, Erfahrung
11 F.Schweitzer, S.233 f.
12 F.Schweitzer, S.239.
13 Fraas, Glaube, S.105 ff.

sensvermittlung ankommt, sondern darauf, *"mit Kindern und Jugendlichen auf ihrem Entwicklungsstand und bei ihren Fragen und Bedürfnissen zu verweilen."*[14]
Welches sind aber die lebensgeschichtlichen Erfahrungen, die begleitet werden sollen? Wie heißen die Fragen und Bedürfnisse, bei denen der Religionspädagoge verweilen soll? Die religionspädagogische Aufgabe ist dann, präzisiert, die Frage: In welchen Lebenssituationen stehen Kinder und wie können diese Situationen möglichst authentisch erhoben werden?
Mit dieser religionspädagogischen Aufgabe beschäftigt sich die vorliegende Arbeit. Denn, wenn die religiöse Erziehung dabei helfen will, Grundkonflikte zu bearbeiten, die das Leben stellt, und Grundambivalenzen zu tragen, denen man nicht ausweichen kann, muß sie ja eine möglichst genaue Kenntnis dieser Grundkonflikte und Grundambivalenzen haben.[15]
Hier muß auch ein Normenproblem berücksichtigt werden: Wer findet die Situationen, Erfahrungen und Probleme der Schüler und nach welchen Kriterien werden sie gewichtet?[16]
Den Anstoß zur Beschäftigung mit der Frage nach den Lebenssituationen der Kinder gab eine Arbeit aus dem Bereich der Biographieforschung: E.Schuchardt, Warum gerade ich?[17] Die Autorin untersucht 260 Lebensgeschichten im deutsch- und englischsprachigen Raum. Es sind

---

14 F.Schweitzer, S.241.
15 "Religionsunterricht hat die Aufgabe, Schüler unter konstitutiver Beachtung ihrer jeweiligen Lebenssituationen in die Refexion des komplexen Zusammenhangs von Religion und Gesellschaft einzuführen."
Otto, Religionsunterricht, S. 518 f.
16 Wegenast, Problem, S.106 ff.
17 Schuchardt, Warum, 1984.

besondere Lebensgeschichten, in denen Menschen zu Wort kommen, "*mit denen wir uns selten in ein Gespräch einlassen. Behinderte und Angehörige von Behinderten, die unter uns leben.*"[18] Die Studie richtet sich an Menschen, die andere in der Krise Behinderung begleiten, weil gerade sie grundsätzlich in der Gefahr sind, "*mit erbaulichen Redensarten wie erklärenden und verklärenden Sinndeutungen*" über den Kopf der Betroffenen "*hinwegzugehen bzw. hinwegzutrösten*".[19] Durch die Konfrontation mit den authentischen Erzählungen Betroffener soll die Blickrichtung der helfenden Personengruppe verändert werden. Der Weg, den die Autorin dieser Studie gegangen ist - Biographien Behinderter zu analysieren, um Behinderte besser zu verstehen -, ist ungewöhnlich und ergiebig zugleich: "*Lebensgeschichten bieten uns Zugang zu Wirklichkeiten, die auf anderen Wegen kaum zu erschließen sind.*"[20] Die Autorin wünscht sich eine existentielle Herausforderung des Lesers angesichts schmerzhafter Lebenskrisen anstelle eines nur theoretisch-wissenschaftlichen Beantwortungsversuchs. Die Blickrichtung derer soll verändert werden, die sonst über Leiden und Behinderung lesen oder auch schreiben. "*Statt einer Theologie, die die Positivität der Erlösung propagiert, käme es auf eine solche an, die in der Negativität fortdauernden Leidens Erfahrungen zu vermitteln weiß.*"[21]

Nun kann man die Frage stellen, wo denn eine Ähnlichkeit in der Fragestellung liegt. Die Ähnlichkeit ist

---

18 Scharffenorth, Einführung, S.7.
19 Schuchardt, Warum, S.12.
20 Scharffenorth, Einführung, S.7.
21 Gremmels, S.37.

einmal in der Methode zu finden, denn in Analogie zu der Arbeit E.Schuchardts geht es in der vorliegenden Arbeit darum, (inzwischen erwachsene) Kinder in erzählten Texten selbst zu Wort kommen zu lassen, bevor man eine Theologie für sie entwirft. Zum anderen gibt es eine inhaltliche Parallele, denn die Kindheit stellt zwar keine Behinderung dar, ist aber ohne Zweifel als große Krise mit erheblichen Leidenserfahrungen zu bezeichnen. Die Verdrängung der alltäglichen Leidenserfahrungen, die Kinder machen, ist vergleichbar mit der gesellschaftlichen und individuellen Verdrängung einer Behinderung. *"Das eigene Leiden nicht ernst zu nehmen, es zu bagatellisieren oder sogar darüber zu lachen, gehört in unserer Kultur zum guten Ton. Diese Haltung wird sogar als Tugend bezeichnet, und viele Menschen, zu denen ich früher auch gehörte, sind stolz auf ihren Mangel an Sensibilität ihrem eigenen Schicksal und vor allem ihrer Kindheit gegenüber."*[22]

Es ist das Verdienst der Antipädagogik, sowohl das Leiden der Kinder als auch die Verdrängung diese Leidens in die öffentliche pädagogische Diskussion gebracht zu haben. Aus diesem Grund sind die Kindheitsberichte, die in dieser Arbeit vorgestellt und analysiert werden, aus dem Umfeld der Antipädagogik[23] ausgewählt. Das Selbstverständnis der Antipädagogik wird in einem eigenen Kapitel durch die wesentlichen Vertreter dieser "Pädagogik" dargestellt.[24]

Was macht die Relevanz erzählender, autobiographischer Texte für Theorie und Praxis der Pädagogik aus? Warum

22 Miller, Wissen, S.12.
23 s.u.Kap 10.2.
24 s.u.Kap. 2.

wird die Relevanz zwar behauptet, aber nur mühsam wissenschaftlich anerkannt?
Kinder hatten nie einen Geschichtsschreiber, der ihre Perspektive liebevoll in den Blick genommen hätte.[25] Die Geschichte der Pädagogik ist über weite Strecken eine Rechtfertigung der Gewalt gegen Kinder.[26] Die Auswertung und Interpretation von erzählenden Texten macht deutlich, was von den Kindern tatsächlich als Gewalt erlebt wird. Was von den Erziehenden oft nicht mehr gesehen werden kann, die Innenansicht von Erziehung, kommt hier zur Sprache. Der Maßstab für die Interpretation sind die Erinnerungen der Autoren an ihre Gefühle als Kinder.
Ob man ihnen trauen kann?[27] Für die Kinder ist es das *Gefühl* der Verletzung, das ihnen sagt, ob sie verletzt sind. Damit ist auch der Unterschied markiert, der darin besteht, daß von den Erzogenen durchaus etwas als verletzend erlebt worden sein kann, was von den Erziehenden nicht so oder anders gemeint war.[28]
Im Bereich der Religionspädagogik hat es auch schon den Versuch gegeben, autobiographische, erzählende Texte zu untersuchen. Dies jedoch meistens mit dem Ziel, gelungene oder mißlungene religiöse Sozialisation aufzuzeigen.[29] Die vorliegende Arbeit hat nun das Ziel, Situationen und Lebenswelt von Kindern im Spiegel von Autobiographien zu untersuchen, nicht um herauszufinden, welche Rolle Religion im Leben der Kinder spielt, son-

25 Nicklas,Ostermann, S.33.
26 Rutschky.
27 Möbius.
28 Büttner,Volmerg, S.46.
29 Vgl. hierzu v.a. F. Schweitzer; Nipkow, Erwachsenwerden; Jehle; Tischler.

dern um herauszufinden, was die Kinder eigentlich beschäftigt und belastet - und ob das als Hintergrund religionspädagogischer Theorie und Praxis erkennbar ist.[30] Im Zentrum der Untersuchung steht die Lebenswelt und der Alltag[31] von Kindern mit Blick auf die religionspädagogische Frage der Vermittlung von Glaube und Lebenssituationen.[32] In theologisch-hermeneutische Kategorien übertragen heißt das: Es wird neben den Text der Tradition ein anderer Text gelegt, der ebenfalls von exegetischer Relevanz ist, die Lebenswirklichkeit, ein Text gelebten Lebens.

In einem anderen kirchlichen Arbeitsfeld, der Poimenik, ist das ein vertrauter, wenn auch nicht unumstrittener Vorgang:

"In der älteren Krankenhaus-Seelsorge sei dem Pfarrer angeraten worden, für den Besuch des Kranken 'ein Stück Tradition' (Bibelvers,Liedstrophe, ein Gebet) vorzubereiten, um es am Krankenbett auf den Kranken hin auszulegen. In der neueren Krankenhausseelsorge habe man nun kapiert, daß der Kranke selbst der auszulegende 'Text' dieser helfenden Begegnung und Kommun ikation sei. Es komme vor allem darauf an, daß der Kranke mit seinem Leiden, seinen Ängsten und der Gewißheit, sterblich zu sein, 'zur Sprache komme', daß ihm aufmerksam und mit Anteilnahme zugehört werde und der Kranke spüre, daß er in seinen Schmerzen und Ängsten ernstgenommen werde und vom anderen angenommen sei. Ob in dieser Begegnung auch über theologische Themen gesprochen werde, ob ein gemeinsames Gebet zustandekomme, das hänge ganz von den Bedürfnissen des Kranken ab.

---

30 *"Es kommt jedoch darauf an, noch entschiedener die Lebenserfahrungen der Schüler mit ihrer Gotteserfahrung zusammenzusehen."*
Nipkow, Erwachsenwerden, S.54.

31 Diese Frage kann nicht gesehen werden ohne die Entwicklung in der Erziehungswisenschaft, die man als Alltagswende bezeichnet. Vgl.hierzu v.a. Lenzen.

32 *"Die Reflexion mitmenschlicher Beziehungen unter Einbezug christlicher Aspekte stellt den Lehrer vor die anspruchsvolle Aufgabe, die neuen Lebensangebote des Evangeliums mit den Kindererfahrungen zu verbinden und miteinander ins Gespräch zu bringen."*
Buschbeck, Religion, S.56.

Soweit so gut, aber ist es möglich, ebenso wie in der Textexegese einen Menschen, seine Lebenssituation, ja seine gesamte Lebenswirklichkeit 'auszulegen?'"[33]

Hier wird für ein anderes Handlungsfeld der Kirche, die Krankenhausseelsorge, genau das Thema problematisiert, das in der vorliegenden Arbeit für die Religionspädagogik bearbeitet werden soll. Das heißt, die Religionspädagogik in Theorie und Praxis soll sich nicht nur damit beschäftigen, daß und wie christliche Tradition an junge Menschen weitergegeben wird, sie soll auch auf die "*Theologie des Schülers*" hören[34], darauf, was der Adressat selber an Lebenstext anzubieten hat. Und sie soll diesen Lebenstext auslegen können, damit sie nicht in Gefahr gerät, *"mit erbaulichen Redensarten"*[35] über den Kopf der betroffenen Kinder hinwegzugehen. Den Lebenstext der Kinder zu erfahren, ist einmal in der direkten Begegnung mit Schülern möglich, z.B.durch Beobachtung[36] und Befragung[37], sowie durch einen biographischen Ansatz im Religionsunterricht[38], zum anderen aber auch in der Begegnung mit schriftlich fixierten Kindheitsgeschichten. Die Aufgabe läge dann darin, analog zur Krankenhaussituation, den Autoren aufmerksam und mit Anteilnahme zuzuhören, den ehemals Erzogenen mit seinem Leben, seinem Leiden, seinen Ängsten zur Sprache kommen zu lassen, ihn ernstzunehmen und anzunehmen.

"Wissenschaftliche Erschließung autobiographischer und literarischer Quellen für pädagogische Erkenntnis" hieß das Thema einer Arbeitsgruppe anläßlich der Jahresta-

---

33 Meueler, S.258.
34 Ulonska, Rollenerwartungen, S.94.
35 Schuchardt, Warum, S.12.
36 Vgl. hierzu v.a. Lippitz,Rittelmeyer.
37 Vgl. hierzu v.a. Havers,Religionsunterricht; Petillon,Beziehungen; Prawdzik;Reiser.
38 Vgl. hierzu v.a. Grösch,Willigmann; W.Neidhart.

gung der Deutschen Gesellschaft für Erziehungswissenschaft 1978 in Tübingen.[39] Bei der Vorbereitung dieser Tagung gingen die Veranstalter und Referenten von der folgenden Grundannahme aus:

"Die Komplexität und Facettenhaltigkeit sozialer Situationen, mit denen es pädagogisches Handeln immer zu tun hat, erschließt sich in ihren Dimensionen und Möglichkeiten reflektierender Betrachtung am ehesten in Texten, die erzählen. Sie vermitteln ein Reservoir an Erfahrungen, die man aus der Distanz betrachten, ordnen und interpretieren kann. Insofern können sie zu Vehikeln pädagogischer Einsicht werden."[40]

Das Reservoir an Erfahrungen, das erzählende Texte im Hinblick auf einen biographisch bedingten Zugang zur Symbolwelt des Glaubens bereitstellen, ist jedoch nur die eine Seite. Erzählende Texte sind außerdem, und das ist nicht weniger wichtig, hervorragend geeignet, "*die komplexe und komplizierte Struktur von Kommunikationsakten*", wie sie das Lehrer-Schüler-Verhältnis bietet, zu erschließen.[41] Damit soll folgendes behauptet werden:

<u>Ein Pädagoge braucht Erfahrungen mit Geschichten von Kindern, um Geschichten von Schülern zu verstehen und um seine Geschichte mit den Schülern zu verstehen und angemessen leben zu können.</u>

D.Zilleßen hat das als Aufgabe für den Relgionsunterricht formuliert: *"Seine Aufgabe kann der RU nur erfüllen, wenn er eine Kommunikationsgemeinschaft zwischen Schüler und Lehrer anstrebt."*[42]

Nachdem die pädagogische Relevanz von Geschichten geklärt ist, tauchen methodologische Fragen auf. Man

---

39 Dazu erschien die Dokumentation Baacke, Schulze: Aus Geschichten lernen. Zur Einübung pädagogischen Verstehens, 1979.
40 Baacke, Ausschnitt, S.11.
41 Baacke, Gedanken, S.322.
42 Zilleßen, Religionsunterricht, S.498.

stößt z.B. auf das Problem der Glaubwürdigkeit und Verläßlichkeit autobiographischer Darstellungen[43]. In der Autobiographie sprechen erwachsene Autoren, die uns nicht nur berichten, welche Erfahrungen sie gemacht haben, sondern auch schon interpretieren und deuten: *"Muß man nicht davon ausgehen, daß der Rückblick selektiv, ja sogar verzerrt und manchmal überzogen ist?"*[44]
Die vertextete Lebensgeschichte ist in jedem Fall schon Deutung, das kann man mit Skepsis[45] sehen, aber auch mit Wohlwollen, d.h. dem Untersuchungsgegenstand nicht nur angemessen[46], sondern auch dienlich.
Das Problem der Glaubwürdigkeit und Verläßlichkeit autobiographischer Darstellungen teilt und verbindet die Biographieforschung mit den anderen qualitativen Methoden in den Sozialwissenschaften. Das hat den qualitativen Methoden von Anfang an den Ruf der Unwissenschaftlichkeit eingetragen. Um diesem Vorwurf zu entgehen, nicht etwa, weil sie dadurch exaktere Angaben über das, was den Menschen betrifft, würden machen können, haben die Sozialwissenschaften der quantitativen Richtung versucht, sich in ihrer Methodologie den Naturwissenschaften anzunähern. Das hat in der Tendenz zu mehr deduktivem Denken in der Theorie und - etwas polemisch formuliert - in der Praxis zu mehr Realitätsferne geführt.[47] Das Methodenproblem kann jedoch hier nur ge-

43 s.u.Kap 10: Gültigkeit und Übertragbarkeit der autobiographischen Aussage.
44 F.Schweitzer, S.33.
45 Bronsen, S.203 f.
46 *"Selbst wenn das, was sie (*die Autobiographen, Anm.d.Verf.*) mitteilen, nicht buchstäblich, wenn es nur zum Teil wahr ist, so ist es doch immer wahrer Ausdruck ihrer Persönlichkeit."*
Pascal, S.11.
47 *"Der wachsende Trend zur Quantifizierung hat zu einem verminderten Verständnis der empirischen sozialen*

streift werden.[48] Es wird im Kapitel Biographieforschung - Methoden und Probleme der Interpretation-aufgenommen und berücksichtigt.

Die vorliegende Arbeit ist ein interdisziplinärer Versuch.[49] Sie leistet nicht nur eine interpretative Untersuchung von Kindererfahrungen in pädagogischer und religionspädagogischer Absicht, sondern auch einen Beitrag zu einer interpretativ verfahrenden Familiensoziologie.[50] Durch die qualitative Erforschung von Kindererfahrungen, die in ihrem erlebten, vertexteten Zusammenhang so weit wie möglich erhalten werden sollten, kann einerseits die Komplexität familialer Beziehungen erfaßt werden und andererseits die Innenwelt der Familie etwas näher besichtigt werden.[51] Es soll herausgefunden werden, wie sich aus einer Sicht *von unten*, aus der Perspektive von Kindern Familienleben

---

Welt geführt. Die künstliche Auffassung von Realität, die in den gegenwärtig verbreiteten theoretischen, methodologischen und begrifflichen Ansätzen vertreten wird, führt zur Armut an erklärungsfähigen Modellen menschlichen Verhaltens. Wenn sie menschliches Verhalten besser verstehen wollen, müssen die Soziologen, statt einen immer größeren Abstand von den Phänomenen der empirischen sozialen Welt herzustellen, in direkten Kontakt zu ihnen treten."
Filstead, S.30.

48 Vgl. hierzu v.a.: Opp; Gerdes; Hopf; Hopf,Weingarten; Wilson.

49 "*Forschung zu Kindern und Kindheit muß grundsätzlich interdisziplinär sein.*"
Alanen, S.87.

50 "*Eine interpretative Familiensoziologie stellt die alltägliche Dramatik des Familiengeschehens und die subjektiven Erfahrungen der Familienmitglieder in den Mittelpunkt ihres Forschungsinteresses und eröffnet damit eine neue 'Tiefen'-dimension des Familienlebens.*"
Bösel, S.66.

51 Die unvollständige Information über familiale Prozesse wird auch von der Sachverständigenkommission des "Zweiten Familienberichts" beklagt und als Begründung dafür herangezogen, daß eine "*gültige Beantwortung der zentralen Fragen*" nicht gegeben werden kann.
Zweiter Familienbericht, S.15.

und Kommunikationsstrukturen darstellen.[52] Damit wird deutlich, was Familie auch ist, wie schwierig z.B. Familie für die betroffenen Kinder sein kann.[53] Die autobiographischen Zitate spiegeln nicht faktisches Familienleben, sie enthalten nachträgliche Deutungen und Interpretationen davon, was Kindsein in dieser besonderen Familie bedeutet hat.[54]

Für die Tradition der Religionspädagogik ist es nicht neu, von der Lebenswelt der Kinder auszugehen. Von den ersten Anfängen an hat die Religionspädagogik ihre Aufmerksamkeit auf die Frage nach dem gerichtet, dem ihr Unterricht gelten soll, und sie hat, wie die Pädagogik überhaupt, *das Kind* zu ihrem vordringlichen Thema gemacht.[55] So beginnt z.B. bei R.Kabisch[56] -bereits 1910- die Religionspädagogik mit der Frage nach dem Kind und nach dem, was man über das Kind wissen kann. R.Kabisch geht soweit, von "*Kinderforschung auf religiösem Gebiet*"[57] zu reden und verrät damit das Interesse an der Wissenschaftlichkeit seines Vorgehens. R.Kabisch kann schon auf Literatur verweisen, und als Methode solcher Untersuchungen werden neben der Sammlung von kindlichen Aussprüchen die direkte Befragung genannt.[58] Auch wenn diese Tradition nicht ungebrochen weiterging, ist spä-

---

52 "*Mit der häufigen Verwendung von literarischen Beispielen haben wir deutlich machen wollen, daß es durchaus zu ernsthafter, wissenschaftlicher Beschäftigung mit unserem Thema* (d.i.Familienerziehung,Anm d.Verf.) *gehört, die erzählende Literatur als Erkenntnisquelle heranzuziehen.*"
Mollenhauer,Brumlik,Wudtke, S.201.
53 Ostner,Pieper, S.118.
54 Ausführlicher dazu s.u. 4.3.: Das Interesse an exemplarischen Erziehungsgeschichten.
55 Rössler, S.501.
56 Kabisch.
57 Kabisch, S.66 ff.
58 Kabisch, S.68 ff.

testens, seit W.Loch von der "Verleugnung des Kindes in der Evangelischen Pädagogik" gesprochen hat[59], der Schüler wieder zunehmend in das religionspädagogische Blickfeld getreten. Markante Schnittpunkte waren die "empirische Wende" in der Religionspädagogik Ende der sechziger Jahre, die eine breite Einbeziehung psychologischer und soziologischer Fragestellungen favorisierte. Die Curriculumforschung, die neben der jeweiligen Fachwissenschaft und der Gesellschaft den *Schüler* als eigene Curriculum-Determinante einführte, trug ein Weiteres dazu bei. Dennoch ist, daß Religionsunterricht schülerorientiert sein soll, nicht oder inzwischen nicht mehr[60] uneingeschränkt anerkanntes Postulat. Immer häufiger kann ein Schritt in die unfruchtbare Alternative "Schüler oder Bibeltext?" beobachtet werden, die dann meistens zu Lasten der Schülerorientiertheit gelöst wird.

Diese Arbeit versteht sich also auch ausdrücklich als Beitrag zu einem schülerorientierten Unterricht mit den Zielvorstellungen "*bewußt leben, in Balance leben, in Kontinuität leben, solidarisch leben*".[61] Ausgangspunkt ist die vertextete Lebenswelt der Schüler, die einerseits *"mehr als der Anknüpfungspunkt in der Motivationsphase"* des Religionsunterrichts[62] sein soll, andererseits auf einer wissenschaftlichen Ebene reflektiert werden soll.

---

59 Loch, Verleugnung.
60 *"Daß RU schülerorientiert sein soll, ist (..) allgemein anerkanntes Postulat."*
Fraas, Schüler, S.77.
61 Brockmann,Stoodt, S.259.
62 Fox, S.117.

Teil I: Klärung des Themas und der Begriffe

1. Kindheit als Thema der Literatur in den siebziger Jahren

"*Die Beobachter der literarischen Szene wissen sich in dem Punkt einig, daß ein dominierender Zug der bundesdeutschen Literatur der siebziger Jahre im Hang zum Autobiographischen besteht.*"[63] Da ist die Rede vom "*Biographieboom der 70er Jahre*"[64], von der "*Wiederentdeckung des Persönlichen*"[65], von der "*neuen Empfindsamkeit*"[66].Diese Wiederentdeckung des Persönlichen hatte einmal etwas zu tun mit der Tendenzwende im politischen und persönlichen Bereich: Die zunehmende Entsubjektivierung macht den Rekurs auf die eigene Lebensgeschichte notwendig. "*Je mehr das Menschliche gefährdet ist, desto mehr regt sich die Sorge um den einzelnen.*"[67] Zum anderen zählt die Nachkriegsgeschichte in den siebziger Jahren mehr als 30 Jahre, die Kinder dieses Nachkriegs sind ins formulierungsfähige Alter geraten: sie arbeiten den dreißigjährigen Wiederaufbau im größer werdenden Wohlstand, in dem sie selbst zu Erwachsenen wurden, literarisch erinnernd auf. Mit der Einbeziehung des 'subjektiven Faktors' verhalten sie sich kritisch zu einer anderen Bewegung der späten sechziger Jahre, der Studentenbewegung. Sich um den subjektiven Faktor zu bemühen, galt damals als kleinbürgerlich, und wer es dennoch tat, geriet leicht in Verruf. M.Schneider übernimmt von P.Kersten den Begriff

---

63 Neumann, Wiedergeburt, S.91.
64 Schuchardt, Innovative, S.138.
65 Neumann, Wiedergeburt, S.92.
66 Schneider, S.51.
67 Siebert, Einführung, S.13

der "*nach innen gestülpten Wunde*" und bezeichnet ihn als "*kollektives Stigma einer Generation (...), deren depressive Empfindsamkeit nicht zuletzt dem gestörten Verhältnis zum eigenen Ursprung entstammt*".[68] B.Neumann fragt, "*ob die Enttäuschung über das Scheitern der Studentenrevolte in den Katzenjammer einer sich selbst umkreisenden Innerlichkeit umgeschlagen* (hat), *die ja gerade in Deutschland ihre Tradition besitzt.*"[69]

Neben der neuen Innerlichkeit ist ein weiteres auffallendes Kennzeichen, daß die Autobiographien nicht über das gesamte Leben berichten, also nicht am Ende eines Lebens geschrieben werden, sondern mitten im Leben. "*Die erzählte Lebensgeschichte liegt dem Autor nicht bereits abgeschlossen vor Augen: sie entsteht erst im Schreiben unter den Blicken des Lesers. Die Darstellung(...) beschreibt nicht, wie es war, sondern sucht herauszufinden, wie es wirklich gewesen ist. Sie drängt nach Aufklärung, erstrebt Veränderung.*"[70] Das hervorstechende Thema aller dieser Lebensdarstellungen ist das Thema "Kindheit".[71] Wenn innerhalb der deutschen Literatur der 70er Jahre "*das Motiv 'meine Kindheit' eine ganze Flut von Büchern hervorgebracht hat, so muß gefragt werden, worin diese Häufung seinen Ursprung hat und was sie bedeuten könne*".[72] Bei aller Vorsicht vor Verallgemeinerungen kann doch mit R.Grimm ein provisorisches Fazit gezogen werden: "*Zum einen: daß die meisten dieser Lebensdarstellungen - fast drei Viertel - aus der Bundesrepublik stammen und in und von*

68 Schneider, S.51.
69 Neumann, Wiedergeburt, S.93.
70 Schulze, Suche, S.313.
71 Ausführlicher dazu s.u. Kap 10.2.
72 Brettschneider, S.12.

ihr handeln. Zum zweiten: daß die überwiegende Mehrzahl der Autoren in den dreißiger und vierziger Jahren geboren ist und demnach in der Tat der Generation der Studentenbewegung angehört. Zum dritten: daß die betroffenen Väter wirklich größtenteils 'Bürger-Väter' oder gar 'Bildungsbürger'(nämlich Akademiker) sind, deren Kinder, Söhne und Töchter ein gestörtes oder 'beschädigtes' Verhältnis zu ihrem Elternhaus haben"[73]. W.Brettschneider spürt dem Phänomen nach, daß das Thema 'Dankbarkeit gegenüber den Eltern' weitgehend abgelöst wird von dem Thema 'Auseinandersetzung mit den Eltern': "*Es geht also um(...) Kindheits-Dichtungen, deren Grundhaltung nicht Harmonie mit dem Elternhaus, Dankbarkeit gegenüber den Eltern und die Erinnerung an glückhafte Erlebnisse ist, sondern eine quälende Ambivalenz der Gefühle, Zweifel an der Person wie an den Wertvorstellungen der Eltern, Anklage, Feindseligkeit oder Haß. Es ist zu fragen, ob und in welchem Maß Zweifel, Feindseligkeit und Haß sich über Vater und Mutter hinaus auf etwas Umfassenderes beziehen, vom dem die Eltern nur einen Teil, die vom Kind am unmittelbarsten erlittene Erscheinungsform darstellen: auf die Gesellschaft, auf deren Lebensweise und Sozialordung, vielleicht auf die Welt im ganzen."*[74] So wird festgestellt, daß die Beschreibung einer glücklichen Kindheit, die noch die Autobiographie im 19. und im beginnenden 20. Jahrhundert geprägt hat, nicht mehr der Normalfall ist. Die bürgerliche Pädagogik und Literatur des späten 18. und des beginnenden

---

73 Grimm, S.170 f.
74 Brettschneider, S.65.

19.Jahrhunderts sahen in der Kindheit, weil sie noch jenseits der Zwänge der Erwachsenenwelt lag, eine besonders glückliche Zeit. Kindheit sollte die schönste Zeit des Lebens sein.[75] So wie damals die Autobiographie literarischen Trends gefolgt ist, dem Trend der Idealisierung, folgt sie auch in der zweiten Hälfte des 20.Jahrhunderts einem literarischen Trend, dem antipädagogischen. So ist eine Einschätzung der Kindheit, wie sie Friedrich Hebbel machen konnte, in den modernen Kindheitsberichten selten[76], und das nicht nur, weil einem literarischen Trend gefolgt wird. "*Der Hauptreiz der Kindheit beruht darauf, daß alles, bis zu den Haustieren herab, freundlich und wohlwollend gegen sie ist, denn daraus entspringt ein Gefühl der Sicherheit, die bei dem ersten Schritt in die feindselige Welt hinaus entweicht und nie zurückkehrt.*"[77] Da Kindheiten früherer Zeiten nicht besser und glücklicher waren[78], ist zu vermuten, daß die Autoren früherer Zeiten lediglich größere Meister im Verdrängen und Vergessen waren. So schreibt Hebbel in seinen Tagebüchern: "*Wer sein Leben darstellt, der sollte, wie Goethe, nur das Liebliche, Schöne, das Beschwichtigende und Ausgleichende, das sich auch noch in den dunkelsten Verhältnissen finden läßt, hervorheben und das übrige auf sich beruhen lassen.*"[79] So ist doch eher anzunehmen, daß die überwiegend heiteren Gemälde der Kindheit auf Vergessen und

---

75 Hardach-Pinke, S.65.
76 Natürlich gibt es auch andere Kindheitserinnerungen. Vgl hierzu v.a. G.Wohmann; J.Lusseyrand.
77 Hebbel, Aufzeichnungen aus meinem Leben. Zit.n. Brettschneider, S.17 f.
78 Vgl hierzu v.a. DeMause.
79 Hebbel, Tagebücher I, S.271. Zit.n.Brettschneider, S.18.

Verdrängen beruhen, auf unbewußtem, aber auch auf gewolltem. Nur: Was *man da auf sich beruhen ließ*, war ein großer Teil der Kindheit: die unausgesprochenen Ängste vor Dingen und Menschen, gerade auch vor den eigenen Eltern; die Angst vor der Fremdheit und Kälte der Welt; das demütigende Gefühl, den Erwachsenen ausgeliefert zu sein; das Erlebnis der Einsamkeit; die Enttäuschung, nicht verstanden zu werden; die Last der Träume und Strafen, die nicht verstanden werden konnten. Dunkelheiten, die mit der Kindheit untrennbar verbunden sind, gelangen nicht an das Licht, weil sie nicht zur Sprache gebracht werden konnten.[80] Indem die Erwachsenen die Nachtseite ihre Kindheit vergaßen und verdrängten und das Gewesene verklärten, versuchten sie ihre eigene Kindheit zu entlasten und das Bild der Eltern zu vergolden.[81] Aber:"*Das Vergangene ist nicht tot; es ist nicht einmal vergangen. Wir trennen uns von ihm ab und stellen uns fremd*"[82]. So ist es als Fortschritt zu bezeichnen, daß die Nachtseite der Kindheit erinnert werden darf, daß sie erzählbar und beschreibbar geworden ist. Erinnerung ist der erste Schritt der Trauerarbeit. Trauerarbeit die notwendige Voraussetzung dafür, daß den nachfolgenden Generationen ähnlich schlimme Erfahrungen mit Erziehung erspart bleiben. Die positive Seite der Erinnerung und Thematisierung der Kindheits- und Erziehungsnarben muß im Blick behalten werden, auch wenn einige Kritiker dieser Literatur die Fähigkeit, sich der Nachtseite der Kindheit zu stellen, als *"düstere Projektionen"* abtun. Die Autoren bedienen sich,

80 Ende, Kindheit.
81 Vgl. hierzu v.a.Miller, Merken.
82 Wolf, Kindheitsmuster, S.9.

so der Vorwurf, der *"Sprache des Opfers: Die anderen haben es mir angetan, und die sind schuld. Auf diese Weise kann man Fuß fassen im Leben und sich der Verantwortung entziehen."*[83]

Die Ära der Kindheitsberichte begann - darin stimmen die Kritiker überein - mit dem Erscheinen von Hermann Kinders "Schleiftrog" und Bernward Vespers "Die Reise" im Jahr 1977. Beide Titel sind bereits zum Gegenstand einiger Aufsätze und Dissertationen geworden. Aus diesem Grund werden sie in der vorliegenden Arbeit nicht berücksichtigt. Berücksichtigt werden Titel, die in den Jahren 1979 - 1981 erschienen sind[84], die sich inhaltlich auf den Nenner bringen lassen: "*Beschädigte oder zerbrochene Vaterbilder, in den Brunnen gefallene Kindheiten und ein daraus resultierendes defizitäres Lebensgefühl*"[85]. Auch wenn die Kindheiten, die Familien verschieden sind, aus denen die Autoren berichten, es gibt eine wohl *"generationsspezifische Melancholie"*[86]. Beklagt und angeklagt wird eine Kindheit, die vom Mangel geprägt war, weniger vom materiellen, als vom emotionalen Mangel. Betrauert wird eine Kindheit, die es nicht gab, nicht das Paradies, das man mit dem Erwachsenwerden verlassen muß. Das Glück der Kindheit muß nicht aufgegeben werden, es war in der Erinnerung einfach nicht da.

Obwohl ohne Zweifel feststeht, daß diese Kindheitsberichte zeitgeschichtliche Dokumente sind, weil sich die

---

83 Bronsen, S.206.
84 s.u.Kap 7: Kurzbeschreibung der ausgewählten Autobiographien.
Zur Auswahl s.u. Kap 6: Der Vorgang der Auswahl und Interpretation
85 Schneider, S.53.
86 Schneider, S.53.

Autoren in der Mehrzahl zwei Ziele setzen, einmal die Verarbeitung der durch die Eltern erfahrenen Erziehung und zum anderen *"die Befreiung von der nationalsozialistischen Vergangenheit"*[87], wird in der vorliegenden Arbeit davon ausgegangen, daß die Kritik am Erziehungsverhalten der Erwachsenen nicht ausschließlich etwas mit der Zeit des Nationalsozialismus, des Wiederaufbaus und *"der Wiederherstellung der Gesellschaftsfähigkeit"*[88] in den fünfziger Jahren zu tun hat. Die *"Charakterpanzerung und der emotionale Geiz"* der Kriegsgeneration[89] und die daraus resultierende Unfähigkeit, sensibel mit den eigenen Kindern umzugehen, war sicher ein zeitgeschichtliches Phänomen gerade dieser Eltern.[90] Aber diese Eltern konnten in der Unfähigkeit, sensibel mit ihren Kindern umzugehen, durchaus auf ein Erbe zurückgreifen[91], und die Kinder haben diese *Charakterpanzerung* ihrer Eltern nicht folgenlos überstanden. So erhebt die vorliegende Arbeit den Anspruch, aus diesen Kindheitsberichten, ohne zu vergessen, daß es zeitgeschichtliche Dokumente sind, etwas über das Verhältnis von Erwachsenen und Kindern zu erfahren, was sich ähnlich bleibt im Wechsel der Generationen, und deswegen auch für die (religions-) pädagogische Theorie und Praxis anderer Zeiten relevant ist. Damit würde auch eine Hoffnung eingelöst, daß näm-

---

87 Brettschneider, S.67.
88 Combe, S.186.
89 Schneider, S.38 f.
90 "*Verbitterung, Hektik und untergründige Angst bestimmten überwiegend die Atmosphäre in den meisten Elternhäusern der fünfziger Jahre, und eben diese Verbitterung, Hektik und Angst ließen keine Sympathie zu, in der sich die Kinder aufgehoben fühlen konnten.*" Combe, S.188.
91 Vgl hierzu v.a. Franz Kafkas Brief an seinen Vater aus dem Jahre 1919.

lich die "*Literatur der neuen Subjektivität*" nicht ausschließlich "*subjektive Subjektivität*" im Sinne einer "*perspektivlosen, realitätsfernen neuen Innerlichkeit*" präsentiert, sondern "*objektive Subjektivität*", die einmal lebensgeschichtliche Selbstreflexion ermöglicht und zum anderen Kräfte freisetzt, den Bedrohungen der Individualität solidarisch entgegenzutreten.[92]

2. Antipädagogik und antipädagogische Stimmung

Die Thematisierung der eigenen Kindheit, und die Art und Weise, wie sie seit Mitte der 70er Jahre von den Autorinnen und Autoren wahrgenommen wurde, wäre nicht denkbar gewesen ohne das antipädagogische Klima, das inzwischen die Einschätzung und Beurteilung der Erziehung überhaupt, aber vor allem der je eigenen Erziehungsgeschichte geprägt hatte. Während es der antiautoritären Erziehung der 60er Jahre noch um einen Methodenwechsel in der Erziehung ging, um *eine andere Erziehung*, wollte die Antipädagogik in einer "*Art Großoffensive gegen die etablierte Pädagogik*"[93] die Abschaffung der Erziehung überhaupt.[94] Jede Erziehung wurde abgelehnt, auch die anti-autoritäre[95], und nicht nur das pädagogische *Handeln*, sondern auch das pädagogische *Denken*, "*die mentale und kognitive Dimension, gewissermaßen das pädagogische Denkraster*"[96]. In der Ablehnung nicht nur der Fehlformen von Erziehung, sondern auch der kognitiven Voraussetzungen der Erziehung überhaupt, liegt die geschichtliche Originalität der Antipädago-

92 Beicken, S.178.
93 Oelkers,Lehmann, S.19.
94 v.Braunmühl, Antipädagogik, 1975.
95 Miller, Erziehung, S.118; Farson, S.8.
96 Winkler, Erfolgsgeschichte, S.533.

gik, die sie auch unterscheidet von der oft mit ihr verwechselten antiautoritären Erziehung. Dabei gestaltet sich diese *"Abschaffung der Erziehung"* durchaus schwierig, auch und gerade in der Theorie der Antipädagogen, weil alle Erzieher Erzogene sind:

"Mit dem Erziehen aufzuhören, aus diesem Alptraum aufzuwachen, dieses Spiel ohne Ende von außen zu betrachten und zu beenden, ist deswegen eine so schwierige Aufgabe, weil es in unserem Kulturkreis kaum Menschen gibt, die sich mit den Regeln dieses Spiels nicht anfreunden mußten, die diesen Traum nicht mit dem Leben verwechseln, die nicht felsenfest davon überzeugt sind, es wäre nicht gut, einfach nett zu sein."[97]

In diesem Kapitel soll keine ausführliche Beschreibung im Sinne einer kritischen Würdigung antipädagogischer Argumentation sowie der pädagogisch-antipädagogischen Diskussion[98] erfolgen, es sollen lediglich die für die Religionspädagogik wichtigen Gedanken der Antipädagogik herausgearbeitet werden, unter der Fragestellung, was Religionspädagogen von Antipädagogen lernen können.[99] Dazu kommen im wesentlichen die führenden Vertreter der Antipädagogik selbst zu Wort. Sie werden im folgenden so ausführlich zitiert, weil ihre Gedanken die positive Folie bilden zu den großenteils negativen Kindheitserinnerungen, die in Teil II dieser Arbeit zusammengestellt sind. Wenn und weil deutlich ist, was in der Erziehung wünschenswert ist, können die Erinnerungen der Autoren auch Defizite in der Erziehung darstellen und benennen.

---

97 v.Braunmühl, Antipädagogik, S.20.
98 Vgl. hierzu v.a. Flitner, Konrad; Kämpfer; Oelkers,Lehmann; v.Schoenebeck, Antipädagogik; Winkler, Erfolgsgeschichte; Winkler, Stichworte.
99 Vgl. hierzu Zapp.

Es sind im wesentlichen die folgenden vier Argumentationslinien, die sich in der antipädagogischen Literatur verfolgen lassen.[100]

2.1 Erziehung ist das Bedürfnis der Erzieher[101]

Das pädagogische Denken produziert überhaupt erst seinen Gegenstandsbereich.[102] Erziehung bezieht ihre Legitimation daraus, *"daß sie sich selbst als Antwort auf die 'Erziehungsbedürftigkeit' des Kindes versteht"*[103]. Dieses Verhältnis von Angebot und Bedarf kann von den Erziehern nicht problematisiert werden. Es wird nicht in Rechnung gestellt, daß es sich vielleicht umgekehrt verhält, daß Erziehungsbedürftigkeit nicht eine Voraussetzung, sondern eine Folge von Erziehung ist -eine Eigenschaft, *"die im Laufe des Erziehungsprozesses erst produziert wird"*[104]. Erziehung ist ein Bedürfnis der Erwachsenen, das gilt auch für die Fälle, in denen der Erwachsene ehrlich davon überzeugt ist, im Interesse des Kindes zu handeln.[105]

Die Schädlichkeit der Erziehung gründet sich auf folgende Bedürfnisse des Erwachsenen:

"Erstens, das unbewußte Bedürfnis, die einst erlittenen Demütigungen anderen weiterzugeben; zweitens, ein Ventil für die abgewehrten Affekte zu finden; drittens, ein verfügbares und manipulierbares lebendiges Objekt zu besitzen; viertens, die eigene Abwehr, d.h. die Idealisierung der eigenen Kindheit und der eigenen Eltern zu erhalten, indem durch die Richtigkeit der eigenen Erziehungsprinzipien diejenige der elterlichen bestätigt werden soll; fünftens, die Angst vor der Freiheit; sechstens, die Angst vor der Wiederkehr des Ver-

---

100 Oelkers,Lehmann, S.61 ff; Winkler, Erfolgsgeschichte, S.533 f.
101 Weiterführende Gedanken dazu finden sich v.a. bei Reiser,Trescher.
102 Winkler, Erfogsgeschichte, S.534.
103 Kupffer, Kind, S.120
104 Kupffer, Kind, S.120
105 Miller, Erziehung, S.119.

drängten, dem man im eigenen Kind nochmals begegnet und das man dort nochmals bekämpfen muß, nachdem man es vorher bei sich abgetötet hat, und schließlich siebtens, die Rache für die erlittenen Schmerzen. Da jede Erziehung mindestens eines der hier erwähnten Motive enthält, ist sie höchstens dazu geeignet, aus dem Zögling einen guten Erzieher zu machen. Niemals wird sie ihm aber zur freien Lebendigkeit verhelfen können. Wenn man ein Kind erzieht, lernt es erziehen. Wenn man einem Kind Moral predigt, lernt es Moral predigen, wenn man es warnt, lernt es warnen, wenn man mit ihm schimpft, lernt es schimpfen, wenn man es auslacht, lernt es auslachen, wenn man es demütigt, lernt es demütigen, wenn man seine Seele tötet, lernt es töten. Es hat dann nur die Wahl, ob sich selbst oder die anderen oder beides."[106]

Die Erziehung nützt zuerst einmal den Eltern, jedoch ohne diesen wirklich zu nützen. Ihre Funktion ist die Möglichkeit der Kompensation von Defiziten: *"Eltern brauchen die Erziehung, um ihre Unfähigkeit zur partnerschaftlichen, respekt- und vertrauensvollen Auseinandersetzung mit dem Kind zu kompensieren."*[107] Eltern erwarten von ihrem Kind Gehorsam, damit sie selber endlich jemand sein können und Macht über jemanden haben. Eltern machen das Kind klein, weil sie sich endlich schadlos halten wollen für die Schmerzen und Wunden, die ihnen einst in der Kindheit zugefügt wurden, bei ihrem eigenen mühsamen Versuch, autonom zu werden und zu bleiben. Eine Unterbrechung dieser Kette von durch Erziehung empfangenen und weitergegebenen Schmerzen und Wunden ist nur möglich durch eine Auseinandersetzung der Erwachsenen mit ihrer eigenen Geschichte, die ihnen bewußt macht, daß sie sich durch solches Verhalten unbewußt an den Kindern rächen. Ansonsten wird das Elend, durch Erziehung hervorgerufen, immer normal sein und allgegenwärtig, denn *"wir alle haben tausendmal öfter*

---

106 Miller, Erziehung, S.119.
107 Dinslage, S.215.

lernen müssen, uns anzupassen, als zu lieben."[108] Wenn die Erwachsenen ihre eigenen Gefühle nicht verstehen, verstehen sie auch nicht die der Kinder. *"Sie versäumen die Gelegenheit, die Gefühle des Kindes und die eigenen zu verbalisieren, da sie ihnen nicht bewußt, sondern durch Abwehr unterdrückt sind."*[109] Für die Kinder hat das weitreichende Folgen, sie müssen ihrerseits ihre Gefühle verdrängen, bis sie keine mehr spüren, weder Schmerz noch Furcht, weder Trauer noch Glück.[110] Die Verdrängung der Gefühle hat zur Folge, daß Symptome entstehen.

Die aus der psychoanalytischen Therapie erwachsene Antipädagogik A.Millers war dem Vorwurf ausgesetzt, singuläre Daten einzelner Klienten völlig überzogen zu pauschalieren und "*dabei fast unmerklich von der Erfahrungsebene psychoanalytischer Praxis auf die der schlichten Alltagserfahrung"*[111] zu wechseln. Selbstverständlich kann es einem Pädagogen nicht darum gehen, *"Perspektiven aus der psychoanalytischen Behandlung von Erwachsenen unbesehen auf Erziehungsprozesse in der frühen Kindheit zu übertragen"*[112]. Es geht vielmehr darum, sensibel zu werden für die alltäglichen Selbstwert-Verletzungen, denen Kinder ausgesetzt sind, und damit um einen Prozeß der wachsenden Befriedung der Menschen. Die Antipädagogik *"enthält Friedensmentalität, die die durch pädagogische Aggression hervorgerufene Kriegsbereitschaft ablöst."*[113]

---

108 Schmidbauer, , S.179.
109 Berna, Kinder, S.155.
110 Miller, Merken.
111 Oelkers,Lehmann, S.56.
112 Bittner, Selbst, S.158.
113 v.Schoenebeck, Freundschaft, S.540.

2.2. Erziehung zerstört den Menschen

Erziehung hat den Anspruch, "*andere Menschen in ihren 'Grundstrukturen' zu formen, ihnen 'Ziele der Lebensgestaltung', den 'Kurs fürs Leben' zu setzen, darüber zu bestimmen, was sie als 'lebenswert' betrachten, sie zur 'Verinnerlichung gleichbleibend dominanter Motivationen' zu zwingen.*"[114]

Dieser Anspruch der Erziehung und damit "*jeder erzieherische Akt*" muß durchschaut werden als seinem Wesen nach "*intolerant, mißtrauisch, totalitär und auf Entselbstung zielend.*"[115] Wenn das gelingt, kann Erziehung nicht nur überflüssig werden, sondern auch entlarvt werden als "*kinder-, menschen-, und lebensfeindliches, als verbrecherisches Unternehmen.*"[116]

Im Wort Erziehung liegt die Vorstellung bestimmter Ziele, die ein Kind erreichen soll, schon damit wird seine Entfaltungsmöglichkeit beeinflußt.[117] Das Bild von Kind, wie es werden und einmal sein soll, verhindert geradezu die Entwicklung des Kindes. Die Kinder werden nach der Vorstellung der Erwachsenen geführt und gebogen und - wo notwendig - auch gebrochen.[118] Erziehung ist ein bewußt "*kinderfeindlicher Vorgang*", denn ein Kind kann dadurch "*und darf offenbar keine Selbstachtung, kein positives Selbstwertgefühl entwickeln, wenn es an fremden (...) Norm- und Zielvorstellungen*

114 v.Braunmühl, Antipädagogik, S.78.
115 v.Braunmühl, ebd. S.78.
116 v.Braunmühl, ebd. S.78.
117 Miller, Erziehung, S.122.
118 Vgl. hierzu Francke, bes. S.17 ff.

(...) gemessen und mit durch sie bestimmten erzieherischen Verhaltensweisen traktiert (...)wird."[119]
Antipädagogik wendet sich nicht gegen Bildung, auch nicht gegen Unterricht[120], sondern gegen Erziehung, weil dadurch Kinder als der Erziehung bedürftig identifiziert werden.[121] Damit wird jede mögliche Beziehung zwischen Erwachsenen und Kindern immer schon "*durch die Trennwand dieses pädagogischen Unterschieds*" gestört, es kommt zu einer "*Abwertung und Aussonderung*" des Kindes.[122] "*Das Kind wird identifiziert als defizienter Modus des Menschseins.*"[123]
Alles das wird gerechtfertigt mit wohlwollenden Erziehungszielen - und ist doch nichts anderes als die "*totale Entselbstung, Depersonalisierung, Versklavung des Kindes, das die endlose Kette der 'kleinen Morde' (die psychisch längst ein großer sind) nicht nur registrieren, sondern auch noch als rechtens anerkennen soll*".[124] Das Kind ist nicht Partner, sondern ein Opfer im Erziehungsprozeß. Es ist "*zunächst ein stummer Empfänger unserer Projektionen. Es kann sich nicht gegen sie wehren, kann sie uns nicht zurückgeben, sie uns nicht deuten, kann nur zu ihrem Träger werden.*"[125] Wenn man Erziehung auf dem Hintergrund der Bemühungen um mehr "*Menschenrechte für Kinder*"[126] betrachtet, wird sogar der Unterschied zwischen "*strenger*" und "*nachgiebiger*" Erziehung unerheblich. "*Selbst die nachgiebigste*

---

119 v.Braunmühl, Antipädagogik, S.79.
120 v.Braunmühl, Antipädagogik, S.78.
121 Kupffer, Kind, S.121.
122 Kupffer, ebd.
123 Kupffer, ebd.
124 v.Braunmühl, Antipädagogik, S.83.
125 Miller, Merken, S.198.
126 Farson, Menschenrechte, 1975.

Erziehung wird sich dann peinlicherweise als autoritär erweisen."[127]

127 Farson, Menschenrechte, S.8.

2.3. Erziehung geht von einem illegitimen Herrschaftsanspruch aus

Antipädagogischer Grundgedanke ist, daß jedes Kind die Fähigkeit hat, *"von Geburt an das eigene Beste zu spüren"*.[128] Dabei wird unterschieden zwischen der *"Selbstbestimmungsfähigkeit"*, d.h. der inneren Fähigkeit, das eigene Beste wahrzunehmen, und der *"Selbstbestimmungsrealisierung"*, d.h. der Fähigkeit, das eigene Beste auch zu tun.[129]

"Das Kind wird als unverwechselbares, achtenswertes Individuum betrachtet, welches das Recht hat, sein Erleben auf seine persönliche Weise zu bewerten und dem umfassende, autonome Entscheidungsbefugnisse eingeräumt werden."[130] Kinder haben einen eigenen Drang zur Entwicklung, zum Lernen und zur Erschließung der Welt in sich. Was sie von Erwachsenen brauchen, ist Liebe, Schutz und Geborgenheit, damit sich dieser Entwicklungsdrang voll entfalten kann, nicht aber deren falsche Verantwortung, die eher entmündigend als unterstützend wirkt und auf einer Fehleinschätzung des kindlichen Vermögens beruht. Ein Vorwurf der *"antipädagogischen Menschen"* lautet: Die *"pädagogischen Menschen"* glauben genau zu wissen, was für Kinder gut ist, und setzen das auch durch, selbst wenn das Kind nicht einverstanden ist. Darin sehen sie eine der Hauptursachen für den Unfrieden zwischen Erwachsenen und Kindern, einen ständigen Anlaß zum Krieg. Wer diesen Krieg mit Kindern vermeiden will und Frieden schließt, schafft

---

128 v.Schoenebeck, Antipädagogik, S.174 ff.
129 v.Schoenebeck,Flitner, S.542.
130 Rogers, Kraft, S.42.

auch für sich als Erwachsener neue Lebens- und Erfahrungsräume.
Dazu kommt ein zivilisationskritisches Argument: Die Eltern sind aufgrund des schnellen soziokulturellen Wandels gar nicht mehr in der Lage, Erziehungsziele aus ihren eigenen Erfahrungen zu begründen. Was heute gilt, ist morgen schon ungewiß.[131] Allgemeinverbindliche Werte sind weder abzusehen noch herzustellen und daher auch nicht für die Erziehung zu reklamieren.[132] So können Erwachsene und Kinder nur zusammen herausfinden, was für sie gemeinsam und in Zukunft das Beste ist.
Eltern, die das für sich akzeptieren, "*haben eine neue Art, mit dem Kind umzugehen, vom Säuglingsalter bis zur späten Adoleszenz. Seine ersten Tränen und Wehklagen, das erste Lächeln und Lallen sind Versuche zu kommunizieren, und diesen ungelenken Kommunikationen wird ernsthaft und respektvoll Aufmerksamkeit gezollt. Die Eltern bemühen sich auch, dem Kind in jeder Situation, in der es fähig ist, die Konsequenzen seiner Entscheidung zu tragen, das Recht zu wählen einzuräumen. Dies ist ein expandierender Prozeß, wobei dem Kind und dem Jugendlichen ein wachsendes Maß an Autonomie zugestanden wird, eine Autonomie, der nur die Gefühle der engsten Bezugspersonen des Kindes Grenzen setzen.*"[133] Das heißt nun nicht, daß das Kind *ganz wild* aufwachsen kann. Was es für seine Entfaltung braucht, "*ist der Respekt seiner Bezugspersonen, die Toleranz für seine Gefühle, die Sensibilität für seine Bedürfnisse und Krän-*

---

131 Winkler, Erfolgsgeschichte, S.533.
132 Oelkers,Lehmann, S.61.
133 Rogers, Kraft, S.43.

kungen, die Echtheit seiner Eltern".[134] Die natürliche Grenze der Entfaltungsmöglichkeiten des Kindes ist die eigene Freiheit der Eltern, nicht deren erzieherische Überlegungen.[135] Die Eltern wenden sich nicht von den Kindern ab, überlassen sie nicht sich selbst, verzichten nicht auf Gebote. "*Wenn man Kindern mehr Rechte zugesteht, darf das nicht heißen, daß man sie aus der elterlichen Obhut entläßt.*"[136]

2.4. Unterstützen statt Erziehen

Man kann die Tatsache nicht leugnen, daß die Erwachsenen den Kindern manches zu bieten haben. Antipädagogen streben nicht an, die Möglichkeit eines geregelten Zusammenlebens zwischen Erwachsenen und Kindern ersatzlos zu streichen.[137] Als Ersatz für Erziehung bietet die Antipädagogik *Beziehung*, *Begleitung* und *Unterstützung* an. An die Stelle eines speziell pädagogischen Interesses tritt "*ehrliche, unverfälschte, humane Interaktion*"[138], Beziehung statt Erziehung[139], Freundschaft statt Herrschaft[140].

Beziehung statt Erziehung wird nicht nur der Entwicklung und den Gefühlen des Kindes eher gerecht, sondern kann auch zu einem partnerschaftlichen Austausch von Gedanken und Gefühlen zwischen Erwachsenen und Kindern führen. Alle Erziehungsmaßnahmen werden von dieser authentischen Beziehung überholt. Die Bereitschaft, sich auf Kinder einzulassen, sie zu verstehen, mit ihnen ge-

134 Miller, Erziehung, S.120.
135 Miller, Erziehung, S.120.
136 Farson, Menschenrechte, S.9.
137 Farson, Menschenrechte, S.9.
138 Hinte, S.158.
139 Vgl hierzu v.a. Kohlhammer,Mai.
140 Vgl hierzu v.a. v.Schoenebeck.

meinsam zu leben und sich auch von ihnen die Augen öffnen zu lassen über die manchmal *verkehrte Welt der Erwachsenen*[141], steht im Zentrum der Begegnung mit Kindern. Das Lenken und Beherrschen, das ständige Korrigieren, das Reden wie "Sei ordentlich" - "Benimm dich" - "Hör auf damit" -" Geh da weg" "Das gehört sich nicht" - "Laß das" - "Das kommt davon" - "Nimm dich zusammen"[142], läßt gar nicht erst eine Beziehung zwischen Erwachsenen und Kindern entstehen.

Nach DeMause bildet die Beziehungsform "Unterstützung" den Höhepunkt der Evolution der Eltern-Kind-Beziehung.[143] Bei dieser Beziehungsform fehlt jeglicher Versuch der Disziplinierung. *"Die Kinder werden weder geschlagen noch gescholten, und man entschuldigt sich bei ihnen, wenn sie einmal unter großem Streß angeschrien werden. Diese Form verlangt von beiden Eltern außerordentlich viel Zeit, Energie und Diskussionsbereitschaft, insbesondere während der ersten sechs Jahre, denn einem kleinen Kind dabei zu helfen, seine täglichen Ziele zu erreichen, bedeutet, ständig auf es einzugehen, mit ihm zu spielen, seine Regressionen zu tolerieren, ihm zu dienen, statt sich von ihm bedienen zu lassen, seine emotionalen Konflikte zu interpretieren und ihm die für seine sich entwickelnden Interessen erforderlichen Gegenstände zur Verfügung zu stellen."*[144] Grundelement der Unterstützung ist die Freiwilligkeit. Zwischen den *"Unterstützungspartnern"* gibt es einen eindeutigen Konsensus: *"Der eine möchte unterstützt*

---

141 Flitner, Erziehung, S.234.
142 v.Schoenebeck, Unterstützen S.89.
143 DeMause, S.84.
144 DeMause, S.84 f.

werden, und der andere ist bereit, Unterstützung zu gewähren."[145] Das Element der Freiwilligkeit unterscheidet das Unterstützen vom Erziehen, *"das mit seinem Anspruch 'Ich weiß, was für dich gut ist, und ich werde es durchzusetzen versuchen' Herrschaft des einen über den anderen in die Beziehung trägt."*[146] Unterstützen statt erziehen heißt auch Verzicht auf das Verantwortungsgefühl für den anderen. Sich für einen anderen verantwortlich fühlen, spricht demjenigen die Selbständigkeit ab und beschneidet seine Autonomie. Die Antipädagogik macht aus dem Erziehungsanspruch der Erwachsenen einen Autonomieanspruch des Kindes.[147] Freiheit ist nicht ein Erziehungsziel, sondern eine Voraussetzung, die jedes Kind schon mitbringt."*Wenn aber Autonomie nicht als sekundäre, quantitative, durch erzieherische Maßnahmen zu erzielende Eigenschaft, sondern als Eigenschaft von Anfang an, als eine der Voraussetzungen, unter deren Berücksichtigung man mit Kindern (wie mit Erwachsenen) umzugehen hat, angesehen, Kindern also Unterwerfung, Erziehung, Entselbstung erspart wird, dann können sie von Anfang an eine spontanautonome Existenzform realisieren."*[148]

W. Hinte macht darauf aufmerksam, daß dieser Autonomiebegriff zumindest in der institutionellen Erziehung auf Schwierigkeiten stößt. *"Für den Umgang mit kleinen Kindern mag dieses Postulat richtig sein: zu leichtgläubig wird der Ansatz dann, wenn er auch für Menschen zutreffen soll, die schon einige Zeit unter Erziehung und un-*

145 v.Schoenebeck, Unterstützen, S.181.
146 v.Schoenebeck, Unterstützen, S.181.
147 v.Braunmühl, Antipädagogik, S.159.
148 v.Braunmühl, Antipädagogik, S.159f.

ter einengenden gesellschaftlichen Bedingungen leiden, die eben verhindern, daß durch das bloße Postulat nach mehr freundschaftlicher Interaktion jahrelang eingeschliffene Verhaltensweisen auch nur ansatzweise in Frage gestellt würden. Das speziell pädagogische Interesse muß künftig in dem ständigen Impuls bestehen, je eigene Betroffenheit zu reflektieren und Schritte in Richtung gewünschter Veränderung zu tun. Ohne diese aktivierende Funktion der Pädagogik beläßt man Menschen weiterhin im Zustand apathischer, unreflektierter Existenz, ohne daß sie je ein Wissen um erfülltere Dimensionen menschlichen Lebens erhalten haben."[149]

A.Miller möchte den Begriff Erziehung durch Begleitung ersetzen, weil das Kind die seelische und körperliche Begleitung des Erwachsenen in hohem Maße braucht. Diese Begleitung muß allerdings besondere Züge aufweisen, um die volle Entfaltungsmöglichkeit des Kindes zu gewährleisten:

"1.Achtung vor dem Kind;
2.Respekt für seine Rechte;
3.Toleranz für seine Gefühle;
4.Bereitschaft, aus seinem Verhalten zu lernen:
a) über das Wesen dieses einzelnen Kindes,
b) über das eigene Kindsein, das die Eltern zur Trauerarbeit befähigt,
c) über die Gesetzmäßigkeit des Gefühlslebens, die beim Kind viel deutlicher als beim Erwachsenen zu beobachten ist, weil das Kind viel intensiver und im optimalen Fall unverstellter als der Erwachsene seine Gefühle erleben kann.
Die Erfahrungen in der neuen Generation zeigen, daß eine solche Bereitschaft auch bei Menschen möglich ist, die selber Opfer von Erziehung waren."[150]

Kinder, die ohne Erziehung und stattdessen in der Beziehungsform "Unterstützung" aufwachsen, haben die Chance, *"freundlich und aufrichtig und nicht depressiv"*

---

149 Hinte, S.158.
150 Miller, Erziehung, S. 118 ff.

zu werden. Sie haben einen *"starken Willen und lassen sich durch keine Autorität einschüchtern"*.[151]

Die Kinder sind sich *"ständig vieler ihrer eigenen Gefühle sowie jener ihrer Eltern bewußt (...) und weil diese Gefühle ausgedrückt und akzeptiert wurden, entwickeln sie sich zu höchst sozialen Wesen. Sie sind anderen Menschen gegenüber aufgeschlossen, drücken ihre Gefühle offen aus, lehnen es ab, herablassend behandelt zu werden, und erweisen sich in ihren Unternehmungen als kreativ und unabhängig. Sie haben ein Gespür für die Gefühle, die ihnen andere entgegenbringen, und obwohl sie nicht vor Konfrontationen zurückscheuen, versuchen sie nur gelegentlich, einander bewußt weh zu tun."*[152]

Diese Kinder stellen eine große Hoffnung für die Zukunft dar. *"Sie sind gewohnt, als unabhängige Menschen zu leben und offen zu anderen in Beziehung zu treten, und sie erwarten, ihr Leben auf diese Weise fortsetzen zu können - in der Schule, im Beruf und in ihren Paarbeziehungen. Diese Kinder wachsen mit einem Minimum an verdrängten Gefühlen heran - Gefühle, die aus Schuldbewußtsein oder Angst nicht ins Bewußtsein dringen dürfen - aber auch mit einem Minimum an Hemmungen, die ihnen andere von außen aufzwingen. Sie sind freiere Geschöpfe als alle Erwachsenen, die ich kenne."*[153]

---

151 DeMause, S.85.
152 Rogers, Kraft, S.43.
153 Rogers, Kraft, S.43 f.

2.5. Zusammenfassung

2.5.1 Antipädagogik macht sensibel für Kindheiten

Die Antipädagogik möchte den Versuch wagen, *"die Strukturen der Kommunikation, des Zusammenlebens zu wandeln"*.[154] Über diese praktische Ausrichtung hinaus macht die Beschäftigung mit Antipädagogik sensibel für Kindheiten. Sie hält die Erfahrung wach, daß Kindheit in der Erwachsenenwelt ständig bedroht ist. *"Die Antipädagogik rührt an Wunden, die man einerseits gern verschweigen und vergessen möchte und die andererseits zum Himmel schreien."*[155] Antipädagogen leisten eine sinnvolle Nacherziehung für Erzieher, weil sie konsequent darauf hinweisen, daß der Respekt vor den Gefühlen des Kindes, so unverständlich sie auch erscheinen, im Mittelpunkt der Erziehung stehen muß.

2.5.2 Das Recht des Kindes auf Liebe und Einfühlung.

Die Antipädagogin A.Miller schreibt über die Bedürfnisse eines Neugeborenen:

"*Es kommt als ein Bündel von Bedürfnissen zur Welt und braucht unbedingt die Wärme menschlicher Arme, wachsamer Augen und liebkosender Berührungen.(...) Das Baby braucht die Gewißheit, daß es in jeder Situation beschützt wird, daß sein Kommen erwünscht war, daß sein Schreien gehört, seine Blicke beantwortet und seine Angst beruhigt werden. Es braucht die Sicherheit, daß sein Hunger und Durst gestillt, sein Körper liebevoll gepflegt und seine Not niemals ignoriert werden.*"[156]

Das entspricht der These des Religionspädagogen N.Mette, "*religiöse Erziehung im christlichen Verständ-*

154 Kupffer, Antipsychiatrie, S.592.
155 Kämpfer, S.238.
156 Miller, Wissen, S.7.

nis habe es grundlegend mit der Vermittlung der Erfahrung unbedingten Erwünscht- und Angenommenseinseins zu tun."[157]

2.5.3 Der gemeinsame Lernprozeß zwischen Erwachsenen und Kindern

Wenn *Erziehung* von den pädagogischen Institutionen nicht mehr benötigt wird, kann die Überlegung einsetzen, wie eine *Beziehung* aussehen kann, die im Sinne eines "*fördernden Dialogs und der Hinführung zur Realität*" von den Kindern benötigt wird.[158] Diese Hinwendung zu einem verstehenden Dialog, zu dem, was Kinder wirklich brauchen, setzt den Lehrer als Lernenden voraus und intendiert eine Arbeit an der Beziehung und nicht am pädagogischen Objekt "Kind".[159]

"*Seitdem ich von Kindern lerne, verändere ich mich als Religionslehrerin: es ist ein Leben unter Gleichen, ein Miteinander, zu dem jeder das Seine beiträgt, möglichst sensibel.*"[160] Die Bereitschaft, vom Kind zu lernen, hat auch Konsequenzen für die Rezeption von Bibeltexten in der religiösen Erziehung. Bibeltexte und Glaubenssätze können dem Kind vorgesetzt werden, mit dem Hinweis, diese auch zu befolgen. Dabei erscheinen das Leben und die Fragen des Kindes immer änderungsbedürftig. Eine religiöse Erziehung, die antipädagogisches Gedankengut aufnimmt, wird auch dazu anleiten, die Bibel kritisch zu lesen, und ihre Aussagen zu befragen auf ihre Anthropologie des Kindes hin. Maßstab für die Beurteilung und Auswahl von Bibeltexten sollte die Frage

157 Mette, S.283.
158 Reiser,Trescher, S.9.
159 Reiser,Trescher, S.8.
160 Reents, Religionsunterricht, S.14.

sein, *"ob sie dem Menschen dienen, gemäß dem Kriterium, das Jesus praktizierte: Der Sabbat ist um des Menschen willen gemacht und nicht der Mensch um des Sabbats willen (Mk2,27). Was immer an religiösen Anschauungen und Lebensformen ichschwächend wirkt, ist hier bewußt zu machen, damit es überwunden werden kann."*[161] Ein guter Religionsunterricht soll sensibel dafür machen, daß die Sätze der Bibel zeitbedingte Sätze sind und nicht davor geschützt, ein Herrschaftsverhältnis zu zementieren. Sensibel zu sein für Kindhciten macht auch sensibel für angeblich zeitlose biblische Wahrheiten, die Kinder und Kindheit mißachten. So kommt man bei der Beschäftigung mit der Bibel nicht um die Notwendigkeit einer Auswahl herum.[162] Im Alten und Neuen Testament gibt es eine eher repressive Erziehungs-Tradition, die sich z.B. mit Spr 13,24; Spr 3,12 und Hebr.12,4-11 belegen läßt. Es gibt aber auch andere Leitgedanken, an denen sich eine Erziehung orientieren kann z.B. Jer 31,31; Mtth 11,25; Mtth 18,1-5; Mk 10,13-16 par. Ziel ist es, von der Erziehung des einen durch den anderen (den Besseren, Mächtigeren, Erwachseneren) zu einem gemeinsamen Lernprozeß zu gelangen.

Wenn sich die vorliegende Arbeit nicht damit begnügt, die Theorie der Antipädagogik darzustellen, um sie mit der Religionspädagogik in einen Zusammenhang zu bringen, dann deswegen, weil es im Duktus des antipädagogischen Selbstverständnisses liegt, *Erfahrungen* ernst zu nehmen und Erzogene als von Erziehung Betroffene zu Wort kommen zu lassen. *"Unser Verständnis für uns*

161 Halbfas, Lehrerhandbuch, S.14.
162 Morgenroth; Tischler.

selbst verkümmert sehr stark, wenn wir den Kontakt zur Kindheit verlieren."[163] Autoren, die über ihre Kindheit berichten, werden zu Nacherziehern der Erzieher, indem sie den Zugang zur Kindheit wieder eröffnen.

---

163 Laing, Gespräche, S.11.

3. Biographieforschung

3.1 Der Zugang

Die weiterführende Frage heißt jetzt: Wie gewinnt man einen methodischen Zugang zu den Kindheitserinnerungen, um sie fruchtbar zu machen für den heutigen Lernprozeß zwischen Erwachsenen und Kindern?

Es gibt in den Sozial- und Erziehungswissenschaften einen Forschungsbereich, der Methoden entwickelt hat zur Erschließung vertexteter und erzählter Lebensgeschichte: die biographische Methode. Aufgrund dieser Methode ist es möglich, die Kindheitsberichte der inzwischen erwachsenen Autoren auf ihre pädgogisch relevanten Themen hin zu untersuchen.

3.2. Aus Geschichten lernen

Aus Lebensgeschichten lernen - diesen Untertitel gab E.Schuchardt einer Sammlung von Geschichten, die Menschen aufgeschrieben haben in der Annahme, *schreibend* eine persönliche Lebenskrise besser bewältigen zu können.[164] Der Anstoß zu diesem Buch kam aus der Erkenntnis, daß Lebensgeschichten Lerngeschichten sind, also pädagogisch relevant für die Autoren *und* für die Leser. Ein Mensch findet seine Identität, wenn er seine Geschichte (er-) findet, die Reflexion der Vergangenheit erschließt die Gegenwart, die Deutung der Lebenserfahrungen erschließt Lebenssinn.[165]

Vertextete Lebensgeschichten wecken Verständnis dafür, daß "*die Krise notwendig zum Wesen des menschlichen Lebens gehört*"[166] und wie eine Krise im Lebenslauf verstanden und bewältigt werden kann. Das gilt sowohl für die Verarbeitung krisenhafter eigener Vorgänge des Autors, als auch für die Verarbeitung krisenhafter Ereignisse im Leben des Lesers durch den Gewinn an Anschauung und Beispiel. Zustoßendes wird verstanden, interpretiert und erzählbar.[167] So erwähnt E.Schuchardt in ihrer Einleitung bezeichnenderweise ein Sprichwort: "*Urteile nie über jemanden, bevor Du nicht einen Mond lang in seinen Mokassins gelaufen bist*".[168] Daraufhin kann das Erzählen der eigenen Lebensgeschichte als ein Gehen in den eigenen Schuhen bezeichnet werden. Das Lesen fremder Lebensgeschichten kann als ein Gehen in fremden Schuhen verstanden werden. Autobiographien sind

---

164 Schuchardt, Krise, 1985.
165 Schuchardt, Innovative, S.138.
166 Bollnow, Existenzphilosophie, S.36.
167 Henningsen, Autobiographie, S.7.
168 Schuchardt, Krise, S.9.

dann wie fremde Schuhe, in denen man einen Mond lang geht, um den Träger dieser Schuhe besser zu verstehen - aber auch im Nachhinein sich selber besser zu verstehen."*Meine Deutung der Krisen-Verarbeitung in verschiedenen Phasen mit charakteristischen, je unterschiedlichen Merkmalen des Verhaltens, die ich durch Auswertung der ausführlichen Biographien gewonnen hatte, half offensichtlich vielen unbekannten Behinderten (oder Menschen in belastenden Situationen), ihre Erfahrungen mit der Umwelt, ja sogar das eigene Verhalten besser zu verstehen und in ihren Lebenslauf einzuordnen.*"[169] E.Schuchardt folgt mit ihrem Ansatz, Lebensgeschichten auszuwerten, einer Methode, die es "*in der deutschen sozialwissenschaftlichen Diskussion der letzten Jahre zu bemerkenswerter Prominenz*" gebracht hat: der biographischen Methode.[170]

3.3 Die biographische Methode als Paradigma qualitativer Sozialforschung

Die biographische Methode ist nicht denkbar ohne die Tradition der verstehenden Soziologie[171], die zur Entstehung der Theorie der Symbolischen Interaktion beigetragen hat. Ihre Grundlagen haben die frühen Vertreter der Theorie der Symbolischen Interaktion (Charles Horton Cooley, William Isaac Thomas und George Herbert Mead, der als der geistige Vater dieser Richtung gilt) dem Behaviorismus und dem Pragmatismus entnommen. Ziel war, menschliches Handeln nicht nur zu erklären, sondern zu *verstehen*. Hier muß vor allem auch W.Dilthey

169 Schuchardt, Krise, S.9.
170 Kohli, S.273.
171 Vgl. hierzu v.a.Helle.

genannt werden, der die naturalistische Metaphysik Comtes zurückwies und die notwendige methodologische Verschiedenheit zwischen Geisteswissenschaften einerseits und Naturwissenschaften andererseits betonte. Er forderte als wichtigste Methode für sozialwissenschaftliches Denken das Verstehen.[172]

Die biographische Methode ist auch nicht denkbar ohne die Unterscheidung zwischen normativem und interpretativem Paradigma.[173] Grundannahme des interpretativen Paradigma ist, daß der soziale Kontext, in dem ein Mensch lebt, stets ein interpretierter Kontext ist. Die Lebenswelt ist historisch-gesellschaftlicher Kontext und individueller Erfahrungsraum. Dieser Grundannahme folgend, gewinnt die Interpretation des einzelnen Menschen, seiner Situation und seines Lebens eine besondere Bedeutung, da mit dieser Interpretation Handlungszusammenhänge konstruiert werden, die als angemessene (subjektiv angemessene) Lösungen für den jeweiligen Lebenslauf verstanden werden können.

Eines der ersten Werke, das mit der biographischen Methode arbeitete, war die Arbeit von William I.Thomas und Florian Znaniecki über die polnischen Bauern in Europa und Amerika aus den Jahren 1919 -1921.[174] Die Autoren untersuchten die Schwierigkeiten kultureller Anpassung, die die Auswanderer im Übergang von einer ländlich-traditionellen Kultur in eine moderne Kultur hatten. Das Neue an dieser Studie war, daß sie sich nicht auf die Beschreibung äußerlicher Merkmale eines Phänomens beschränkte, sondern sich bemühte, "*psychi-*

---

172 Dilthey, S.138; 205-227
173 Wilson; Arbeitsgruppe Bielefelder Soziologen.
174 Thomas,Znaniecki.

sche Haltungen und Veränderungen auf dem Hintergrund der verschiedenen gesellschaftlichen Strukturen, in denen sie auftreten, zu klären".[175] Diese neue Methode arbeitete auch mit neuen Materialien, die der Fragestellung entsprachen: mit persönlichen Dokumenten. *"Ein menschliches oder persönliches Dokument nennt man ein solches, in dem menschliche und persönliche Züge des Verfassers derart zum Ausdruck kommen, daß der Leser seine Ansichten bezüglich der Ereignisse, die das Dokument behandeln, erkennt."*[176] Da es nicht in erster Linie um die Beschreibung struktureller Veränderungen ging, sondern eher um die Erklärung sozialpsychologischer Prozesse, werteten die Autoren Briefe und Korrespondenzen aus, die zwischen den Emigranten und den zurückgebliebenen Angehörigen gewechselt wurden, Leserbriefe an eine Zeitung sowie Akten einer polnischen Kirchengemeinde. In diesen Dokumenten, in denen das persönliche Erleben der Schreibenden im Vordergrund stand, glaubten Thomas und Znaniecki grundlegendes Material zu finden, das die wechselseitige Beeinflussung des einzelnen und einer Gruppe, von subjektiven und objektiven Faktoren gerade soziologischer Phänomene erforschbar machte. M.Kohli weist mit Recht darauf hin, daß damit nicht der uneingeschränkte Subjektivismus Einzug in die Soziologie hielt. Denn obwohl es bei der Auswertung der persönlichen Dokumente um die Darstellung eines einzelnen Lebens ging, war nicht der ein-

175 Szczepanski, S.226.
176 R.Redfield, zit.n. Szczepanski, S.232.
Vgl. hierzu auch die Definition R.C.Angells: *"Ein persönliches Dokument für unsere Forschungszwecke ist ein solches, das die Stellungnahme eines Teilnehmers an gewissen Vorgängen zu diesen enthüllt."* Zit.n. Szczepanski, S. 232.

zelne für sich Objekt der Analyse, sondern im Grunde der einzelne als Repräsentant einer Gruppe oder Kultur. Nicht die "*Persönlichkeitsorganisation*" war Forschungsgegenstand, sondern "*die soziale Organisation*"[177]. Die Autoren wandten sich damit gegen eine "*psychologistische Konzeption, in der Gesellschaft als aus psychischen Eigenschaften abgeleitet gedacht wird*".[178] Sie wandten sich aber ebenso gegen eine "*soziologistische Konzeption, in der das Individuum als Handlungsträger nicht mehr vorkommt.*"[179]

Alle Definitionen betonen die Bedeutung eines persönlichen Dokuments für die Erkenntnis der subjektiven Interpretation der Wirklichkeit. Persönliche, biographische Dokumente sind gerade nicht "*Auskünfte über soziale Verhältnisse und Vorgänge aus 'unpersönlicher' Sicht*"[180], sondern beanspruchen in ihrer Ich-Zentriertheit Aussagekraft für soziale Zusammenhänge.

"*Für den Soziologen wie für den Psychologen ist die Autobiographie ein Dokument des persönlichen, bewußten Lebens des Autors, ein Ausdruck seiner subjektiven Erfahrungen, wie alle menschlichen Aussagen, die keinen Anspruch auf wissenschaftliche Objektivität haben. Ihr großer unmittelbarer Wert als Lebensdokument gründet darin, daß sie eine bedeutende Zahl verschiedenartiger, aber miteinander zusammenhängender persönlicher Erfahrungen offenbart, die - gegenseitig sich ergänzend und beleuchtend - eine Ganzheit darstellen. Diese gibt dem Forscher die Möglichkeit, sie weit besser zu verstehen,*

177 Kohli, S.277.
178 Kohli, S.275.
179 Kohli, S.276.
180 W.Fuchs, Biographische, S.92.

zu kontrollieren und zu analysieren, als wenn er es mit spezifizierten Einzelaussagen in Fragebogen, Interview oder Briefen zu tun hätte."[181]
Diese Methode, die den subjektiven Faktor betont, konnte in der Soziologie nur Fuß fassen, weil der grundlegenden Annahme gefolgt wurde, daß das Subjektive in der Struktur sozialer Gruppen eine wichtige Rolle spielt, daß also auch die Wertungen und Einstellungen Einzelner für die Herstellung und Interpretation der sozialen Wirklichkeit bedeutsam sind.[182] Znaniecki nannte diesen Sachverhalt den "*Grundsatz des sogenannten humanistischen Faktors*"[183]. Danach können "*Sozialphänomene als Objekte erfaßt werden, wobei ein großer Teil die Bedeutung ist, die ihnen durch die Menschen zugeschrieben wird, die diese Vorgänge erleben*".[184] Znaniecki geht so weit, zu sagen, "*daß die Objekte der Kulturwelt derart sind, wie die Menschen sie erfahren, so daß sie also einzig in der Erfahrung der Menschen existieren und außerhalb dieser Erfahrung jede Bedeutung verlieren."*[185] Diese Annahme folgt dem Thomas-Theorem, wonach jedem selbstbestimmten Handeln ein Stadium der Prüfung und Überlegung vorausgeht, in dessen Verlauf die Situation, in der gehandelt werden soll, definiert wird.[186]
Seit Mitte der siebziger Jahre spricht man in den Sozialwissenschaften von einer neuen Aktualität der biogra-

181 Znaniecki, zit.n. Szczepanski, S. 233.
182 "*Die vom Soziologen zu erforschende Wirklichkeit setzt sich gleicherweise aus objektiven Kulturwerten und subjektiven Wertungen/Einstellungen der Einzelperson zusammen.*" Szczepanski, S.239.
183 Szczepanski, S.240.
184 Szczepanski, S.240.
185 Znaniecki, zit.n. Szczepanski, S.240.
186 Helle, S.60.

phischen Methode.[187] Dafür gibt es mehrere Gründe. Einmal das Aufkommen qualitativer Forschungsmethoden überhaupt[188], das einhergeht mit einem *"Dominanzverlust der neopositivistischen Forschungsmodelle"*[189]. Die Kritik an der empirischen Wende, die gerade die Pädagogik begeistert mitvollzogen hatte, war verbunden mit einem wachsenden Interesse an der Frage, ob die Verwendung biographischen Materials Möglichkeiten bietet, die Lükken zu füllen, die bei der bis in die sechziger Jahre noch dominierenden Erhebung von Datenwissen entstanden sind. In diesem Zusammenhang ist auch das Interesse der Sozialwissenschaften an "*hermeneutisch-lebensgeschichtlichen Fragestellungen*" zu sehen[190] , das unübersehbar anzeigt, "*daß eine Epoche der Soziologie, die der Herrschaft des Funktionalismus und der empirischen Forschung unter dem Primat des Fragebogens und der repräsentativen Stichprobe, anfängt, Alterserscheinungen zu bekommen.*"[191]

Hinter der Renaissance des interpretativen Paradigmas und speziell der Focussierung auf biographische Forschungsansätze[192] steht eine Rebellion *"gegen die 'Lebensferne' gängiger Wissenschaft"*[193], gegen "*die Kasernierung der Forschung in hochprofessionalisierten Instituten, deren Personal der beforschten Realität nur*

---

187 W.Fuchs, Biographische, S.127 ff; Heinze, Qualitative, S.7 ff; Kohli,S.287 ff; Lorenzer, Möglichkeiten, S.170; Schuchardt, Innovative, S.138 ff; Siebert, Einführung, S.13 ff.
188 Garz,Kraimer; Glaser,Strauss; Kleining; Wilson.
189 Kohli, S.289.
190 Heinze, Qualitative, S.7.
191 Steinert, S.13.
192 Heinze, Qualitative, S.8.
193 Kohli, S.290.

noch in Form von Verteilungen von Merkmalen begegnet."[194]

Das wachsende, auch öffentliche Interesse am Biographischen signalisiert jedoch noch mehr und anderes: Aufbruch zur Sinnsuche angesichts eines verbreiteten Erlebnisses von Sinnverlust[195], Widerstand angesichts einer realen, nicht eingebildeten Bedrohung menschlicher Individualität durch "*zunehmende Bürokratisierung, Rationalisierung der Arbeitswelt, komplizierte Datenerfassungsysteme u.ä.*", die die "*Abstraktheit, Anonymität und Entpersönlichung unserer Lebenswelt*" fördern[196]; Versuch der Herstellung einer sinnvollen Geschichte angesichts von Zerbrechlichkeit, ja Zerstörung von Biographie.[197] Schließlich macht "*der objektive Perspektivverlust,(...), die 'Verdatung', 'Verkabelung', 'Nuklearisierung' der alltäglichen Existenz - (...) die Frage nach dem 'Leben' schlicht zur Überlebensfrage.*"[198]

Das interdisziplinäre Interesse am Biographischen signalisiert innerhalb der Forschung neben einem Methodenwechsel zu qualitativen, kommunikativen Verfahren ein verändertes Wirklichkeitsverständnis: In der Ablehnung eines segmentartigen Verständnisses vom Menschen und seiner Wirklichkeit geht es im Grunde um das "*möglichst weitgehende Hereinholen zu untersuchender Wirklichkeit in den Forschungsprozeß bei gleichzeitiger Bewahrung des in ihr sinnhaft gegebenen Sinnzusammen-*

194 Kohli, S.290.
195 Schuchardt, Innovative, S.138.
196 Siebert, Einführung, S.13.
197 Boehnke, S.11.
198 Alheit, Biographieforschung, S.31.

hangs"[199]. Das Subjekt, der *Untersuchungsgegenstand*, soll verstärkt zu Wort kommen, soll *"möglichst weitgehend in den Forschungsprozeß strukturierend hineinwirken"*.[200] *"Die subjektive Deutung und Aneignung der Wirklichkeit"*[201] bekommt Vorrang vor den empirisch-objektivierenden Verfahren und deren oft belanglos unverbindlichen Ergebnissen. Am Anfang nicht nur der zeitgenössischen Literatur, sondern mehr und mehr auch im Mittelpunkt der Wissenschaften, die sich mit dem Menschen befassen, steht, was ein Mensch erlebt, wie er es erlebt, und welche Erfahrungen er mit der Einordnung des Erlebten macht. *"Es werden keine Hypothesen an Versuchspersonen verifiziert oder falsifiziert, sondern der Forscher versucht, Menschen zu verstehen (...)."*[202] In den anthropologischen Wissenschaften wächst das Interesse an der je besonderen Geschichte des Menschen, die sein Leben erzählt und für andere verstehbar machen will.[203] In diesem Zusammenhang ist auch zu sehen, daß Autobiographien vermehrt als Quellen für sozialgeschichtliche, pädagogische und sozialpsychologische Studien in Frage kommen.

Ein methodischer Vorteil der Biographieforschung besteht darin, daß sie bei der alltäglichen Praxis des Erzählens anknüpft. Menschen erzählen bei unterschiedlichen Anlässen aus ihrem Leben, bei Jubiläen, Familienfesten, Verabschiedungen und Klassentreffen. *"Wären es die Menschen nicht gewohnt, aus* (ihrer? d.Vf.) *Lebensgeschichte zu erzählen, hätten sie nicht schon au-*

---

199 Heinze, Qualitative, S.8.
200 Heinze, Qualitative, S.8.
201 Siebert, Einführung, S.14.
202 Siebert, Einführung, S.14.
203 Vgl. hierzu v.a.Maurer.

tobiographische Texte gelesen, wüßten sie nicht, wie man im Sinnhorizont der Biographie denkt, spricht und handelt, ginge biographische Forschung ins Leere."[204] Neben der Alltagskommunikation über Lebensgeschichte gibt es auch offizielle Formen biographischer Tradition, angefangen bei der Anamnese im Gesundheitsbereich, über die Personalakte, den Lebenslauf, die Laudatio bis hin zu der Beichte im religiösen Bereich: "*Die Ohren-Beichte ist eine der ältesten Formtraditionen, die als Schuldbekenntnis, als Bitte um Verzeihung für begangene Sünden, als Rechtfertigung des Lebens oder großer Lebensabschnitte bis heute biographische Kommunikation vorstrukturiert.*"[205] Ziel der Kommunikation über Lebensgeschichte, sei es in der Literatur, im Alltag oder im Beichtstuhl, ist die Aneignung, das Finden der eigenen Identität.

3.3. Die Suche nach einem "biographischen Paradigma"

Biographieforschung ist interdisziplinär, uneinheitlich in den Methoden und der Begriffsbildung[206], und kann in keiner wissenschaftlichen Disziplin auf eine kontinuierlich organisierte Geschichte zurückblicken.[207] Aus diesem Grund ist es sinnvoll, nicht von biographischer *Methode*, sondern von biographischer *Forschung* zu reden, weil damit das Abgrenzungskriterium zu anderen Arbeitsbereichen im Charakter der Daten zu sehen ist. Unter

204 W.Fuchs, Biographische, S.15
205 W.Fuchs, Biographische, S.32
206 "*Es gibt keine biographische Forschungsmethode in den Sozial- und Erziehungswissenschaften im Sinne eines von allen Forschern geteilten Kanons von Forschungspraktiken.*"
W.Fuchs, Biographische, S.11
207 Baacke, Biographie, S.10.

Biographieforschung fallen somit alle Forschungsansätze, die erzählte, bzw. berichtete Lebensgeschichte als Datengrundlage haben.[208] Die gegenwärtige Biographieforschung *"besteht aus einer Reihe hochinteressanter 'Kunstlehren' im Spannungsfeld zwischen dem narrationsstrukturellen Ansatz Fritz Schützes und Oevermanns 'objektiver Hermeneutik'.(...) Die Relevanz biographisch orientierter Forschungen, namentlich die Bedeutung einer Interpretation erzählter Lebensgeschichten, liegt eher auf pragmatischer Ebene".*[209] Ist man sich über das Ziel, die pragmatische Orientierung, klar, gibt es hinsichtlich der Auswertung des biographischen Materials noch viele offene Fragen: eine Theorie soll bei der Interpretation erkennbar sein, aber doch den Texten nicht übergestülpt werden; man soll empathisch sein und dennoch eine rekonstruierbare Auslegung nachweisen; man soll Typisierungen herausarbeiten, aber doch das je individuelle der Texte nicht dadurch zerstören.[210]

Baacke hat eine Reihe von Grundannahmen formuliert, die Biographieforschung in den einzelnen Disziplinen verbinden kann.[211] Da die vorliegende Arbeit auf diesen Grundannahmen aufbaut, werden sie im folgenden in einer durch eigene Thesen erweiterten Paraphrase übernommen.

1. Biographien sind komplex. Sie umfassen viele verschiedene, aber aufeinander bezogene und zu beziehende Dimensionen. Zum Beispiel: Einzelner-Gemeinschaft, punktuelles Ereignis-Lebensgeschichte, Realität-Deutung, Subjekt der Biographie-realer Autor, gedachter Leser-realer Leser.

---

208 W.Fuchs, Biographische, S.9.
209 Alheit, Biographieforschung, S.47.
210 Gudjons, Erzogene, S.584.
211 Baacke, Biographie, S.10 ff.

2. Biographieforschung beschäftigt sich mit Innenansichten, mit subjektiven Verarbeitungsformen von Interaktionen.

3. Die Geschichtlichkeit der Biographie ist ihr konstituierendes Merkmal. Auch wenn es übergreifende Aspekte gibt, gehören die Erfahrungen einer ganz bestimmten Zeit an und wurden von ihr geprägt.

4. Biographien haben einen Identitätspunkt: Der Autor erkennt sich als jemand, der er war, ist und sein wird in bezug auf andere. Biographien entfalten damit einen Lebensplan, in den Erfahrungen eingeordnet werden.

5. Mit Biographien beschäftigt man sich über ihre Vertextung. Zwischen Textstruktur und Lebensstruktur bestehen Entsprechungen, die es erlauben, ein Leben auf der Folie eines Textes zu verstehen.[212]

Diesen gegenstandsbezogenen Grundannahmen entsprechen ebensolche auf der Ebene der Forschungsmethoden:

1. Weil der Forschungsgegenstand Biographie so komplex ist und es notwendig ist, unterschiedlichste Aspekte und Dimensionen zu beachten, ist der Forscher zur Beschäftigung mit nur wenigen Fällen gezwungen.[213]

2. Die Beschäftigung mit Biographien hat zur Voraussetzung eine Beschäftigung des Forschers mit sich selbst. Folgt er der Devise der qualitativen Sozialforschung *go into the actor's world*, so kann er sich dabei nicht ausklammern. Deswegen spricht man in diesem Bereich auch von kommunikativer Sozialforschung.[214]

3. Biographien erschließen sich am ehesten durch hermeneutische Operationen, durch verstehendes, interpretierendes Erschließen.[215] Damit ist ein Wertstandpunkt verbunden. Der Forscher akzeptiert, daß er nicht wert- und interessefrei vorgeht, sondern daß gerade sein Interesse gefragt ist. *"Wenn es um menschliche Angelegenheiten geht, wird Erkenntnis gerade nicht durch Desinteresse, sondern durch das Gegenteil ermöglicht; ohne den Einfluß von Interesse im ursprünglichen Wortsinn von Betroffensein und Sorge gibt es keine Wahrnehmung des Erkenntnisgegenstandes in seiner spezifisch menschlichen Eigenart - und deshalb keine wirkli-*

---

212 Vgl hierzu v.a. das Text-Kommunikations-Modell von Salzmann, S.18.

213 "*Schon daraus folgt, daß sozialwissenschaftliche Auslegung notwendig exemplarisch arbeitet. Sie ist per se Fallanalyse und zielt auf das Typische, Verallgemeinerungsfähige von historischen Einzel-Erscheinungen.*"
Soeffner, S.147.

214 Vgl. hierzu v.a. Arbeitsgruppe Bielefelder Soziologen, Kommunikative Sozialforschung; Gudjons u.a., Spuren; Hoffmann-Riem.

215 Vgl. hierzu v.a. Heinze,Klusemann, Interview; Oevermann,Logik.

che Wahrnehmung seiner Situation und kein Verstehen seines Verhaltens".[216]

4\. Der hermeneutische Zirkel ist nicht zu umgehen. "*Bedingung ist nicht, daß der Forscher theoretisch voraussetzungslos in den Forschungsprozeß einsteigt, sondern daß er mit seinen theoretischen Vorurteilen den Forschungsprozeß nicht steuert.*" [217]
Das Allgemeine kann man nur aus dem Besonderen erschließen, man muß aber eine Hypothese über das Allgemeine aufstellen, um das Besondere untersuchen zu können.[218]

5\. Die persönlichen Dokumente, wie sie Biographien darstellen, können nicht wie eine historische Quelle benutzt werden, die eine getreu beschriebene Wirklichkeit darbieten soll.[219] Die Dokumente bieten Material zur Erforschung der Bedeutung, die Menschen den Ereignissen und Interaktionen in ihrem Leben beimessen, wie sie Geschichten erleben und erlebt haben.

6\. Der Charakter der Ganzheitlichkeit und Vieldimensionalität, der Biographien auszeichnet, verbietet einen Verstehensbegriff, "*der sich durch strukturanalytische Theoriebildung leiten läßt*".[220] Hier wäre Verstehen immer schon einem "*binnentheoretisch zweckrationalen Kalkül*"[221] unterworfen, das außerhalb der Biographie liegt, auf die sich das Verstehen richtet. Insofern ist Verstehen gegenüber Biographien nur begrenzt zu methodisieren. Die Elemente des Verstehens müssen vielmehr jeweils aus der Lebenswelt rekonstruiert werden, in der sich der Autor und der Leser befinden.[222]

4. Autobiographie und Erziehungswissenschaft

"*Ich ging auf der Allee zurück, im weißen Staub des Fahrdammes, die Kindheit lag Jahrzehnte hinter mir, ich kann sie jetzt mit durchdachten Worten schildern, ich kann sie zergliedern und vor mir ausbreiten, doch als ich sie erlebte, da gab es kein Durchdenken und kein Zergliedern, da gab es keine überblickende Vernunft.*"
P.Weiß, Abschied von den Eltern, S.28 f

Dieses Kapitel beschäftigt sich mit dem pädagogischen Interesse an autobiographischem Material und fragt nach den Gründen, die dafür sprechen, Autobiographien zum bevorzugten Material der Erziehungswissenschaft zu ma-

---

216 Matson, The broken image, zit.n. Filstead, S.34.
217 Hoerning, S.683.
218 Vgl. hierzu v.a. Glaser, Strauss, Entdeckung; leining, Umriß.
219 ausführlicher hierzu s.u. S.
220 Baacke, Biographie, S.26.
221 Baacke, Biographie, S.26.
222 Vgl. hierzu v.a.Aufenanger; Würker.

chen.[223] Die Frage heißt dann: was kann Pädagogik in Theorie und Praxis aus Geschichten lernen? In welcher Weise und unter welchen Bedingungen können "*Lebenserinnerungen Quelle und Medium für erziehungswissenschaftlich relevante Erkenntnisse sein*"[224]?
Die Klärung dieser Frage ist im Rahmen einer religionspädagogischen Arbeit notwendig und sinnvoll, weil Religionspädagogik Theologie *und* Pädagogik ihre Bezugswissenschaften nennt, und deswegen die Forschungsergebnisse der Pädagogik nicht unberücksichtigt lassen kann. Biographieforschung in religionspädagogischer Absicht ist kein eigener Forschungsbereich, sondern ein kommunikativer Zugang zu religionspädagogischen Fragen, den die Religionspädagogik mit anderen Disziplinen teilt, vor allem mit den Sozial- und Erziehungswissenschaften.[225]

4.1. Das Interesse an Geschichten über Erziehung

Eine Möglichkeit, Autobiographien für die Erziehungswissenschaft zu erschließen[226], besteht darin, sie als Quellenzeugnisse, als Geschichtenbuch zu benutzen. Da es sich um Kindheitserlebnisse, um Erziehungs- und Schulerfahrungen handelt, kann die Autobiographie Einblick gewähren in die vielfältigen pädagogischen Bemühungen einerseits und die Wirkungsgeschichte dieser Bemühungen andererseits. "*Der besondere Wert von Schulerinnerungen als Zugang zu didaktisch relevanten Sachverhalten liegt in jenen eher zufällig oder nur indivi-*

223 Henningsen; Baacke; Schulze.
224 Th.Schulze, Geschichte, S.8.
225 Biehl, Ansatz, S.278.
226 Gudjons, Erzogene.

duell bedeutsam erscheinenden Einzelheiten, in denen die subjektive Seite schulischen Lernens greifbar wird. Das meint die Art und Weise, wie das Lehrangebot bei den Schülerinnen und Schülern ankommt und unter welchen Umständen, was es in ihnen auslöst und bewirkt, und wie es sich mit längerfristigen oder andauernden Interessen, Einstellungen und Handlungsweisen verbindet, zur Ausgestaltung einer Lebensperspektive beiträgt."[227]
Autobiographien können einen Beitrag leisten zu einer narrativen Pädagogik, in dem sie Geschichten erzählen über Erzieher und Kinder, über Lehrer und Eltern, über Eltern und Kinder. Erinnerungen geben Auskunft über die emotionale Seite der Schule, über ihr Klima und wie sich Schüler in ihr *fühlen*. Pädagogen müssen Erziehungsgeschichten kennen, da sie immer wieder intervenierend, steuernd und belehrend auf die Erziehungs- und Lebensgeschichte anderer einwirken.[228] Was das Lehrbuch der Pädagogik sonst nicht erfahrbar macht, die subjektive Seite der Erziehung, wie Erziehung auf die Adressaten wirkt, kann hier nachgelesen und - wichtiger noch: nachvollzogen werden. Eine Pädagogik, die sich auf Erziehungsschicksale beruft, kommt nicht aus ohne eine Sammlung von Geschichten, die aufzeigen, welche Erfahrungen Kinder mit Erziehung gemacht haben. Eine derartige Sammlung von Geschichten will Teil II der vorliegenden Arbeit anbieten. Autobiographien bieten zugleich aber auch eine Sammlung von Gedanken und Reflexionen, die sich inzwischen Erwachsene über diese Geschichten gemacht haben.[229] Das biographische Inter-

227 Th.Schulze, Geschichte, S.9.
228 Siebert, Einführung, S.14.
229 Bittner, Dimension, S.336.

esse an vertexteten Lebensschicksalen schärft zudem den Blick für die Lebensgeschichte und die individuellen Erziehungsschicksale der einem Lehrer anvertrauten Kinder. In therapeutischen Berufen gilt biographisches Interesse als Eignungskriterium: "*Wer niemals Romane liest, sich für persönliche Schicksale in der Literatur überhaupt nicht interessiert, ist von vornherein verdächtig. Er wird den Anforderungen einer psychotherapeutischen Praxis gegenüber versagen, weil ohne vertieftes biographisches Interesse die Mitteilungen unserer Patienten ihm auf die Dauer unerträglich langweilig vorkommen.*"[230] Die Pflege des autobiographischen Interesses ermöglicht ein sensibleres Eingehen auf die Erfahrungen von Kindern, gerade wenn es Erfahrungen sind, über die man nur schwer sprechen kann, weil sie nur schwer zu ertragen sind. "*Wir versuchen, Teilnehmer zu ermutigen, auch über solche lebensgeschichtlichen Erfahrungen zu sprechen, bei denen sie sich minderwertig oder als Versager gefühlt haben. Da gerade solche Erlebnisse oft von Scham-, Schuld- oder Angstgefühlen überlagert werden und deshalb den Teilnehmern nicht ohne weiteres möglich ist, über diese Erlebnisse zu sprechen, kommt es auf eine sehr hohe Sensibilität und gut ausgebildete Zuhör- und Wahrnehmungsfähigkeit des Pädagogen an, um Mitteilungen von Teilnehmern, in denen solche Erlebnisse und Erlebnisformen angedeutet werden - oft in Nebensätzen, verschlüsselten Formulierungen und sich widersprechenden Darstellungen -, aufzugreifen.*"[231]

---

230 Schottlaender, S.182.
231 Grösch,Willigmann, S.611.

Lebensgeschichtlich relevante Lernprozesse finden (leider) häufig "*jenseits der Erziehungsinstitutionen*" statt.[232] Von daher leuchtet das Plädoyer für eine aus autobiographischen Erzählungen gewonnene "*Antipädagogik*" ein.[233] Eine solche Anti-Pädagogik würde zum Beispiel auflisten, was durch pädagogische Bemühungen alles nicht geleistet oder sogar verhindert worden ist. Autobiographische Schriften weisen nachdrücklich darauf hin, daß der Lernprozeß im Lernenden stattfindet und am Ende der Lernende selber entscheidet, was er daraus macht. Kinder sind Subjekte ihrer eigenen Geschichte und Lerngeschichte. Dieser Gedanke findet Berücksichtigung, wenn es "*den Lehrenden gelingt, die Welt so zu präsentieren, daß die Lernenden das, was sie mitbringen, besser verstehen, ergänzen, korrigieren können, daß sie die Welt als problemgeladen, spannungsvoll und Anstrengungen erfordernd erfahren, Anstrengungen, die sie in ihrem Interesse auf sich nehmen und deren Ergebnisse ihnen zum Weiterlernen Lust macht*".[234] Die Beschäftigung mit Autobiographien ist auch eine heilsame Übung zur Bescheidenheit der Pädagogen, gerade weil diese Erinnerungen offenkundig machen, wo und wodurch keine Lust zum Weiterlernen besteht, was durch pädagogische Einwirkung nicht nur nicht erreicht wird, sondern sogar behindert oder zerstört wird.[235] Autobiographien machen etwas deutlich von den Schmerzen und Wunden, die jede Erziehung begleiten. Sie korrigieren damit die Gesinnungsethik der Pädagogen, die besagt, daß

---

232 Wagner-Winterhager, S.320.
233 Th.Schulze, Thesen, S.330 ff.
234 W.Schulz, Fragen, S.37.
235 Th.Schulze, Thesen, S.332.

etwas auch gut ankommt, wenn man es gut meint. *"Wir haben es doch gut gemeint"* ist ja gerade dann eine Rechtfertigung, die Sinn macht, wenn der Ausgang der pädagogischen Bemühungen offenkundig gar nicht gut war.

Kindheitserinnerungen sind Geschichten, die Deutungen über Erziehung enthalten, sind also Texte, die etwas darüber sagen, welche Erfahrungen Menschen mit Erziehung gemacht haben. Diese Texte bieten Reflexion, eine "*durchdachte*" Erziehungsgeschichte, "*überblickende Vernunft*"[236]. Die überblickende Vernunft, die gerade durch den Abstand zu Kindheit entsteht, macht die Geschichten so wertvoll, auch und gerade gegenüber Befragungen zur Schülerwirklichkeit.[237] Wenn also pädagogische Theorie sich mit der wissenschaftlichen Erschließung solcher Kindheitserinnerungen beschäftigt, beschäftigt sie sich mit der Wirkungsgeschichte von Erziehung, mit dem Ziel, die Erfahrungen, die Menschen mit der Erziehung gemacht haben, wieder fruchtbar zu machen für die Praxis der Erziehung.

Aus Lebensgeschichten lernen ist also nicht nur relevant für eine Gruppe Betroffener (*"Neurotiker, die mit Hilfe autobiographischer Produktionen eine Selbstbehandlung versuchen"*[238]), die ihr Kindheitsschicksal aufarbeiten möchte, sondern darüber hinaus für die Pädagogik in Theorie und Praxis überhaupt, sofern sie be-

---

236 Weiss, Abschied, S.28 f.

237 "*Was in einem direkten Gespräch oft nicht möglich ist, weil mann schnell in eine Rechtfertigunsposition gerät, läßt sich in einem Dokument, durch die Anonymität der Personen oft eher nachvollziehen, akzeptieren und verstehen.*"
Combe, S.26

238 Schulze, Thesen, S.331.

troffen darauf reagieren kann, was sie anrichtet oder nicht anrichtet, was sie bewirkt oder verhindert.

4.2. Das Interesse an der Lebenswirklichkeit des Schülers

Pädagogen, die erziehen, sind auf der Suche nach der Wirklichkeit, in der die Schüler leben und die hinter den abstrakten sozialwissenschaftlichen Begriffsbildungen steht.[239] Konkrete pädagogische Tätigkeit bedarf eines Verstehens davon, wie Situationen zustandekommen, und eines Wissens darüber, was vor diesen Situationen war und was danach alles sein könnte. "*Erzählungen können uns sensibilisieren. In der Sozialwissenschaft neigen wir ja, um uns zu orientieren, schnell zu Klassifizierungen und Typisierungen. Da gibt es 'Unterschicht' und 'Mittelschicht' und ihnen zugeordnete 'Erziehungsstile'; da gibt es eine 'bürgerliche Sozialisation' oder die 'Selektions-, Integrations- und Qualifikationsfunktion' der Schule. Indem wir mit solchen Generalisierungen hantieren, verlieren wir aber leicht die Wirklichkeit aus dem Blick, die meist widersprüchlicher, differenzierter, facettenreicher ist.*"[240] Zudem decken sich die Erfahrungen des Pädagogen über Wirklichkeit nur zum Teil mit den Erfahrungen derer, die er erzieht. Dann ist das, was jeder als Wirklichkeit definiert, durch die je individuelle Perspektive im günstigeren Fall ein Ausschnitt, im ungünstigeren Fall sogar eine Verzerrung. Deswegen hat der Pädagoge Interesse an

---

239 Baacke, Biographie, S.12 f.
240 Baacke, Ausschnitt, S.19 f.

Geschichten, denn "*immer wieder kann er etwas erfahren, das über den Rand seiner eigenen Erlebnisse und Deutungen hinausgeht.*"[241]

In der Autobiographie findet sich ein Stück erlebter Kinder-Wirklichkeit. Wirklichkeit nicht als empirische Tatsache, sondern als erlebte, von einem Menschen allerdings bereits gedeutete Wirklichkeit. An diesem Punkt muß sich, wer sich als Pädagoge der autobiographischen Aussage zur Erhellung der Wirklichkeit bedient, mit dem Einwand auseinandersetzen, die autobiographische Aussage "*impliziere Deutung und ist deshalb unzuverlässig*"[242]. Aber der Wahrheits- und Wirklichkeitsgehalt einer biographischen Aussage[243] ist nicht niedriger als der einer Aussage, die sich auf experimentelle, statistische oder sonstige empirische Methoden stützt. Denn "*als Adressaten der einen wie der anderen Aussage sind wir gehalten, den Wahrheitsgehalt für uns nachzuvollziehen, das heißt, hermeneutisch vorzugehen (...)*".[244] Damit tritt der Leser mit dem Autor in einen Prozeß der Kommunikation. Unter der Voraussetzung, daß man sich auf diesen Prozeß einläßt, ist die autobiographische Aussage der mit traditionellen empirischen Methoden gewonnenen Aussage, was ihren Gehalt an pädagogischer Wahrheit betrifft, sogar überlegen. Die Überlegenheit besteht darin, daß eine erzählte Geschichte uns zu einem Dialog herausfordert, zumindest zu einer eigenen Auseinandersetzung. Einer Statistik muß man erst einmal Sprache verleihen, die Autobiogra-

---

241 Baacke, Biographie, S.13.
242 Henningsen, S.23.
243 ausführlicher dazu s.u.Kap 10.1.: Die Autobiographie als Quelle.
244 Henningsen, Autobiographie, S. 23

phie spricht für sich, und nicht nur das, sie spricht auch andere an.[245] J.Henningsen vergleicht die autobiographische Aussage mit einem sprechenden Angeklagten und die empirisch gewonnene Aussage mit einem stummen Angeklagten: "*Mit dem Aufkommen der modernen Naturwissenschaft (...) versteht sich der Wissenschaftler als 'Richter', der den Dingen Antworten abpreßt. Wissenschaftliche Methoden wurden erfunden und präzisiert, um dem 'Angeklagten' jede Möglichkeit zu nehmen, Ausflüchte zu machen oder den Richter zu täuschen: den Dingen wird die Daumenschraube angesetzt, um sie zur Aussage zu zwingen. Eugen Rosenstock hat uns vorgehalten, daß wir damit auf das Beste, was die Dinge uns gewähren können, verzichten. (...).Mit der autobiographischen Aussage haben wir einen 'Angeklagten' vor uns, der spricht. Mit dem empirischen Faktum haben wir es mit einem 'Angeklagten' zu tun, der stumm ist. Der sprechende Angeklagte kann uns täuschen - zugegeben. Aber die Möglichkeit des Getäuschtwerdens ist angesichts des stummen Angeklagten nicht geringer. Es kommt nun aber nicht darauf an, nicht getäuscht zu werden (Furcht vor Irrtum), sondern es kommt genauso darauf an, der Wahrheit innezuwerden (Liebe zur Wahrheit). Da diese Wahrheit für uns an die sprachliche Mitteilung gebunden ist, bietet uns die autobiographische Aussage eine zusätzliche Chance der Wahrheitsfindung, weil sie immer schon in der Sprache ist.*"[246] Das heißt, die Autobiographie, die an das Medium erzählende Sprache gebunden ist, bietet einen höheren Wahrheitsgehalt, wenn

245 Vgl hierzu v.a. Lorenzer; Salzmann; Würker.
246 Henningsen, S.23 f.

gilt, daß Wahrheit in der pädagogischen Wirklichkeit auch nur in sprachlichen Mitteilungen im Kontext von Erfahrungen existiert. Die Wahrheit liegt in "*Beziehungen, Verhältnissen, Verbindungen, Bezügen, Relationen*".[247] Der pädagogische Gegenstand *ist* die Beziehung. So würde der Pädagoge, wenn er darauf verzichtete, Autobiographien zu lesen und auszuwerten, damit auch auf das Beste verzichten, was ihm geboten werden kann: auf die wahre, freiwillige und zweckfreie Äußerung über Erziehung und Kindheit.

4.3. Das Interesse an exemplarischen Erziehungsgeschichten

Dieses Interesse folgt der Annahme, daß es sinnvoller ist, an wenigen Erziehungsgeschichten exemplarisch zu lernen, als eine Fülle statistischer Angaben auszuwerten. "*Wenn es gelänge, die Erziehungsgeschichte eines einzigen Individuums richtig, d.h. vollständig und mit den zutreffenden Bedeutungsakzenten darzustellen, wären gleichzeitig alle nur denkbaren Erziehungsgeschichten mit aufgeklärt.*"[248] Diese Annahme folgt der Hypothese, die aus dem psychoanalytischen Erkenntnisprozeß gewonnen wurde: Wenn es gelänge, einen einzigen menschlichen Lebenslauf in seinem *so und nicht anders* vollständig durchsichtig zu machen, wüßten wir zugleich alles Wissenswerte über alle nur erdenklichen Lebensläufe. Das Interesse an exemplarischen Lebensläufen ist in der Pädagogik nicht neu, es findet sich zum Beispiel bei R. Hönigswald bei dem Versuch einer Verhältnisbestimmung

247 Kleining, S.229.
248 Bittner, Dimension, S.337 f.

von Psychologie und Pädagogik: *"Ein einziger, wirklich analysierter Fall eines pädagogischen Verhaltens (...) hat für die Theorie der Pädagogik mehr wissenschaftlichen Wert als ein ganzes Heer statistischer Angaben über das Zusammenbestehen von Merkmalen und Reaktionsweisen. Der gedankliche Querschnitt durch einen einzigen Fall eines pädagogischen Vorgangs und dessen Verknüpfung mit anderen bedeutet unendlich viel mehr als die üppigste Zusammenstellung nach Gesichtspunkten der äußeren Zweckmäßigkeit und der Konvention."*[249] Damit ist gesagt, daß es überindividuelle Merkmale und Charakteristika an Lebens- und Erziehungsgeschichten gibt, die aufzuspüren für einen Pädagogen sinnvoll sind, weil er damit auch die anderen realen und denkbaren Erziehungsgeschichten verstehen kann. Autobiographien sind überdies besonders geeignet, einen *gedanklichen Querschnitt durch einen einzigen Fall* zu ermöglichen, weil sie einen Lebens- oder Kindheitsverlauf im Zusammenhang anbieten.

Damit streift diese Art der Auswertung von Autobiographien in pädagogischem Interesse eine andere Methode, die der pädagogischen Kasuistik. Darunter ist zu verstehen *"die Kunst, eine Fallbeobachtung in eine Falldarstellung zu überführen und mit einer Fallanalyse zu verbinden".*[250] Eine solche pädagogische Kasuistik müßte, *"(a) zur pädagogischen Praxis und ihrer Deskription deren gelungene Interpretation hinzufügen, (b) die persönliche Erfahrung des einzelnen und seinen Erfahrungsbericht zu gemeinsamer Erfahrungserkenntnis brin-*

249 Hönigswald, S.214 f.
250 Binneberg, S.397.

gen, (c) den einzelnen Fall und die Falldarstellung zu einer überzeugenden Fallstudie führen."[251] Auch hier ist der Anspruch formuliert, von der persönlichen Erfahrung des einzelnen gewinnbringende Erkenntnisse für andere pädagogische Situationen zu erhalten. Dabei bedarf es zur gelungenen Interpretation allerdings eines nachprüfbaren Instrumentariums, um von der persönlichen Erfahrung des Einzelnen zu überindividuellen Aussagen zu gelangen. Die autobiographischen Erfahrungen ernstnehmen und auswerten heißt dann im Gefälle pädagogischer Kasuistik:

(a) Beobachten, was der Fall war und ist;

(b) Abläufe und Situationen beschreiben, die den Fall ausmachen;

(c) Zusammenhänge erkennen, die sich aus dem Fall ergeben.

4.4. Das Interesse an der Kommunikationssituation

"Ein zentraler Gegenstandsbereich pädagogischer Tätigkeit und Forschung sind seit jeher kommunikative Akte"[252]. Die Wissenschaft hat zwar eine Reihe von Erkenntnissen über Kommunikationssituationen gewonnen, verliert aber, gerade bei quantifizierten Daten das *"Insgesamt einer Kommunikationssituation"* aus den Augen.[253] Zu diesem *Insgesamt* gehört zum Beispiel, was jemand an Dispositionen, versteckten Erwartungen, Hoffnungen, Wünschen in die Kommunikationssituation mitbringt. Jede Situation ist komplexer, als daß sie über Daten auszählbar wäre. Um eine Situation zu erfassen,

251 Binneberg, S.397.
252 Baacke, Gedanken, S. 321.
253 Baacke, Gedanken, S. 322.

muß die Praxis wirklich zu Wort kommen, *"durch eigene Erfahrungsberichte, durch reflektierende Berichte aus dem Alltag der Schule: wie man Unterricht ins Werk setzt, welche Schwierigkeiten man damit hat, welche Fehler man begeht, welche Änderungen man vornimmt, wie man Unterricht erfolgreich zu Ende führt"*.[254] Was jemand in die jeweilige Kommunikationssituation mitbringt, hat immer auch mit den Erfahrungen zu tun, die er bisher in seinem Leben gemacht hat. So verweist jede Kommunikation auch zurück auf die bisherige Biographie und zeichnet zukünftige Kommunikation vor. Hier wird deutlich, daß man es bei kommunikativen Akten, wie sie pädagogische Situationen darstellen, nie mit isolierten Ereignissen zu tun hat.

Gerade erzählende Texte, insbesondere Autobiographien, sind geeignet, diesen Aspekt, eine Kommunikationssituation in ihrer Gesamtheit, Komplexität und Kompliziertheit, zu erfassen und zu beleuchten. Einmal, weil erzählte Geschichten Innenansichten zeigen, also auch die Vorgänge, Gefühle und Erwartungen darstellen, die sonst nicht zum Vorschein kämen. Zum anderen haben erzählende Texte den Charakter der Zeitlichkeit. Sie helfen zu verstehen, warum etwas so geworden ist, wie es ist. Sie helfen auch zu verstehen, warum Menschen so und nicht anders reagiert haben. Damit initiieren erzählende Texte *"Verständigungs- bzw. kommunikatives Lernen als den Vorgang, in dem sich Schüler* (und Lehrer! d.Verf.) *unterschiedlicher Positionen, Erfahrungen, Gefühle, Interessen und auch Niveaus miteinander bekannt machen und aneinander Interesse finden, also einander begeg-*

---

254 Binneberg, S.396.

nen, so daß die Klärung untereinander auch zu Klärungen im einzelnen Schüler führen".[255]
Zuletzt geht es darum, daß erzählende Texte in der Regel nicht Konstellationen von Menschen und Dingen *beschreiben*, sondern einen Menschen ins Bild setzen, der aus seiner Sicht Ereignisse und Beziehungen erinnert. Damit tragen sie der Tatsache Rechnung, daß Pädagogik es nicht mit Deskriptionen isolierter Handlungsfelder zu tun hat, sondern damit, Menschen in ihrem jeweiligen Bezugsrahmen zu verstehen. Das Verstehen als grundlegende pädagogische Tätigkeit[256], genauer das Verstehen kommunikativer Akte über das Verstehen erzählender Texte, kommt so wieder neu in den Blick. Es ist der Anfang einer pädagogischen Diagnostik.[257] Ein Pädagoge muß sich immer von dem leiten lassen, was der Schüler ihm als Problem anbietet und nicht von dem, was er für das Problem hält.

5. Religionspädagogik und Autobiographie

5.1. Der seelsorgerliche Aspekt

Was für die Religionspädagogik als Teildisziplin der Theologie gilt: "*Wir brauchen eine seelsorgerliche Religionspädagogik für den gesamten Erziehungsbereich*"[258], gilt insbesondere für den Religionsunterricht, in dem der Religionslehrer "*schwerpunktmäßig als Seelsorger gefordert ist*".[259] Ein Lehrer, der seine

255 Stoodt, Lehrer, S.105.
256 Ettl; Leber; Reiser,Trescher; Singer.
257 "*Faßt man das Ziel der qualitativen Sozialforschung als systematisierte Entdeckung von Relationen und Strukturen, so wird qualitative Sozialforschung als soziale Diagnostik verstanden.*"
Kleining, S.229.
258 Stollberg, Wahrnehmen, S.116.
259 Stollberg, Wahrnehmen, S.141.

Schüler seelsorgerlich begleiten möchte, muß erst einmal die Welt seiner Schüler, die Ängste und Konflikte, die Erwartungen und Enttäuschungen, die Hoffnungen und Sehnsüchte der Schüler kennenlernen. Autobiographien, die die eigene Kindheit thematisieren, liefern dazu reichlich Material, absichtslos, authentisch und zweckfrei, wie dies ein persönliches Gespräch nicht bieten könnte.[260] Auch standardisierte Untersuchungen wie Interview oder Befragung zeigen nicht diese Echtheit.[261] Um Typisierungen von Erfahrungen zu durchbrechen und um wirklich Neues zu erfahren, benötigen wir Empathie und pädagogische Phantasie.[262] Autobiographien zeichnen ein differenziertes Bild der Familienbeziehungen, in denen Kinder aufwachsen, und der Gefühle, die ein Kinderleben begleiten.[263] Ein seelsorgerlicher Religionsunterricht nimmt diese Gefühle auf, und versucht nicht, sie zu verdrängen oder zu diffamieren. *"Die Gefühle dürfen nicht länger heimatlos bleiben oder gar diffamiert werden. Vielmehr muß die Schule und insbesondere der Religionsunterricht lehren, wie sich Gefühle entfalten, kontrollieren und entwickeln lassen."*[264] Von einem Religionsunterricht, der die Gefühle der Kinder berücksichtigt, könnten "*Impulse der Rehumanisierung des Zusammenlebens*" der Menschen ausgehen,[265] weil er ein System vertritt, *"bei dem Offenheit, Ehrlichkeit und Zärtlichkeit, nicht Einsamkeit und Entfremdung die in-*

260 *"Autobiographien zeigen uns Kinder in Situationen, über die wir als Pädagogen auch in Vertrauensbeziehungen kaum etwas erfahren."* Baacke, Ausschnitt, S.20.
261 Bösel, S.28 ff.
262 Baacke, Normalbiographie, bes. S.298 u.304.
263 Vgl. hierzu v.a. Teil II dieser Arbeit.
264 Stoodt, Information, S.3o7 f.
265 Ackerman, S.567.

terpersonalen Beziehungen prägen, in dem Unterschiede kreativ genützt werden und kein Platz für Vorurteile und daraus wachsende Gewalttätigkeiten ist."[266] Ein seelsorgerlicher Unterricht greift die Konflikte der Kinder auf und bietet Hilfe bei der Bewältigung dieser Konflikte. Er versucht, vorenthaltene Anerkennung zu vermitteln.[267] Im Anschluß an die Theorie von E.Erikson[268] und die Ausführungen von J.Scharfenberg[269] kann ein Religionsunterricht in diesem Sinne auch als "*Reifungshilfe*" verstanden werden. Reifungshilfe bedeutet etwa für die Altersstufe des Grundschulkindes, daß die Frage 'Vertrauen gegen Mißtrauen' und vor allem die Autonomieproblematik anzusprechen und auszutragen ist. Seinen Gefühlen zu vertrauen, sich herauszuwagen aus der Ängstlichkeit und zu sich selber zu stehen, ist das Grundproblem der Kinder in den ersten Schuljahren.[270] "*Jede Gruppensituation zeigt mit überwältigender Deutlichkeit, bei wie vielen Kindern das Selbstgefühl von Scham und Zweifel untergraben ist.*"[271] Diese Feststellung Scharfenbergs kann für die vorliegende Arbeit erweitert werden: Auch und gerade Autobiographien zeigen in bestürzender Weise, bei wie vielen Kindern das Selbstgefühl untergraben oder gar nicht entwickelt ist.[272] Gerade der Religionsunterricht, der nicht einseitig Leistung betont, kann das Kind vor "*sinnlosen Erlebnissen von Scham und Zwei-*

---

266 Ackerman, S.567.
267 Biehl, Funktion, S.73.
268 Erikson.
269 Scharfenberg, Religionspädagogik.
270 Scharfenberg, Religionspädagogik, S.229 f; vgl. hierzu auch Teil II.
271 Scharfenberg, Religionspädagogik, S.234.
272 Teil II, bes. Kap. 8.7. und Kap. 8.8.

fel"[273] schützen. Ein Religionspädagoge, der den Anspruch hat, Kinder in ihren altersentsprechenden Konflikten angemessen zu verstehen und zu begleiten, muß sich neben der gründlichen Auseinandersetzung mit der Wirklichkeit des Schülers zusätzlich die Mühe machen, *die christliche Überlieferung im Licht der grundlegenden tiefenpsychologischen Themen zu verstehen".*[274] Wenn Erziehung und Seelsorge korrespondieren[275], ist es einerseits möglich, einem Kind "*zu dem Recht zu verhelfen, Kind zu sein*"[276], auf der anderen Seite Schritte in die nächste Phase der Entwicklung anzudeuten.[277] So ereignet sich Erziehung "*im Vorfeld der Seelsorge, im Gegenüber zur Seelsorge und als Nachwirkung und schließlich im Vollzug der Seelsorge.*"[278]

Der seelsorgerliche Aspekt wird inzwischen als strukturelle und inhaltliche Dimension des Unterrichtsgeschehens von allen schülerorientierten Konzeptionen vertreten. So spricht H.Reiser von einem schülerorientierten Unterricht, der vor allem "*Ich-Stärkung des Schülers*" intendiert[279], W.Jentsch von "*Geleit im Unterricht*"[280], R.Leuenberger von "*Religionsunterricht als Seelsorge*"[281], G.Stachel von "*Unterricht über Lebensfragen*"[282], D.Stoodt von "*Unterricht als Sozialisationsbe-*

273 Erikson, S.232 ff.
274 Scharfenberg, Religionspädagogik, S.228.
275 Jentsch, Handbuch, S.332 ff.
276 Korczak, S.35.
277 Fabricius, S.375.
278 Jentsch, Handbuch, S.333.
279 Reiser, Identität.
280 Jentsch, Geleit.
281 Leuenberger, Dienst.
282 Stachel, Unterricht.

gleitung"[283]. Ein seelsorgerlicher Unterricht ist an zwei Bedingungen geknüpft: zum einen an die seelsorgerliche Kompetenz des Seelsorgers; zum anderen an den *"anthropologischen Ansatz, mit dem der Lehrer seine Schüler sieht".*[284] Die seelsorgerliche Kompetenz als Fähigkeit zur Einfühlung setzt die Fähigkeit zu "*biographischer Erinnerung"*[285] voraus. Biographische Erinnerung heißt Erinnerung und Reflexion der eigenen Erziehungs- und Kindheitsgeschichte mit dem Ziel, Heilung für das verletzte Kind zu suchen.[286] *"Wer sich mit Kindern abgeben und erzieherisch auf sie einwirken möchte, denkt mit Vorteil daran, daß er selbst auch einmal ein Kind war."*[287] Das Stichwort *biographische Erinnerung* ist zugleich ein Hinweis auf das Material, durch das Erinnerung aufbewahrt und weitergegeben wird, und so neue Reflexion möglich macht. *"Das elementare Erfahrungsmaterial der Pädagogik sind letzten Endes(...) Geschichten.(...) Nicht nur Geschichten über Kinder, sondern zugleich über den Erzieher/Lehrer. Eigentlich sind es Beziehungsgeschichten, und zwar selbstreflexive."*[288] Hier wird im Grunde von einer "*biographischen Selbstreflexion"* als Voraussetzung für pädagogisches Verstehen ausgegangen und damit biographische Selbstreflexion als wesentliche Voraussetzung für eine angemessene Begleitung von Schülern durch den Lehrer genannt.[289] Ein Er-

283 Stoodt, Praxis; Unterricht; Lehrer; Sozialisationsbegleitender.
284 Riess, Seelsorge, S.170.
285 Mollenhauer, Zusammenhänge, S.10.
286 Morgenroth, S.43 ff.
287 Jehle, S.11.
288 Mollenhauer, Zusammenhänge, S.102.
289 *"Unter 'biographischer Selbstreflexion' verstehen wir eine (Wieder-)Aneignung der eigenen Biographie, den Versuch, die Erfahrungen, die unsere Identität geprägt haben und in unser heutiges Handeln eingehen,*

zieher hat sich erst einmal selbst zu fragen, auf welche Erfahrungen er sich im Erziehungsprozeß beruft, ob er denn selbst sensibel geworden ist für seine einmal gemachten Erfahrungen und auch für neue, die diese Erfahrungen, wenn sie leidvoll waren, nicht wiederholen.[290] Denn die Frage, wie ein Lehrer seine Schüler wahrnimmt, wird in erheblichem Maße durch die eigene Erziehungsgeschichte, durch die Aktualisierung und Verarbeitung eigener Erlebnisse und Erfahrungen in den erzieherischen Kontexten Elternhaus, Kindergarten, Schule etc. geprägt. Genaugenommen steht der Erzieher nämlich *"vor zwei Kindern"*, wie S.Bernfeld betont, *"dem zu erziehenden vor ihm und dem verdrängten in ihm. Er kann gar nicht anders, als jenes zu behandeln wie er dieses erlebte."*[291] Hier müßte also eine zusätzliche Handlungskompetenz durch Erinnerung und Bewältigung der eigenen Lebensgeschichte dazugewonnen werden, weil man davon ausgehen kann, daß ein Lehrer nicht nur *"die an ihn gestellten Erwartungen"*, sondern auch *"sich selbst"* interpretiert.[292] In der qualitativen Sozialforschung wird dieser Vorgang als *"selbstreflexiver Lernprozeß"* bezeichnet.[293] *"Selbstreflexive Lernprozesse verändern*

---

transparent zu machen. Durch rückschauendes Betrachten, durch das Aktualisieren der zu den vergangenen Erfahrungen gehörigen Gefühle, durch Vergegenwärtigung der damaligen Lebenssituation sollen die Erfahrungen, die unsere Persönlichkeit geformt haben, ins Bewußtsein gerufen und wiederbelebt werden. Die so gewonnenen Erinnerungen werden einer Reflexion unterzogen, die über die unhinterfragten Strukturen alltäglichen Denkens hinausgeht und theoriegeleitet ist."
Gudjons, Spuren, S.24.

290 *"Die dringende Notwendigkeit selbstreflexiven Arbeitens für Pädagogen ist für mich inzwischen eine (...) unwiderlegbare Selbstverständlichkeit."* Schiek, S.34.

291 Bernfeld, S.141.

292 Steck, S.283 f.

293 Heinze, Qualitative, S.108.

Identität qualitativ, indem sie den kognitiven und praktischen Umgang mit sich selbst und der Umwelt beeinflussen. Solche Lernprozesse führen durch die Verknüpfung von Alltagsbewußtsein mit sozialwissenschaftlicher Theorie zu einer Professionalisierung normaler Ichkompetenzen. Damit besteht sowohl die Möglichkeit der 'Verobjektivierung' subjektiver Verarbeitung von Realität als auch die der 'Versubjektivierung' objektiver Gegebenheiten. Idealiter ermöglicht diese Forschung sowohl einen Schritt praktischer Selbstreflexion (im Sinne der Ausweitung von Handlungs- und Reflexionskompetenz) als auch eine bewußte Aneignung sozialer Sinnzusammenhänge."[294] Diese beiden, von Heinze genannten Aspekte, die *Verobjektivierung subjektiver Verarbeitung von Realität* und die *Versubjektivierung objektiver Gegebenheiten* ermöglicht die Arbeit mit Autobiographien, die Kindheit und Erziehung thematisieren, weil sie die Betrachtung vertexteter subjektiver Erfahrung mit Erziehung ermöglicht und zugleich durch die Verarbeitung fremder Erfahrung einen subjektiven Verarbeitungsprozeß in Gang setzt. Ziel einer solchen Reflexion über Kindheitsgeschichten[295] kann allerdings nicht eine vollständige Aufarbeitung der eigenen Erziehungserfahrungen sein, realistischer erscheint die Forderung nach einer angemesssenen Kompetenz, die darin besteht, "*daß wir die uns lebensgeschichtlich zugefügten Beschädigungen als Bestandteil unserer selbst annehmen sollen, weil wir sie nicht rückgängig und ungeschehen machen können.*

294 Heinze, Qualitative, S.108
295 Vorschläge und Übungen für die pädagogische Arbeit und die eigene Selbsterfahrung bieten v.a. Ende,Kindheit; Gudjons; Morgenroth.

Vielmehr bewegen sie uns und sind wirksam in allem, was wir tun. Nur wenn wir sie genauer kennenlernen, gewinnen wir die Möglichkeit, uns in ihren kompetenten Umgang einzuüben, weil wir ihnen ansonsten bewußtlos verfallen."[296] Allerdings kann diese Reflexion über die eigene Kindheit den Lehrer davon entlasten, in der Beziehung zu seinen Schülern immer wieder nach einer Kompensation für die eigenen, erfahrenen Beeinträchtigungen zu suchen. Damit werden psychische Energien frei, um realitätsgerecht auf die Aufgaben des Religionsunterrichts und auf die Schüler eingehen zu können.[297]

5.2. Der lebensgeschichtliche Aspekt

Ein Religionspädagoge, der nach der Identität des Schülers fragt, fragt auch nach der *"dynamischen Struktur des Identitätsbildungsprozesses"*[298]. Eine Identität *hat* ein Mensch nicht, Identität *wird*. *"Identität ist das, was in einem konkreten lebensgeschichtlichen Prozeß stets auf dem Spiel steht."*[299] Wer nach den Zielen religiöser Erziehung fragt, fragt auch danach, ob die religiöse Erziehung der lebensgeschichichtlichen Entwicklung und Erfahrung der Kinder gerecht wird. Er fragt danach, weil er sich nicht um die Möglichkeit bringen will, den christlichen Glauben bei der Bewältigung lebensgeschichtlicher Krisen zu thematisieren.[300] Wer am

---

296 Brück, S.432 f.
297 Kassel, S.146.
298 Preul, S.173.
299 Preul, S.173.
300 *"So hätte die Ausblendung des dynamischen Charakters von Identität für die Theologie einen doppelten Therieausfall zur Folge: Sie würde einerseits darauf verzichten, nach dem Wandel christlicher Selbstauslegung im Kontext lebensgeschichtlicher Entwicklung zu fragen; andererseits verlöre sie damit zugleich die Möglichkeit, die Funktion des christlichen*

Prozeß der Lebensgeschichte orientiert ist, schaut nicht auf den *idealen*, sondern auf den *lebendigen* Menschen.[301]

Wie kann religiöse Erziehung den Schülern helfen, damit sie eines Tages im Glauben zu sich selbst (Selbstfindung) und mit sich selbst zum Glauben (Verwirklichung im Glauben) finden?[302]

Durch die Erkenntnisse der Psychoanalyse und der Pastoralpsychologie[303] ist deutlich geworden, daß es einen engen Zusammenhang gibt zwischen der Lebensgeschichte eines Menschen und seiner religiösen (Fehl-) Entwicklung. *"Religiöse Entwicklung erweist sich also zunächst als eine individuelle Entwicklung von Vorstellung und Gefühl, im weiteren aber als ein personal vermittelter und deshalb auch immer sozialer Prozeß, der sich in einer geschichtlich konkreten Situation vollzieht."*[304] Sich selbst und seinen Glauben kann man aber auch verfehlen.

Biographieforschung hilft dazu, *"Gründe für menschliches Verhalten zu finden, wonach zumindest subjektiv genau das zu tun war, was getan wurde."*[305] Lebensgeschichte und Alltag der Schüler im Spiegel von Autobio-

---

Gottesbezuges bei der Bewältigung lebensgeschichtlicher Krisen zu thematisieren."
Preul, S.173.

301 *"Nicht der ideale Mensch ohne Fehler (der 'gute Erwachsene', den eine verlogene Erziehung Kindern solange vorspielt, bis sie hinter die Kulissen zu sehen vermögen) reizt zur Nachahmung, sondern der lebendige, vom Leben auch angefochtene Mensch, der Fehler begeht und aus seinen Fehlern auch lernt. Lebensfragen sollten so behandelt werden, daß dem Jugendlichen das Recht eingeräumt wird, auch etwas falsch zu machen."*
Stachel, Unterricht, S.8.

302 Stoodt, Unterricht.

303 Vgl hierzu v.a. Hark; Klessmann; Reiser; Scharfenberg.

304 F.Schweitzer, S.30.

305 Baacke, Biographie, S.16.

graphien sind für den Lehrer und Erzieher eine Möglichkeit, subjektive Handlungspläne zu erfassen und zu realisieren, daß "*jede Form von Entkontextualisierung*"[306] von Ereignissen im Leben eines Kindes problematisch ist. Es geht ja nicht nur darum, allgemeine Strukturregeln innerhalb der religiösen (und anderen) Sozialisation aufzuspüren, sondern auch darum, konkrete Inhalte und Brechungen allgemeiner Strukturregeln durch individuelle Schüler sensibel zu verstehen. Der Erzieher läßt sich somit beim Lesen von Autobiographien, die Kindheit thematisieren, auf eine "*Korrektur seiner Voranahmen*" durch "*lebensweltliche Informationen*" ein.[307] Hier ist es auch nicht nötig, bzw. sogar geradezu kontraindiziert, religiöse Autobiographien auszuwerten, weil es in der vorliegenden Arbeit nicht darum geht, eine religiöse Lebenslinie festzuhalten, sondern darum, die für die Rezeption von Religion prägenden und bedeutsamen lebensgeschichtlichen Ereignisse und Beziehungen kennenzulernen. "*Erfahrungen mit Religion macht in unserer Gesellschaft jeder(...). Religion wird im Zusammenhang mit der Bewältigung von Alltagswirklichkeit sozialisiert, in der konkreten Form von Handlungen und Situationen von interagierenden Individuen und Gruppen, und ist ein Teilaspekt sozialer Interaktion.(...) Wer Autobiographien liest, findet die Fäden religiöser Erfahrung und Prägung stets mit denen der sonstigen Erfahrung verwoben.*"[308] So liest ein Religionspädagoge Autobiographien, um die Lebenswelt und den Alltag der Schüler und die damit zusammenhängenden Fragen und Krisen

306 Baacke, Normalbiographie, S.305.
307 Baacke, Biographie, S.16.
308 Lott, S.41.

kennenzulernen und damit auch, um die Schüler im Unterricht angemessener begleiten zu können. Begleitung ist hier im doppelten Sinn gemeint: einmal die menschliche, seelsorgerliche Begleitung, zum anderen die Begleitung durch die christliche Tradition. Damit die Aussagen der Tradition, die Wahrheit des Glaubens, den Schüler erreichen kann, muß der Schüler erkennen, daß sein Leben durch diese Wahrheit auf den Punkt gebracht wird. "*Wir gehen davon aus, daß der Glaube - soll er im Leben Ereignis werden können - als eine von den spezifischen Erfahrungen dieses Lebens her plausibel begründbare Perspektive empfunden werden können muß. Konstitutiv für einen solchen Glauben ist die Möglichkeit, in ihm Leben in seiner Jeweiligkeit auf den Punkt zu bringen.*"[309] Mit R.Englert ist die vorliegende Arbeit an einer "*größeren Pünktlichkeit religiöser Lernprozesse*"[310] interessiert. Mit der Kenntnis des Alltags und der damit einhergehenden Krisen im Leben von Schülern eröffnen sich Gesprächsmöglichkeiten zwischen Lehrern und Schülern, die Bedingung dafür sind, daß Religion im Leben besser verortet werden kann.[311]. Ein ähnliches Interesse formuliert G.Sauter, allerdings nicht aus einem praktischen Interesse, sondern aus einem systematisch-theologischen Interesse heraus: "*Religionspädagogik könnte darauf vorbereiten, Gesprächsmöglichkeiten so zu erkunden, daß man sich auf Gespräche wirklich einläßt, statt Gesprächssituationen künstlich zu erzeugen; daß Lebenszusammenhänge ernst genommen werden, in denen sich unsere Gesprächspartner bewegen,*

309 Englert, S.125.
310 Englert, S.124.
311 Reiser, Identität, S.87 ff

aber daß dabei nicht undeutlich bleibt oder gar undeutlich wird, in welchem Zusammenhang man selber steht."[312] Damit leistet die Religionspädagogik nicht nur einen Beitrag zur praktischen Bewältigung des Schulalltags, sondern berücksichtigt ebenso eine lebensgeschichtliche, biographische Dimension der systematischen Theologie. Zu den Aufgaben der Praktischen Theologie gehört die Entwicklung einer Elementartheologie.[313] Dabei geht es vor allem um die Frage, "*wie zentrale theologische Inhalte durch konsequente Bezugnahme auf gegenwärtige Lebens- und Zeitgeschichte so erschlossen werden können, daß sie den Kriterien von Wahrheit und Relevanz standhalten*".[314] So kann jetzt behauptet werden, daß durch die Aufnahme der lebensgeschichtlichen Dimension in die Religionspädagogik nicht nur eine lebensbegleitende, erfahrungsnahe Identitätshilfe im Religionsunterricht ermöglicht wird, sondern auch ein wichtiger Beitrag zur Theorie der Religionspädagogik und nicht zuletzt der Theologie überhaupt.[315] Die Orientierung an der Lebensgeschichte ist nicht ohne offene Fragen hinsichtlich ihres Stellenwertes. "*Die Beschäftigung mit der eigenen Biographie droht gelegentlich das Interesse an 'außersubjektiven' Themen zu beeinträchtigen. Es gibt nicht nur subjektiv dringli-*

---

312 Sauter, S.148.
313 Baldermann,Bibel; Biehl, Theologie; Nipkow,Elementarisierung; Stock.
314 Biehl, Theologie, S.170.
315 "*Es ist notwendig, die pädagogische Relevanz theologischer Symbole und die theologische Relevanz pädagogischer Symbole deutlicher als bisher herauszuarbeiten und auf diese Weise die Schlüsselerfahrungen von Glauben und Welt zu vermitteln.*"
Sturm, S.64.

che, sondern auch objektiv wichtige Themen."[316] Aus diesem Grund hält E.Nipkow die Berücksichtigung der lebensgeschichtlichen Dimension für die immer notwendige *"Ausgangsaufgabe", aber nicht schon für "das Ganze."*[317] Dieser Aufgabe darf nicht der Blick für die gesamtgesellschaftlichen Bedingungen und gesamtkirchlichen Verantwortlichkeiten geopfert werden. *"Andernfalls spiegelt die Theorie nur die privatisierte, bürgerliche Form neuzeitlichen Christentums wider."*[318] Diese kritischen Anmerkungen werden auch in der vorliegenden Arbeit berücksichtigt, weil nicht verkannt werden darf, "*daß die Aufmerksamkeit für den Lebenslauf des einzelnen in unserer geschichtlich-gesellschaftlichen Lage zum Teil auch Symptom eines Rückzugs nach innen ist*"[319], der die Fähigkeit zur Auseinandersetzung mit objektiven Bedrohungen lähmen kann.[320] Dennoch soll festgehalten werden, daß erst die sensible Aufmerksamkeit für den Lebenslauf des einzelnen und die daraus resultierende Möglichkeit der Lebensbegleitung dem einzelnen die Fähigkeiten vermittelt, gesamtgesellschaftliche Bedingungen und gesamtkirchliche Verantwortlichkeiten in den Blick zu bekommen.[321]

5.3. Der kirchensoziologische Aspekt

Das Bild der Kirche und damit die Kirche selbst wird sich in den nächsten Jahrzehnten weiter einschneidend

---

316 Siebert, Einführung, S.26.
317 Nipkow, Lebensgeschichte, S.7.
318 Nipkow, Lebensgeschichte, S.8.
319 Nipkow, Lebensgeschichte, S.8.
320 Bauriedl, Anpassung.
321 "*Stabilisierung, die ihren Namen verdient, macht gerade auch für die Emanzipation stabil. Sie ist damit die Vorstufe einer begründeten Mobilität.*" Stoodt, Information, S.307.

verändern. Die Mitgliederzahlen werden weiter sinken und die kirchlichen Strukturen, aber auch die Inhalte der kirchlichen Verkündigung werden sich verändern müssen, der Traditionsabbruch[322] muß, wenn er schon nicht mehr aufzuhalten ist, zumindest zur Kenntnis genommen werden.

Den Religionspädagogen interessieren nicht nur kirchensoziologische Befragungsergebnisse[323], so wertvoll diese im einzelnen sind, weil sie Aufschluß darüber geben, welchen Veränderungen Kirche unterliegt, welches Verhältnis Menschen zur Institution Kirche haben und welche Erwartungen sie an die Rollenträger dieser Institution haben. Aber es muß auch interessieren, welche Erfahrungen Menschen mit oder ohne Religion machen und gemacht haben. Diese Erfahrungen lassen sich nur unzureichend durch die Umfrageforschung erfassen. "*Da die außerschulischen Erfahrungen mit Religion (in Familie, peer group, Massenmedien) bei den Konfirmanden und Schülern die Einstellung zum Unterricht in starkem Maße bestimmen, sollten wir die Bildungs- und Lerngeschichten heranziehen, um die vielfältigen Beziehungen zwischen den Lebenserfahrungen und den an unterschiedlichen Lernorten erworbenen Deutungen bzw. widersprechenden Orientierungen erkennen zu können.*"[324] Zur Frage steht also die Lebenserfahrung und die mögliche - oder

---

322 "*Seit Ende der sechziger Jahre ist mehr geschehen, als daß einige - gemessen an der Masse des Kirchenvolkes: wenige - Kirchenmitglieder ihrem Unmut über unpopuläre Maßnahmen per Austritt Luft gemacht haben. Vielmehr hat in den Strukturen, die eine äußerst wichtige Komponente kirchlicher Bindung bewirkten, eine Art Bruch stattgefunden.*"
Kuphal, S.569

323 Vgl hierzu v.a. Hild; Kuphal.

324 Biehl, Ansatz, S.283.

nicht mögliche - Deutung durch den christlichen Glauben. Es geht um ein zur Sprache bringen in doppelter Suchbewegung: Der Religionslehrer möchte die Kirche für die Schüler zur Sprache bringen und die Lebenserfahrung der Schüler in der Kirche zur Sprache bringen.[325]
Den Religionslehrer interessiert ja nicht in erster Linie, wieviele Kinder aus seiner Klasse den Kindergottesdienst besuchen, sondern aus welchen Lebenszusammenhängen die Kinder kommen und welche Erfahrungen sie dort machen; es interessiert ihn, welche Beziehung der weitaus größere Teil der Kinder, der keine Berührung mit der Kirche hat, überhaupt noch zu einer Form von Lebensbegleitung durch Religion hat. Und es interessiert vor allem das Leben, das - mit oder ohne Religion - begleitet werden soll. Das setzt eine bestimmte Sichtweise des Verhältnisses von Glauben und Leben voraus: daß nicht nur das Leben des Glaubens bedarf, sondern daß auch der Glaube des Lebens bedarf. "*Es wird primär nicht zu fragen sein, inwiefern das Leben des Glaubens bedarf und diesen so 'begründet', sondern vielmehr, inwiefern der Glaube der Dynamik des Lebens bedarf, um überhaupt werden zu können, was er (...) immer schon ist: Ferment und Erfüllung des Lebens.*"[326]
E.Nipkow stellt die für diesen Zusammenhang entscheidende Frage: "*Wie gewinnt man den pädagogischen Zugang zu solchen Lebenslagen Jugendlicher, wie den hermeneutischen Einstieg in den Zusammenhang von Lebenslauf, Lebensalltag und religiöser Frage?*"[327] Die weiterführende Frage heißt dann: Wie muß ein Religionsunterricht

325 O.Fuchs; Hanusch,Lämmermann; Veit.
326 Englert, S.127.
327 Nipkow, Religionspädagogik, Bd 3, S.88.

aussehen, der diesen Zusammenhang von Lebenslauf, Lebensalltag und religiöser Frage zur Kenntnis nimmt? Welche - eventuell neuen - Zugänge zu Religion gefunden werden müssen, kann nicht über Befragungsergebnisse, die etwas über die Kirchenferne oder Kirchenzugehörigkeit aussagen, herausgefunden werden, sondern nur über Geschichten, über erzählende Dokumente, die gerade einen Zusammenhang von Einzelereignis und Lebensgeschichte gewährleisten. Denn erstrebenswert in der religiösen Erziehung ist eine Korrelation zwischen den Erfahrungen von Kindern und Jugendlichen und den angebotenen religiösen Symbolen. Ziel dieser Erziehung ist eine "*konkrete Biographiebegleitung, die die Phasen des Menschen in ihrer entwicklungsbedingten Abfolge bereits als theologische Themen zu begreifen sucht.*"[328]

5.4. Der systematisch-theologische Aspekt

Wer Autobiographien auf die Lebenswelt der Kinder hin untersucht, um die Ergebnisse in den Dienst der religionspädagogischen Theorie und Praxis zu stellen, muß sich grundsätzlich die Frage stellen, was denn Biographie und Theologie miteinander zu tun haben. Wie verhalten sich Lebensgeschichte und Religion zueinander? Die Klärung dieser Frage hängt mit dem je favorisierten Offenbarungsbegriff zusammen.[329] Einen hohen Stellenwert von Lebensgeschichte für Religion behaupten kann nur, wer der hermeneutischen Prämisse folgt, daß Religion nur geschichtlich, auch subjektiv geschichtlich vermittelt und erlebt wird. "*Hellhörig*

328 Fraas, Glaube, S.105.
329 Englert, v.a. S.126-130.

und sensibel zu werden für die komplizierten Verwebungen zwischen Religion (Theologie) und Biographie, liegt daher nur in der Konsequenz eines an Vermittlung interessierten hermeneutischen Denkens".[330] Eine nicht an der Frage der Vermittlung interessierte Theologie tut sich mit der Integration des Begriffs "Lebensgeschichte" zwangsläufig schwerer, weil sie bemüht ist, das *"Selbstverständnis der christlichen Tradition als Idealnorm zu betonen"*, und die individuelle Wirkungsgeschichte dieser Tradition *"als nur subjektives Geschehen"* zu relativieren.[331] Demgegenüber kann geltend gemacht werden, daß religiöse Tradition immer nur in ihrer lebens- und wirkungsgeschichtlichen Aneignung vorliegt; das gilt sogar schon für die christliche Urkunde, die Bibel. Dabei heißt, den Stellenwert lebensgeschichtlicher Aneignung zu betonen, nicht nur einen differenzierten Blick für zeitgeschichtliche Unterschiede zu bekommen, sondern auch für geschlechtsspezifische.[332] A.Biesinger geht der Frage nach, wie sein Glaube zustande kam, *" und was dieser Prozeß mit Zuwendung zu tun hat"*.[333] Er beschreibt einen engen biographischen Zusammenhang zwischen der Erinnerung der elterlichen Liebe und der Erfahrung des Geliebtseins bei Gott. *"Meine frühesten Erinnerungen in meine Kindheit hinab sind: Ich fahre mit dem Dreirad meinen von der Feldarbeit zurückkommenden Eltern entgegen und strahle. Meine Mutter nimmt mich auf den Arm und freut sich...Der eigentliche Fort-*

330 Grözinger,Luther, Vorwort, S.10.
331 Vierzig, Frauen, S.164.
332 Dirks; Vierzig, Frauen.
333 Biesinger, Glaube, S.736-738.

schritt in meiner Entwicklung, auch in meiner psychischen Entwicklung, kam, als ich in mir zum Zuge kommen ließ, daß ich von Gott immer schon geliebt bin.."[334] Wenn der Glaube nicht von den konkreten Erfahrungen innerhalb der Lebensgeschichte getrennt werden kann, kann er auch nicht von der psychischen Struktur eines Menschen getrennt werden. "*Der Glaube stellt unter religionspsychologischem Aspekt eine Symbolisierung der Persönlichkeitsstruktur dar.*"[335] So verstanden ist der Glaube ein System von Symbolen zur Deutung von Leben und Welt, der in sich eine Struktur hat, die der Struktur des glaubenden Menschen vergleichbar ist. Der Glaube kann dann als eine Substruktur der psychischen Struktur des Menschen angesehen werden, der sich nicht verstehen läßt, ohne daß man seine Funktion innerhalb der Persönlichkeitsstruktur versteht. Damit repräsentiert der Glaube auch die Persönlichkeit eines Menschen. Die Lebensgeschichte wirkt in Form von bewältigten oder nicht bewältigten Erfahrungen prägend auf die Gestalt des Glaubens ein. Das Verhältnis zwischen psychischer Struktur und Glaube ist nach dieser Sichtweise ein wechselseitiges, dennoch besteht ein leichtes Gefälle. Der Glaube ist nicht so sehr Voraussetzung für eine angemessene Identitätsentwicklung, da er selbst keine bestimmenden Strukturen mitbringt, umgekehrt aber ist eine angemessene Bewältigung der Aufgaben, die der Lebenslauf stellt, Voraussetzung für eine wünschenswerte Gestalt des Glaubens.[336]

334 Biesinger, Glaube, S.736.
335 Klessmann, Identität, S.108.
336 Englert, S.243.

Die Bemühungen um eine Vermittlung von Theologie und Biographie stehen im Dienst einer Versöhnung von Lehre und Leben, nicht zuletzt in der Person des Theologen selbst, so daß die Lebensgeschichte nicht abgespalten neben der Dogmatik existiert und ohne Beachtung bleibt, sondern das Leben selbst Theologie wird, und zwar *"öffentlich, kommunikabel, geschichtlich belangvoll"*[337]. Ziel dieser Bemühungen ist es, die Trennung zwischen menschlicher Erfahrung und wissenschaftlicher Theologie aufzuheben, mit dem Anspruch der größeren Relevanz der wissenschaftlichen Theologie für das Leben. Daß diese Relevanz heute weithin nicht gegeben ist, wird unter anderem daran deutlich, *"daß heute oft und viel nach der Relevanz der dogmatischen Lehre, nach ihrem Sitz im Leben, nach ihrem Frömmigkeitswert, nach ihrer praktisch-pastoralen Bedeutung"* gefragt wird: Man *"gibt damit doch indirekt zu, daß diese Lehre von sich aus nichts oder doch kaum etwas mit alldem zu tun hat und deshalb auch nicht prägend, rettend oder verwandelnd in die religiöse Lebenswelt eingreift"*.[338] Durch die Arbeit mit Autobiographien könnte eine lebensgeschichtliche Dogmatik entstehen, d.h. eine Dogmatik, die sich orientiert an den Themen der Lebensgeschichte. Damit wird der Mensch mit seiner Lebens- und Erfahrungsgeschichte zum Thema der Theologie.[339] Daß menschliche Erfahrung in theologischen Fragestellungen noch ungenügend reflektiert wird, zeigen auch immer wieder Berichte von Betroffenen, die etwas ahnen lassen von der Unfähigkeit, mit menschlichen Krisen umzugehen: *"Wir*

337 Metz, S.195.
338 Metz, S.196.
339 Ritter; Vogt.

erleben Gemeinde und Pfarrer - seelsorgerische Begleiter - als amtlich bestellte Rollenträger, aber nur selten als persönlich betroffene Mitleidende und Partner: 'Die Kirche hört uns zu, aber sie kann unseren eigentlichen Fragen nicht mehr zuhören; so müssen wir den Weg zur Verarbeitung unserer Krise allein finden.'"[340] Eine Theologie, in deren Zentrum Lebensgeschichten stehen, kann eine Krisenverarbeitung mithilfe des christlichen Glaubens glaubwürdiger vertreten, bzw. überhaupt erst anbieten. "*Wenn wir als zentrale Aussage der Schrift die Zusage Gottes verstehen: 'Ich will euer Gott sein', und wenn dieser Zusage das Bekenntnis entspricht: 'Gott mit uns' - dann kann die Lage, in der wir uns befinden, für die Definition dessen, was wir 'Gott' nennen sollen, nicht gleichgültig sein. Sie kann Gott nicht gleichgültig sein, wenn seine Zusage einen Sinn haben soll.*"[341] Eine Theologie, die Situation und Lebensgeschichte des Menschen entscheidend mitsprechen läßt, weil sie sich leiten läßt von der "*Situationsgerechtigkeit Gottes*"[342] macht Glaubenshilfe als Lebenshilfe erkennbar[343]. Diese erfahrene und erfahrbare Theologie müßte unter anderem die Frage nach ihrer Wissenschaftlichkeit immer wieder neu stellen. In diesem Zusammenhang ist daran zu erinnern, daß Theologie nicht und nirgendwo eine Naturwissenschaft ist oder war, "*daß die wichtigsten Errungenschaften in der Theologie und Kirchengeschichte allemal einer wissenschaftlich 'unreinen' Theologie entstammen, in welcher Biographie, Phan-*

---

340 Schuchardt, Warum, S.14.
341 W.Schweitzer, S.61.
342 W.Schweitzer, S.62.
343 Tacke.

tasie, akkumulierte Erfahrung (...) unlöslich ins System verwoben waren".[344]
Eine Verbindung von Theologie und Biographie, von Lehre und Leben, hat also nicht nur den Sinn, im religionspädagogischen oder seelsorgerlichen Umgang angemessener reagieren zu können, es geht viel mehr auch darum, Theologie aus ihrem jeweiligen lebens- und zeitgeschichtlichen Kontext heraus verständlich zu machen und theologische Reflexion konsequent auf den Zusammenhang von Biographie und Religion zu verweisen. Gerade im Bereich der Dogmatik beginnt eine Rechenschaft über den Glauben "*mit gutem Grund bei der Frage nach seiner Beziehung zum Leben".*[345] Das gilt gerade auch deswegen, weil die Behauptung des Lebensbezuges des Glaubens weithin auf Widerspruch und Unverständnis stößt, "*Man könnte sogar den Eindruck haben, was in der Sprache des Glaubens Leben heißt, habe mit dem wirklichen Leben nichts gemein und verdiene darum auch gar nicht diese Bezeichnung*".[346] Didaktisch gesehen besteht die Aufgabe lebensgeschichtlich orientierter Theologie darin, komplexe theologische Sachverhalte wie z.B. die Rechtfertigungslehre in die "*ursprüngliche Erschließungssituation zurückzuführen*"[347] Dabei wird dem Grundsatz gefolgt, daß eine "*theologische Erkenntnis nicht von der Situation zu trennen ist, in der sie gewonnen wurde.*"[348] So kann eine lebensgeschichtliche Theologie einmal dazu helfen, daß für einen theologischen Sachverhalt nachträglich die lebensgeschichtliche Situation

344 Metz, S.197.
345 Ebeling, Dogmatik, S.80.
346 Ebeling, Dogmatik, S.80.
347 Biehl, Ansatz, S.274.
348 Bonhoeffer, S.22.

erfragt wird, in der er gedacht wurde, zum anderen kann sie dazu helfen, Lebensgeschichte und christliche Lebensbewältigung sinnvoll aufeinander zu beziehen. In beiden Fällen verhalten sich Biographie und Theologie zueinander wie *"Situationserfahrung und Situationsbewältigung"*[349]. Die Reflexion dieses Zusammenhangs gilt nun keinesfalls nur für die sogenannten "*Anwendungsdisziplinen*", wie die Teilbereiche der Praktischen Theologie zu Unrecht genannt werden. Sie gilt ebenso für die Systematische Theologie, die nicht ohne einen Relevanzverlust darauf verzichten kann, auf diesen Zusammenhang immer wieder nachdrücklich hinzuweisen. *"Der Inhalt des Glaubens ist mit dem Thema des Lebens derartig verschmolzen, daß es auf allen Stufen der dogmatischen Entfaltung um eine Darstellung der Beziehung von Glauben und Leben geht."*[350]

So verstanden, kann eine Religionspädagogik, die Lebensgeschichten berücksichtigt, wesentliche Erkenntnisse dazu beisteuern, wie denn die Welt aussieht, der die Theologie als Wegweisung dienen möchte.[351] Religionspädagogik und Systematische Theologie finden so über den Begriff Lebensgeschichte ihre wechselseitige Abhängigkeit und ihre gegenseitige Ergänzung.

349 Gremmels,Pfeifer, S.129.
350 Ebeling, Dogmatik, S.105.
351 Ulonska, Rollenerwartungen, S.95.

6. Der Vorgang der Auswahl und Interpretation - Methodische Prämissen -

6.1. Auswahl

Die Auswahl der Kindheitsberichte lag nicht von Anfang an fest, ergab sich vielmehr im Vorgang der Auseinandersetzung mit Kindheiten.

Ausgewählt wurden Kindheitsberichte, die als *Literatur* vorliegen. Einmal, weil *"das, was uns unbedingt angeht, nur in den jeweiligen Realisationen erfahrbar ist"*[352] und in der Literatur Konkretionen dessen vorliegen, *was uns unbedingt angeht*. Zum anderen kann - mit aller Vorsicht - gesagt werden, daß die Sprache der Literatur der Wirklichkeit des Menschen am nächsten kommt.[353]

Ausgewählt wurden *erzählende Texte*, weil sie die komplexen sozialen Situationen, wie sie Erziehung darstellen, am ehesten erfassen.[354]

Ausgewählt wurden Kindheitsberichte, die der *Antipädagogik* nahestehen, weil Antipädagogik in besonderer Weise sensibel macht für Kindheiten.[355]

Ausgewählt wurden Kindheitsberichte, in denen die Autoren ihre Erziehung unter dem Gesichtspunkt der dadurch erworbenen *Beschädigungen* betrachten. Einmal, weil gerade die Beschädigungen und Krisen als Lernchancen begriffen werden können [356]; gerade dramatische biographi-

352 Sölle, Realisation, S.29 f.

353 *"Die Sprache der Literatur scheint es merkwürdigerweise zu sein, die der Wirklichkeit des Menschen heute am nächsten kommt; die den Menschen am besten kennt, wie immer Statistiken, Zahlenspiegel, Normierungs- und Leistungstabellen dagegen angehn mögen. Vielleicht weil immer moralischer Mut des Autors - der zur Selbstkenntnis - in Literatur eingeht."* Wolf, Dankrede, S.75.

354 Vgl. hierzu ausführlich Kap. 4:Autobiographie und Erziehungswissenschaft.

355 Vgl. hierzu ausführlich Kap. 2: Antipädagogik und antipädagogische Stimmung

356 Vgl. hierzu v.a. Kap. 10.4. und 10.5.

sche Erfahrungen können zur Entwicklung alternativer Handlungsperspektiven führen.[357]
Zum anderen muß jede Reflexion über Erziehung sich messen lassen an der Lebenssituation Betroffener und darf ihr nicht in abstrakter Weise äußerlich bleiben. Gelungene oder mißlungene Erziehung ist eine subjektive Einschätzung Erzogener und kann nicht im Sinne sozialer Etikettierung von außen als normal oder unnormal etikettiert werden.[358]
In religionspädagogischer Hinsicht läßt sich zusätzlich geltend machen, daß die Forderung einer "*Identifikation mit dem Schwächsten*"[359] einer Orientierung an den Kindern entspricht, die unter Erziehung leiden, und von daher die Maßstäbe gewonnen werden können, die für den Umgang mit allen Kindern gelten.

6.2. Repräsentativität

Die Auswahl der Kindheitsberichte und damit die Ergebnisse der Untersuchung sind nicht repräsentativ[360] im Sinne einer Vollerhebung nach dem Verständnis quantifizierender Methoden in den Sozialwissenschaften. Es handelt sich vielmehr um eine *bewußte Auswahl* im Sinne einer Teilerhebung.[361] Einer grundsätzlichen Rechtfertigung von Auswahlen bedarf es nicht.[362] "*Tatsächlich wird die Sozialforschung erst durch Teilerhebungen in*

357 Alheit, S.60.
358 Vgl. hierzu v.a. Keupp.
359 Halbfas, Lehrerhandbuch, S.255 f.
360 Zum Problem der Repräsentativität vgl.v.a. Atteslander, S.206 ff; Kriz, S.166 ff; Mayntz,Holm,Hübner, S.68 ff; Mühlfeld u.a., S.342 ff.
361 Vgl. hierzu v.a. Atteslander, S.210 ff; Böltken, S.13 ff.
362 Böltken, S.16; Heinze,Klusemann,Soeffner, S.7.

die Lage versetzt, auch über sehr große Grundgesamtheiten empirisch belegte Aussagen zu machen."[363]
Die vorliegende Untersuchung folgt der Vorgehensweise der *Quotenauswahl: "Bei dieser Art der Auswahl werden im Gegensatz zur gezielten Auswahl nicht 'typische' Erhebungseinheiten (...) von vornherein festgelegt, sondern die unmittelbare Auswahl einzelner zu befragender Einheiten - Personen oder Gruppen - bleibt dem Interviewer innerhalb bestimmter Auflagen - den Quoten - selbst überlassen."*[364]
Da es sich um umfangreiche erzählende Texte in autobiographischer Form handelt, ist die Zahl der berücksichtigten Texte aus forschungspraktischen Gründen auf zehn beschränkt.[365]

6.3. Verallgemeinerungsfähige Aussagen

Die vorliegende Untersuchung stützt sich als Untersuchung innerhalb der Biographieforschung auf die qualitativen Methoden in den Sozialwissenschaften. "*Qualitative Methodologie bezieht sich auf Forschungsstrategien wie teilnehmende Beobachtung, Tiefeninterviews, Feldforschung, Biographieforschung etc., die dem Forscher erlauben, Wissen aus erster Hand über die fragliche empirische soziale Welt zu gewinnen. Qualitative Methodologie gestattet es dem Forscher 'nah ranzugehen an die Daten' und dabei die analytischen, begrifflichen und kategorialen Bestandteile der Interpretation aus den*

---

363 Böltken, S.16.
364 Böltken, S.27 f.
365 Vgl. hierzu die Anzahl der Texte, die bei der Auswertung von narrativen Interviews beachtet werden. Combe; Heinze,Klusemann; Mühlfeld u.a.; Oevermann u.a.

Daten selbst zu entwickeln."[366] Damit ist der Anspruch formuliert, keine verallgemeinerungsfähigen Aussagen auf Kosten der einzelnen Daten aus den Texten zu erheben. Es bleibt aber die Frage, wie dann überhaupt verallgemeinerungsfähige Aussagen, ein Grundanliegen auch der vorliegenden Untersuchung, gefunden werden können.[367] Aus diesem Grund ist in der vorliegenden Arbeit der Versuch unternommen worden, durch induktive Analyseschritte verallgemeinerungsfähige Aussagen aus den Kindheitsberichten zu erheben. Die Themen aus der Lebenswelt der Kinder, die im Teil II die Überschriften zu den Texten bilden, und diese auch zu Textgruppen zusammenfassen, sind nicht im Vorhinein an die Texte herangetragen worden, sondern nach eingehender *"qualitativer Inhaltsanalyse"*[368] aus den Texten erhoben worden. *"Eine kritisch-hermeneutische Methode muß all ihre Begriffe aus der kritischen Auseinandersetzung mit dem neuen Gegenstand selbst gewinnen. Sie muß dann auch im neu erschlossenen Themenbereich bei jedem Gegenstand bereit sein, die ans Erkennen herangetragenen Vorannahmen zu problematisieren. Genauer, die hermeneutische Auseinandersetzung erfordert stets eine Veränderung der probeweise angelegten Vorannahmen."*[369] So kommt man zu einer *"interpretativen Verallgemeinerung"*, die dadurch erfolgt, *"daß das umgangssprachlich Artikulierte durch Begriffe 'angereichert' wird."*[370] Die Erfahrung darf

---

366 Filstead, S.35.
367 *"Läßt sich ein sozialwissenschaftliches Verständnis von erzählenden Texten entwickeln? Was kann man aus solchen Texten lernen, und zwar so, daß gewonnene Einsichten als wissenschafliche Erkenntnis angesehen werden können?"* Baacke, Ausschnitt, S.11.
368 Lorenzer, Möglichkeiten.
369 Lorenzer, Möglichkeiten, S.173.
370 Ziehe, S.38.

allerdings durch den Begriff nicht überwältigt werden, wenn und weil sie sich noch im Begriff wiederfinden soll.[371] So geht der Vorgang der Interpretation von der *einmaligen* vertexteten Erfahrung aus, verallgemeinert durch Interpretation diese Erfahrung und kehrt in den religionspädagogischen Konsequenzen wieder zu der Erfahrungsebene zurück.[372]

6.4. Das Vorverständnis

Die Interpretation eines Textes setzt voraus, daß der Interpret ein Vorverständnis hat. Dieses Vorverständnis hat die Qualität eines "*vorläufigen Einsatzes*"[373] und ist bestimmbar als "*theoretisch reflektierter Vorbegriff, der eine aus wissenschaftlicher Arbeit gewonnene Annahme darüber enthält, welche Art von Hypothesen am Text geprüft werden könnten*".[374] Das setzt das Prinzip, alle Begriffe aus der Auseinandersetzung mit dem Gegenstand selbst zu gewinnen (vgl.6.3), nicht außer Kraft, verhält sich vielmehr dialektisch dazu. Denn ein Interpretationsvorgang enthält grundsätzlich zwei aufeinanderbezogene Operationen: einerseits werden aus der Perspektive des Interpreten Fragen an den Text gerichtet; andererseits steckt in der Antwort immer auch mehr oder anderes, als erfragt wurde. Also ergeben sich aus dem Text auch Rückfragen an die Angemessenheit und Ergiebigkeit der Fragen, die an den Text gerichtet werden. Dieses Verhältnis der Reziprozität zwischen Frage-

---

371 Ziehe, S.38.
372 s.u. Kap. 12.
373 Lorenzer, Möglichkeiten, S.173.
374 Mollenhauer,Rittelmeyer, S.59.

stellung und Texterschließung wird der hermeneutische Zirkel genannt.[375]

Das Forschungsinteresse der vorliegenden Arbeit ist, herauszufinden, in welchen Situationen Kinder leben, welche Erfahrungen sie machen und wie sie diese deuten. Das theologische Interesse daran ist, herauszufinden, welche religionspädagogischen Möglichkeiten es gibt, auf diese lebensweltlichen Themen zu reagieren. Das spezifische Vorverständnis liegt in einem interaktionellen Religionsbegriff, der es ermöglicht, die Kindheitsberichte unter einer bestimmten Fragestellung zu lesen. Interaktionell bedeutet hier, daß Religion als Verhältnis bestimmt wird, das sich in Interaktionen ausdrückt. Religion als Verhältnis zu sich selbst (personale Dimension), als Verhältnis zu anderen (interpersonale Dimension) und als Verhältnis zu Normen (transpersonale Dimension)[376]. Inhaltlich wird Religion definiert als "*der Wunsch ganz zu sein*".[377] Glaube wird definiert als "*Protest gegen ein entstelltes Leben zugunsten des wahren Lebens*"[378]. Dieser materiale Religionsbegriff, "*wahres Leben gegen entstelltes Leben*" in Verbindung mit dem formalen, interaktionellen Religionsbegriff war die Grundlage für die Entscheidung, in den Kindheitsberichten nach gelungenen bzw. mißlungenen Interaktionen im personalen, interpersonalen und transpersonalen Bereich zu suchen. Das war der "*vorläufige Einsatz*", das leitende Vorverständnis, das den Lese- und Interpretationsvorgang gesteuert hat. Dabei wurde

375 Combe, S.28; Lorenzer,Möglichkeiten,S.170; Mollenhauer,Rittelmeyer, S.60.
376 Drehsen, S.111 ff.
377 Sölle, Hinreise.
378 Ebeling, Dogmatik, S.108.

darauf geachtet, diese Theorie *"sensibel und behutsam an die Texte heranzutragen, um ausschließlich textgebundene Erklärungen vorzunehmen."*[379] Denn es ging darum, *"sich wirklich einzulassen auf die Begriffe, die die Betroffenen verwenden"*[380]. Das heißt, es wurde darauf geachtet, keine Themen und Begriffe an die Texte heranzutragen, die nicht aus den Texten selbst entnommen werden konnten. So sind die zusammenfassenden Überschriften, die das Textmaterial in Teil II strukturieren, jeweils selbst Textzitate oder zumindest paraphrasierte Textzitate.

6.5. Falsifizierbarkeit

Das Ergebnis der Interpretation hat den *"wissenschaftslogischen Status einer Hypothese"*[381]. Was das heißt, beschreibt K.Mollenhauer: *"Unter keinen Umständen kann mit zweifelsfreier Gewißheit und hinreichenden Gründen behauptet werden, daß eine vorgelegte Deutung gültig ist. Prinzipiell bleibt sie immer korrigierbar. Selbst die volle Zustimmung des Interpretierten (etwa im Falle des Autors einer Biographie)* kann *diesen Zweifel nicht beseitigen, denn wir können nie mit Gewißheit ausschließen, daß er sich täuscht. Daraus folgt, daß die Interpretation (wie jede andere wissenschaftliche Behauptung auch) wenigstens so vorgenommen werden muß, daß sie falsifizierbar ist, d.h., daß unzutreffende Interpretationen erkannt und verworfen werden können. Das ist nur möglich, wenn das Interpretationsverfahren durchsichtig, die einzelnen Interpretationsschritte von*

379 Heinze, Klusemann, S.194.
380 Heinze, Klusemann, S.194.
381 Mollenhauer, Rittelmeyer, S.60.

anderen potentiellen Interpreten nachvollziehbar(...)sind."[382] Dieser Gesichtspunkt der Nachvollziehbarkeit der Interpretation durch andere Interpreten mit der Möglichkeit der Falsifizierbarkeit der gefundenen Ergebnisse, bzw. einer Re-Interpretation, hat dazu geführt, in der vorliegenden Arbeit die Schritte der Auswertung der autobiographischen Texte (Teil III) von der Präsentation der Texte (Teil II) zu trennen. Teil II präsentiert lediglich die Textauszüge der Kindheitsberichte, der Schritt der Auswertung exemplarischer Texte wird in Teil III vorgenommen. Allerdings wurde auch in Teil II erhebliche interpretatorische Arbeit geleistet, denn der Vorgang der Auswahl der Texte und die Strukturierung durch interaktionelle Themen konnte nicht ohne ein bestimmtes Vorverständnis geleistet werden (s.6.4.).

6.6. Die konkreten Schritte des Interpretationsvorgangs

Die vorliegende Arbeit ist dem Muster gängiger qualitativer Inhaltsanalysen[383] gefolgt. Die Schritte im einzelnen:

1. Erstes Durchlesen aller Texte.

2. Markierung aller Textstellen, die gelungene, bzw. mißlungene Interaktionen darstellen (s.6.4.).

3. Erneutes Durchlesen aller Texte und Einordnung in das bisher Gelesene, wobei das Schema erweitert wird (s.6.3.).

4. Kopieren aller markierten Textstellen.

5. Zusammenstellen aller markierten, kopierten Textauszüge auf einer großen Wandzeitung unter vorläufigen Überschriften.

382 Mollenhauer, Rittelmeyer, S.60.
383 Vgl. hierzu v.a. Mühlfeld u.a.; Hoffmann-Riehm; Kleining, Heinze,Klusemann; Combe, S.27 ff.

6. Erneutes, drittes Durchlesen aller Texte, auch der nicht markierten, um vergessene oder widersprüchliche[384] Passagen nicht unberücksichtigt zu lassen.

7. Durchlesen aller markierten Texstellen auf der Wandzeitung und der Versuch der Strukturierung durch relevante Themen ("*Relevanzstrukturen*")[385], die aus den Texten selbst entnommen sind.

8. Keine weitere interpretatorische Arbeit mehr. Dokumentation der ausgewählten Texte, strukturiert durch Themen, vgl. Teil II.

9. Interpretation vgl. Teil III.

Dieses Vorgehen hat sich insofern als effektiv erwiesen, als es zu mehrmaligem genauem Durchlesen zwingt.[386] Zudem bleiben die ausgewählten, markierten Textstellen so lange wie möglich für die Einordnung bisher unberücksichtigter oder die Interpretation falsifizierender Textpassagen offen. Es trägt der Prämisse Rechnung, daß man bei der Interpretation von Texten lediglich zu "*tentativen Erkenntnissen*"[387] kommen kann.

6.7. Konsequenz der Unvollständigkeit

Die Arbeit ist der Versuch einer interpretativen Untersuchung von Lebenserfahrungen von Kindern. Es wird versucht, in einem flexiblen Wechselspiel zwischen analytischem Zugriff (Überschriften Teil II) und empirischem Material (den Autobiographien), Kindererfahrungen interpretativ zu erschließen. Die Entwicklung analytischer Elemente im Umgang mit den vertexteten Kindererfahrungen könnte beispielhaft sein für die methodische Vorgehensweise einer Interpretation, die ihre theoreti-

384 "*Szene für Szene auf Irritationen abzuklopfen, sich irritieren zu lassen von den Bildern, um im Vergleich der rissigen Stellen des Textes die verborgene Mitteilungsebene aufzufinden.*" Lorenzer, Möglichkeiten, S.180.
385 Heinze, Klusemann.
386 Mühlfeld u.a., S.336.
387 Heinze, Klusemann, S.194.

schen Erkenntnisse aus der genauen Beobachtung der Alltagswelt gewinnt.[388] Im Wechsel und Ineinander von theoretischem Vorverständnis und eigener Aussagekraft des autobiographischen Materials sollte deutlich werden, in welcher Weise ein tiefes, genaues und breites Verständnis von Kindererfahrungen gewonnen werden kann. Die Zusammenstellung der ausgewählten autobiographischen Erinnerungen erscheint als eigenständiger Teil II. Er erscheint nicht als lediglich legitimatorischer Materialteil, an die *eigentliche* Arbeit angehängt, wie man das von empirischen Untersuchungen kennt. Das Voranstellen der Texte ist einmal geschehen, um den Stellenwert dieser Erfahrungen deutlich zu machen, zum anderen um jedem Leser *seine* Interpretation dieses Materials zu ermöglichen. Dadurch soll die kommunikative Struktur der Interpretation deutlich werden. Auch dadurch mußte die Begrenzung der Arbeit auf die Beschäftigung mit (nur) zehn Kinderwelten in Kauf genommen werden. Dies hat zur Konsequenz, daß die in Teil III vorgestellten Ergebnisse sinnvoll und fruchtbar überprüft, ergänzt und weitergeführt werden können und müssen durch weitere Beobachtungen[389] und Daten der Alltagserfahrung von Kindern.

---

388 *"Wenn Erwachsene behaupten, die 'Interessen' und 'Bedürfnisse' der Kinder zu kennen, dann ist Vorsicht geboten. Allzu oft sind in solchen Reden Projektionen am Werk. Welche Bedürfnisse und Interessen Kinder wirklich haben, das läßt sich nicht vorweg und von oben her entscheiden. Um darüber Aufschluß zu gewinnen, muß man sich auf die alltäglichen Lebensäußerungen der Heranwachsenden, ihre Zeichnungen und Träume, ihre Gesten und Mienen, ihre Spiele und Erzählungen einlassen."*
Parmentier, S.127.

389 Vgl. hierzu v.a. Baumgardt; Engelbert; Lippitz,Rittelmeyer.

7. Kurzbeschreibung der ausgewerteten Literatur

Ursula Adam, Zweitgeburt. Salzburg 1980

beschreibt eine Nachkriegskindheit auf dem Land in Österreich. Ein Versuch, aus Wörtern, Erinnerungen, Betroffenheiten und Körpergefühlen ein Leben zusammenzusetzen. Dabei werden Stationen einer Kindheit sichtbar, die Umrisse der Eltern, Mädchenfreundschaften, erste Kontakte mit Männern, Städte, Reiseszenen: Bilder, die ausgelöst und hervorgerufen werden durch die Beziehung zu einem Mann.

Sigfrid Gauch, Vaterspuren. Königstein/Ts. 1979

beschreibt eine Wiederbegegnung mit seinem Vater, die durch dessen Tod ausgelöst wird. In den drei Tagen zwischen dem Sterben und der Beerdigung des Vaters erlebt der Sohn, der in den letzten Kriegstagen 1945 geboren wurde, Stationen seiner Kindheit mit dem Vater wieder. Zugleich versucht er die Entwicklung des Vaters zu rekonstruieren, der vom Hauptankläger im Eichmann-Prozeß als einer der geistigen Urheber der Judenvernichtung bezeichnet wurde. Die schizophrene Grundsituation - "einen Vater zu lieben, den er als Mensch nicht akzeptieren kann" - durchzieht das ganze Buch.
'Vaterspuren' bedeutet: Situationen und Motivationen im Leben des Vaters, aber auch Spuren und Narben, die der Vater im Leben seines Sohnes hinterlassen hat.

Jürgen Hobrecht, Du kannst mir nicht in die Augen sehen. Berlin 1981

1957 in Hameln geboren, beschreibt er sein tägliches Leben im Rollstuhl.
Das alltägliche Gehindertsein an der Universität, in politischen Gruppen, Situationen und Freundschaften weckt Erinnerungen. Eine Kindheit wird sichtbar, die über die körperliche Behinderung hinaus (zahlreiche Krankenhausaufenthalte, Behandlung der Folgen einer spina bifida) durch die Hilflosigkeit der Eltern und der Ärzte zusätzlich gehemmt und gehindert wurde.

Diana Kempff, Fettfleck. Hamburg 1981

erzählt eine Kindheit in Oberfranken, eine sogenannte "schöne" Kindheit, ohne materielle Sorgen in einem großbürgerlichen Elternhaus. Darin und darunter ist aber die Hölle: das Mädchen ist dick, sehr dick. Innersekretorische Störungen, sagen die Ärzte. Die anderen sagen Fettfleck. Die dauernden Hänseleien, Streiche, die sich bis zu körperlichen Angriffen steigern, lassen in dem Kind eine große Angst vor anderen Menschen wachsen. Die Eltern, die für ihre Tochter nur wenig Zeit und Verständnis haben, schicken sie in Schulheime und Sanatorien. Alleingelassen sucht sie Zuflucht in Büchern und einer geheimen Welt aus schönen, geheimnisvollen Sätzen.

Paul Kersten, Der alltägliche Tod meines Vaters. Köln 1978

Der qualvolle Krebstod des Vaters stürzt den Sohn in eine Krise. Neugierig, seinen Vater kennenzulernen, von dem er außer ein paar Lebensdaten und Erinnerungen nichts besitzt, wird er erst jetzt. Zu Lebzeiten hatte es zwischen Vater und Sohn nur Distanz gegeben.
Auf der Suche nach dem Bild des Vaters gräbt er Erinnerungen aus. So entsteht eine autobiographische Erzählung, die sowohl vom Sterben eines Vaters erzählt als auch von einer versäumten Vater-Sohn-Beziehung.

Christoph Meckel, Suchbild. Über meinen Vater. Düsseldorf 1980

Der Sohn, 1935 geboren, macht sich auf die Suche nach seinem Vater. Die Kriegstagebücher des Vaters machen den privaten Fall zugleich zu einem öffentlichen. Der Sohn erhebt zwei Vorwürfe. Der erste betrifft das innerfamiliäre Klima, das Verhältnis der Erwachsenen zu den Kindern. Der zweite Vorwurf hat historisch-politischen Charakter. Der Vater, ein in den Jahren der Weimarer Republik erfolgreicher Schriftsteller, wird zum Repräsentanten jener, die weder emigrierten noch dem aktiven Widerstand angehörten, sondern im Festhalten an einem humanistischen Bildungsideal und in der Abstinenz von Verbrechen so etwas wie eine innere Emigration praktizierten.
Suchbild heißt der Versuch, einen Toten mithilfe der Erinnerung in die Vorstellung zurückzurufen: "Während ich denke, wird er zum Thema. Die Sätze entfernen ihn in einen Wortlaut, der seine Erscheinung zugleich erhellt und verdunkelt."

Helga M.Novak, Die Eisheiligen. Darmstadt 1979

Geboren 1934, erste Schuljahre im östlichsten Vorort von Großberlin, Faschismus als alltägliche Selbstverständlichkeit, Flucht vor den Luftangriffen aufs Land und im Januar 1945 die Flucht vor der Roten Armee zurück nach Berlin. Dann der Hungerwinter in der Sowjetischen Besatzungszone, die Gründung der DDR. Die äußeren Verhältnisse sind ein Spiegelbild für die Situation im Haus der Adoptiv-Eltern: die Angst vor der Mutter, das vergebliche Werben um Liebe, die Sehnsucht nach Geborgenheit. Mit dem Abschied vom Elternhaus schließt die Autobiographie: "An meinem sechzehnten Geburtstag zog ich dann ins Internat."

Magdalena Palfrader, Das Diplom. Basel 1981

Jahrgang 1942. Ausgangspunkt ist die mühsame Abfassung einer Diplomarbeit, der Versuch, ihrem Kopf zu vertrauen und dennoch Gefühle zuzulassen, vor allem Trauer über eine nie gehabte Kindheit. Mit Hilfe einer psychoanalytischen Therapie versucht sie,die Mängel ihrer Kindheit zu verstehen und als Lehrerin Kindern eine verständnisvollere Begleiterin zu sein als sie es selbst erlebt hat. Aufgewachsen auf dem Land, in der italienischen Schweiz, setzt sie sich besonders mit der Erziehung der Mädchen auseinander.

Karin Reschke, Memoiren eines Kindes, Berlin 1980

Geboren 1940 in Krakau, in Berlin aufgewachsen. Die Memoiren eines Kindes sind die des Mädchens Marie, das die Ausflüchte und Halbheiten der Erwachsenen zwar durchschaut, aber dennoch nicht versteht und darunter leidet. Das Mädchen fühlt sich fremd in der Familie, die nicht hält, sondern auseinanderbricht. Marie kennt einen Weg aus der Misere, eine zweite Welt. Das ist der Tagtraum ihrer Flüge zum Mond. "Sie will nur weg in dieser komischen Zeit." Der Traum der Sechsjährigen gewinnt eine höhere Plausibilität als die Politik der Großen, die aus Sichanpassen und dem Kampf um den beginnenden Nachkriegswohlstand besteht. Ab und zu tauchen Engel auf, Menschen, die Wärme und Geborgenheit vermitteln.

E.A.Rauter, Brief an meine Erzieher, München 1979

In Briefform wird eine Kindheit im Haus von Pflegeeltern im österreichischen Gurktal, Kärnten, beschrieben. Gedacht als Abrechnung mit den Erziehern seiner Kindheit, entsteht eine Abrechnung mit Erziehung überhaupt. Für den Leser entsteht eine Linie vom "Erziehungsterror in jeder Küche Europas" zum faschistoiden Charakter des Nationalsozialismus.

Teil II

8. Präsentation der ausgewählten Textbeispiele

8.1. Von den vielen Ängsten, die Menschen haben können

Angst vor den Mitschülern:

"Manchmal ist niemand da. Manchmal lassen sie mich ganz allein. Manchmal hab ich Angst.
Sie ham mich in die Uhr eingesperrt. In die Fluruhr. Sie ham mich einfach reingeschoben und die Tür zugemacht. Dann sind die abgehaun und ham gelacht.
Jezz findet mich niemand.(...)
Ich hab geträumt, sie haben mich in einen Sarg getan. Ich hab gesagt, bitte nein, bitte nein. Ich bin doch lebendig. Sie haben gesagt, es muß sein, du gehörst da rein. Sie haben den Deckel aufgeklappt, der hat geglänzt. Silbern. Oder wars Erz? Im Sarg lagen drei Männer. Ihre Gesichter ham auch geglänzt.
Die sind tot, hat jemand gesagt.
Geh rein, dann lassen wir dich allein.
Nein, bitte nein.
Es muß sein. Mach schnell, du kommst zu spät. Jemand hat gelacht. Dann sind sie gegangen und haben die Tür zugemacht. Es war dunkel. Aber der Sarg hat geleuchtet und die Gesichter der Männer auch.
Ich hab einfach dagesessen und gewartet. Weil sie alle wegwarn, wars garnich mehr so schlimm. Ich hab die Augen zugemacht. Dann bin ich aufgewacht."
D. Kempff, S.14 f.

Die Erwachsenen verharmlosen die Ängste des Mädchens:

"Immer sagen sie, du hast doch bloß geträumt. Aber sie waren doch da.
Es war nur ein Traum. Schlaf wieder ein. Denk an die lieben Englein, die dich beschützen.
Zwei zu meinen Häuptern, zwei zu meinen Füßen. Ein schwarzes und ein weißes.
Da kommen sie, da kommen sie alle hinter mir.
Fliegen hilft. Flieg ich eben weg. Aber das fliegt mich rauf. Ganz von allein. Höher und höher. Dunkel ists da. Und ich komm niemehr runter. Unter mir dreht sich eine Kugel. Da halt ich mich fest. Spiegelglatt ist die. Das ist die Welt. Da sitz ich drauf. Bis zu mir kommt niemand rauf. So hoch bin ich.
Ganz unten schrein sie. Viele. Alle. Alle zusammen.
Dann kommt das Wasser. Das steigt. Höher und höher. Die da unten wollen hochspringen, aber das nützt nix. Die müssen alle ertrinken. Wie sie schrein.
Dann kommt das Feuer. Man kann sie verbrennen sehn.
Und das Feuer fliegt über das Wasser, und das Wasser schlägt hoch wie eine Mauer. Das Feuer ist ein Turm, der wächst und wächst.
Ich kann mich nicht mehr halten auf der glatten Kugel. Da werd ich weggeschleudert. Ich mach die Augen zu, daß ich nix sehen muß. Und das Wasser ist heiß und das Feuer wie Eis.
Da fall ich und fall ich und fall ich."
D.Kempff, S.27 f.

"Immer verfolgen sie mich. Immer renn ich durch Zimmer und Zimmer und Zimmer. Dreh dich nicht um. Sie gehen im Kreis, sie machen die Kette, da kann man nicht durch. Dann binden sie mir die Hände zusammen. Der mit dem Messer kommt auf mich zu. Aber ich schüttele den Kopf. Aufwachen. Kopfschütteln, aufwachen. Wenn ich aufwache, schüttel ich immer noch mit dem Kopf. Daß ich bloß nicht weiterträum.
Manchmal schüttel ich bloß meinen Kopf. Beim Mittagessen zum Beispiel. Dann sagen sie, was machst du denn, biste blöd?
Ich schüttel halt nur so den Kopf.
Dumme Gans.
Selber gansdumm."
D.Kempff, S.28

"Ich geh hier in die Schule. Im Schwarzwald. Da muß man erst ewig mit der Bahn fahrn, dann noch ne halbe Stunde zu Fuß.
Im Zug ärgern die mich immer.
Laß sie, sie kann doch nix dafür, innersekretorische Störungen sind das. Fettsau mit sekretärischen Störungen. Haha.
In der Schule tun sie mir nix. Weil Karlheinz mich beschützt. Aber der wohnt in Karlsruhe. Das ist auf ner anderen Strecke. Kammanixmachn.
Die aus Hirsau haben mich verdroschen. Die zwei sind widerlich. Wenn ich sie nur seh. Mich erwischen sie immer. Die haun einfach los mit ihren Stöcken und Ruten. Gibs der Fettsau, gibs ihr zackig.
Warum wachsen da auch bloß so viele Weiden.
Ich wehr mich schon gar nicht mehr. Ich glaub, das ist so, immer ist einer gemein, und ein anderer muß das dann aushalten. Trotzdem hab ich Angst vor denen aus Hirsau.

Es war auf dem Nachhauseweg. Ich hab im Zug gelesen. Bis zum Tunnel. Dann war kein Licht. Plötzlich ist jemand hinter mir gewesen. Hat mich gepackt. Am Hals. Hat meinen Kopf an die Heizung geknallt. Wieder und wieder und wieder. Das viertemal den Kopf verliern.
Als wir wieder draußen warn, hab ichs erst gar nicht gemerkt. So schwarz vor Augen war mir. Als ob ich immer durch den Tunnel fahren müßt, und niemals wirds mehr hell.(...)
Ich glaub, ich hab Angst vor Kindern."
D.Kempff, S.46 f.

"Spiel ich eben allein. Mein Lieblingsspiel. Unsichtbar sein. Denken, daß mich niemand sieht. Aber mich sucht auch niemand. Lesen. Ich glaub, lesen ist am allerschönsten. Die Leute in den Büchern tun mir nix. Auch wenn ich sie manchmal seh. Ich hab keine Angst vor denen. Nicht mal vor Hexen und so. Ich hab bloß Angst vor denen, die ich kenn. Von denen ich weiß, wie sie heißen. Vor denen, dies wirklich gibt.
Wenn ich doch bloß eine Tarnkappe hätt."
D.Kempff, S.47 f.

Die Angst vor den Angriffen der anderen steigert sich zur Angst vor dem morgendlichen Aufstehen überhaupt.

"Die Uhr schlägt. Die Kirchturmuhr schlägt. Aua. Aufstehn. Aufstehn ist nicht schön. Wo ich doch so schön geträumt hab. Von ganz blauen Inseln. Da bin ich hingeflogen. Und sie haben mich nicht gekriegt.

Die Inseln waren so blau wie Kornblumen, so blau wie Omas Stein im Ring, so blau wie Papas Augen. Und sie haben mich nicht gekriegt. Nicht mal der Lange mit den aschblonden Haaren. In der Luft über den Inseln bin ich stehngeblieben. Die Inseln schwammen wie große Fische, die machten einen Kreis, einen Ring. Innen im Kreis war das Wasser rot. So rot wie Omas Stein im Ring, so rot wie Mohnblumen.
Die Uhr schlägt. Muß ich aufstehn. In die Schule gehn. Und es ist kalt. Weil Winter ist. Da kann man Schlittenfahrn und Schneebälle werfen. Fettfleck, du bist eine prima Zielscheibe.
Weit weg hat er gestanden. Ich konnt ihn nicht erkennen. Einen Schneeball hat er geschmissen und mich am Kopf getroffen. Ich hab geblutet. Das war ein Stein. Außen war ein bißchen Schnee dran. Weißnich, wers war. Vielleicht der Aschblonde. Der mich die Treppe runtergeschmissen hat. Einfach in mich reingetreten hat er. Ich bin die Treppe runtergerollt. Ich hab gedacht, mein Kopf geht ab.In der Pause war mir noch ganz dusselich.
Dreh dich nicht um, der Plumpsack geht um. Der Plumpsack war ich.
Plötzlich bin ich aufgewacht und war ganz naß. Die ham mir ne Gießkanne übern Kopf gegossen.
Ohnmächtich warste, weißte.
Dann hatten wir Singen."
D.Kempff, S.42

Angst vor der Schule:

"Ich habe Angst vor dem Turnen.
Ich werde feige genannt und eine Memme.
Ich sage keine Liedstrophen auf.
Ich kann kein s sprechen, kein l, kein sch.
Ich erhalte täglich die Aufgabe, laut vorzusprechen.
Ich soll sagen: Esel essen Nesseln nicht, Nesseln essen Esel nicht."
H.Novak, S.25

Angst vor der Schule ist auch Angst vor dem Ausgelachtwerden:

"Ich kann auf dem Hof auf den Ahornbaum klettern.
Ich kann schnell laufen: Du bist doch kein Junge.
Ich kann beim Schattenspielen den bösen Wolf an die Tapete werfen.
Ich habe eine Sicherheitsnadel aufgebogen.
Ich schreibe überall meinen Namen hin.
Ich ritze ihn mit der Nadel in Tische, Stühle, Fensterbretter ein.
Ich soll sagen: Sechshundertsechsundsechzig sächsische Schuhzwecken. Die andern lachen sich kaputt."
H.Novak, S.25

Angst vor der Schule führt dazu, daß man sich eine Schule ohne Angst ausmalt:

"Auf dem Weg zur Schule malte ich mir ein Leben aus, in dem es keine Angst gibt, keinen Hunger, keine Demütigung durch Lehrer,kein Versagen beim Abhören von Vokabeln. In dem es nach der Schule keine Schule gibt: in dem keine Nachhilfelehrer das gleiche leise Stöhnen von sich geben wie der Lateinlehrer am Vormittag.

Auf dem Weg in die Schule, vor einer Klassenarbeit in Mathematik oder Latein oder Griechisch, vor einem Erdkundepröbchen beim Ochs, versuchte ich mich zu beruhigen, indem ich mir vorstellte, daß das, was ich jetzt sehe, gar nicht die Wirklichkeit ist. Daß ich nicht Schritt für Schritt dieser Schule näherkomme, daß ich nicht in einer Viertelstunde vor einem Matrizenabzug mit unübersetzbaren Redewendungen sitze. Daß ich in Wirklichkeit auf einer Wiese im Sonnenschein unter einem Baum liege, die Augen geschlossen habe und dies alles nur träume.
Wenn es mir gelingt, auf diesen Trottoirplatten zu laufen, ohne eine Fuge zu berühren, bleibe ich an Ostern nicht sitzen.
Ich schreibe eine fünf, ich schreibe eine vier, ich schreibe eine fünf, ich schreibe eine vier, zähle ich die Schritte bis zur nächsten Kreuzung ab.
Zu jeder dritten Arbeit leiste ich mir eine Grippe. Fieber und Halsweh kommen fast auf Bestellung. Das schaff ich nie, das lern ich nie, dachte ich auf dem Weg zu dir.
Ich fühlte mich schuldig, denn du hast es gut gemeint, wirklich gut, als du dir in Meisenheim ein Zimmer gemietet hast. Ich sollte nicht so alleine sein, und du wolltest dich um meine Schularbeiten kümmern."
S.Gauch, S.34 f.

Angst nachts allein zu Hause:

"In der Nacht erwache ich. Muß aufs Klo. Die Wohnung ist dunkel.Ich robbe aus dem Kinderzimmer in die Toilette und pinkle. Als ich das Badezimmer verlasse, über das kurze Stück Flur rutsche, bin ich hellwach. Ich habe kein Licht gemacht. Plötzlich rufe ich nach meiner Mutter. Keine Antwort. Ich schleppe mich zur Wohnzimmertür, stoße sie auf. Straßenlaternen beleuchten die Möbel matt. Ich fühle mich bedroht und aufgeregt. Muß schon wieder pinkeln. Ich krieche zum Schlafzimmer der Eltern. Die Tür ist angelehnt. Die Betten sind noch frisch gemacht. Die Decke liegt glatt darüber. Ich bin allein in der Wohnung. Panik überfällt mich. Wo sind sie? Ich rufe wieder. Rutsche in die Wirtschaftsküche neben dem Geschäft. Hinüber zur Terrassentür. Ich richte mich auf, um durch die Verglasung der Tür auf den Balkon zu schauen. Halte mich am Türgriff fest. Die Tür ist abgeschlossen. Ich sehe die große Terrasse, den Hof mit den knochigen Bäumen im Licht der Neonreklame von der Kneipe nebenan. Die großflächige Terrasse ist in gelbes Licht getaucht. Die gelbe Überdachung wirkt wie ein Filter. Jeden Moment könnte einer der Ausländer, von denen ich so schlimme Geschichten hörte, die Terrassentreppe vom Hof hinaufkommen und mich hinter der Tür entdecken. Schauer laufen mir über den Rücken, ich bin schweißnaß. Schnell krieche ich zurück ins Bett, will dieses schreckliche Licht, diese schreckliche gelbe Fläche nicht mehr sehen. Hoffentlich kommen sie bald wieder."
J.Hobrecht, S,19 f.

Angst und Einsamkeit im Krankenhaus:

"Es kommen Ärzte mit einer Maschine, die mir Angst macht. Manschetten werden um die Oberschenkel geknüpft. Ein Doktor dreht an Rädern der Maschine. Sie gucken auf einen Bildschirm, auf dem eine grüne Linie flackert. Stromstöße werden mir durch die Beine gejagt. In unregelmäßigen Abständen und in unterschiedlichen Stärken. Nur die Ärzte wissen, wann und wieviel Strom jedesmal durch die Beine gehen soll. Ich schreie bei jedem Stoß auf, es ist nicht der Schmerz, es ist die gemeine Unberechenbarkeit, mit der jeder Stoß mich trifft. Ich will die Manschetten wegreißen, aber sie sitzen zu fest. Ich verkrampfe die Hände ans Bettgestell, um die Spannung in mir auszugleichen, aber es nützt nichts. Bis zu zehn Ärzte stehen um das Bett bei der täglichen Prozedur, gucken neugierig und unbarmherzig, sie interessiert die Technik. Zum Schluß bekomme ich einen Bonbon von der Ärztin, die aber nicht immer dabei ist. 'Für deine Tapferkeit.'
Nachts gucke ich in die Wohn- und Kinderzimmer des gegenüberliegenden Mietshauses und will nach Hause, heule mich oft in den Schlaf und verstehe nichts."
J.Hobrecht, S.35

"Am Abend vor der Operation ist die Angst wieder da. Tausend Mal stelle ich mir vor, wie es morgen sein wird. Die Spritze. Der Transport zum OP. Die Wartezeit vor dem OP. Die Zeit bis zur Narkose. Von der Spritze bis zur Narkose. Wie lange wird das dauern? Bis auf die Minute versuche ich es auszurechnen. Wie lange dauert der Eingriff. Alle Leute fragte ich, wie lange die Operation dauert. Sie beruhigen mich. Das sei Routine und dauere höchstens eine halbe Stunde. Aber ich lasse mich nicht beruhigen.
In der Nacht kann ich nicht schlafen. Trotz der Tablette, die der Narkosearzt verordnet hat. Das Warten beginnt. Um zehn ist der Termin angesetzt. Um halb zwölf bin ich immer noch im Zimmer. Die Ungewißheit macht mich wahnsinnig. Um vierzehn Uhr endlich kommen sie. Die Prozedur, die ich mir zigmal vorgestellt habe, beginnt von neuem. Gestern dachte ich, ich brauche keine Angst zu haben. Nun weiß ich ja, was sie mit mir machen wollen. Aber es ist jedesmal wieder ein Überfall, wenn sie mich auf die Trage legen und abtransportieren in den Trakt mit den Fliesen und den Waschkücheabflüssen, den Maschinen und den maskierten Leuten mit den unterdrückten Stimmen. Ich kann mich darauf nicht vorbereiten. Jede Erinnerung an das letzte Mal verblaßt angesichts des neuen Angriffs auf meinen Körper. Die Erfahrung, einfach ein paar Stunden weggeblendet zu sein, ausgeschaltet zu sein, wie ein störendes Radio, kann man schlecht vermitteln. Auch sich selbst nicht. Ich erlebe es jedesmal wieder neu."
J.Hobrecht, S.38 f.

"Seit den drei Monaten in der Göttinger Klinik, seit jenen Krankenhausaufenthalten, die über mich hereinbrachen wie Gewitter, habe ich Angst, plötzlich krank zu werden. Nachts schlafe ich schlecht, immer wieder überfällt mich diese dumpfe Ahnung, irgend etwas stimmt nicht mit mir. Ich bin krank. Geht es mir eine Weile gut, habe ich eine Zeit keine Nierenbeschwerden, kann ich es kaum wahrhaben. Deute jedes Zeichen, jeden Anflug von Schmerz, jedes Herzflattern als Symptom einer beginnenden Krankheit. Ich fühle laufend den Puls, horche in mich hinein, um beginnende Krankheiten sofort selbst zu entdecken. 'Ein Hypochonder' sagen meine Eltern. Das kränkt mich. Der Arzt kommt wieder, redet beruhigend auf mich ein, verschreibt wieder Tabletten. Diesmal werfe ich die Tabletten gleich ins Klo. Will diese Chemikalien nicht fressen. Ich ahne, woran meine Unruhe liegt, der Glaube, ich sei eigentlich krank, den kein Arzt erschüttern kann, weil sie mir schon soviel erzählt haben von Untersuchungen, die bestimmt nicht wehtun, nein, bestimmt nicht, und Klinikaufenthalte, die bestimmt nicht lange dauern, nein, es wird schon wieder werden."
J.Hobrecht, S.46 f.

Fixierung und Generalisierung der Angstgefühle:

"Als ich dreizehn war, holte die Mutter den Hausarzt. Ich sei so unruhig in letzter Zeit. Schlafe nachts nicht mehr, kann mich nicht mehr auf die Schule konzentrieren, rede viel vom Sterben. Frage, ob man mit dreizehn einen Herzschlag bekommen kann. Ich sitze den Nachmittag und Abend vor dem Fernseher und fühle meinen Puls. Das Gefühl, als gebe es keine Zukunft mehr. Ich kann mir nicht mehr vorstellen, nun noch weiterzuleben. Es wird irgendwann zuende gehen in diesen Tagen. Das Herz wird aussetzen. Ich ertrage es nicht, auch nur für einen Moment allein zu sein. Holt die Mutter Kartoffeln aus dem Keller, fange ich an zu schreien, fühle das Blut in den Kopf schießen, ziehe mich zusammen, denke, 'jetzt ist es vorbei'. Nachts schlafe ich im Ehebett der Eltern oder bei der Schwester, nur so kann ich Ruhe finden. Die Mutter am Telefon zu ihrem Mann, 'er hängt mir den ganzen Tag am Rockzipfel. Du weißt ja nicht, wie belastend das ist. Du bist ja nur am Wochenende da'.
Der Arzt kommt, setzt sich vor mich auf die Couch, zieht mich an den Armlehnen des Rollstuhles zu sich heran, mißt Blutdruck, hört die Herztöne ab, fragt, wie es mir geht. Versehentlich sage ich, 'gut', weil mir die Frage so oft gestellt wird. Ich begreife selbst nicht, wovor ich Angst habe, warum ich mich vor dem Sterben ängstige, warum ich nicht allein sein kann in der Wohnung. Der Arzt sagt, ich hätte ja wohl schon eine Menge durchgemacht in meinem Alter, legt die Hand auf meine Schulter, guckt mich eindringlich an. Die Hand auf meiner Schulter wird schwerer, erdrückt mich, rüttelt mich, als wolle er mich wecken aus einem bösen Traum, 'nun mach doch deiner Mutter nicht soviel Kummer'. Er verschreibt Masmoran Saft, Librium und Tavor. Er geht mit der Mutter hinunter. Ich gucke aus dem Fenster, sehe beide durch die Gardine unten am Gartentor stehen. Es bedrückt mich, daß ich nicht hören kann, was sie dort sprechen. Ich sehe den Doktor zur Uhr schauen, eilig seine Hand ausstrecken, sich verabschieden. Ins Auto steigen und davonfahren."
J.Hobrecht, S.27 f.

Zu den Ängsten, die Kinder haben, kann noch die Angst kommen, seine Angst zu zeigen, weil man für das Angsthaben bestraft wird:

"Es war ein Morgen im Winter. Wir hatten einen Ochsen im Stall. Der Ochse sollte zum Metzger gehen, der Metzger war in Feldkirchen, zwanzig Kilometer von unserem Haus. Ich war ausersehen, den Ochsen zu begleiten, wenn auch nicht allein.(...)
Als der Knecht mit dem Ochsen den Wald erreichte, hatte ich einen Sicherheitsabstand von einem viertel Kilometer.(...)
Nach meinen Berechnungen schien mir eine Entfernung von dem geheimnisvollen Vieh von weniger als hundert Meter zu riskant. Ich mußte auch berücksichtigen, daß ich beim Losrennen auf dem Schnee ausrutschen konnte und so meine Möglichkeiten verringerte, mich in Sicherheit zu bringen.(...)
Die Dinge wendeten sich für mich bald zum Schlimmen mit Schnelligkeit und Härte. Herr Pflegevater stand vor mir. Ich hätte lieber den Ochsen auf mich warten sehen. Ich fühlte mich auf einmal verwandelt in Dreck. Ich war nahe daran, alles aus mir herausfallen zu lassen, vorne und hinten.(...)
Hätte ich gewußt, daß wir uns auf der Straße begegnen würden, ich hätte versucht, den Abstand zwischen dem Ochsen und mir rechtzeitig zu verringern. Du warst mit zwei oder drei Arbeitern dabei, neben dem Straßenrand liegende Stämme auf den LKW zu laden. Du nahmst dem Ochsenknecht die Peitsche aus der Hand. Du schlugst auf mich ein, noch heute habe ich am linken Bein eine Vertiefung in der Haut, die von einem deiner Peitschenhiebe herrührt. Die Peitschenschnur schlang sich um meine Wade, du rissest sie wieder ab und knalltest sie erneut um meine Strümpfe.(...)
Ihr, die Arbeiter und du, setztet euch ins Führerhaus. Du befahlst mir, nach Hause zu gehen. Ich ging den Weg auf dem Schnee wieder zurück, ohne Haselrute. Nachdem ich einige Schritte getan hatte, hörte ich den Dieselmotor deines Lastwagens anspringen und mir folgen. Es dauerte eine Sekunde, bis ich verstand, daß du mich mit dem Tonnengefährt vor dir hertriebst. Du erhöhtest das Tempo und zwangst mich zu rennen, vor dem rollenden Gerät, das mit Stämmen beladen war bis zur Höhe eines einstöckigen Hauses. Das traf mich stärker in dem, was man Stolz nennt, stärker als die Schlagfolter, die ich bis dahin erlitten hatte.
Ich rannte ungefähr drei Kilometer. Du bestimmtest das Tempo. Manchmal beschleunigtest du die Maschine. Manchmal nahmst du Gas weg,das sollte dann wohl die menschliche Seite der Sache sein.
Während ich rannte, überlegte ich mir, an einer Seite auszubrechen. Das war schwierig, die Straße war von Schneemauern eingeengt. Strebte ich einer Seite zu, lenktest du deinen LKW dorthin. Du wolltest in deiner Erziehungsarbeit nichts dem Zufall überlassen. Ich hätte in eine Schneewand hineinspringen können, ich hatte nicht den Mut, ich hätte nur noch härtere Maßnahmen herausgefordert.(...)
Ich wagte es nicht, mich vor dem Koloß fallen zu lassen. Du hättest die zehn Tonnen auf dem Schnee wahrscheinlich zu stark gebremst und den Wagen seitlich verrissen. Das wollte ich nicht riskieren.(...)

Zu Hause weinte ich vor Wut und Selbstmitleid. Mutter brachte mich ins Bett, deckte mich hoch zu.Was das bedeutete, habe ich nicht verstanden, rennen im Schnee macht nicht krank. Es war mir angenehm, ich war der Hausöffentlichkeit entzogen und es sah aus, als hätte Mutter eine Beziehung zu mir, die über meine Nützlichkeit im Haushalt hinausging. Indessen marschierten Ochse und Knecht nach Feldkirchen.
Mit deinem Lastwagen hast du mir die Angst vor Ochsen nicht genommen, du hast meine Geschicklichkeit erhöht, sie zu verbergen. Von den vielen Ängsten, die Menschen haben können, hast du mir eine weitere eingepflanzt."
E.A.Rauter, S.34-53

Angst in den Nachkriegsjahren:

"Die Mutter wohnte mit den drei Kindern im Haus ihrer Eltern, in einem Beamtenviertel am Rand der Stadt. Hunger, Angst und räumliche Beschränkung machten die Nachkriegsjahre zum sinistren Abenteuer. Die Schrift an der Wand hieß leben und beschaffen(...)
Die Abenddämmerung aller Tage wimmelte von menschlichen Silhouetten, die lebenserhaltende krumme Touren machten. Vor Hunger und Kälte flüchtete man ins Bett(...) Die Angst stand hinter geschlossenen Fenstern und wartete lautlos.(...) Die Chance eines Wunders war für immer vorbei. Die Kindheit endete in grauem Chaos.
Chr.Meckel, S.95 ff.

Angst um die Eltern:

"Von dem Mitleid, das ich schon als Kind für ihn empfand, wenn er den Erniedrigungen durch meine Mutter ausgesetzt war, spürte er nichts. Todesangst packte mich, als meine Mutter ihm eine ausgequetschte Zitronenhälfte ins Gesicht klatschte. Er wurde blaß, stand starr. Für einen Moment schien es, als wolle er zurückschlagen. Er hob die Hand, ließ sie wieder sinken, rannte zur Tür hinaus. Meine Mutter weinte, aber ich sah ihren Augen an, daß sie heimlich triumphierte. 'Eines Tages', drohte sie mir, 'kommst du nach Hause, dann findest du mich in der Küche, dann habe ich den Gashahn aufgedreht.'
Wenn ich aus der Schule nach Hause kam, atmete ich schon im Treppenhaus tief ein, um festzustellen, ob es nach Gas roch. Ich stellte mir vor, daß sie in der Küche liegen würde, zwischen Herd und Ausguß. Und immer, wenn mein Vater länger als gewöhnlich mit dem Motorrad (oder später mit dem VW) unterwegs war, packte mich die Angst. Meine Mutter steigerte sie zur Todesangst."Wenn ihm nun was passiert ist?" Ich rannte mit Herzklopfen mehrmals auf die Straße hinaus, um nach ihm Ausschau zu halten. Als ich ihn endlich um die Ecke biegen sah, schluckte ich rasch meine Tränen runter, um sie vor ihm zu verbergen."
P.Kersten, S.86 f.

Nach dem Tod des Vaters wird aus der Angst ein Schuldgefühl:

"Ein Jahr nach seinem Tod sah ich meinem Vater im Traum zum erstenmal wieder in die Augen. Ich fand ihn am Tisch eines Kaufhausrestaurants, in sich zusammengesunken, halb auf dem Tisch hängend.(...)

Ich sprach beruhigend auf ihn ein, obwohl das Mitleid mir fast die Stimme nahm. Ich fühlte mich schuldig an seinem verkrüppelten Körper, an seinem Alter."
P.Kersten, S.100 f.

Angst um den Bestand und die Haltbarkeit der Welt:

"Hier, probier mal die Schokolade. Großmutter reißt das Papier auf. Marie will nicht, nein, keine Schokolade, nichts, bitte, kein Mehl, kein Zucker. Nichts.
Na gut, der Anton wird sie schon wollen.
Ist mir egal.
Suppenkasper.
Wenn auch der letzte Löffel Suppe nichts hilft, will Marie ein Seemannsgrab. Versprichst du mir das, Oma?(...)
Marie wird ganz Angst um die Welt. Daß sie ja nicht wieder auseinanderbricht. Nichts essen, nichts trinken von der Welt, sie ganz lassen, solange man noch atmen kann. Die machen die Welt kaputt, die immer nur von ihr nehmen, sie rumdrehen und wieder nehmen jeden Tag. Der Mond reicht ihr."
K.Reschke, S.60

Die Angst (oder Scham), sich etwas zu nehmen:

"Damals hatten wir ein Konto in zwei Geschäften des Dorfes, in dem meine Schwester und ich wohnten: beim Konditor und im Gemüseladen. Wir kauften uns Bananen und Schokolade und sagten: der Vati bezahlt's. Wir mußten sie heimlich auf dem Heimweg essen, denn außer dir und uns durfte das niemand erfahren.
Am Wochenende kamst du und hast es bezahlt.
Wir haben dieses Konto nicht ausgenutzt, denn wir schämten uns, etwas zu kaufen, ohne es zu bezahlen.
Bald danach kam ich ins Internat.
Jeden Morgen gab man uns ein Pausenbrot mit, in Pergamentpapier eingewickelt. In großen Körben wurden die Brote aus der Küche in den Speisesaal geschleppt und ausgeteilt.
Ich steckte mein Brot in den Ranzen und ließ es dort liegen. Ich konnte es nicht essen, auch wenn ich noch so hungrig war. Ich ekelte mich. Noch heute muß ich Ausreden erfinden, wenn ich irgendwo in Gesellschaft von Freunden sage: jetzt könnte ich was Gutes essen, und einer zieht ein eingewickeltes Brot heraus, sagt, da sei echte Hausmacher Leberwurst darauf.
Wenn der Ranzen zu voll wurde und die Brote, obwohl schon steinhart, zu riechen begannen, stopfte ich sie bei Pausenbeginn unter den Pullover, lief auf die Schülertoilette und warf sie hinein. Hunderte von Broten in Pergamentpapier müssen sich da im Laufe meiner Internatszeit angesammelt haben. Aber mit Heißhunger verschlang ich das Brot, das du in deinem Zimmer liegen hattest. Ein französisches Weißbrot lag da und ein halber Ringel Leberwurst. Wenn ich allein in deinem Zimmer war, schnitt ich mir heimlich dünne Scheibchen Brot ab, schmierte ganz dünn die Leberwurst darauf und aß sie mit Angst und großem Genuß. Ich befürchtete, daß du verhungern müßtest, wenn ich zuviel davon äße. Ich wußte, daß Weißbrot und Leberwurst in dieser Zeit deine einzige Nahrung waren. Von einem dieser langen Brote und dem halben Pfund Wurst hast du mehrere Tage gezehrt. Die Tasse Kaffee hast du dann im Rathauscafé zu dir genommen, wenn du mich Vokabeln abhörtest.

Dadurch hatte ich oft Angst, jemandem etwas wegzuessen. Der Familie Hinterberger zum Beispiel die Brötchen. Der Lehrer Hinterberger gehörte zu deinen wenigen guten Bekannten, durfte nach 1945 einige Jahre keine Schule halten und gab mir unentgeltlich Nachhilfestunden. Nach den Stunden, die mir Spaß machten und meine Leistungen wirklich verbessserten, kam Frau Hinterberger mit frischen Brötchen, Butter, Marmelade und heißem Kakao. Für mich ein Schlaraffenland. Aber meist sagte ich, daß ich keinen Hunger hätte.
Ich bekomme kostenlos Nachhilfestunden und dann soll ich ihnen auch noch alles wegessen, dachte ich.(...)
All dies erschien mir selbstverständlich, und ich wußte gar nicht, daß es auch anders sein könnte."
S.Gauch, S.114 f.

"Hungerwanderungen. Personenkontrollen auf den Bahnhöfen. Manche dürfen nicht weiterfahren, haben keine Papiere, werden von den auf und ab marschierenden Siegern kontrolliert, verschwinden in den Bahnhöfen, bleiben zurück mit hilflosen Armbewegungen. Zurückbleiben. Der Zug fährt weiter, das Licht geht an und aus, die Gesichter sind immer gleich, Mutters Gesicht eine weiße Wand, mit aufgemalten Augen und einem roten Mund, verschlossen. Hamstern. Ein komisches Wort, kommt von den Nagern, die sich wie wahnsinnig im Kreis drehen, der Futterkorb hängt in der Luft. Zeig deine Hände Marie, zeig sie den Leuten, zeig, wie leer sie sind. Du muß ihnen in die Augen sehen, du mußt sie so lange ansehen, bis sie dir was geben, was abgeben von dem Reichtum, den sie haben. Marie versteck dich nicht immer, wir brauchen deine Hilfe, du mußt auch leben, komm, zeig deine Hände, die Handrücken, die Handflächen. Marie hält die Tränen zurück, Marie schämt sich, daß sie so betteln soll. Nicht für sich betteln, niemals, das schwört sie, das wird sie nie tun, sie bettelt für Anton, für den streckt sie die Hände aus, nur für den. Marie hat keinen Hunger, will nichts essen, muß nicht so leben, wird vom Zusehen satt."
K.Reschke,S.29 f.

"Die Nacht vor Heiligabend, und wieder raus und wieder runter.Ich bete und bete und bete und bete. Zusammengekauert sitze ich in meinem mit Decken ausgeschlagenen Liegestuhl und bitte den Herrgott, niemanden von Bomben treffen zu lassen. Wenn ich darum bitte, daß es niemanden erschlägt, meint das Gebet auch mich, und ich bin gerettet. Die Einschläge kommen immer näher; nie würde ich wagen, für mich allein zu bitten. Ja, ich bin fest davon überzeugt, daß Gott mir geneigter ist, wenn ich auch für die andern bitte.
So nahe sind die Bomben denn doch nicht, das täuscht, die nehmen sich die Fabriken vor. Frau Nentwich lehnt es wieder einmal ab, herunter in den Keller zu kommen. Sind wir nicht für die alte Dame verantwortlich? Was tun, sollte das Haus abbrennen, und wer stürzt dann hinein, sie holen?
Entwarnung. Es ist eine einzige Bombe niedergegangen, am Rande der Ortschaft. Aber dort hat eine einstürzende Hauswand ein siebenjähriges Mädchen erschlagen. Es war ein Jahr jünger als ich."
H.Novak, S.83 f.

8.2. Fremdheit zu Hause, Einsamkeit in der Familie

Es gibt viele Möglichkeiten, sich zu Hause dennoch nicht zu Hause zu fühlen.

Die Erfahrung zu stören und dann selber Störungen zu haben:

"Was sollichn machen?
Spiel was Schönes.
Erzähl mir doch was.
Ich hab keine Zeit. Ich muß so viel aufräumen.(...)
Nun spiel mal schön.
Schön, spiel ich eben. Des wor fei amoll a scheena Huchzich. Schöne Hochzeit. Mich hamse ins Bett getan. Gansfrüh, dassich nich stör. Spiel ich eben mit dem Schlüsselkasten. Drin sind viele Schlüssel. Nichzufassen wohin die alle gehörn. An jedem Schlüssel ist ein Band. Aber draufstehn tut nix. Das is ja das Schlimme, sagt Mama."
D.Kempff, S.19

"Warum sind die immer so komisch? Warum reden die immer erst, wenn ich draußen bin? Warum stör ich immer, auch wenn ich gar nicht stör?
Man ist ja nie unter sich, das Kind macht einen nerwös. Das sagen sie extra laut, daß ichs auch hör.
Mama ist manchmal außer sich. Das ist, wenn man ausn Pantinen kippt, sagt die Kulbertn.
Wenn Mama ausn Pantinen ist, sagt sie achduhimmelblauersee und geht ganz schnell weg. In die Kemmenate, in den Turm, das Hohezimmer. Daß sie mal endlich ihre Ruhe hat. Wenn man immer soviel umdieohrn hat, ist das ja wirklich zum Jungehundekriegen, da kann einem schonmal die Geduld reißen."
D.Kempff, S.36 f.

Das Kind übernimmt die Verantwortung für seine Mutter (Parentifizierung). Es paßt nicht nur auf, daß es selber nicht stört, es paßt auch auf, daß sonst niemand die Mutter stört:

"Aber ich paß schon auf, daß sie niemand stört. Wenn wer kommt und was will, sag ich, sie hat gesagt, ihr könnt euern Dreck alleine machen, was zuviel is iszuviel. Ichhabdienasevoll. Schweinerei mit Tanzmusik."
D.Kempff, S.37

"Bei mir ist alles gestört, hat der Doktor gesagt. Zu dem soll ich Onkel sagen.Ichweißnich.
Was ist denn alles gestört? Die Drüsen. Deswegen bin ich so dick. Dünn soll ich werden. Wenn ich dünn bin, stör ich nicht mehr.
Naja. Muß ich eben in den Schwarzwald. In Behandlung. In das kalte Haus. Auf den Gängen riechts wie aufm Friedhof. Kein Wunder. Alles infiziert."
D.Kempff, S.45

Die Botschaft, nicht gewollt zu sein:

"Der Krieg ist grad solang vorbei, wie er gedauert hat, da wird ein Kind gezeugt, ein Nachkriegskind, ein Spätling, echtem Samen und unausgegorenen Ehezitaten entsprungen, springt es in die Welt hinein, vorerst merkt man nichts davon, es ist eine Querlage, der Arzt kann drehen, wie er will, die Frau schreit, die Zeit ist überfällig, jetzt endlich ist sie geboren, ein Mädchen, ein katholisches in einem evangelischen Krankenhaus, so eine sanfte Hebamme, kein Einriß, nichts, weißt du, sagt die Mutter, bei den Buben ist der Damm gerissen, ich bin genäht worden. Und du, soviel hab ich mitgemacht mit dir, erst hab ich dich gar nicht gewollt, ich wollte weg von ihm, zurück in die Stadt, arbeiten, und plötzlich schwanger, eine Querlage und Überzeit, und dann so eine Geburt, so sanft, so sanft. (...) Ja, denke ich, während die Mutter erzählt, schließlich ist es mir doch zu heiß geworden im Mutterleib, Brandgeruch in meiner Nase, wie riecht verbranntes Fleisch? also bin ich herausgekrochen aus der Höhle und möchte nie mehr dort hinein. Mammas Brüste fließen unentwegt, ich bin ein Säugling, ein kräftiger, ein zarter, ich kann nicht reden, mein 'ich hab genug' verstehst du nicht, du nährst und nährst und läßt dein Kind in Milch ertrinken, dein Nachkriegskind, dein Wiederaufbaukind, es soll die Ehe wieder aufbauen, die unvollendeten Ehezitate vollenden, die falschen richtigstellen - wer hat in euren Zitaten geschlafen? es war keine Prinzessin, es war ein Kind, das soll reden können in den ersten Tagen, weil ihr nicht begreifen könnt, ein Lehrerkind, ein Wunderkind, ein Wunschkind, ein Wunder, daß es ein Kind ist, es könnte auch der Teufel sein, der leibhaftige, das ist es auch, mit acht Monaten, wo andere sich an die Mutter klammern."
U.Adam, S.20 f.

Wo die eigene Geschichte und Herkunft (Adoption) im Ungewissen bleibt, kann sich kein Vertrauen einstellen:

"Unsere Wirtin hat zwei Söhne, die sind jünger als ich. Wir sitzen um den Küchentisch, Frau Seemann hat einen Topf Pellkartoffeln auf die Platte geschüttet und ein Salzfaß dazugestellt. Wir pellen die Kartoffeln mit den Fingernägeln, stupsen sie in Salz und stecken sie in den Mund. Wir rollen sie mit geblähten Backen im Mund hin und her, holen zischend Luft und warten, daß sie ein bißchen abkühlen.
Frau Seemann steht derweil mit Frau Stiehler am Herd, beide eine Kaffeetasse in der Hand. Alle schwatzen und lachen, plötzlich deutet Frau Stiehler auf mich und fragt: Ist sie das? Frau Seemann nickt mir beifällig zu und sagt: Ja, ist aber nicht ihr eigenes, ist ein angenommenes. Auch Frau Stiehler betrachtet mich freundlich; dann reden sie von was anderem, während wir die Kartoffeln aufessen.
Als Kaltesophie nach Hause kommt, frage ich: Was ist ein Angenommenes? Sie sagt: Wie kommst du denn darauf? Sie sagt: Blödsinn, wer redet dir sowas ein? Sie sagt: Was? Die sagt das in deiner Gegenwart? Sie sagt: Die kann dich nicht gemeint haben. Sie sagt: Die hat über jemand anderes gesprochen, aber nicht über dich, da hast du dich gewaltig verhört. Sie sagt: Du gehst mir nicht mehr in die Küche, die essen ja noch mit den Fingern.

Am späten Abend, ich lag schon im Bett, haben sie in der Küche einen himmelschreienden Krach veranstaltet. *Kaltesophie drohte Frau Seemann mehrmals mit dem Gericht."*
H.Novak, S.109

Da das Mädchen keine Antwort auf die Frage nach seiner Herkunft bekommt, macht sie sich selber auf die Suche:

"Worauf ich mich lange freute, aber erst dazu kam, wenn ich mit Sicherheit ein paar Stunden allein blieb, war die Durchsuchung unseres Buffets. Es war ein gewaltiges Möbelstück, vollkommen schwarz, sah aus wie drei Leiber und drei Gesichter aus Glas, wie drei dicke Schwestern in Trauer und war so tief, daß ich die Rückwand nicht erreichen konnte, ohne hinein zu krauchen.
Ich kniete mich vor den Mittelteil und hob einige Stapel Teller heraus, danach die Platten, Schüsseln, Terrinen und fand nichts Interessantes. Auch hinter den geringelten Tischvasen, Kompottschüsseln und Bowlegläsern verbarg sich nichts. Wenn ich die Teller wieder hinstellte, klangen sie leise beim Anstoßen.
Rechts war abgeschlossen, und obwohl ich einen Schlüssel hatte, öffnete ich nicht. Der rechte Teil beherbergte unten nur Tischtücher und Servietten, im oberen Fach lag, wenn wir welches hatten, das Brot. Und an das Brot ging ich nur heran, wenn es schon angeschnitten war.
Im linken Teil stieß ich wieder auf den Schnellhefter, den ich schon früher gesehen hatte, aber beiseite geschoben hatte. In dem Schnellhefter befanden sich Urkunden und Dokumente; auf dem Deckel stand einmal mein Name und zum anderen das Wort Ahnenpaß. Ich vertiefte mich in die Papiere und wurde überflutet von nie gelesenen und unverständlichen Wörtern. Ich begriff nur, daß ich adoptiert worden bin, daß meine richtige Mutter auf alle Rechte verzichtet hatte, daß sie nicht verheiratet gewesen ist und mein richtiger Vater seit neun Jahren tot war, Freitod."
H.Novak, S.185 f.

Die Verarbeitung dieser neuen, zufällig erworbenen Gewißheit iher Adoption wird dem Mädchen dadurch erschwert, daß Kaltesophie die Adoption bereut und das Kind ablehnt:

"...du bist nicht mein Kind, und bist es in den ganzen zwölf Jahren auch nicht geworden.
H.Novak, S.219

So ist ganz folgerichtig ihre erste Erinnerung die Erfahrung des Verlorengegangenseins:

"Meine erste Erinnerung ist das Toben einer Schiffssirene auf der offenen See vor Cuxhaven-Duhnen.
Noch jahrelang hat Kaltesophie, wenn Besuch kam, erzählt, wie ich verlorenging. Sie hatte mich am Strand ausrufen lassen.
Gesucht wird ein Mädchen, vier Jahre alt, dunkel, mit einer roten Propellerschleife und langen goldenen Ohrringen. Es ist nackt und streckt den Bauch vor. Wer das Mädchen gesehen hat, melde sich bitte sofort bei der Strandwache.
Dann zeigte sie ein Foto herum, groß wie ein Küchentablett, und ich kroch unter den Eßtisch.
aufessen
aufessen
der Teller wird leergegessen bis zum letzten Happen
rein in den Mund und schlucken

schlucken
schlucken nicht vergessen
kau nicht ewig auf derselben Kartoffel herum
bitte
nimm den Schieber nicht in den Mund
zum Essen ist der Löffel da
mit dem Schieber wird das Essen auf den Löffel geschoben
rein in den Mund
kauen
schlucken
ich bleib so lange neben dir sitzen bis der Teller leer ist."
H.Novak, S.7 f.

Nur zu Hause, wo sie nicht zu Hause ist, macht sie ins Bett:

"Wenn ich zu Besuch bin, woanders übernachte, passiert es mir nie. Ich gebe mir große Mühe, nachts nichts einzuschlafen. Ich bleibe aufrecht sitzen und binde mich mit dem Gürtel meines Nachthemds an die vorderen Bettstreben. Ich denke mir Sachen aus, damit ich nicht einschlafe. Ich schlafe auch im Sitzen ein und schrecke hoch, wenn Laken und Matratze vollkommen durchnäßt sind.
Ich lege mich nachts unters Bett, um auf dem Fußboden zu schlafen, und klettere vor Kälte ins Bett zurück: nichts zu machen. Ich stelle mich ans Fenster und betrachte die Lebensbaumhecke, die Dürings Grundstück vom Nachbargarten abschirmt. Ich betrachte den Himmel, Concordia hat mir Sternbilder gezeigt. Unter meinem Fenster ist die Hauswand mit Wein überwuchert, der an einem Spalier befestigt ist und genau zu meinem Geburtstag tiefdunkelblaue, pralle Beeren hervorbringt."
H.Novak, S.41 f.

Ablehnung aufgrund einer Behinderung:

"Für meine Eltern existieren Anus praeter und Katheter als Zumutung.'Nein, ach, das können wir Ihnen nicht zumuten', sagte meine Mutter, als mein Klassenlehrer anbot, ich könnte für die Dauer der Klassenfahrt in seinem Zimmer schlafen. Sie hat den Anus praeter jahrelang gepflegt. Wie hielt sie das bloß aus, ohne zu kotzen?
Mit sechs oder sieben, direkt nach der Operation. Auf dem Balkon beim Mittagessen. Ich mußte furzen. Meine Mutter, 'kannst du das nicht lassen?' obwohl sie genau wußte, daß es nicht ging.
Wenn ich bei meinen Eltern bin, die Peinlichkeit spüren. Nicht nur bei meinen Eltern: beim Essen zusammengekrümmt sitzen, als hätte ich Magenkrämpfe. Die Angst zu pupen. Wenn meine Schwester sich erlauben würde, beim Essen zu furzen: Geschimpfe und böse Blicke. Wenn mir das passiert, peinliche Stille, konzentriertes Weiteressen. Auf der Fahrt nach Kassel im Auto meines Vaters. Von ihm unvermittelt, aber leise und diskret die Frage, 'willst du ihn dir nicht wegoperieren lassen, das soll doch heute wohl gehen, oder?'"
J.Hobrecht, S.255

"Beobachtungen.
Wenn meine Eltern mich im Krankenhaus besuchten, sagte mein Vater kaum etwas. Stand nur steif, die Hände auf das Bettgerüst gestützt, in ein bis zwei Meter Abstand von mir. Guckte entweder auch aus dem Fenster, oder sah mich prüfend an, oder beobachtete seine Frau beim Auspacken der Geschenke. Knapper Wortwechsel über meinen Gesundheitszustand. 'Wo ist denn hier wohl die Toilette?'
Der Eindruck, daß es ihm unangenehm ist, sich mir zuzuwenden.
Oft Streit zwischen dem Vater und der Mutter.
Vater:'Du mußt den Jungen normaler nehmen. Ja, Du mußt ihn härter anfassen. Sonst wird nichts aus ihm. Das zahlt sich nicht aus, Deine Weichheit.'
Ich kann mich nicht erinnern, von ihm gelobt worden zu sein.
Ich kann mich nicht erinnern, daß er mir in irgendeiner Sache recht gab.
Ich kann mich nicht erinnern, ihm jemals mit gutem Gefühl in die Augen gesehen zu haben.
Wenn ich alleine mit ihm in einem Raum bin, fühle ich mich beklommen."
J.Hobrecht, S.77

Als Erwachsener hat der Autor Alpträume und die Sehnsucht, nach einem Zuhause, in das er zurückkommen kann:

"In den Morgenstunden wieder der Alptraum. Ich komme nichtsahnend in das Haus meiner Eltern. Im Flur empfängt mich meine Mutter. Sie sagt etwas Demütigendes zu mir. An die Worte kann ich mich nicht genau erinnern. Sie läuft auf mich zu, zerrt mich an den Haaren aus dem Rollstuhl. Ich liege gekrümmt am Boden. Sie schreit, schlägt und tritt auf mich ein. Mein Vater kommt. Verstärkt die Beleidigungen noch. Beide treten auf mich ein, schlagen mich, zerren an mir herum."
J.Hobrecht, S.316

"Manchmal will ich ihn fragen, ob er glücklich ist. Lieber nicht. 'Zwanzig Jahre Verpflichtungen, Bemühungen und Ablehnungen, mit unserem Sohn', schrieb er in einem Bettelbrief an das Ordnungsamt, das Verwarnungen wegen Ordnungswidrigkeiten zurücknehmen sollte. Nur Ärger, Verpflichtungen, Ablehnungen. Das Gefühl, zu Hause nur eine Last zu sein. Da, wo man belästigt, kann man nicht zu Hause sein."
J.Hobrecht, S.79

"Ich sage Petra und ihrer Freundin, daß ich Angst habe vor Frankfurt. Ich sage ihnen, daß ich nicht mehr brauche als dieses eine Zuhause mit einigen Leuten. Aber ich habe auch Angst davor, meine Fassade zu verlieren. So denke ich, daß ich fliehen muß. Angst vor dem Hierbleiben und vor dem Weggehen habe ich. Ich werde nach Italien gehen, um nachzudenken, und anschließend nach Frankfurt, um mein Sozialpädagogik-Studium zu beenden, 'aber sicher bin ich mir nicht', sage ich.
Ob ich nicht aus Frankfurt wiederkommen könne, wenn ich merke, ich schaffe es nicht, fragt mich Petras Freundin.
Ein Zuhause, in das ich zurückkommen kann!
Ich war zu schüchtern, sie für diese Frage zu umarmen."
J.Hobrecht, S.392

Alles, was einer Kindheit fehlte:

"Alles, was der Kindheit und Jugend fehlte. Alles Fehlende zusammengenommen.
Früh, durchdringend und unbegreiflich, bildete sich die Erfahrung eines ungeheuren Mangels. Es fehlte in allen Verhältnissen an Raum. Es fehlte an Wohnraum, an Zimmern und offenen Passagen. Es fehlten Schlupf und Winkel und eigenes Versteck.(...) Es fehlten die freien Wände und also die Bilder, es fehlte der Schrank für das bescheidene Geheimnis. Es fehlte das abschließbare eigene Zimmer und also das Singen, Rennen, Träumen und Jubeln. Das Spiel verstummte, das Trödeln entfiel, das Absentieren, der Rückzug, die Nacht allein.(...)
Es fehlten die Freude, der Luxus und das Glück.
Das Glück fehlte vielen Leuten, aber nicht allen. Die Abwesenheit von Freude war vielen gemeinsam, aber nicht allen. Das Fehlen von Freude - eine Folge des Krieges - war eine Krankheit von vielen, aber nicht allen. Die Abwesenheit von Freude in der Familie meines Vaters war die Folge einer fundamentalen mauvaise foi.(...)
Woher sollte da die Freude kommen.
Sie fehlte.
Mehr als anderen fehlte sie meinem Vater und mehr als anderen wurde sie seinen Kindern vorenthalten.
Alles Überflüssige fehlte.
Nicht Überfluß wurde vermißt, sondern Vielfalt im Wesen des Vaters und Offenheit im Alltag der Familie. Da alles eingeteilt war und verrechnet wurde, fehlte das Uneingeteilte, der Überschuß. Es fehlte das gute Unberechenbare, die improvisierten Feste und das schmatzende, schlürfende Fressen einer reifen Birne. Das Herrliche fehlte noch im besten Moment, das Fehlen schien ohne Anfang und nahm kein Ende.
Die Freude fehlte.
Obwohl der Vater zur Freude fähig war, sich manchmal freuen konnte, sich wirklich freute, blieb seine Freude klein, sie steckte nicht an. Sie war kein toll verschwendetes Paradies, sie leuchtete nicht und schüttelte keine Blüten, sie machte die Kinder nicht ganz so froh wie ihn selbst und war keine reine Freude für jeden.
Die große umfassende Freude war nicht da. Sie fehlte an allen Tagen, in allen Nächten, bei allen Gelegenheiten, zu jeder Zeit. Sie war schon vor dem Aufwachen weg und fehlte lange noch in den Schlaf hinein. Es fehlte das unbelastete Atmen und Träumen, es fehlte die unbedachte Zärtlichkeit. Der besinnungslose Jubel ohne Anlaß. Der begeisternde Anlaß. Es fehlten die unbedenklichen Wörter und die schwerelosen Unterhaltungen, es fehlten Lässigkeit, Langmut und Frivolität.
Es fehlte ein Vorschuß an Sympathie für den Vater, ein laisser faire für die Schwächen seiner Kinder, es fehlte das grenzenlose Verzeihen und also die Liebe.(...)
Es fehlten Verschütten, Zerschlagen und Überschäumen. Es fehlte die gute und schöne Maßlosigkeit, aber der Mehltau, der Mehltau war immer da.
Er deckte glanzlos die Familie zu. Der Vater hieß Mehltau, die Kinderkrankheit war Mehltau. Mehltau, Mehltau. Niemals fehlte der Mehltau.

Wo waren die Familien, in denen menschenmöglich gelebt wurde? Wo wurde bei offenen Fenstern umarmt und gelacht? Wo wurde gespielt, gesungen und musiziert, ohne Nebenabsicht, Erlaubnis, Uhrzeit und Grund?. Wo lebten Leute, die vor Vertraulichkeit kicherten, Salz in die Betten streuten und mit Pappnasen beim Essen saßen? Wo war das königliche Gelächter, das Rollenverteilungen ad absurdum führte? Wo war ein Lachen, das angestrengte Gesichter schön machte?
Es fehlte. Es fehlte.
Es fehlten Umarmung, Selbstironie und Gedankenschärfe. Es fehlte die offene Strömung lebendigen Lebens. Es fehlten Konfettischwärme himmlischen Unsinns und es fehlte der kleinste Schlenker von Zweckfreiheit. Es fehlte die unbedenkliche Verschwendung von Zeit und also fehlte ein Zeithaben überhaupt. Es fehlte die Körperfreiheit zwischen Eltern und Kindern, es fehlten die offenen Worte und Zimmertüren. Es fehlte die Freude an Nacktheit oder ein Lachen darüber.
Es fehlte zum Himmelschreien und Gotterbarmen."
Chr.Meckel, S.140 ff

Weil soviel fehlte, weil alles fehlte, weil das Leben zu Hause fehlte, wurde das Leben anderswo gesucht:

"Es fehlte in allem, für alles, ein echtes Wort. Es fehlte der lebendige Widerspruch, weil der Vater fehlte, der sich auf Widerspruch einließ. Es fehlte nicht an Spott und Rebellion, es mangelte nicht an auswärts gelebter Freude - es fehlte bloß die Luft im Familiengefängnis.(...)
Der Wein, der schmeckte, wurde woanders getrunken. (...)
Was Offenheit hieß und Leben gewesen wäre, ging in väterlicher Besinnlichkeit unter. Was Einsicht war, Argument und Stellungnahme, scheiterte an seiner Weigerung, sich zu korrigieren.(...)
Er fehlte. Er fehlte.
Es fehlte die Bejahung ungewaschener Kinderhälse und es fehlte die Bejahung vaterfremden Denkens. Es fehlten weder Goethes noch Schillers Gedichte, aber es fehlte die Anerkennung von Interessen, die in der Familie nicht vorhanden waren. Was der Vater betrieb, war die konstante Entwertung, die Entwertung seiner selbst und des Lebens der andern.
Er war der Entwerter.
Das Leben war anderswo.(...)
Die Kinder verschwanden in Apathie und Traum, in schleichender oder vulkanischer Depression.(...) Sie wünschten den Tod ihres Vaters und fielen ihn an, nahmen jede Chance eines Ausbruchs wahr und holten ihr Leben, wo sie es kriegen konnten. Überall gab es mehr davon als hier.(...)
Es gab nur den Untergang oder das Stärkerwerden. Es gab noch ein Lachen zu lernen anderswo."
Chr.Meckel, S.148 f.

Das Sich-zu-Hause-Fühlen wird erschwert oder sogar verunmöglicht, weil man nur in der *Preßform des Familiengeschöpfs*, kontrolliert vom Vater, leben darf:

"Wenn die Kinder nach Hause kamen, aus Freundschaften, Ferien und erster Liebe, aus Epochen des Lichts und der Unbedenklichkeit, Zeitaltern voll Schnee
wenn sie erschöpft in der Gartentür standen, mit Fahrrädern, Schultersäcken, Beulen und Sonnenbrand

wenn sie mit zerrissenen Hosen kamen, mit kleinen Schulden und wenig Verspätung, mit ruinierten Schuhen und schmutzigen Pfoten
wenn sie mit heißen Köpfen durch die Wohnung rannten, voll märchenhafter Berichte, und ihre Begeisterung zeigten (ein furchtbarer Fehler)
wenn sich herausstellte, daß sie glücklich waren, außerhalb des Hauses, in aller Welt, auf Festen und Vagabondagen, jenseits des Vaters
wenn sie in vollem Umfang (so schnell nicht wieder getarnt) die enge, immer gleiche Wohnung füllten - dann war der Zauber nach einer Stunde vorbei.
Der Vater ließ das Badewasser ein.
Es folgte die gründliche Beseitigung alles Eingeschleppten: der Staub an den Beinen und die offene Freude, der Schweiß in den Haaren und die befreite Erfahrung, das Glück ohne Elternteile, Kontrolle und Pflicht. Das Kind hatte seine Ferien gehabt, jetzt wurde seine Schultasche aufgeräumt. Nach einer Stunde erschien es in der üblichen Preßform: als Familiengeschöpf. Die laute Lebendigkeit war verstummt, gewöhnlicher Mehltau deckte die Träume zu. Der Vater war mit dem Anschein von Ruhe zufrieden. Er hatte die Abwesenheit der Kinder benutzt, um ihre Schränke aufzuräumen.
Alles in Ordnung."
Chr.Meckel, S.139 f.

Ein einziges Mal bekommt die Selbstgerechtigkeit des Vaters Risse:

Ein einziges Mal in vier Lebensaltern fand er kritischen Zugang zu sich selbst. Da setzte er sich gefährlichen Einsichten aus. Er stellte das Fehlen echter Güte fest, erkannte das PROBLEMATISCHE einer lebenslangen, durch Lagerhaft noch verstärkten Selbstisolation. Er spürte GEWISSE VERENGUNGEN seines Wesens, Begrenzungen seines Charakters und den Hang zur Verdrängung. Später trübte sich die Erkenntnis ein, das - vergleichsweise scharfe - Erhelltsein seiner Person ging im Alltag verloren."
Chr.Meckel, S.88 f.

Es fehlte eine Bejahung der Kinder:

"Ich komme inmitten vieler Kinder am Lehrter Bahnhof an, und Mütter und Väter stürzen uns entgegen. Kaltesophie ist auch da. Ich habe eine Menge zu erzählen.
Was hast du denn da in den Haaren? Wo sind denn die Schleifen geblieben? Wie siehst du denn überhaupt aus? Das ist doch Strippe, reine Strippe, die du da in den Zöpfen hast.
Noch in der Bahnhofshalle wird mein Koffer inspiziert, an dessen Deckelinnenseite sich das sorgfältig eingeklebte Inhaltsverzeichnis befindet.
Ich stelle nur eins fest, es sind sämtliche Schleifen weg.
Dafür habe ich nicht ins Bett gemacht, nie.
Das interessiert mich jetzt nicht. Komm du mir mal erst nach Hause. Laß du uns erstmal unter vier Augen sein.
Es war weit vom Lehrter Bahnhof bis raus zum östlichsten Vorort von Großberlin."
H.Novak, S.30

"Hör auf zu husten hör auf hör endlich auf zu husten wozu haben wir dich eigentlich zur Kur geschickt hööör aaaauuff ich halte das nicht länger aus du hast doch gar nichts hör auf zu husten der Arzt hat gesagt du hast gar nichts erst hat er gesagt Solbäder bitte schön Solbäder und wozu das alles du bist nicht krank du hast überhaupt keinen Husten Herrgottimhimmelnochmal halt den Mund sage ich dir schlucks runter und hör auf zu husten du hast einfach keinen Grund zu husten weder erkältet noch Asthma noch Bronchitis nichts nichts weiter als Theater Karl sag du ihr doch mal sie soll aufhören zu husten tut gerade so als würde sie ersticken die will mich bloß auf die Palme bringen jetzt reichts mir aber gleich setzt es was daß dir der Husten vergeht aber gründlich und für immer ich kann das nicht mehr ertragen.
H.Novak, S.31 f.

"Auf dem Kopf trug Kaltesophie zu der Zeit ein Wagenrad, aufrechtstehend und mit einer Hutnadel befestigt. Ach, wenn sie zur Haustür hereinkam, zur Wohnung, und im Gegenlicht dastand mit diesem Rad auf dem Hinterkopf, der ihr Gesicht mit einem schwarzen, unheiligen Schein umgab aus Filz und Pappe.
Anfangs dachte ich, der Hund unserer Wirtsleute sei mein Freund, obwohl er streng dressiert wurde. Aber wer konnte schon mitten im Krieg einem dressierten Schäferhund trauen.
Wenn Kaltesophie das Haus betrat, war es meine Aufgabe, ihr den Mantel abzunehme, in den Flur zu tragen und aufzuhängen. Einmal nahm ich den Mantel nicht höflich entgegen, sondern riß ihn schlechtgelaunt an mich: da sprang mich auch schon der Hund an, der auf zwei Beinen stehend mich überragte. Ich hielt noch den Mantel im Arm, Kaltesophie nestelte noch an ihrem Hut, der Köter schlug mir seine zwei oberen Schneidezähne in die rechte Augenbraue. Ich schrie. Die Wirtin schrie.
Später erklärte Kaltesophie den Zusammenhang: Der Hund habe nur gedacht, ich wolle ihr den Mantel stehlen."
H.Novak, S.89 f.

"Als wir an unserer Station aus der S-Bahn stiegen, blickte sie an mir herab. Ich trug ein rotes Seidenkleid mit Pikeekragen und weißen Manschetten. Ihre Augen wanderten hin und her. Jetzt erwachte sie und schlug zu: ich hatte in der Bahn, in die wir leicht noch hätten zurückspringen können, meine rote Lackledertasche liegenlassen.
Wenn ich nicht auf alles achte, du Kamel, du! Was glaubst du, habe ich mir für Mühe gegeben, eine Tasche aufzutreiben, die zu deinem Kleid paßt! Kleine Idiotin! Peng. Drrrr, an den Zöpfen gezogen. Dir ist einfach nichts was wert, schon gar nicht, wenn es von mir ist. Du achtest weder meine Sachen, noch deine, und das mitten im Krieg. Satansbraten. Steh nicht so dämlich da! Ich bring dich zum Aufsichtsbeamten und fahre noch mal nach Friedrichstraße rein. Soll er auf dich aufpassen.
Zwei Stunden später kam sie mit meiner Tasche unterm Arm zurück. Ich hatte inzwischen alle Stationen bis Friedrichstraße auswendig gelernt."
H.Novak, S.80

Am Ende wird die Beziehung zwischen Mutter und Tochter auf Anstandsregeln reduziert:

"Steh nicht rum, sagt sie, kannst du nicht wenigstens den Abendbrot-Tisch decken!
Jetzt schon um fünf?

Keine Widerrede, und wenn es hundertmal erst fünf ist.(...)
Du warst wieder am Schmalztopf und hast die Grieben hervorgekratzt. Hätt ich mir doch denken können, als es plötzlich so still im Zimmer war.
Was macht es schon, ob ich jetzt esse oder mit euch.
Das macht eine Menge aus. Es ist einfach unsittlich, sich übers Essen herzumachen, bevor sich nicht alle zu Tisch gesetzt haben."
H.Novak, S.305 f.

Fremdheit und Einsamkeit entsteht auch, wenn Kinder nicht wissen, was gespielt wird:

"Vater und Mutter haben Streit. Die Großeltern tun so, als würden sie sich nicht einmischen. Sie sind natürlich auf Mutters Seite. Mutter ist schwächer als Vater. Sie weint viel und bleibt oft lange im Bett. Vater schließt sie im Schlafzimmer ein. Sie schluchzt laut und trommelt mit den Fäusten an die Tür.
Das geht aber nicht, sagt die Heidecke, noch ist das meine Wohnung. Sie können sich hier nicht so benehmen. Was sollen ihre Kinder denken? Die Kinder müssen immer im kleinen Zimmer bleiben. Die Lage ist gespannt. Großmutter huscht morgens lautlos in die Küche und brüht den Muckefuck auf, Großvater rührt sich nicht vom Fleck. Vater hat seinen allmorgendlichen Waschauftritt, dazu lotst er Marie und Anton aus den Betten. Zu dritt wird gewaschen und Zähne geputzt. Das Badezimmer ist weiß gekachelt. Vater steht vor dem ovalen Marmorbecken und spritzt kaltes Wasser durch die Gegend. Überall bleiben die Wassertropfen sitzen, auch auf Maries Armen und Antons Haaren. Er wäscht erst das Gesicht mit gurgelndem Getöse, anschließend den Hals, dann den Oberkörper, die Achselhöhlen, den Bauch, den Schwanz und dann den Hintern. Zum Füßewaschen springt er in die Badewanne. Marie und Anton sitzen dicht beieinander auf dem Wannenrand und sehen zu. Sie waschen sich überhaupt nicht gern. Für Wasser, so kalt und schreckhaft auf der Haut, haben sie nichts übrig. Vater will ihnen den Spaß am Waschen beibringen und prustet voller Begeisterung Morgen für Morgen frische Wasserfontänen aus seinem Mund zurück ins Becken. Er pfeift und singt dabei. Marie findet die Wascherei kein bißchen lustig.(...)
Jeden Morgen das selbe Schauspiel. Waschen, singen, schreien und zurück ins kleine Zimmer. Vater geht frisch gestärkt zu Mutter ins Bett und kämpft mit ihr. Manchmal muß Marie sich zwischen beide legen. Mutter benutzt sie als Schild gegen Vater.
Aufatmen, wenn sie für Tage und Nächte außer Haus sind auf Arbeit, Vater und Mutter unterwegs schlafen, schichtweise, und sie irgendwann, Marie weiß nie genau wann, nach Hause kommen und der ganze Affenzirkus wieder von vorne losgeht.(...)
Was die Eltern im Schlafzimmer treiben, dringt nicht nach außen. Mutter schreit manchmal und jammert. Vater herrscht sie an. Marie und Anton haben Angst davor.(...)

Marie kann nicht sagen, daß sie ihre Eltern liebt. Es ist ein komisches Gefühl dabei, mehr Abstand als Zutrauen, sie versteht nicht, was gespielt wird, diese fremden Erwachsenen, die ihnen Küsse links und rechts auf die Backen geben, sind ihre Eltern, Vaters Zärtlichkeit dauert nur Sekunden im Vergleich zum gemeinsamen Kampf hinter der Schlafzimmertür. Vielleicht lieben sie sich nicht mehr, oder Mutter liebt Vater nicht mehr und Vater haßt Mutter. Wer weiß? Keiner sagt es ihnen. Mutter munkelt manchmal in der Küche von Scheidung, was immer das heißt. Die Großeltern unterstützen sie. Eine Ehe, die nicht im Himmel gechlossen wurde, sagen sie, kann auch nicht gutgehen. Vater und Mutter haben nicht kirchlich geheiratet. Sie leben in wilder Ehe vor Gott. Die Großeltern verschließen ihre Augen und beten. Mutter geht dann und wann heimlich zur Kirche, ihr aussichtsloses Glück wieder heilbeten. Es hilft nichts. Die Tür zum Schlafzimmer bleibt verschlossen, der Kampf geht aus den vier Wänden nicht heraus, sie treibens mit aller Gewalt bis zum bitteren Ende."
K.Reschke, S.17 ff

Heuchelei im Elternhaus:

"Wenn ihr nicht vor jeder Mahlzeit gebetet hättet und nicht so oft von Gott die Rede gewesen wäre in eurem Haus, wäre alles halb so ärgerlich für mich gewesen. Deine Brutalität, mein Pflegevater, wurde mir dadurch besonders gefährlich, weil ihr euch nicht mit der Überlegenheit eurer Muskelkraft zufriedengabt. Ihr wolltet nicht nur gefürchtet werden, ihr wolltet auch geliebt werden.(...)
Eure Mischung aus Frömmigkeit und Brutalität hat mich früh provoziert. Da gab es einen Brauch, der mir nie geschmeckt hat. Wenn ich durchschwitzt vom Acker oder aus der Holzhütte oder aus dem Wald in die Küche kam zum Essen, mußte ich mit euch beten und Gott für das Essen danken, "das er uns gegeben hat". Diese Beterei ging mir auf die Nerven. Jedes Tischgebet war für mich eine harte Übung in Heuchelei. Ich hatte gearbeitet und mir das Essen verdient, ich hatte nichts zu danken.
War die Mahlzeit beendet, mußte ich vom Tisch aufstehen, um den Tisch herumgehen, jedem von euch die Hand geben, jedem von euch für das Essen danken. Ich mußte wörtlich sagen: 'Liebe Mutter, ich danke für das Essen. Lieber Vater, ich danke für das Essen.' Dann ging ich arbeiten. Ich kam mir ekelhaft vor, wenn ich mich bedankte. (...)
Christa, die länger bei euch war als ich, hat einmal versucht, mit euch über die Ziele eurer Formerei zu reden. Deine Antwort, Mutter, war: 'Ein Tier ist dankbarer als du.' (...)
Ihr verlangtet bestimmte Gedanken von uns und bestimmte Gefühle. Das ist, als ob man von der Kerze verlangte, sich selbst anzuzünden.. Ihr wolltet eure seelischen Streichhölzer sparen.(...)
Die Forderung nach Dankbarkeit ist typisches Erwachsenenkorrumpiertsein. Das Kind, dem man Dank abfordert, windet sich unbeholfen vor Verlegenheit und Scham, es ist auf diesen unsauberen Umgang zwischen Menschen noch nicht zurechtverdorben.
Moralisch waren wir beide, Christa und ich, weiter als ihr."
E.A.Rauter, S.59 ff.

Die Aktionen und Interaktionen im Elternhaus konnten extrem unterschiedlich wahrgenommen werden:

"Was ich als Demütigung empfand, hast du für eine blendende Idee gehalten. Ein Stadtschloß im Hunsrück, das einer deiner Vorfahren erbaute, war damals das "Schloßhotel". Du wolltest es fotographieren, wurdest vom Hotelier herumgeführt. Ich könne mich ja so lange in den Speisesaal setzen und eine Limonade trinken, hast du gesagt. Es war Mittagszeit und ich setzte mich an den letzten noch freien Tisch.
Die Bedienung legte mir die Speisekarte vor. Ich warte noch auf meinen Vater, sagte ich, bringen Sie mir bitte eine Limonade.
Ich studierte die Speisekarte, deren Preise mir astronomisch vorkamen.
Ob ich inzwischen gewählt hätte, fragte die Bedienung, als sie die Limonade brachte. Nein, sagte ich, ich warte noch ein wenig, bis mein Vater kommt.
Vater wurde draußen vom Hotelier durch die alten Rittersäle geführt.
Einer unserer Vorfahren hat im sechzehnten Jahrhundert die Tochter des Kirchberger Amtmannes Johann von Eich geheiratet, erklärtest du gerade stolz dem Hotelier. Und dessen Urgroßvater mütterlicherseits war der Erbauer dieses Schlosses. Mein Sohn hier, du zeigtest strahlend auf mich, der ich gerade neben dich trat, ist also ein direkter Nachkomme des früheren Schloßbesitzers. Ich genierte mich furchtbar, zupfte dich am Ärmel und flüsterte, ich müsse etwas zu essen bestellen, die Bedienung wäre schon mehrmals an meinem Tisch gewesen und habe nachgefragt. Du zogst die Augenbrauen hoch, holtest deinen Geldbeutel heraus und gabst mir ein Fünfmarkstück. Ich ging zum Tisch zurück und studierte voller Angst.die Speisekarte.
Die Bedienung kam.
Ich hätte gern ein Spiegelei mit Kartoffeln, sagte ich unsicher. Es war das billigste Essen. Die fünf Mark reichten gerade.
Ein Spiegelei der Herr, bittesehr, wiederholte die Bedienung.
Ich hatte das Gefühl, der ganze Speisesaal habe das Echo dieser Worte zurückgeworfen, alle Gäste hätten nur darauf gewartet, was ich bestellen würde und beobachteten mich jetzt grinsend. Ich hatte kein bißchen Appetit, mein Mund war ausgetrocknet und ich würgte das Spiegelei und die Salzkartoffeln hinunter.
Ich hatte das Gefühl, neben mir zu stehen und mich zu beobachten. In den Kleidern aus dem Schlußverkauf, die ich seit vielen Wochen täglich trug, die ausgebeult und unansehnlich waren. Wie ich da zwischen so vielen Leuten auf dem Präsentierteller saß, zum ersten Mal als vierzehnjähriger zwischen lauter vornehmen Leuten, ungeschickt mit Messer und Gabel hantierte. Daheim hatten wir nie Gäste. Wir gingen zu keinen Veranstaltungen, wurden nie eingeladen und aßen nie in Restaurants. (...)
Du kamst mit dem Hotelier zurück, an meinen Tisch.
Bist du mit dem Essen fertig, hast du gefragt. Ich konnte nur nicken.
Auf Wiedersehen, Herr Doktor, sagte der Hotelier; auf Wiedersehen, junger Mann.

Mit weichen Knien folgte ich dir aus dem Speisesaal. Du hast nichts gegessen, du hast auf Ausflügen, die immer auf Burgen und Schlösser führten, die irgendwelchen unserer Vorfahren einmal gehörten, nie etwas gegessen, nur eine Tasse Kaffee getrunken. Wenn es irgendwo den Kaffee nur im Kännchen gab, hast du mich angesehen und die Augenbrauen hochgezogen und deine typische Miene aufgesetzt, halb ironisch, halb beschämt. Ich bekam das Gefühl, die hohen Kosten für dieses Kännchen würden uns noch an den Bettelstab bringen. Wir tranken dann nur eine Limonade und sagten, wir hätten keinen Hunger. Auch wenn uns der Magen auf den Knien hing.
Als wir die Stufen des Schloßhotels heruntergingen, sagtest du begeistert, der Hotelier sei ganz beeindruckt davon gewesen, daß wir direkte Nachkommen des Schloßerbauers seien. Du hieltest das für eine blendende Idee."
S.Gauch, S.81 ff.

"Der Mann, der im Armenhaus wohnte und mit seiner Familie, seinen sechs Kindern von der Gemeinde unterstützt wurde, brachte einen großen Korb mit frisch gepflückten Himbeeren. Eine Mark wollte er dafür. Ob die Frau Doktor sie ihm abkaufen würde. Sie hatte Mitleid, sagte, sobald du nach Hause kämest, würde sie das Geld schicken. Mutter hatte sich gefreut, die Himbeeren gewaschen und wollte sie einkochen. An das Theater und die Tränen von Mutter erinnere ich mich noch. Ich mußte die Himbeeren ins Armenhaus zurücktragen und sagen: mein Vater erlaubt es nicht. Der Mann im Armenhaus hat genickt und die Himbeeren wieder zurückgenommen. Wortlos."
S.Gauch, S.79 f.

Sparsamkeit:

"Cuxhaven-Duhnen. 1951. Ich bin acht Jahre alt. Die Großeltern sind tot, jetzt dürfen wir 'in die Ferien fahren'. Ein enges Pensionszimmer mit schräger Zimmerdecke. Eine Blümchentapete, an die ich nachts die Rotze aus meiner Nase schmiere. Laut schließende Türen, ein Fenster mit Blick in Richtung Meer. Das sieht man aber nicht. Nur Hinterfronten anderer Pensionen. Wattwanderungen. Prieltaufe. Ich fürchte mich vor den anderen Kindern.
Wir müssen mit dem Urlaubsgeld sparsam umgehen. Meine Eltern schicken mich los, um auszukundschaften, welches Restaurant die Speisekarte mit den billigsten Preisen ausgehängt hat. Limonade oder Cola zum Essen gibt es selten. Denn: 'Getränke machen das ganze ja erst teuer'. Jeden zweiten Tag essen wir Eintopf. 'Der ist billig und gesund'. Fischfilet mit Kartoffelsalat 'kann man auch noch bezahlen'. Und außerdem: 'Man kann auch von einer Bockwurst satt werden.'"
P.Kersten, S.54 f.

Die Kinder fühlten sich zu Hause nicht zu Hause. Die Erwachsenen fühlten sich in der Nachkriegswelt nicht zu Hause. Aber sie hatten keine Möglichkeit, das den Kindern sinnvoll zu vermitteln.

"Berlin geteilt, Grenzen, die abschnüren. Kinder merken davon nichts. Die Grenzen werden von ihnen ferngehalten.(...)

Vater und Mutter stehen nach wie vor im Ring und catchen. Für sie kommt es darauf an, den Ring getrennt zu verlassen, jeder als Sieger.(...) Die Erwachsenen sitzen auf ihrer Angst und warten darauf, daß es knallt.(...) Es herrscht Kälte in der Stadt.(...) Herr Niemand glaubt an das Recht des Stärkeren. In Maries Lesebuch stehen dreiunddreißig Rätsel, dreiunddreißig Rätsel weiß ich, und die Lösungen bringt das nächste Jahr."
K.Reschke, S.34 f.

Nur Distanz und Fremdheit:

"Je heftiger der Erinnerunsansturm wurde und je öfter mein Vater in meinen Träumen starb, desto quälender fragte ich mich, warum sein Tod mich nachträglich so sehr erschütterte. Zu Lebzeiten hatte es zwischen ihm und mir immer nur ein verkrampftes Distanzgefühl gegeben. Wir waren uns fremd geblieben. Neugierig, meinen Vater kennenzulernen, von dem ich außer ein paar Lebensdaten und Erinnerungen nichts besaß, wurde ich erst, als er tot war. Jetzt, wo er mir selbst nicht mehr antworten konnte, fing ich an, Fragen zu stellen. In den Erinnerungen suchte ich vergebens nach Beweisen für einen verborgenen Vater-Sohn-Konflikt, der sich nachträglich rekonstruieren ließ. Da war keine posthume Abrechnung mit einer autoritären Vatergestalt fällig.
Geschehen war etwas anderes: Die Fremdheit, mit der wir uns begegneten, war unwiderrufbar geworden. Das schmerzte.(...)"
P.Kersten, S.30 f.

"Wir geben uns immer die Hand, wenn wir uns einige Tage nicht gesehen haben. Im Grunde ist es die kalte Distanz aller unsicheren Geschäftsbeziehungen, die unser Verhältnis prägt."
J.Hobrecht, S.77

"Für einige Zeit konntest du am Wochenende kein Vater sein. Ich wurde an der Hand eines Erwachsenen durch die Kreisstadt gezerrt und sah hinter der Scheibe des Cafés dein Gesicht. Du hast mir nachgeblickt und ich wäre gerne zu dir gelaufen, hätte dich gerne umarmt, hätte mich gerne von dir in die Arme nehmen lassen und geweint. Geweint habe ich dann erst am Abend, unter der Bettdecke. Ich habe meinen Kopf ins Kissen gepreßt, damit mein Schluchzen nicht gehört wird.
Du hast mir damals erklärt, wie man ein R-Gespräch anmeldet. Mit Herzklopfen habe ich dem Postbeamten gesagt, ich hätte gerne ein R-Gespräch. Das Postamt befand sich direkt neben der Grundschule, und auf dem Heimweg ging ich manchmal hinein. Ich fürchtete, vom Postbeamten ausgelacht zu werden. Ein R-Gespräch kann man doch nicht kaufen, dachte ich.
Ich hörte, wie der Postbeamte in den Telefonhörer fragte: nehmen Sie das R-Gespräch an. Dann schickte er mich in die nächste Kabine und ich hörte deine Stimme.
Eines Tages war deine Schwester am Apparat. Sie war gerade aus Afrika zurückgekommen, wo sie viele Jahre lebte. Von R-Gesprächen hatte sie noch nie gehört, und auf die Frage des Beamten, ob sie ein R-Gespräch annehme, hat sie geantwortet: ein R-Gespräch? nein, was soll ich denn damit. Das Gespräch wurde nicht angenommen, tut mir leid, sagte der Postbeamte.
Ich glaubte, du hättest es verweigert.
Verstört lief ich heim, versteckte mich in den Obstfeldern, preßte mein Gesicht in Gras und heulte."
S.Gauch, S.113 f.

Was K.Reschke von den Vertriebenen sagt, die aus den besetzten Ostgebieten kommen, könnte so auch programmatisch über die Kindheit der Nachkriegskinder gesagt werden:

"Die Heimat ist zur Fremde geworden. Vertrieben im eigenen Land."
K.Reschke, S.128

8.3. Keine Antwort auf all die Fragen

Eine große Rolle spielt in den Kindheitsberichten die Erfahrung, im Dunkeln zu tappen, Fragen zu haben, aber keine Antworten zu bekommen. Nicht ernst genommen werden, für zu klein gehalten werden, nichts verstehen.

"Vater ist verschwunden auf Nimmerwiedersehen. Großmutter macht ein langes Gesicht. Mutter liegt im Schlafzimmer, die Tür ist offen, sie weint die Nächte voll. Jede Träne wird zu Eis. Marie wandert vom kleinen Zimmer zum Flur auf Flüstersohlen hin und her.
Pst. Anton steht als Engel verkleidet zwischen Tür und Angel. Willst du schon wieder wandern gehen, Marie?
Sie zieht die Bettdecke hinter sich her. Drinnen ist es kälter als draußen. Jemand muß auf die Erde, sagt sie, und ich kann fliegen, das weißt du doch.(...)
Bleib hier, wispert Anton.
Auf keinen Fall.
Du wirst dir den Tod holen.
Den gibts hier nicht, lacht sie.(...)
Mutters Tränen führen zu nichts. Warum weint sie? Weil der Mond so kalt ist, die Stille Krieg bedeutet, der Vater weg ist, Großvater schweigt und ständig in die Kirche rennt? Keine Antwort auf all die Fragen. Oder: dazu bist du noch zu klein. Warte, bis du größer bist. Kinder verstehen nichts von der Welt. Natürlich nicht, sie leben ja auch auf dem Mond."
K.Reschke, S.43 f.

"Marie möchte Vater gern wiedersehen, sie weiß selbst nicht warum. Heimlich sieht sie sich die Fotos an, auf denen sie zusammen spazieren gehen.(...) Wo ist das, wann ist das, warum sehen die Bilder schöner aus als die Wirklichkeit? Marie kann sich kaum erinnern, daß sie alle so auf einem Bild zusammen waren, in einem Frieden, den es doch gar nicht gegeben haben kann?(...)
Sie nimmt die Fotos an sich und klebt sie in ein leeres Schulheft. Sie schreibt darunter, was sie sieht: das sind Bilder von einem Frieden in den anderen, dazwischen liegt der Krieg. Vater und Mutter lachen nicht mehr auf der Weide, das Gelächter ist vorbei. Die Kinder haben nichts zu weinen in der größten Not, weil die Eltern immer alles vor ihnen verheimlichen, und deswegen sind in der Welt so viele Rätsel, die niemand lösen kann."
K.Reschke, S.38 f.

"Obwohl alles heller geworden ist und durchsichtiger, sogar die Engländer an der Ecke verschwunden sind, benehmen sich die Erwachsenen wie in der größten Not. Sie haben noch immer zu viele Geheimnisse, die man kaum ergründen kann. Kinder hinken dauernd hinterher und versuchen sie zu fassen. Selbst wenn sich mal ein Geheimnis fassen läßt, bleibt es verschlossen, weil es von selbst nicht redet."
K.Reschke, S.48

Für die Kinder geht der Krieg weiter, sie sind bedroht und das Bedrohliche wächst noch dadurch, daß die Erwachsenen nichts Genaues sagen:

"Als ob der Krieg weitergeht. Still, heimlich. Und leise.

Es passiert dauernd etwas.
Inge Ludwig ist ermordet worden. Nicht auszudenken. Ein Kind von sieben Jahren.(...)
Eltern reden umständlich über Verführung. Sie wissen es nicht genau. Großmutter sagt, er verspricht dir etwas Schönes, und dann verschleppt er dich irgendwohin und drückt dir den Hals zu.
Bums, aus, Feierabend, so einfach ist das.(...)
Der Mann hat Inge Böses angetan.
Was ist denn böse?
Im Amazonasgebiet, erklärt Schneewittchen, lauern die Wilden den weißen Frauen auf, entführen sie in ihre Dörfer, reißen ihnen die Kleider vom Leib, tuen ihnen Gewalt an und ermorden sie hinterher.
Was für eine Gewalt?
Vergewaltigung, sagt Fräulein Jung.
Inge Ludwig ist vergewaltigt worden.
In den Zeitungen steht es ausführlich, als hätten es die Journalisten selber gesehen.(...)
Sie (Marie, d.Vf.) *schreibt:*
Wer sich in Gefahr begibt ist ein Rätsel, und das Ende davon heißt: der kommt darin um. Da es soviele Rätsel auf der Welt gibt, ist dieses auch nicht zu lösen. Erstens kann man, wenn man in der Gefahr steht, diese sicher nicht erkennen, weil man nicht von morgens bis abends nur an Gefahren denkt. Und wenn man darin umgekommen ist, ist auch nichts mehr zu machen, weil man ja dann tot ist.(...)
Auch der gute Onkel ist ein Geheimnis der Natur, den das Leben schlecht gemacht hat, und dafür müssen die Kinder büßen, da sie die Geheimnisse nicht durchschauen."
K.Reschke, S.53 ff.

H.Novak findet Fotos und möchte wissen, wer das ist:

"Sie hatten vor dir schon mal ein Kind angenommen, und das war die Christa, die du auf den Fotos siehst.
Und wo ist sie jetzt?
Sie war schwer krank und ist gestorben.
Wann war das, als sie die Christa hatten?
Das ist fast zwanzig Jahre her. Mein Bruder wollte gern ein Kind im Hause haben, und als sich herausstellte, daß Sophia keine Kinder kriegen kann, bestand er darauf, eins zu adoptieren.
War Christa auch adoptiert?
Nein, sie war ein Pflegekind. Deine Eltern hatten noch nicht das gesetzlich vorgeschriebene Alter, um ein Kind adoptieren zu dürfen.
Warum kriegt Kaltesophie keine Kinder?
Das erzähle ich dir später.
Und Christa ist bei uns zu Hause gestorben?
Nein, in einem Heim. Sie war drei Jahre bei Karl und Sophia und ist dann wieder ins Heim gekommen. Dort ist sie gestorben.
Wie alt war sie da?
Sechs Jahre. Sie sollte gerade in die Schule kommen.
Aber wieso war sie wieder im Heim?
Das erzähle ich dir auch später.
Ich finde das beschissen und gemein von dir, mir nicht richtig zu antworten. Als ob ich jetzt nicht genauso viel verstehe wie im nächsten Jahr.

Das ist das erste Mal, daß du so mit mir sprichst. Und ich bin sicher, daß du diesen Ton nie wieder anschlägst. Statt dessen wirst du Geduld lernen, auch mit mir, so wie ich Geduld habe mit dir. Wer nicht warten kann, kann auch nicht nachdenken."
H.Novak, S.221 f.

Als ein Freund sich das Leben nimmt, entdeckt D.Kempff, daß sie viel mehr hätte fragen müssen, daß die Lügen und Antworten der Erwachsenen ihr das Fragen abgewöhnt haben:

"Sie ziehen uns an mit Lügen. Die müssen wir vorspielen.
Vor einem dankbaren Publikum.
Die Rolle liegt mir nicht. Du weißt nicht, was ich meine.
Ich wills auch gar nicht wissen.
Damals hätte ich fragen müssen. Und überhaupt.
Vielleicht hat er auf Fragen gewartet.
Man hat uns beigebracht, uns so unmenschlich wie möglich zu benehmen. Höflich. Bitte nicht stören. Besser nicht fragen. Fragen sind aufdringlich.(...)
Bitte nicht stören.
Und dann geht jemand hin und bringt sich um, weil ihn nie jemand gestört hat. Das wäre schon Grund genug.
Sie haben endlich eine Antwort. Eine Krankheit mit einem Namen. Jugendschizophrenie.
Das Leben ist ein Geschenk. Man darf es nicht wegwerfen. Wie kann man seiner Familie nur sowas antun.
Sie haben uns gemacht. Nach ihrem Bild. Zum Vorzeigen oder nicht. Du hast uns die Zunge herausgestreckt. Nach deinem Sprung. Im letzten Moment.
Nicht, daß ich eine Lehre ziehen möchte aus deinem Tod. Wer möchte schon was lernen aus dem Tod von jemand, den man mag. Mochte, müßte ich sagen, nicht?
Man muß sich abfinden, Man muß sich gewöhnen.
Nein, nicht mehr.
Die Zeit der Antworten ist vorbei. Es waren ihre Antworten, nicht unsere. In einer Sprache, die ihnen nicht gefällt, reden wir ihre Inhalte nach.
Ich könnte mich zerschrein. Bis nichts mehr von mir übrig ist. Aber das wäre zu leicht.
Am Ende ist die Welt mit Brettern vernagelt. In unserem Kopf. Man müßte sie zerschlagen, bis der Kopf zerspringt."
D.Kempff, S.93 f.

U.Adam wollte das lernen, was sie auch brauchen kann:

"Ich habe meine Kraft hineingeschrieben in lauter Worte die ganze Nacht, ich schreibe Fleißaufgaben, ja Herr Lehrer, später werde ich Schneeglöckchen zeichnen oder Frauenköpfe, in einer Reihe, in Zweierreihen, die Perspektive kennen wir noch nicht. Als Strafaufgabe, ja Herr Lehrer, der Nachbarhund ist gestern gestorben, und wann haben wir denn Trauern? ich möchte das lernen, ich möchte das können, noch bevor meine Eltern sterben oder mein Bruder, ich bin so traurig, obwohl ich Hunde nicht mag, aber den, den schon. Ich kann den Hund zeichnen oder einen Grabspruch schreiben, wo soll ich dennhin mit meiner Kraft? Ich habe laufen gelernt, zu früh, ich bin nicht nur zum Nachbarn gelaufen, nein, auch auf die Straße um Gottes willen und zum Bach um Gottes willen, in die Schule bin ich gegangen, ich habe nächst der Schule gewohnt, der tägliche Lehrausgang in die Schule, das habe ich zwanzig Jahre so gemacht. Ich bin nicht sitzengeblieben, ich war gescheit, ein Lehrerkind, zuerst ganz gescheit, dann weniger, dann noch weniger, dann wieder gescheiter, zum Schluß am gescheitesten, wäre ich doch wenigstens barfuß durch alle Bildungseinrichtungen gelaufen, ich hätte gesunde Füße.(...)
Es ist eine Lüge, die durchs Leben holpert, sich durchs Leben stottert."
U.Adam, S.45 f.

"Die Kirche fällt ihr ein, mitten in das eigene Fühlen hinein, das sonntägliche Kirchenvolk mit himmelblauen Eichelhäherfedern auf den Hüten, die im Lufthauch der gemurmelten Gebete hin und her schwanken, den Blick nach vorne gerichtet. Armselig, wie der da vorn am Kreuz hängt, zerschunden und abgemagert, eine Schande ist das, das sind wir ihm schuldig, die fetten Kugelbäuche, in Bier gebadet, das neue Kostüm zur Auferstehung, das hab ich der Mamma gekauft, zweitausend Schilling hats gekostet, aber das ist mir die Mamma wert, ich will schließlich eine Frau, mit der ICH MICH zeigen kann. Sieh nur, wie er leidet, er ist zwar aus gutem Holz geschnitzt, aber schon tot, sieh nur, ich kann gar nicht hinsehen. Wir kaufen IHM eine neue Kirche, zumindest eine neue Kirchenglocke, eine Sakristei mit Fußbodenheizung, und wenn es edle Spender gibt, für bunte Glasfenster haben wir allemal Verwendung, das ist was für die Kinder, die können sich gar nicht sattsehen daran und bleiben still."
U.Adam, S.78

Selten kam es zu einem Gespräch zwischen Erwachsenen und Kindern:

"Was ist erquicklicher als das Licht? Das Gespräch.
Weil es alle Lichtjahre mal zu einem Gespräch kommt.
Der Dialog ist eine Erfindung von dramatischen Greisen. In Wirklichkeit sieht das so aus: Einer redet, die anderen dürfen zuhören. Das ist das einzige, was man darf.
Du darfst nicht, du sollst nicht, du mußt. Alle machen das so. Alle können mich mal. Alle sind Arschlöcher. Alle nicken, machen mit, sagen Ja und Amen."
D.Kempff, S.78

"Der Wunsch nach Erinnerungen, die es nicht gibt, und der Wunsch nach Gesprächen, die nicht geführt wurden."
Chr.Meckel, S.131

"Es fehlte in allem, für alles, ein echtes Wort. Es fehlte der lebendige Widerspruch, weil der Vater fehlte, der sich auf Widerspruch einließ."
Chr.Meckel, S.148

"Ich kann mit den Eltern nicht reden über meine Angst. So sehr bin ich mit siebzehn noch Kind in dieser Beziehung. Unmündig bin ich und so sage ich nicht, was ich fühle oder denke, versuche nicht, zu erklären, daß es keine Möglichkeit des Lebens wäre, was sie mit mir vorhaben. Ich erkläre mich nicht, so wie mir nichts erklärt wird. Als wüßten sie, was für mich richtig ist, als sei meine Mutter, die mir als Kind jeden Wunsch von den Augen ablas, immer noch die, die alle Bedürfnisse stillschweigend erfüllen wolle. Und alles geschieht nach einem Plan, den eigentlich niemand genau kennt. Sachzwänge."
J.Hobrecht, S.72

Weil es nicht zum Gespräch kam, kam es nicht zu Beziehung und Nähe; nicht zum Spiel, sondern zum Mißverständnis.

"Der Sonntag war nicht günstig für mich, da hattet ihr beide Zeit, mich zu erziehen. Das merkte ich an einem der ersten Sonntage, die ich euch kannte.
Pflegevater und ich saßen in der Wohnstube auf der Bank am Kachelofen. Wir waren eine Paar-Idylle. Der Ofen war gewölbt wie ein Iglu. Er hatte die grüne Farbe provencalischer Teller. Wir beide saßen nebeneinander und genossen die Wärme mit unseren Rücken. Das Zimmer war zwei Jahre zuvor noch eine Gaststube gewesen, das Haus zweihundert Jahre alt. Die Mauern waren sechzig Zentimeter dick aus graublauen Bruchsteinen.(...)
In der Mitte der Stube stand ein runder Tisch. Auf der Mitte des Tisches lag ein Hut von dir, Vater. Du sagtest zu mir, ich solle hingehen, den Hut nehmen und ihn an die Tür hängen. Da war ich vielleicht eine Woche bei euch. Ich ging zum Tisch, setzte mir den Hut auf, ging zur Tür und hängte ihn an einen Haken. Ich wurde dadurch mit einem seelischen Abgrund bekannt.
Ich bekam vom Leben eine gewischt.
Du hobst mich an den Haaren in die Höhe und drehtest mich im Kreis, ein Karusell, das an deiner Hand hing, meine Füße beschrieben eine größer werdende Spirale. Als dir die Fliehkraft meines Körpers stark genug schien, ließt du meine Haare los, ich landete in einer Zimmerecke.
Ich hatte dich eingeladen, mit mir zu spielen."
E.A.Rauter, S.55 f.

"Ich konnte es mir nicht leisten, von euch verstanden zu werden. Je besser ihr mich verstanden hättet, um so mehr Prügel hätte ich von euch bezogen."
E.A.Rauter, S.20

Wenn den Kindern das Lachen vergangen war, wurden sie verwundert darauf angesprochen:

"Oft fragte man sie schon als Kind in verwundert-vorwurfsvollem Ton, warum sie so ernst sei. Diese Frage verletzte sie immer sehr, denn sie wäre so gerne fröhlich und unbeschwert gewesen. Ja, wenn sie un-beschwert gewesen wäre, hätte sie leicht fröhlicher sein können."
M.Palfrader, S.72

J.Hobrecht stellte fest, daß er nicht nur keine Antworten bekam, sondern auch nicht mehr fragen sollte. Das erschwerte ihm die Auseinandersetzung mit seiner Krankheit und verhinderte, daß er sich als Person akzeptiert fühlte:

"Was weiß ich eigentlich über meinen Gesundheitszustand, was weiß ich über meine Behinderung?(...) Gesprochen wird darüber zuhause in meiner Gegenwart nicht, und meine Behinderung wird als Zustand betrachtet und totgeschwiegen. Sie sagen nichts, und ich frage auch nicht. Zustand nach operiertem Hydrocephalus, lese ich auf einem Attest des Hausarztes. Als ich meinen Vater einmal fragte, was denn mit dem Rückenmark los sei, antwortete er nur notdürftig.
Notdürftiges Wissen habe ich. Was ich heute weiß, reimte ich mir aus dem Fachchinesisch der nach der Visite geklauten Krankenblätter zusammen. Oder ich hörte es von der Mutter, wenn sie bei Arztbesuchen meine Krankengeschichte herunterbetete, wenn sie erzählte, wie es war in den Kliniken und wie ich mich fühlte, und daß es schwer war. Die Ärzte hören das alles, ohne mich auch nur einmal anzugucken.
Eines Morgens bringt mich das Kindermädchen zur Schule. Klassenkameraden stehen auf dem Podest an der Treppe und beginnen, "stimmt das, daß Du mit offenem Rücken geboren bist?". Ich höre es erschrocken. Kann nichts sagen, das Mädchen schiebt mich eilig vorbei an den Mitschülern in die Klasse.
Als der Vater mich von Bekannten der Eltern abholt, der Mann beim Hinausgehen auf den Rollstuhl deutend: 'Sag mal, kann er eigentlich wieder laufen?'
'Geh schon mal vor, ich komm gleich', sagt der Vater zu mir. Ich rolle brav zum Auto, der Vater sagt diesem Bekannten, was er mir nie sagte.(...)
Beim Arzt.
Sie schiebt mich aus der Tür. Ich bin halb draußen, sie dreht sich um in das Arztzimmer. Beginnt ehrfürchtig, 'ach, Herr Doktor, könnte ich Sie einen Moment sprechen?' Gibt mir einen Schubs, so daß ich durch die offene Tür fahre, guckt mich um Geduld bittend an, als sie sich umdreht. Ich sehe, wie sie sich rückwärts durch die Tür ins Zimmer windet. Stehe draußen vor der Tür, frage mich, was da jetzt wieder besprochen wird. Als die Mutter herauskommt, stürzt sie beinahe auf mich zu, Verlegenheit mit Hektik überspielend, 'komm, wir müssen nach Hause, ganz schnell, das Essen muß gleich auf den Tisch. Papa kommt gleich.'
Warum will sie nicht, daß ich frage? Warum sagt sie nicht die Wahrheit? Abschirmung.
Abschirmung.

Abschirmung, die gewollte Behütung vor der Wahrheit: Gibt es diese Abschirmung wirklich, oder ist es nicht die doppelte Auslieferung? Ich wüßte zu gern, was dort hinter verschlossenen Arztzimmern, Wohnzimmern und Treppenhaustüren über mich geredet wird. Ich mutmaße nur, ich weiß nichts Genaues. Vermutungen. Ahnungen. Vieles an meiner 'Krankheit' ist mir unheimlich. Es ängstigt mich. Es ist so unberechenbar. Wie lange lebt man durchschnittlich mit meiner Behinderung? Welches sind die Risiken? Was habe ich noch an Operationen zu erwarten? Fragen ohne Antworten."
J.Hobrecht, S.47 ff.

8.4. Vielleicht kommt jemand und nimmt mich mit, dahin wos schön iss'.

Bei so viel Angst und Einsamkeit, die von den nächsten Bezugspersonen nicht aufgefangen werden konnte, bei all den unbeantworteten Fragen entstand das Grundgefühl: Da, wo ich bin, ist es nicht gut. Gut ist es nur anderswo. So wie ich bin, ist es nicht gut. Gut wird es erst, wenn ich ein anderer/ eine andere werde.

"Es schneit. Immerfort schneits. Ich sitz auf meinem Stein und denk, vielleicht kommt jemand und nimmt mich mit. Dahin, wos schön iss. Wo ich unsichtbar werden kann.(...)
Also, ichweißjanich. Da reden und reden sie und hören nie mehr auf.
Ob ich wieder in den Schwarzwald muß? Meine Störungen sind ja nicht weg. Ich mag nichmehr in den Schwarzwald. Da, wo ich die Fettsau bin. Und ein fremdes Kind.
Ich will kein Kind mehr sein.(...)
Ichweißnich. Ichweißnichmehrweiter.
Aber sterben tu ich nich. Das ist nicht so einfach. An Störungen stirbt man nicht.
Aber schön wärs. Wenn sie dann traurig wärn, daß ich tot bin.
D.Kempff, S.50 f.

"Sie haben mich in ein Kinderheim getan. Zur Überbrückung. Weil alle so beschäftigt sind. Wenn man ein Haus baut, da macht man was mit. Nichts klappt. Zum Verrücktwerden ist das.(...)"
D.Kempff, S.53

Im Kinderheim wird sie von anderen Kindern geschlagen:

"Ich kann nicht hierbleiben, hier bleib ich nicht.
Immer machen sie das mit mir. Immer sind sie erst nett, manchmal. Und dann.(...)
Bloß nicht schrein, das geht vorbei, das geht bestimmt vorbei. Das ist alles gar nicht wirklich. Irgendwann hört das auf. Dann hab ich bloß geträumt.(...) Mir war zum Kotzen. Als wenn ich hätte sterben müssen.
Ich bin zu den Hunden gerannt. Hab sie gestreichelt. Die haben sich gefreut. Da hab ich plötzlich geheult.
Ich bin zur Schmidt. Die hat mich angeschaut. Gefragt, was denn los wär. Nix, hab ich gesagt, ich will bloß nachhaus.(...)
Zuhause haben sie gesagt, sie können mich jetzt wirklich nicht brauchen. Sie wüßten einfach nicht, wohin mit mir.
D.Kempff, S.54 ff.

"Steine, Steine, Steine.
Steine sind rund, Steine sind bunt. Die, mit denen sie nach mir schmeißen, sind grau. Manche Steine sind blau. Damit kann man jemand erlösen.
Am größten ist der Stein, auf dem der Turm steht. Das ist ein Felsen. Früher war hier Sumpf. Und Wasser. Aber das Wasser ist vertrocknet. Nur die Weiherwiese mit dem roten Wasser ist noch sumpfig. Da wohnte der Drache, wenn er nicht gerade im Schloß war. Aber das ist lange her. Vor Urzeiten. Als noch niemand sagte, mach schnell, du kommst zu spät.
Der Drache ist nicht tot. Er schläft nur. Vielleicht wartet er auf seine Verwandlung.

Vielleicht werd ich auch mal verwandelt. Später. Vielleicht muß ich nicht immer so bleiben. Aber vielleicht doch. Und mich mag dann niemand. Immer noch nicht.
Auf den großen Schwarzenstein kann man sich setzen. Da sitz ich und sitz. Papa ist in Spanien, Mama ist in der Schweiz.(...)"
D.Kempff, S.33

"Was sollichnmachn? Wassoll ichn machen? Was soll ich dennn machen? Weißnich. Mir fällt nix ein. Ich bin ganz allein.(...) Mama und Papa sind in Griechenland. Wenn Mama doch jetzt da wär. Naja."
D.Kempff, S.38 f.

U.Adam wünscht sich in stille, kühle Maulwurfslöcher:

"Aufgewachsen sein am Land, in Landluft großgeworden oder größer halt, den Eltern ausgeliefert, der Bruder ist nicht da, er muß studieren in der Stadt. Die Freundin ist zu klein, ich bin allein, eingespannt im elterlichen Gezänk, versteckt in Decken, schweißgebadet, die Ohren zugehalten, wünsche ich mich in stille, kühle Maulwurfslöcher. Jetzt fällt ein Stuhl, später ein Tisch, und Laute ohne Sinn, sich gegenseitig fertigmachen, einmal mit Geschrei und dann mit Schweigen, gestichelt und genörgelt, tödlich ausgeliefert auf den Morgen warten. Wenn es hell wird, in die Wiese laufen, taunasse Gräser streifen die Waden, den Bach entlang, den Hang hinauf, im Wald verschwunden, Astgeknister, der Wald hat viele Früchte und auf dem warmen Boden ausgestreckt, geruht, ich geh nicht mehr nach Haus. Ich bin ein Kind, das will jetzt seine Ruhe, ich baue mir ein Haus aus Ästen, aus Moos und Laub."
U.Adam, S.98 f.

S.Gauch erinnert sich an seine Zeit im Internat und an seinen Vater, der immer Leistung forderte:

"Die Freizeit war dann um. Wir saßen an unseren Tischen und machten Hausaufgaben. In jeder Stube standen sechs Tische, in jedem Schlafsaal standen sechs Betten, sechs Schränke. An einem der Tische saß der Stubenälteste. Er war Untertertianer, eine Persönlichkeit mit Macht und Einfluß. Wir waren Sextaner und Quintaner.
Wenn ich etwas nicht zur Zufriedenheit des Stubenältesten ausführte, konnte er mich bestrafen, zum Beispiel die Freizeit sperren. Ich hatte dann Stubenarrest. Manchmal versuchte er das, wenn Vater mich besuchen wollte.
Nach der Abreise von Vater saß ich an meinem Tisch über den Schulbüchern. Ich schaute angestrengt hinein, und die Buchstaben verschwammen vor meinen Augen.
Nach einiger Zeit sagte ich, ich müßte etwas auswendiglernen. Dann durfte ich für eine Viertelstunde in den Schlafraum gehen, wo man beim lauten Aufsagen von Texten oder Vokabeln die anderen nicht störte. Reden im Arbeitszimmer war streng verboten, auch Flüstern. Darüber wachte der Stubenälteste mit aller Strenge.

Es waren die Minuten eines Tages, die ich am meisten liebte: ich hatte oft etwas zum Auswendiglernen auf, fast täglich. Dann stand ich am Fenster des Schlafsaals, sah hinaus auf die Dächer der Stadt, auf die Hügel, auf die Familien, die mit ihren Kindern spazierengingen.
Ein rasch auftauchendes Gefühl des Einsamseins; Abschiedsstimmung, flaches Atmen und in den Augen Tränen."
S.Gauch, S.26

"Andere spielten, ich lernte Vokabeln und vergaß sie auf der Stelle wieder. Andere hatten Freunde und Spielkameraden, ich hatte dich, einen Vater, der sich um mich kümmerte.
Erst viel später lernte ich, daß es auch andere Möglichkeiten gibt, sich um seine Söhne zu kümmern. Ich stellte mir vor, wie du reagieren würdest, wenn ich tot wäre. Wenn ich mich aufgehängt hätte und du meine Leiche sähest. Das schaff ich nie, das lern ich nie, dachte ich.
Ich beugte mich über das Buch mit den Lateinvokabeln und träumte von der Freiheit."
S.Gauch, S.30

"Es ist niemand Vertrautes da. Zähne zusammen beißen, denke ich. (...).
Und ich kann mit keinem darüber reden.(...) Erschöpft lasse ich mich in den Autositz fallen. Will mich irgendwo anlehnen, ausheulen. Es geht nicht. (...)"
J.Hobrecht, S.41 ff.

"Erwartungen.
Was kann ich eigentlich anderes erwarten, als den Morgen, an dem mir der Traum von den Abstoßungen und Mißhandlungen durch meine Eltern scheißegal ist. Den Morgen, an dem ich nach dem Traum nicht mehr friere und Angst habe, sondern ruhig weiterschlafe, weil da jemand ist, mit dem ich die Angst teilen kann. Worauf soll ich denn warten, als auf den Tag, an dem ich mich nackt vor dem Spiegel ertragen kann, weil ich weiß, daß mich jemand annimmt."
J.Hobrecht, S.207 f.

"Antreten zur Pockenimpfung. Den linken Arm bis zur Schulter freimachen. Die Schulärztin sagt, das sind Kuhpocken, die werden in die Haut eingeritzt, nach drei Tagen gehen sie auf wie Blumen. (...) Langsam wie eine Sieche schleppt sich Marie nach Hause. Sie erzählt niemandem von den schwarzen Pocken und den weißen Pocken, von den Kuhpocken und den Schutzpocken im Arm. Sie legt sich schweigend aufs Bett und wartet, bis die Impfung ausbricht. Es vergehen wirklich drei Tage. Der Arm wird dick und rot und heiß. Sie kann ihn weder heben noch senken, sie verkrampft ihn vorm Bauch. Jede Berührung könnte tödlich sein. Sie wünscht sich ein stilles Zimmer in Schloß Ruhwald mit einer Geschichtenerzählerin. Und zwar würde sie jetzt am liebsten die Geschichte vom gestürzten Engel hören, der sich in Stein verwandelte, und sie wünscht sich den Singsang von Schwester Rose, von damals, als sie mit Scharlach in der Tauchstation aus Glas lag und sie niemand von der Familie anfassen durfte, nur anschauen durch die Scheibe, und der gestürzte Engel, an den sie unentwegt denken mußte, ihr zum ersten Mondflug verholfen hat. Vater kommt durch den Garten von weit her, stellt sich unters Fenster, zieht die Handschuhe aus und winkt herauf. Er sagt etwas, das sie nicht verstehen kann, die Trennscheibe ist so dick wie eine Wand, und im Garten steht der Engel gleich neben ihm. Marie drückt einen Kuß auf die Trennwand, das Gesicht von Vater beschlägt sich und er geht langsam den Weg zurück, vier Wochen lang. Schwester Rose ist jetzt im Westend auf der Kinderstation, und Vater ist ausgezogen.(...)
Marie bringt sich in Träume."
K.Reschke, S.35 ff.

Weil Marie es auf der Erde nicht aushält, muß sie immer zwischendurch zum Mond fliegen:

"Sie erkennt die gut beleuchtete Landebahn. Ihre sonst gestutzten Flügel beginnen zu wachsen. Sie weiß, die Zeit ist knapp, aber sie wird reichen, um anzukommen.(...)
Marie breitet die Flügel aus, ob Märchen ein Fünkchen Wahrheit enthalten? Sie fliegt und fliegt und hat schon wieder Angst, nicht rechtzeitig da zu sein. Dabei fällt ihr ein, daß sie vergessen hat, die innere Uhr zu stellen. Morgen früh muß sie wieder in die Schule, aber der Mond ist nah zum Greifen.(...)
Zur Erde fehlt ihr doch glatt die Orientierung. Man kann sich nicht einfach ausbreiten und losfliegen. Es gibt keine einheitliche Richtung. Auch scheint die Erde nicht herauf. Wie machen es die anderen? (...)
Marie flitzt die Treppen runter, dann rauf, erst festen Boden unter den Füßen haben, dann fliegen. Sie könnte dauernd fliegen, was stören sie die Flugzeuge mit dem Backobst, der Margarine, mit Brot und Käse für die arme hungernde Mondbevölkerung. Sie hungert nicht. Sie will nur weg in dieser komischen Zeit.(...)
Marie, nanu, wo willst du denn hin?
Weg."
K.Reschke,S.39 ff.

H.Novak flüchtete sich aus der unerträglichen Situation mit ihrer Adoptivmutter in das Traumbild ihres leiblichen Vaters:

"Nein, schreit sie, nie und nimmermehr. Ich bin nicht genötigt, das Biest einen Tag länger unter meinem Dach zu behalten. Damit du es weißt, du bist nicht mein Kind, und du bist es in den ganzen zwölf Jahren auch nicht geworden, die Möglichkeiten dazu hattest du. Wer hat dich denn aus dem Heim geholt? Ich, ich, ich und nochmal ich. Und nichts warst du, und nichts hast du gehabt, nichtmal eine Mutter. Kein Elternhaus, keinen Menschen, der sich nach dir umgedreht hätte. Auf dein Lächeln bin ich reingefallen, ich Idiotin. Ich sitze da zwischen dreißig Kindern, zum Aussuchen, und du hast gelächelt. Dabei krank, und der Rücken krumm, und die Beine wie Flitzbogen. Die englische Krankheit hast du gehabt, unterernährt bis dorthinaus, aber gelächelt. Ich verfluche dich, ich verfluche den Tag, an dem ich dich zum ersten Mal auf meinen mütterlichen Schoß gesetzt habe. Jaaa, es hat sich ausgelächelt, und du gehst verdammtnochmal genau dahin zurück, wo du hergekommen bist, verstanden?
Ich sage: Das weiß ich längst, daß ich nicht dein Kind bin, und wenn ich gehe, gehe ich gerne."
H.Novak, S.219

"Langweiliger kann es nirgends sein als hier, nirgends öder, stupider, trauriger als hier, und niemand häßlicher als ich, krumm und schief."
H.Novak, S.241

"Wenn ich die Kristallsachen vom Buffet auf den Tisch stelle, sehe ich meinen Vater vor mir. Wenn ich die gehäkelten Deckchen ausschüttele, sehe ich meinen Vater vor mir. Wenn ich die leeren schwarzen Buffettflächen staubwische, sehe ich meinen Vater vor mir. Wenn ich den Staubsauger hinter mir herziehe, sehe ich meinen Vater vor mir. Wenn ich unter den Möbeln und dort, wo ich die Ränder des Teppichs hochgelegt habe, erst fege, dann wische, sehe ich meinen Vater vor mir. Wenn ich Kartoffeln schäle, stelle ich mir meinen Vater vor. Wenn ich Betten mache, stelle ich mir meinen Vater vor. Wenn ich Fenster putze, wenn ich Wäsche aufhänge, wenn ich die Brücken ausklopfe, stelle ich mir meinen Vater vor. In meinen Augen ist er weitgereist und belesen und großgewachsen und schöner und intelligenter als alle anderen zusammen. In meinen Augen hat er dunkle Haare und kennt alle Häuser der Welt."
H.Novak, S.299

"Marie rennt aus den Büschen in den Wald. Sie weiß, wo die Schlucht ist. Sie will nie mehr zurück ins Haus Sonnenschein. Lieber schläft sie bei den Hirschkäfern und ernährt sich von Blättern, als zurück zu gehen.(...)
Mitten auf dem Pfad hockt ein großes schwarzes Tier. Marie bleibt stehen. Ein Bär, der sich reckt.(...) Ach, es ist weder ein Bär noch ein anderes Tier. Es ist ein Holzkreuz auf dem Kopf.

Hier ist einer gestorben oder Jesus hat daran gehangen. Ja, da sind ja noch Nägel rechts und links in der Querlatte. Aber an den Füßen ist nichts. Jesus war also auch hier. Ein richtiger Gott. Er ist schon seit zweitausend Jahren zum Himmel aufgefahren. Der einzige, der es geschafft hat, bei seiner Himmelfahrt auch oben zu bleiben. Niemandem ist das nach ihm gelungen. Das sind die Zeichen und Wunder, die einem weiterhelfen sollen, wenn man nicht mehr weiterweiß. Wahrscheinlich kann man in Wirklichkeit nur an das glauben, was man auch anfassen kann. Darum kam Jesus in die Welt, um angefaßt zu werden und vor aller Augen in den Himmel aufzufahren.(...)
Am besten, man setzt sich neben das Kreuz und wartet erst mal die Dunkelheit ab. Dann kann man sich leichter konzentrieren, und wenn Vollmond ist, was Marie bezweifelt, der Mond nimmt gerade ab, dann wird einem schon was einfallen zu Hans Stiller und auch dazu, wie man selbst weitergehen soll."
K.Reschke, S.77 f.

P.Kersten flüchtete sich aus der Realität in einen Tagtraum, den er auch noch verschweigen mußte:

"Einen Traum verschwieg ich ihm, vielleicht weil es ein Tagtraum gewesen war, eine Erinnerung im Halbschlaf, und vielleicht auch, weil er mich darin - wenn auch mit zusammengekniffenen Augen - angelächelt hatte. Er saß auf einem Balkon in der Sonne. Ich war vier oder fünf Jahre alt. Er winkte mich zu sich heran, legte den Kopf in den Nacken und zeigte auf seinen Adamsapfel. "Fang ihn!" forderte er mich auf. Ich kletterte auf die Seitensprosse des Korbsessels, in dem er saß und tastete mit den Fingerspitzen nach seinem Hals. "Fang ihn" rief er noch einmal und ich griff zu. Unter meiner Hand ließ er den Adamsapfel in heftigen Schluckbewegungen tanzen. Unter der Halshaut glubschte es mir immer wieder weg. Die Berührung zuckte mir durch die Fingerspitzen bis hinauf in die Kehle. Ich schrie vor Aufregung und Übermut."
P.Kersten, S.45 f.

D.Kempff flieht aus ihrer Einsamkeit in ein Schlaflied:

"Der Mohn is aufgegangen, die Goldensternlein prangen am Himmel Höll unklar. Der Wal steht schwarz und schweige und Ausdehnwiesen steige der weißen Näbel wunderbar. Wie ist die Welt so stille und in der Dämmerunghölle so traurig Unserhold... Seht ihr den Mond dort stehen er ist nur halb zu sehen und ist doch rund unschön...Fettfleck...So sind wohl manche Sachen, die wir getrost belachen, weil unser Au könn sie nich sehn."
D.Kempff, S.21 f.

8.5. Mein Vater stand bereit, mich aufzufangen.
So etwas hätte ich öfter gebraucht.

Selten, aber eindrücklich erinnern die Autoren Situationen im Elternhaus, in denen sie Glück, Geborgenheit und Getragenwerden erfahren haben.

"Das weißlackierte Kinderbett, in dem ich schlief. Ich war stolz und ängstlich zugleich, als ich es eines Tages schaffte, die Gitterstäbe zu überklettern. Mein Vater stand bereit, mich aufzufangen.
Spät am Abend, wenn ich in der Wohnküche eingeschlafen war, trug er mich, eingehüllt in ein Kissen, ins Schlafzimmer hinüber. Er trug mich über einen dunklen Flur. Ich stellte mich schlafend, hielt die Augen geschlossen und erriet den Weg, den mein Vater mich trug, an den schaukelnden Bewegungen: fünfzehn, zwanzig Schritte über den fensterlosen Flur, zwei Stufen hinauf bis zur Schlafzimmertür, die er, weil er mich in den Armen hielt, mit Ellenbogen und Schulter öffnete."
P.Kersten, S.60 f.

"Es gibt eine Fahrt zu Pfingsten auf die Flattnitz, sie leuchtet über mein Leben in Stall und Holzhütte.(...)
Du wirst dich wahrscheinlich nicht mehr erinnern, liebe Mutter, für dich war der Tag nicht das Einzelereignis. Du gingst mit mir über die Wiesen, über kleine Buckel und Hügel und erzähltest mir griechische Sagen. So hörte ich zum ersten Mal von einem gewissen Odysseus. Am deutlichsten habe ich deine Erzählung behalten von der Reinigung des Stalls, den König Augias dreißig Jahre nicht hatte ausmisten lassen.(...)
Dort und da blieben wir stehen, betrachteten und sprachen über Blumen. Es gab große blaue Gemeinden von Enzian; kleine Alpenveilchen, (...)
Dann wieder setzten wir uns nebeneinander auf das feste kurze Almengras, in einer Vertrautheit, von der ich nicht ahnte, daß ich sie nie mehr erleben würde. Irgendwo hinter dem riesigen blauen Himmel arbeitete Odysseus sich mit seinem Schiff durch die Menschheit. (...)
Eine ausgedehnte Forschungsarbeit wäre nötig, den Einfluß jenes Pfingstsonntags auf mein Leben herauszufinden, der Geschichten und der Tatsache, daß du sie mir erzählt, daß du länger als sonst mit mir gesprochen hast. Das hat einen Hunger in mir angespornt, der sich vorher nicht getraut hatte, zu sein.
Die Pfingstbegegnung hat in mir ein Bild von dir geschaffen, das ich bis heute liebe. Du hast es immer wieder verdeckt, ich konnte nicht aufhören zu hoffen, es würde wiederkommen.(...)
So ein Sonntag ist nicht mehr wiedergekommen."
E.A.Rauter, S.64 ff.

"Ich behalte das Glück der ersten Erinnerung.
Neben meinem Vater im DKW, vermutlich zu klein, um aus dem Fenster zu schauen, schnelles Fahren auf der Schöneicher Chaussee, hinter Friedrichshagen, im Osten Berlins. Das Wagendach geöffnet, ein heller Tag, ich legte den Kopf zurück und sah in den Himmel, dort flatterte Laub und schlug über mir zusammen, schwindelerregend, ein Schwirren von Schatten und Licht - während mein Vater das Auto lenkte, wiederholte Erinnerung, helle und dunkle Chausseen, Fahren in der Nacht,

Mark Brandenburg, schnurgerade Chausseen und schnelles Fahren, Gefühl von Sicherheit und blindem Vertrauen, eine wunderbare Gewißheit in seiner Nähe."
Chr.Meckel, S.9

"Jede Erinnerung an ihn jedoch und jeder Kindheitsaugenblick, den sein Tod in mir wiedererweckte, war besetzt und abrufbar mit einem Geruch.
Der Geruch der Asphaltstraßen nach dem Regen.(...)
Es gab auch den Waldgeruch und den Sonnengeruch.(...)
Am Meer roch es nach Krebsen, Makrelen und Muscheln, nach Steinen, nach Schlick, nach Salz, nach Wind, nach Sonnenöl, nach Fischbratküchen mit Selbstbedienung und nach Strandkorb.
'Wenn dich im Watt die Flut überrascht', sagte mein Vater, 'dann mußt du um dein Leben rennen.' Mit weißer Pudelmütze, weitgeschnittenen hellen Hosen und weißen Tennisschuhen stand er auf der Strandpromenade unterm Kurkonzert-Pavillon. Er winkte mir zu."
P.Kersten, S.50 f.

"Es gab die Weser. Und damals war das ein Wort, das meinem Vater und mir ohne Angst über die Lippen kam, wenn einer von uns sagte: 'Wir gehen an die Weser und angeln.' (...)
'Wir gehen an die Weser .' Wir sagten das und gingen los, morgens im Nebel und abends im Sonnendunst und wußten: die Fische beißen am besten, wenn es still ist in den Hechtgräben und das Wasser nur manchmal gluckst und die Schatten im Weidengebüsch hinter dem Uferpfad schon dunkler werden."
P.Kersten, S.58 ff.

"Mein Vater war bei mir, als ich im Alter von fünf Jahren auf der Straße zum ersten Mal den Tod sah. (...)
Er war in der Nähe, wenn ich mich in die Kellerwinkel unter der Treppe wagte, in die Abstellräume mit dem Karbidgeruch, in den ausrangierten Luftschutzbunker, in die verrotteten Gärten hinterm Maschinenschuppen. Er fing mich auf, wenn ich im Treppenhaus zehn Stufen auf einmal übersprang.Im Wasser der Abflußgräben zeigte er mir die Frösche, im Himbeerstrauch den zur Kugel eingerollten Igel."
P.Kersten, S.70 f.

"'Bundesbahnbetriebskrankenkassenkontrolleur' - BBKK-Kontrolleur - für meinen Vater hieß das: immer unterwegs, 'auf Achse', 'auf Tour', wie er sagte. Manchmal, in den Motorrad-Zeiten vor allem, nahm er mich mit. Längste 'Tour': von Kappelsbruch zum Hermannsdenkmal. Sieben oder acht Jahre war ich alt. Auf dem Sozius flog mir der Fahrtwind um die Ohren. Ich zog den Kopf ein und suchte Schutz hinter dem aufgebauschten Lederrücken meines Vaters. Der sang. Gröhlte an gegen den Fahrtwind. Schmetterte sein Lied gegen das an- und abschwellende Gezisch der vorüberhuschenden Bäume:'Als die Römer frech geworden...' Manchmal, wenn er, singend, das Motorrad auf Tempo 80 oder 90 beschleunigte, wagte ich es, die um den Soziusgriff geklammerten Hände zu lösen. Solange mein Vater sang, das wußte ich, konnte der Wind mich nicht fortreißen."
P.Kersten, S.84 f.

"Er liebte Kinder und vergötterte das eigene. Solange das Kind noch unschuldig war, bevor die Erziehungsmaßnahmen einsetzten (Vorschrift, Belehrung und was er ZÜCHTIGUNG nannte), war er ein Vater ohne Vergleich, Spielmeister, großer Bruder, Vertrauter und Freund. Er war die Zuversicht, der Fels und der Fixstern, er war die unumstößliche Mitte des Kindseins. Seine Art, die Erscheinungen der Welt zu vermitteln, verzauberten das Kind und machten es reich. Der Weg durch das Kieferngehölz und der Weg zu den Weiden, singen und pfeifen im Regen macht glücklich. Die Freundlichkeit der Sonne, die Trauer des Mondes, die Neugier des Windes, der bewußtlose Schnee. Der Vater wollte DAS HERZ SEINES KINDES BESITZEN, und er besaß es. Das Kind hing am Vater und glaubte noch lange an ihn. Auf einer Holzbank unter Bäumen im Garten hockte es neben dem Vater und hörte Gedichte.(...)
Das haltbare Leben dauerte ein paar Jahre und war die beste Zeit meines Vaters gewesen. Es war seine beste Zeit für das Kind, und es war die beste Zeit des Kindes für ihn. Vier Jahre fast uneingeschränkter Verwirklichung. Dann kam (er hatte die Angst verdrängt) der Krieg."
Chr.Meckel, S.49 ff.

"Mit Vater an der Hand und Anton aus der Einsturzwohnung am Kaiserdamm rüber gegangen in das Weinrankenhaus, Meerscheidstraße, mit den Balkons. Sonne drauf, wilder Wein kriecht von unten nach oben bis unters Dach. Hier ziehen wir ein, sagt Vater.
Der Roller muß mit!
Ja, Kind,du mußt ihn aber vier Treppen hoch tragen.
Marie nickt und trägt. (...)
Was für ein Reich. Fenster, Blumen, Gardinen, Möbel zum Sitzen, ein Tisch zum Essen und Trinken, Betten, Teppiche, eine Riesenküche, in die die Sonne scheint.(...)
Marie nickt beifällig. Rutscht tiefer in den Sessel und spürt das weiche Polster warm in ihrem dünnen Rücken. Nach und nach tauchen Mutter, Großmutter und Großvater mit ihren Bündeln auf. Vater schleppt die Koffer vier Treppen hoch. Der Fahrstuhl ist außer Betrieb. Die Höhlen der Menschen sind verlassen, die Verschläge vernagelt, das Dach über dem Kopf regensicher, der Roller gerettet, Anton in dem neuen, breiten Bett zur Ruhe gelegt.(...)
Wie Frieden sieht das aus, eine untergekommene Familie.
Heiliger Jesus, ruft Großmutter, eine richtige Küche, ein richtiges Bad, keine zerschossenen Fenster. Wasser aus der Leitung, Seife im Waschbecken, liebe Güte, und dann noch was zu essen. Brot und Milch für die Kinder. Dünnmilch, Trockenmilch, Gerstenkaffee und Margarine, die eigentümlich riecht.
Auf einmal so was wie Paradies."
K.Reschke, S.12 ff.

"'Ich kann seit seinem Unfall nicht mehr Auto fahren', sagt mein Vater, als ich zu Hause eintreffe. Es ist wahr, jeder von uns hätte am Steuer dieses Wagens sitzen können. Der Vater macht einen müden Eindruck. Er hat plötzlich etwas Hilfloses an sich, nichts Rohes, beängstigend überperfekt Wirkendes. Wir sprechen über den Großvater. Vielleicht kamen wir uns kurz näher in diesen Minuten. Ich fühle mich eingeweiht, als mein Vater sagt, der Großvater habe in der Klinik noch Minuten gelebt, 'aber sag es nicht Oma. Sie soll glauben, er sei sofort tot gewesen'. Der Vater kann es nicht fassen und er sagt es.(...)

Die gleiche Betroffenheit von Vater und Sohn. Zum ersten Mal heulen, weil jemand gestorben ist. Der Tod hat ein bißchen von seinem Schrecken verloren. Jetzt lähmt er einfach nur. 'Ich würde dir raten, ihn nicht mehr anzugucken, er sieht sehr verletzt aus', sagt mein Vater. 'Behalte ihn lebend in Erinnerung'. Er hatte tatsächlich etwas Schwaches an sich in jenen Tagen.
Muß erst jemand sterben, bevor man Gefühl und Schwäche zeigen darf? Als der Sarg heruntergelassen wurde, legte mir mein Vater die Hand auf die Schulter."
J.Hobrecht, S.92

"Erinnerung an einen Abend im Mai, als er aus der Redaktion nach Hause kam, im klatschenden Regen, auf seiner Mobilette. Strömende Wärme, die Blüte hing in den Gärten, er rannte ins Haus mit durchnäßter Aktentasche. Das Wasser stand in den Schuhen, aber er lachte. Schlechte Laune war zu erwarten, aber er lachte, kein Wort von Erkältung. Er schleppte die Nässe in alle Zimmer, und dieses eine Mal störte ihn nichts, weder Dreck auf der Diele noch ruinierte Kleidung. Lachen, strahlend und frei, befreites Lachen - und heute noch versöhnt mich das eine Lachen mit der Unerlöstheit des Alters."
Chr.Meckel, S.177

M.Palfrader suchte Geborgenheit und Gewißheit, die sie in der Familie vermißte, im *Wissen von Gott:*

"Das erste Wissen von dieser Welt, das man ihr, wohl schon in der Wiege, gab, war das Wissen von Gott. Die Erde, ihre Pflanzen und Lebewesen, ER hatte alles gemacht. All ihre Schönheit war ein Lobpreis für ihn, und alle, auch sie, sollten ihn für diese lobpreisende Schönheit lobpreisen. Über die Unvollkommenheit seiner Schöpfung wurde wenig geredet, und dieses spärliche erschien ihr weniger als Bestätigung denn als Rechtfertigung dieser Wahrheit.
Sie hockte oft in der Erde, grub mit den Händen darin und ließ sie durch ihre Finger rieseln. Wie lange ließ sich ein Erdkörnchen teilen teilen teilen bis nichts mehr da war...oder umgekehrt, konnte ein Teilchen mit dem anderen und dann wieder mit anderen Teilchen so eng verwachsen, bis ein Stein daraus wurde, und war es dann ein Stein oder waren es zusammengedrängte Erdteilchen...Die wahrlich wunderbaren, lobpreisenden Berge, die sie schützend umgaben, diese Riesensteine, wie waren sie geworden...Sie sah, wie sie sich aufgeschichtet hatten in Millionen Millionen abgelagerten Teilchen. Sie sah, wie sie abbröckelten, sich auflösten, um im Tal eine neue Schicht anzulegen. Steine rollten ihr zu Füßen, die eine schaurigschöne Wahrheit bargen: Zu Stein gewordene Lebewesen. Auflösung - Zusammenballung - aus sich selbst heraus."
M.Palfrader, S.22 f.

8.6. Du bist nichts (wert), du kannst nichts

"Mein Vater hatte, als ich in den Ferien war, einen Haufen lyrischer Papiere in meinem Schulranzen entdeckt (er pflegte den Kram seiner Kinder zu inspizieren). Ich war keine fünfzehn Jahre alt. Für den Abend bestellte er mich in sein Zimmer. Die Förmlichkeit der Bestellung verhieß Quälerei. In der Art eines Chefs, mit Papieren beschäftigt, saß er am Schreibtisch und forderte mich auf, Platz zu nehmen. Die Lächerlichkeit des Rituals war beklemmend wirkungsvoll, obwohl ich es kannte. Auf seinem Gesicht herrschte düster betonter Ernst. Er war entschlossen, mich ins Unrecht zu setzen.
Du schreibst also Gedichte?
Ich bejahte es.
Mit äußerster Gereiztheit erklärte er: Bilde dir nichts ein, die Verse sind schlecht. Jeder schreibt mal Gedichte, das geht vorbei. Bilde dir nicht ein, begabt zu sein, du bist nicht begabt. Deine Sache ist die Architektur. Ich kann dir das Dichten nicht verbieten, aber ich rate dir, damit aufzuhören.(...)
Er ließ mich fühlen, daß ich ein Dummkopf sei."
Chr.Meckel, S.153 ff.

Dem Vater war es als Kind nicht besser ergangen:

".Wenn die Rede auf meinen Großvater kam. Er ging als Scheusal durch die Familiengespräche. Sie illustrierten ihn als saturnischen Herrn, der seine Kinder verschlungen hatte. Die Kinder schmeckten ihm nicht und er spuckte sie aus. Mein Vater war ein ausgespucktes Kind. (...)
Er lachte selten, allenfalls kurz und scharf, er liebte die eigene Würde und seinen Hund.(...)
Der Misanthrop zerbrach die Natur der Kinder. Seiner Mißachtung entkam kein Mensch, es sei denn als Opfer. Mein Vater litt unter chronischer Lieblosigkeit und stotterte früh. Was immer er tat, seinen Vater zu überzeugen, wurde knapp und kalt mit Verachtung belegt. Zeitlebens warb er um ihn und erhielt kein Echo.(...)
Die Erziehungsformel für seine Kinder hieß: du bist nichts, du kannst nichts, mach deine Schulaufgaben. Sie kehrte wörtlich bei meinem Vater wieder, als er meine ersten Gedichte las."
Chr.Meckel, S.21 ff.

"Nicht weit von der Wiege entfernt, im zweiten Schuljahr, als ihre Hände bereits gezeichnet waren und ihr Herz verwirrt, fand sie besonderen Gefallen an ihrer Lehrerin. Da fing sie an zu sagen, auch sie wolle Lehrerin werden. (...)
Und ihr Vater fing an zu sagen: Wenn du dies und das tust, wenn du dich so und so benimmst, kannst du nie Lehrerin werden. Schließlich, der Ermahnung überdrüssig, wollte sie es nicht mehr."
M.Palfrader, S.7

"Sie zeichnete gern. Zu ihren Bildern sagte ihr Vater: Das mag ganz schön sein, aber dein Geld wirst du dir damit nicht verdienen können (sie hatte nie die Idee gehabt)."
M.Palfrader, S.25

"aus dir wird nie was
in deinem Alter mußte ich mir schon überlegen was ich werden soll

mit vierzehn sind wir früher in die Lehre gegangen
da war nichts mit dauernd Bücher lesen
da hieß es fleißig sein und dienen lernen
mit deinen Kritzeleien kommst du nicht weit
reine Papierverschwendung
wenn du dich nicht endlich für was Vernünftiges interessierst
wirst du eines Tages Straßenkehrer
oder endest überhaupt auf der Straße

Ich gehe unter ich gehe ein ich sterbe ich komme um ich kratze ab ich gebe den Geist auf ich falle dem Tod anheim ich krepiere ich beiße ins Gras ich verschwinde ich verrecke ich mache mich kalt ich schäme mich daß es mich gibt mich sollte es gar nicht geben ich gehe ein ich bin schon ganz außer mir."
H.Novak, S.280

"Früher warf er mir oft vor, ich sei unselbständig.
Er hat mir nie gezeigt, einen Rollstuhl zu reparieren. Er repariert sie noch heute manchmal, und ich kann immer noch keine Reifen flicken oder eine defekte Achse wechseln. In der Kindheit haben wir nie etwas zusammen unternommen. Beim Spaziergang im Wald sollte ich meiner kleinen Schwester die Namen verschiedener Bäume nennen. Als ich sie nicht wußte, schimpfte mein Vater. Was kann der Junge eigentlich?"
J.Hobrecht, S.78

"Zu Weihnachten bekam ich eine Fotokamera. Der Vater erklärte mir in Anwesenheit einer Verwandten die Funktion. Läßt mich das Gerät ausprobieren. Ich mache einen Fehler und werde zurechtgewiesen. Der Vater nimmt mir das Gerät wieder ab und erklärt es mir. In Gegenwart Dritter bin ich immer der kleine dumme Junge."
J.Hobrecht, S.104

"Mit vierzehn zu Hause. Ich liege im Bett. Die Tür zum Schlafzimmer meiner Eltern ist geöffnet. Ich wälze mich hin und her. Kann nicht schlafen. Meine Mutter: 'Was macht der da drüben?'
Mein Vater: 'Vielleicht onaniert er!'
Mutter: 'Na, das kann er doch gar nicht!'
Das kann ich nicht. Ich bin querschnittsgelähmt.(...) Ich bin halt ihr behinderter Sohn. 'Wir konnten doch nicht ahnen, daß du mal so wirst', schluchzte meine Mutter im Heulkrampf.
J.Hobrecht, S.256

Du bist nichts wert, heißt für Mädchen oft, Du bist ja nur ein Mädchen.

"Erbe kamman bloß sein, wemman männlich ist. Erst wenn gar keine Männer mehr da sind, kann auch ne Frau was kriegen. Tüterjahn ist ein Kind, aber männlich. Drum isser Erbe."
D.Kempff, S.34

"Ihr Kopf hat sich immer bewährt.
Er war genausogut, wie die Köpfe ihrer Brüder. Er war genausogut wie die der Reichen im Dorf, ja besser. Alles an ihr konnte man anfechten, anfeinden, ihr absprechen, für nichtig erklären, für nicht vorhanden halten, den Kopf bewahrte sie sich. Ihre einzige Wahrheit.

So ging sie auch lieber in die Schule, als zu Hause für ihre Brüder Strümpfe zu stopfen, für ihre Brüder Betten zu machen. Wenn es nach ihnen gegangen wäre, hätte sie wohl nicht sein dürfen. 'Das verstehst du ohnehin nicht', sagten sie, als sie von einem Bücherzettel seltsame Wörter las. Sie klangen wie Musik, weither aus der Fremde. Sie waren wie verheißungsvolle Zeichen einer uralten Wahrheit, und sie spürte, und daher wußte sie, daß sie sich ihr eines Tages erschließen würden. Sie würde wissen."
M.Palfrader, S.9

Es gab ein großes Bedürfnis nach Wahrgenommen-werden und Anerkanntsein:

"Ich möcht auf eine Leiter steigen und übers Dach bis zum Wetterhahn klettern können, ohne daß ich runter fall. Dann würd ich von einem Turm zum andern gehn. Auf einem Seil. Das hätte ich vorher gespannt. Braucht ich bloß durch die Luft gehn und es drüben festbinden. Auf einem Seil, das wär schön. Zum Beispiel wenn Kerwa ist, Kirchweih. Da könnt ich das Karusell von oben sehn. In der Mitte über dem Marktplatz tät ich stehnbleiben und laut Juchhu schrein. Die Leute, die da unten gehn, die überall rumstehn, sich alles ansehn, die Kinder im Karusell, in der Schiffschaukel und vor den Buden, die Lutscher lutschen, Zuckerwatte und Gummibären kaun, die würden alle nach oben schaun. Und ihre Köpfe sähen ganz komisch aus, weil sie so verdreht wärn. Dann tät ich mich aufen Kopf stellen auf meinem Seil. Ich hätte Luftballongs an den Füßen, daß ich nicht runterfall. Und sie würden sagen, ui, schau, toll, kuckmal, siehmal an, was das Kind alles kann."
D.Kempff, S.30

"Ich hatte die Angewohnheit aller Kinder, die man fortwährend - wie ihr es tatet - davon zu überzeugen sucht, daß sie keine Rolle spielen und alles den Erwachsenen verdanken, ich prahlte. Erst macht ihr einen prahlen, dann prügelt ihr ihn, weil er prahlt.
Erst schlagt ihr, weil ich die Wahrheit sage, dann, weil ich lüge."
E.A.Rauter, S.30

Die fehlende Solidarität oder Unterstützung der Erwachsenen kann auch eine Möglichkeit sein, sich wertlos zu fühlen.

"Eine Schande, mit fünfzehn noch ins Bett zu machen. Wenn ich das jemandem erzählen würde.
Tust du ja oft genug, hast bis jetzt noch keine Gelegenheit ausgelassen.
Du wirst dich umsehen, wenn ich mal richtig den Mund aufmache und den Leuten erzähle, wie verrückt du wirklich bist."
H.Novak, S.302

"Ich ging damals nicht gerne einkaufen. Vielleicht kam die Angst vor den Geschäften von einem Zwischenfall her, der sich tief in mein Gedächtnis eingegraben hat.

Gegenüber der 'kleinen Schule', einem Saal, in dem die erste bis vierte Klasse vom Lehrer Schmidt unterrichtet wurde, war ein Geschäft, das als einziges auch Spielwaren führte. Nach der Schule wollte ich mit einem gefundenen Stückchen Kreide an einem Baum vor diesem Laden etwas zeichnen. Da kam brüllend und schimpfend der Kaufmann herausgerannt - der Sohn des Mannes, der Grundstücke der Großeltern zwangsversteigern ließ, - und lief mir nach. Zu Tode erschrocken rannte ich weg, sah noch, wie der Mann stolperte, in seinem weißen Kittel der Länge nach in den Schmutz der Straße fiel, in die Abwässer, die den Rinnstein entlangflossen.
In der Folgezeit machte ich um das Geschäft einen großen Bogen, nahm von der Schule einen anderen Heimweg, immer in der Furcht, der Kaufmann stürze wieder heraus, die verhinderten Schläge nachzuholen.
Als mir Vater dort zu Neujahr eine Zündplättchenpistole kaufen wollte, blieb ich herzklopfend draußen stehen. Vater forderte mich auf, mit hereinzukommen.
Der bleibt draußen, rief der Kaufmann, als er mich sah.
Vater schaute nur, zog zu mir hin die Augenbrauen hoch und setzte seine typische Miene auf, halb ironisch, halb beschämt, sagte nichts. Auch auf dem Rückweg sprach er nicht über den Vorfall.
Ich malte mir aus, wie es gewesen wäre, wenn Vater stattdessen empört geantwortet hätte: So, wenn mein Sohn dieses Geschäft nicht betreten darf, dann sehen Sie mich hier auch nicht wieder. Wie er die Tür zugeknallt hätte und zu mir gesagt hätte: Dem haben wir's aber gegeben! Tagelang machte es mir keinen Spaß, mit der Pistole herumzuknallen."
S.Gauch, S.74 f.

Manchmal wird für die Abwertung des Kindes auch Gott in Anspruch genommen. E.A.Rauter beschreibt, was seine Pflegemutter unternommen hat, um ihm das Bettnässen abzugewöhnen:

"Über meiner Schwanzwurzel ließest du die Spiralfedern wieder zu ihrem Recht kommen, die obere und die untere Querleiste drängten sich aneinander, an ihrer Vereinigung gehindert durch das Gewebebündel. Der Erfinder der Gliedangel hatte die Empfindlichkeit der Haut berücksichtigt und die Härte der beiden Querverstrebungen mit Gummi bemäntelt. Jetzt hing das Gerät an dem Zipfel wie eine Falle am Fuchs. Das war deine Art, 'Gute Nacht' zu sagen. Du hießest mich, mit dir zusammen Gott zu bitten, er möge eurem Keller in der kommenden Nacht die Trockenheit schenken. Du breitetest feierlich die Decke über deine Schweinerei und löschtest die Petroleumlampe."
E.A.Rauter, S.10

"Kurz vor Weihnachten tauchte eine Diakonissin bei uns auf. Sie stiefelte durch den Korridor und betrat mit festen Schritten die Küche, als sei sie hier zu Hause oder hätte uns schon hundertmal besucht. Lächelnd, mit lauter Fältchen im Gesicht, die nichts als Güte ausdrückten, obwohl ihr Blick ein bißchen an unsren Augen vorbeiging, bückte sie sich und ließ stöhnend Netze und Beutel auf den Fußboden sinken. Sie trug ein gefaltetes Häubchen auf dem Kopf mit einer Schleife unterm Kinn; ihre Kleidung war lang und tiefdunkelblau, unten schauten ein Paar funkelnagelneue schwarze Lederschuhe hervor.. Sie blickte sich in der Küche um, schob die Haufen von Igelitlitze und Igelitperlen und Igelitbändern auf dem Tisch beiseite und setzte sich. Dann zog sie aus einer ihrer sackartigen Taschen ein Zweipfundbrot heraus, ein Kastenbrot, und packte es energisch auf den Tisch. Es hörte sich an, als sei es hohl, und oben hatte es ein Kreuz in der Rinde. Anschließend wühlte sie in ihrem Netz zwischen Unmengen Zeitungspapier herum, holte einen feuchten Ballen heraus und haute auch den auf unsere Gürtel und Kordeln. Kaltesophie seufzte tief, ich rollte mit den Augen. Die Diakonissin hörte nicht auf zu lächeln, als sie ein halbes Dutzend frische Plötzen auswickelte.
Du meine Güte, sagte Kaltesophie und hatte Tränen in den Augen, der Herrgott hat uns nicht vergessen. Er vergißt niemanden, sagte die Diakonissin, ohne eins ihrer vielen gekreuzten Fältchen zu verziehen, er wacht über uns allen und übersieht keinen.
Kaltesophie schüttelte überwältigt den Kopf und sagte: So wird der liebe Gott ja auch wissen, daß wir das nicht verdient haben. So wird er ja auch wissen, daß meine Tochter nicht einmal davor zurückschreckt, auf den Friedhof zu gehen, um die seligen Toten zu bestehlen."
H.Novak, S.237 f.

8.7. Aus dir werden wir etwas machen

Erziehung wurde von den Autoren erlebt als innere und äußere Gewalt. Der Preis, den sie als Kinder zahlen mußten, um so zu werden, wie die Erwachsenen sie haben wollten, war hoch:

"Was mich von den Schäden, die ihr mir mit eurem Gehorsamszwang zugefügt habt, am meisten ärgert, ist die Beeinträchtigung meiner Intelligenz; die Verzögerung durch Scheu beim Finden einer Lösung. Gehorsam verdummt."
E.A.Rauter, S.25

"Erwachsene machten sich an den Kindern zu schaffen. Jacken wurden gebürstet und Scheitel gezogen, Nasen geputzt und Kragen zurechtgerückt. Kinder waren die Visitenkarten-Geschöpfe ihrer Eltern und hatten einwandfrei in Erscheinung zu treten. Wenn Besuch im Haus war, spät am Abend, wurden sie im Wohnzimmer vorgeführt, vorher im Flur einer Prüfung unterzogen, eilig und lautlos in saubere Hemden gesteckt, ermahnt, gekämmt und mit Elternspucke am Mundwinkel sauber gerieben.(...)
Die Kindheit der Kinder gehörte den Erwachsenen. Erwachsene Hände drückten die Kinder zurecht, unabweisbare Hände, Tast- und Tätschelpfoten fremder Leute, Kleideranzieh- und Kleiderausziehhände, Ohrfeigenhände und streichelnde Fingerspitzen.(...) Es gab (...) die zu allem berechtigten Hände der Eltern.(...) Aus den Händen der Erwachsenen kam das Bonbon, das Taschengeld und die schlecht gemeinte Dressur. Kindheit - Widerwillen gegen erwachsene Hände, Protest gegen jede Hand die nicht kinderleicht war, gegen alles, was Hand war und sich nicht abschütteln ließ."
Chr. Meckel, S.53 f.

"Eine Weile muß sie überlegen, welche Seite es ist.
Sie ist Linkshänderin. Mit schreibender Hand weiß sie, wo links und rechts ist. In der Schule schlug man ihr auf die Hand, wenn es nicht die richtige war, in der der Bleistift lag. Der Bleistift hüpfte immer wieder zurück, sie wußte bald nicht mehr, in welche Hand."
M.Palfrader, S.5

"Hastende, gehetzte.
Daß sie in den Sommerferien den lieben langen Tag sich nicht von dem Flickkistchen trennen durfte, daß sie erst hätte lesen dürfen, wenn die Arbeit fertig gewesen wäre, daß sie sich beeilen mußte, daß sie möglichst viel getane Arbeit vorweisen mußte, hastendes, gehetztes Kind.
Sie ist so langsam!
Ihre Bewegungen waren manchmal wie unter Wasser ausgeführt. Widerstreben gegen zu schnellen Verbrauch, oder oft einfach nur Müdigkeit. Sie bekam oft zu hören, wieviel mehr und ertragreicher Kinder früher arbeiten mußten, wieviel mehr und schneller andere Mädchen arbeiteten.(...)
Rudern um nicht unterzugehen."
M.Palfrader, S.44 f.

Als Erwachsene hat sie dann einen Traum:

"Ich habe geträumt, ich mache meine Tasche auf, eine alte lederne Aktentasche, wie ich sie in der Schule hatte. Ich nehme eine Griffelschachtel aus Holz heraus, auch wie ich sie in der Schule hatte. Ich mache sie auf. Bleistifte und Pinsel sind darin. Das erinnert mich daran, daß ich in die Malstunde gehen wollte, und ich sage es der Frau, die mir gerade auf die Schulter tippt und mahnt, mich zu beeilen, um rechtzeitig zur Sprachstunde zu kommen. Ich werde unsicher und sage: Aber ich habe doch schon auf die Musikstunde verzichtet. Und jetzt gibt es immer noch Überschneidungen."
M.Palfrader, S.91

Die Autoren erinnern sich gut an die Lebensregeln der Erwachsenen:

"Wer sich nicht das Letzte abverlangt, kommt unter die Räder. Man muß ein Ziel haben, nicht rechts, nicht links sehn, den graden Weg gehn, mit Ernst bei der Arbeit sein. Wer zuviel Freizeit hat, kommt bloß auf dumme Gedanken.
Erlebt erstmal den Krieg.(...)"
D.Kempff, S.75

"Werdet erst einmal alt.(...)
Wenn du so weitermachst...Paß auf, ich warne dich.(...)
Die Aufgaben werden schwerer, so daß man sie nicht mehr mit der linken Hand lösen kann. Aber sie machen sich ihre Antworten so leicht wie immer.
Gib dir gefälligst mehr Mühe, du willst uns doch keinen Kummer machen?. Was ich da höre, gefällt mir gar nicht.
Was hast du dir dabei nur gedacht? Denk nicht, tu lieber was.(...)
Wie man in den Wald ruft, so schallt es heraus. Mit Freundlichkeit erreicht man viel mehr. Aber wenn du natürlich dermaßen mürrisch und verstockt bist, kannst du nicht erwarten...
Komisch, am meisten Freundlichkeit verlangen die, die meistens schlecht gelaunt sind."
D.Kempff, S.77

"sitz gerade beim Essen
Ellbogen vom Tisch
man spricht nicht mit vollem Mund
erst schlucken dann reden
halt die Füße still
kau nicht ewig auf dem einen Bissen herum
beeil dich
wozu ist eigentlich der Schieber da"
H.Novak, S.12

"ich hab Zeit ich kann warten bis du aufgegessen hast
hier wird nichts übriggelassen
bei mir wird aufgegessen
na los schon
kauen ja und schlucken nicht vergessen
sowas hab ich schon einmal erlebt
mit meiner Christa
die sechs Stunden an einer Pflaume herumgekaut hat
sechs geschlagene Stunden an einer Pflaume

wer bin ich denn
das passiert mir nicht nochmal
bei mir wird alles aufgegessen"
H.Novak, S.15 f.

"Wirst du ab jetzt
artig sein
fügsam sein
willig sein
gehorsam sein
dankbar sein
fleißig sein
ja ja ja ja ja
vesprichst du mir das
du Findling du
ich verspreche
artig zu sein
fügsam zu sein
willig zu sein
gehorsam zu sein
dankbar zu sein
fleißig zu sein
erstmal ins Bett mit mir
bis sie erlaubt
ihr wieder unter die Augen zu treten
ich will ab jetzt
immer gehorchen"
H.Novak, S.39

"Marie macht das Licht an in der Diele. Mutter sieht in den links und rechts mit elektrischen Kerzen beleuchteten Spiegel. Ihr Gesicht ist ganz weich. Der Mund liegt wie ein rotes Kissen zwischen den blassen Wangen. Ihre Augen sind nicht so unbeteiligt wie am Morgen, und das Licht zittert, strahlt zwischen Stirn und Kinn, je mehr sie sich spiegelt. Sie lächelt sogar. Mutter kann lächeln. Lächelt sie über den Mantel, über sich, über Marie? Einmal so lächeln können.
Marie lach nicht, man kann ja dein Zahnfleisch sehen.
Marie lach nicht so aus vollem Hals, das tut man nicht.
Marie lach nicht so laut.
Wenn Mutter lacht, hält sie die Hand vor den Mund. Immer wie eine Dame.
Eines Tages wird aus Marie, sollte der liebe Gott es wollen und Mutter noch weiter Geduld mit ihr haben, ein lächelndes, weibliches Wesen, das weiß, wie es sich benehmen muß, im stillen Kämmerlein und vor anderen Leuten. Kannst du dir im stillen Kämmerlein offen und ehrlich in die Augen schauen, ohne dich für irgendetwas schämen zu müssen, ist es geschafft, sagt Mutter. Sie sagt es oft. Frauen müssen sich ständig zusammennehmen, das kann man nicht früh genug lernen. Du kannst nicht wie ein Junge aufwachsen, dich mit anderen herumschlagen, auf die Knie fallen. Stell dir vor, du hast später so häßliche Narben auf den Knien?
Bei einem Jungen spielt das keine Rolle, ein Mädchen ist sofort schief angesehen. Außerdem wirkt sich das auf den Charakter aus. Stell dir mal eine Frau mit vernarbtem Charakter vor.(...)

Mutter sieht sich halb von hinten im Spiegel und lächelt wie Marianne Hoppe, mit der sie sich gern vergleicht. Aber niemand weiß, was sie denkt. Sie ist gehorsam, anständig, damenhaft, hört auf Großvater, seit sie von Vater geschieden ist. Sie ist ein fix und fertiger Mensch mit festen Grundsätzen und einer weißen glatten Haut, aus der Marie eines Tages, wer weiß wie geschlüpft ist, vielleicht wie aus einem Kokon. Mutter und Kind müssen sich lieben, ob es einem nun paßt oder nicht, schließlich verbindet sie das gleiche Blut. Meistens hat Mutter kein Blut in den Adern, sondern Wasser, oder nur kaltes, weil sie überhaupt nicht lieb und zärtlich ist. Sie hat gar keinen Körper aus Fleisch und Blut, nur Arme und Beine an einem Rumpf befestigt, den niemand gesehen hat. Wo hat sie ihre Brust, ihren Bauch, ihren Hintern, ihre Muschi?
Kind, darüber spricht man nicht."
K.Reschke, S.83 ff.

Auch das Thema "Ehrlichkeit" spielte eine Rolle.

"Ich habe in der Dorfschule in einem lieblichen Seitental des Gurktals folgende Verszeilen auswendiglernen müssen: 'Sei treu und wahr, laß nie die Lüge deinen Mund entweihn. Von alters her im deutschen Volke war der höchste Ruhm, getreu und wahr zu sein.' 'Leis' schleicht die Lüge sich ans Herz heran, zuerst ein Zwerg, ein Riese hintenach. Doch dein Gewissen zeigt den Feind dir an, dann wach' und kämpf'! Die Lüg' in dir, sie drohet dir Gefahr!'
Diese Zeilen und andere, die dazu gehörten, mußten die Schüler vor dem Lehrer und der Klasse unzählige Male nachsprechen. Der Lehrer war befriedigt, wenn wir das ohne längere Unterbrechungen abschnurrten.
Ihr habt, um eure Macht gegen mich zu sichern, Ehrlichkeit zum Fetisch gemacht. Eure ganze Verehrung der Ehrlichkeit war ein Schwindel zu meinem Nachteil. Ich sollte ausgehorcht werden. Ich sollte mich euch selbst ausliefern. Meine Ehrlichkeit sollte euch helfen, von mir Gehorsam zu erzwingen. Wenn euch eines meiner Probleme nicht interessierte, war euch meine Offenheit lästig, da war es euch lieber, ich hielt den Mund.(...)
Die meisten meiner Erzieher wollten von mir nur verstehen, was sie gegen mich verwenden konnten, um sich ihre Bequemlichkeit mit weniger Aufwand zu wahren. Sie gingen vor wie Räuber, die einen Kaufmann zur Ehrlichkeit ermahnen, um schneller an den Tresor zu kommen. Die Ehrlichkeit, die ihr von mir verlangtet, waren Geständnisse.
Zu einer mir nützlichen Ehrlichkeit seid ihr nicht qualifiziert gewesen. Ihr habt nicht genug über euch gewußt. Ich kannte meine Motive und meine Wünsche. Ihr eure nicht. Ihr konntet euch selbst belügen. Ich nur euch.
Zur Ehrlichkeit zwischen uns hätte gehört, daß ihr euch darüber klar werdet, warum ihr Kinder foltert. So lange ihr das nicht wißt, könnt ihr Kindern gegenüber nicht ehrlich sein."
E.A.Rauter, S.28 f.

"Du hast vorgeschlagen, nicht die eigene Meinung zu sagen, sondern den Lehrern nach dem Mund zu reden.
Das darf man ja heute so nicht sagen, du mußt das anders formulieren...
Du hast gegrinst und das Gegenteil dessen genannt, was du sonst vehement vertreten hast.

Wenn du das so schreibst, bekommst du eine gute Note, hast du gesagt.
Ich war ziemlich verunsichert und wußte nicht, was ich von dir denken sollte. In den ersten Jahren tat ich dir noch den Gefallen, in deinem Sinn zu schreiben. Später nicht mehr."
S.Gauch, S.29 f.

"Hast du von meinem guten Service einen tiefen Teller fallenlassen?
Nein.
Oder beim Abtrocknen irgendwo damit angestoßen?
Nein, wieso?
Na, der hat einen Sprung, und den hat er nicht von alleine.
Ich wars nicht.
Also das kannst du jemandem erzählen, der die Dummheit mit Löffeln gegessen hat, aber nicht mir. Da ich es nicht war, mußt du es doch gewesen sein.
Nein, bestimmt nicht.
Sag doch einmal die Wahrheit, ein einziges Mal, es passiert dir nichts. Ich will nur wissen, wie der Sprung in den guten Teller gekommen ist.
Weiß ich nicht.
Dann sage mir wenigstens, wie der Sprung anders hat reinkommen können. Ich wars nicht, du warst es nicht, Karl hat seit vier Wochen nicht abgetrocknet.
Ich weiß nicht, wie, aber ich wars nicht.
Du bleibst dabei?
Mir ist er nicht runtergefallen, ich habe ihn nicht angestoßen, ich habe den Teller nicht kaputtgemacht.
Patsch, ich kriege eine geschoben.
Ich wars nicht.
Peng, noch eine.
Ich wars nicht.
Puuuh, rechts und links, daß es mich schüttelt wie einen Affen auf dem Weihnachtsmarkt, und ich weinend ihre Finger einzeln geküßt - 'Ich wars nicht' - und ihre Handrücken mit Tränen überschüttet - 'Ich habe den Teller nicht entzweigemacht' - als hätte ich kleine Tassen im Kopf voller Wasser - 'Wirklich nicht' - und meine Augen wären die reinsten Tee-Eier.
Richtig herzerweichend, und du meinst, ich glaube dir? Nein, nicht von hier bis über die Straße glaube ich dir, und wenn du noch so heulst. So lange du leugnest, ist mit mir nicht zu reden. Und jetzt setzt du dich hin, nimmst eins der Hefte vor und schreibst eine ganze Seite runter: Ich soll nicht lügen. Immer hintereinanderweg. Ich soll nicht lügen. Wenn die Seite voll ist, werden wir weitersehen."
H.Novak, S.60 f.

Chr.Meckel beschreibt die Verwandlung des Vaters zu einem *Erzieher mit Nachholbedarf an Autorität:*

"Die Freude auf meinen Vater war grenzenlos. Erinnerung an die frühe Kinderzeit schien mein Bild von ihm vergoldet zu haben. Ich flog zu ihm in das vergoldete Bild. Nach ein paar Monaten war die Verklärung weg. Die Entzauberung war gründlich, verstörend am Anfang, dann endlos grau. Der Halbgott des Kinderglaubens war ein nervöser Mann, Erzieher mit Nachholbedarf an Autorität. Er arbeitete an der Wiederherstellung seiner Familie, das heißt: an der eigenen bestimmenden Rolle in ihr. Er kontrollierte Kleider, Fingernägel und Manieren, beaufsichtigte Schulaufgaben und nahm jeden Tintenklecks zum Anlaß für prinzipielle Verkündigungen über Arbeit, Ordnung, Anstand und Kinderpflicht. Erstmals erschien der Satz WOZU HAT MAN KINDER. Das Kind war für jede Arbeit gut und wurde zu Verrichtungen gezwungen, deren Sinn es nicht einsah.(...)
Er war nicht länger Zauberer oder Freund. Bedrückend stand er zwischen dem Kind und der Welt, ein verbissener, gequälter und quälender Vorschriftsmensch, der die Gegenwart seines Kindes mißbrauchte, um sich selber ins Recht zu setzen. Seine Liebe zu mir wurde wertlos für mich.(...)
Ich ging, als Kind, nicht mehr zu ihm hin. Keine Bitte an ihn und keine Fragen. Fehlendes beschaffte ich anderswo. Ich klaute, aber ich klaute nichts von ihm. (...)
Der Rest war Enge, Enttäuschung und Überdruß. FAMILIE wurde zur gewöhnlichen Last und mein Vater zu einem, der nicht mehr in Frage kam."
Chr.Meckel, S.110 ff.

E.A.Rauter und H.Novak berichten, wie schwer ihre Eltern damit umgehen konnten, daß sie noch ins Bett machten, wie wenig das als Signal verstanden wurde:

"Ihr habt euch in harter Heimarbeit an mir versucht. Während eurer Verrichtungen schien ich für euch ein Gummisack mit Löchern. Erziehung hieß für euch, Lecks in einem Behälter abzudichten.
Das ist wörtlich zu verstehen. Ich gehörte zu der Art von Jungen, deren Blase während des Schlafes vom Gehirn falsch gesteuert wird. Ihr schlugt euch um meine Harnröhre, als reichte der Inhalt meiner Blase, euren Keller in der Nacht unter Urin zu setzen.(...)"
E.A.Rauter, S.5

"Wenn ich die Bemühungen anderer Erzieher an mir bedenke, fällt mir auf, daß ihr in eurer urinseligen Verbohrtheit nicht allein wart. Eigentlich haben alle, die sich bis zu meiner Pubertät meine Erzieher nannten, gekämpft um die Abdämmung der Welt vor meinem Harnfluß. Es war die Angst vor meinem Blaseninhalt, die viele Erwachsene beherrschte, während die Aussichten auf Brandbomben und Granatsplitter sie nicht so nachhaltig schreckte. Ich konnte nicht verstehen, daß solche zerstörerischen Kräfte in meiner kleinen Hose stecken sollten.

In dem Erziehungsheim, in das ihr mich wegen angeblicher Schwererziehbarkeit gesteckt habt - man müßte sagen, in das ihr mich habt abführen lassen, immerhin trug der Nachtwächter eine geladene Pistole und ließ sich von einem auf den 'Mann' trainierten - auf den sechs- bis achtzehnjährigen 'Mann' - Schäferhund begleiten -, in jenem Erziehungsheim - ich nenne es lieber Kinder-KZ - hatten wir für die Entleerung der Blase bestimmte Zeiten einzuhalten, wie Autos für den Ölwechsel. Für ihre Bequemlichkeit war den Erwachsenen kein Gebot zu konstruiert, keine Willkür zu weitgehend. Das Wort "Heim" ist ein Beispiel für die Macht eurer Heuchelei über euer Bewußtsein. Den Ort, wo Menschen am wenigsten heimisch sind, nennt ihr 'Heim'.(...)"
E.A.Rauter, S.15 f.

"Es hat uns dreien geschadet, daß ihr vor dem Kind keine Achtung hattet."
E.A.Rauter, S.12

"Ich möchte, daß ihr versteht, ein Kind ist kein unfertiger Erwachsener. Es ist ein anderer Mensch."
E.A.Rauter, S.17

"Dieser infernalische Gestank wieder, ich schäme mich zu Tode. An nicht einem, an keinem einzigen Morgen steht die Göre aus dem Bett auf, ohne daß die Matratze, daß das Laken, ja sogar das Oberbett klatschnaß sind. Die kriegt ab jetzt keinen Tropfen mehr zu trinken beim Abendbrot, keinen Schluck mehr ab mittags. Und nachts werde ich sie regelmäßig zweimal wecken und auf den Topf setzen. So geht das nicht weiter. Nirgends gibt es dermaßen große Gummiunterlagen. Ich bin vollkommen ratlos und weiß auch gar nicht, wie ich das Zeug und wo trocknen soll. Auf dem Hof etwa, vor aller Nachbarn Augen?
Patsch - eine Backpfeife.
Zu faul, nachts aufzustehen, was?
Patsch - ein Katzenkopf.
Ist dir wohl zu weit zum Nachttopf?
Patsch - eine Kopfnuß.
Wenn du noch einmal das Bett naßmachst!
Pengpeng - rechts und links eine geklebt.
Alles nur aus Gemeinheit gegen mich!
Ritsch- noch ein Backenstreich.
Verschwinde in deinem Zimmer, verdammte Pißjule!
Drrrr - an den Zöpfen hin und her.
Willst mich vor allen Leuten unmöglich machen."
H.Novak, S.23

"Um diese Zeit fing ich an, wie eine Wahnsinnige meine Fingernägel abzubeißen. Weder Drohung noch Schläge, weder Blamage - "Leg mal deine Hände auf den Tisch und zeig Tante Grete, wie die Nägel aussehen" - noch Verdammungsurteile vor dem Schlafengehen hinderten mich daran, Fingernägel zu kauen.
Hatte ich sie bis auf die Kuppe runtergefressen, ging ich zu der Haut, seitlich der Nägel über. Von dort aus nahm ich mir das Nagelbett vor, bis die Nägel suppig und karminrot umrandet waren. Aber keine Sorge, Kaltesophie wußte Rat.
Tante Mieze war durch eine Bekannte auf die 'Frau von heute' abonniert, die sie sich aus Böhmen-Mähren schicken ließ, und Kaltesophie entnahm dieser Zeitschrift praktische Winke zur Herstellung von Waschlappen, so schnell wie billig.

Man schneidet aus Frotteeresten Rechtecke aus, welche die Maße 12 mal 20 cm nicht überschreiten sollen. Diese länglichen Tücher werden zu handgroßen Säckchen zusammengeklappt, die, sauber vernäht, eventuell auch mit farbigem, aber kochfestem Baumwollgarn umhäkelt werden können. Es empfiehlt sich auf jeden Fall, an einer Ecke der Öffnung einen gedrehten Aufhänger zu befestigen.
Nachdem Kaltesophie ihre alten Handtücher aussortiert hatte, verfertigte sie mehrere Paare dieser Waschlappen, sie besaß keine Nähmaschine, und steckte beim Zubettgehen meine Hände in je eins der Säckchen, die sie außenherum mit Bindfaden zuschnürte.
Das Umhäkeln und die Aufhänger hatte sie sich gespart."
H.Novak, S.46 f.

"Marie zieht die Knie an. Kinderheim, eine traurige Erfindung. Erika und Alice aus der Klasse leben im Heim. Sie erzählen schreckliche Geschichten und weinen oft in der Schule. Manchmal sieht man beim Turnen ihre blauen Flecke auf den Oberschenkeln und Rücken.
In ein Kinderheim kommen nur Waisen hin, sagt sie, außerdem sind die Betreuer sehr streng, sie schlagen bei jeder Kleinigkeit."
K.Reschke, S.70

S.Gauch hatte einen Vater, der es gut gemeint hat:

"Du hast es gut gemeint, wirklich gut, als du dir in Meisenheim ein Zimmer gemietet hast. Ich sollte nicht so alleine sein, und du wolltest dich um meine Hausaufgaben kümmern. Du hattest ja keine Praxis mehr und auch sonst warst du abkömmlich.
In der Freizeit, in der andere Kinder des Internates miteinander spielen gingen, mußte ich zu dir kommen. Du wartetest entweder am Internatseingang und wir liefen zusammen zum Rathauscafé, oder ich kam zu dir ins Zimmer. Dort lag dann je nach Jahreszeit eine Tüte mit Obst auf der Fensterbank: im Herbst Trauben, daran erinnere ich mich noch gut, weil ich mich darauf schrecklich freute, im Frühjahr waren es Erdbeeren, im Sommer Kirschen. Ich hatte immer Hunger, denn das Essen im Internat reichte nie.
Während ich das Obst aß, fragtest du mich Vokabeln ab. Da blieb mir manche Traube, Erdbeere oder Kirsche sozusagen im Halse stecken. Du kanntest alle Vokabeln, du hast keine vergessen, aber mir gingen sie nicht in den Kopf.
Die zwei Stunden Freizeit am Nachmittag verbrachte ich in deinem Zimmer beim Vokabelabhören. Dann mußte ich mich beeilen, rechtzeitig wieder im Internat zu sein, wo es zum Kaffee ein Stück Brot mit Marmelade gab. Danach begannen die Hausaufgaben. Auf dem Weg in den Speisesaal sah ich die anderen aus allen Richtungen kommen, zu zweit oder in Gruppen, lachend und fröhlich. Ich kam allein aus deinem Zimmer, in dem ich nach Vokabeln gefragt wurde, die ich alle wieder vergessen hatte. Daß ich in der Zeit lernen mußte, in der andere spielten, empfand ich als richtig. Denn dann, wenn andere über ihren Schulbüchern saßen, ihre Aufgaben machten, lernten, beugte ich den Kopf über ein Buch und träumte von der Freiheit.(...)

Du hast dich um mich gekümmert, du hast dich sehr um mich gekümmert, viel mehr als andere Väter. Vor jeder Arbeit, die wir in der Schule schrieben, standest du vor Schulbeginn oder in der großen Pause am Schultor und hast mich noch einmal die wichtigsten Vokabeln abgefragt, mir noch einmal schwierige lateinische Satzkonstruktionen eingepaukt, damit ich ja nichts vergesse. Und während der Arbeit saß ich da wie mit einem Brett vor dem Kopf.
Selbst um Deutsch, ein Fach, das ich gerne hatte und in dem ich gute Zensuren bekam, hast du dich gekümmert.
Wenn wir mehrere Stunden lang einen Aufsatz schrieben und in der Pause auf den Schulhof durften, hast du dagestanden und gewartet. Während sich die anderen etwas zu essen kauften, kam ich zu dir, mußte dir erzählen, über welches Thema ich schrieb. Du hast mir dazu aus dem Stegreif eine komplette Gliederung geliefert mit Einleitung und Schluß.
Meist war der Inhalt ganz anders als der, den ich gerne geschrieben hätte."
S.Gauch, S.28 f.

J.Hobrecht schildert ähnliche Erfahrungen:

"Mein Vater hielt mir immer wieder vor, 'wenn ich nicht so gute Beziehungen zum Direktor hätte, wärest Du längst auf der Volksschule. Wenn dein Klassenlehrer nicht so geduldig mit Dir wäre, wärest Du längst sitzengeblieben.' Immer wieder schärfen sie mir ein, ich dürfe mich nicht hängen lassen, müsse ein Ziel vor Augen haben, schließlich könne ich nicht auf den Bau gehen oder Tischler werden. (...)
Ständig setzen sie mich unter Druck, sagen mir, daß ich anders bin, andere Voraussetzungen habe, mit anderen Maßstäben gemessen werden muß. 'Du mußt einen guten Abschluß haben, wenn Du das Ziel nicht schaffst, kommst du ins Heim oder in eine Werkstatt für Behinderte'. Auch das wäre eine Form des Todes für mich.
Am Abend nach der Austeilung des Mittlere-Reife-Zeugnisses kommt der Klassenlehrer mit seiner Frau in das Haus meiner Eltern auf ein Glas Wein vorbei. 'Nun hat er es geschafft.' Dank guter Zusammenarbeit zwischen Schule und Elternhaus. Ich sitze nebenan in meinem Zimmer und lausche, wie über meine Zukunft geplaudert wird. Ich fühle mich als Marionette, die auf Kommando zu funktionieren hat, die ohne eigenen Willen verfügbar ist.
'Du mußt das Abitur machen, wenn Du schon keine Lehre als Industriekaufmann machen kannst, weil Dir Mathematik nicht liegt, dann wirst du studieren müssen,' sagen sie mir. Als könnte man sie mit nichts zufriedenstellen. Warum treiben sie mich so rücksichtslos an?(...)
Es ist wichtig, daß ich Sicherheiten habe. Einen unkündbaren Job, einen guten Verdienst, damit ich bessere Rollstühle kaufen kann als die, die die Krankenkasse nur alle zwei Jahre bezahlt, damit ich Sport machen, in Urlaub fahren und das Auto unterhalten kann.

Deswegen dieser unheimliche Leistungsdruck, unter den mich meine Eltern setzen? Oft genug habe ich das nicht mehr ausgehalten, wollte von zu Hause abhauen. 'Dann hau doch ab', sagte mein Vater, 'wenn du es wagst wiederzukommen, stecken wir dich in ein Heim.' 'Du bist undankbar', schrie mich meine Mutter an. 'Wir haben uns die ganzen Jahre um dich gesorgt und um dich gezittert, und wie dankst du uns das jetzt?' Als hätte ich keine Angst gehabt, als hätte ich nicht gezittert. Als gäbe es das nicht, Todesangst.(...)

'Wir wollen doch, daß der Junge glücklich wird', sagt die Mutter einer Bekannten am Telefon. Ich höre das Gespräch mit. Ein schwacher Trost. Das Wissen, daß da guter Wille ist."
J.Hobrecht, S.70 ff.

Die Kindheitserfahrungen des Autors haben Konsequenzen für seinen Berufswunsch:

"Ich will mit Menschen arbeiten, ein Behördenjob interessiert mich nicht. Ich will etwas Lebendiges tun, und in den Büros ist kein Leben, sage ich meiner Mutter. Ich will Menschen kennenlernen, ihnen helfen, das ist wichtig für mich. 'Mein Gott, wer hat uns denn geholfen, als Du im Krankenhaus lagst. Niemand hat uns etwas gegeben. Und nun willst Du den Samariter spielen. Du mußt an dein Fortkommen denken. Was hast du überhaupt für eine Vorstellung vom Leben. Du mußt dich durchsetzen lernen. Dir hilft doch später niemand, wenn wir mal nicht mehr sind.'"
J.Hobrecht, S.83

8.8. Die Strafe folgte auf großem Fuß

"Erstmals im Alter von vier Jahren wurde mein Glauben an den Vater verletzt.
Ich wurde zu einer Schneiderin mitgenommen. Während meine Mutter auf kleinem Podest mit Stoffen behängt, gedreht und vermessen wurde, beratschlagt wurde, endlos beratschlagt wurde, war ich mir selbst überlassen und spielte allein. Die Schneiderwerkstatt hatte dunkle Ecken, es gab dort Tische mit geöffneten Fächern, Tücher, Kreiden, Knöpfe aller Art und dicke, igelartige Stecknadelkissen. In einer Schale entdeckte ich einen Ring, es war ein Ring, sonst nichts, ein rundes Ding. Der Gegenstand gefiel mir und machte mich zum Verbrecher. Mir nichts, dir nichts: ich steckte ihn ein. Auf dem Nachhauseweg war die Neugier vorbei und ich warf den Ring in ein Bodengitter am Weg. Am gleichen Tag wurde telefoniert: ein wertvoller Ring sei verschwunden und man verdächtige das Kind. Ich wurde von meinem Vater vorgenommen und gründlich verhört. Ich hatte einen Wertgegenstand gestohlen, vor allem die Eltern in eine heikle Situation gebracht. Ich erinnerte mich, gab Auskunft und alles schien gut: der Ring wurde unter dem Gitter gefunden und von den Eltern zurückgebracht.
Die Strafe folgte auf großem Fuß. Zehn Tage lang, zu lang für jedes Gewissen, segnete mein Vater die ausgestreckten, vier Jahre alten Handflächen seines Kindes mit scharfen Stöckchen. Sieben Tatzen täglich auf jede Hand: macht hundertvierzig Tatzen und etwas mehr: es machte der Unschuld des Kindes ein Ende. Was immer im Paradies geschah, mit Adam, Eva, Lilith, Schlange und Apfel, das gerechte biblische Schlagwetter vor der Zeit, das Gebrüll des Allmächtigen und sein ausweisender Finger - ich weiß davon nichts. Es war mein Vater, der mich von dort vertrieb."
Chr.Meckel, S.58 f.

"Hinter dem Verschwender von Zuckerbroten kam ein Offizier mit der Peitsche daher. Der hielt für seine Kinder Strafen bereit. Der beherrschte so etwas wie ein System von Strafen, ein ganzes Register. Zu Anfang gab es Schelte und Wutausbruch - das war erträglich und ging wie der Donner vorbei. Dann kam das Ziehen, Drehen und Kneifen am Ohr, die Ohrfeige und der berühmte Katzenkopf. Es folgte die Verbannung aus dem Zimmer, danach das Fortgesperrtsein ins Kellerloch. Und weiter: die Kindsperson wurde ignoriert, durch strafendes Schweigen gedemütigt und beschämt. Es wurde zu Besorgungen mißbraucht, ins Bett verurteilt oder zum Kohleschleppen abkommandiert. Zum Schluß, als Mahnmal und Höhepunkt, erfolgte die Strafe, die Strafe schlechthin, die exemplarische Bestrafung. Das war die Strafe des Vaters, die ihm vorbehaltene, eisern gehandhabte Maßnahme. Im Sinn von Ordnung, Gehorsam und Menschlichkeit, damit Recht geschähe und das Recht sich dem Kinde einpräge, wurde die Prügelstrafe angesetzt. Die Sorte Offizier griff zum Tatzenstock und ging schon mal in den Keller voraus. Ihm folgte, wenig schuldbewußt, das Kind. Es hatte die Hände auszustrecken (Handflächen nach oben) oder sich über die Knie des Vaters zu beugen. Die Prügel erfolgten gnadenlos und präzis, laut oder leise gezählt, und ohne Bewährung. Die Sorte Offizier äußerte ihr Bedauern, zu dieser Maßnahme gezwungen zu sein, behauptete, darunter zu leiden, und litt darunter. Auf den Schock der Maßnahme folgte das lange Entsetzen: der Offizier verordnete Heiterkeit. Mit betonter Heiterkeit ging er voraus, gab ein gutes Beispiel in dicker Luft und war gereizt, wenn das Kind von der Heiterkeit nichts wissen wollte. An mehreren Tagen, jeweils vor dem Frühstück, wurde die Strafe im Keller wiederholt. Sie wurde zum Ritual und die Heiterkeit zur Schikane.

Für den Rest des Tages hatte die Strafe vergessen zu sein. Von Schuld und Sühne wurde nicht gesprochen und Recht und Unrecht lagen auf hoher Kante. Die Heiterkeit der Kinder blieb aus. Kalkweiß, sprachlos oder heimlich weinend, tapfer, trübe, verbissen und bitter ratlos steckten sie - nachts noch - in der Gerechtigkeit fest. Die prasselte nieder und hatte den letzten Schlag, die hatte das letzte Wort aus dem Mund des Vaters. Die Sorte Offizier strafte noch im Urlaub und war deprimiert, wenn sein Kind ihn fragte, ob er nicht wieder wegwolle in den Krieg. Kinder sind Sauigel, Ferkel und kleine Verbrecher. Sie sind dickköpfig, heimtückisch, böse und raffiniert und schlimme Steine auf dem Herzen der Eltern. Sie setzen sich mit Absicht in den Dreck, zerschlagen Töpfe, drehn unerlaubt an Radioknöpfen und ruinieren eine Autoheizung. Sie sind zuzeiten wie das Gesindel selbst, sie spielen im Reich der Erwachsenen auf eigene Gefahr. Sie waren so unbotmäßige Katerchen, daß sie aus Eignem mausen gingen - am hellen Tag. Sie konnten aus Fehlern noch lernen und mußten es tun. Die Strafe half auf den richtigen Weg.

Die Mutter warf, verzweifelt und spontan, eine Schüssel voll Erbsen auf den Boden und rief: Auflesen! Das war die freundliche Bestrafung der Mutter."

Chr.Meckel, S.55 ff.

..."Ich geh nicht mehr nach Haus. Ich bin ein Kind, das will jetzt seine Ruhe, ich baue mir ein Haus aus Ästen, aus Moos und Laub, ich nähre mich von Beeren und von Pilzen, bewaffne mich mit einem Stock und hocke wachsam vor dem Eingang, und wenn es Abend wird, dann fange ich zu zittern an, das macht nicht nur die Kälte, die Lippen zugepreßt, ich werde es euch zeigen. Die Nacht im Hocken zugebracht, an nichts gedacht, und nur gehorcht, erst gegen morgen eingeschlafen, müde aufgewacht, ich möchte heim und höre Schreie schon von weitem, und Hände packen meinen Kinderleib und schütteln ihn, bist du verrückt, und einmal kräftig zugeschlagen, wofür? Ich werde eingesperrt, das ist mir recht, im Keller, das Klo ist auch zur Wahl gestanden (...)."
U.Adam, S.99

"Marie sagt zu Hause: Kino. Sie könnte täglich ins Kino mit ihm gehen, sich ferne Bilder einverleiben, darin herumspazieren; klar, daß sie Filmstar werden will. Prinzessin, Aschenbrödel, Bauerntochter, Nymphe, im Kino sterben und wieder auferstehen. Und diese unbekannten Landschaften flimmern ihr vor Augen. (...)
Kino, Mutter könnte aus der Haut fahren, daß sie ständig davon redet, offenbar nichts anderes mehr im Kopf hat, als ins Kino zu rennen.
Es hagelt Ohrfeigen, Prügel, Stubenarrest diesmal. Außerdem ist ein blauer Brief gekommen in aller Stille. Großmutter wirft die Küchentür zu, Großvater straft durch Schweigen, Anton verkriecht sich im kleinen Zimmer und der Heimkehrer hebt bedrohlich den Zeigefinger. Aber Mutter pocht auf ihre Gewalt, sie nimmt den Bügel vom Schrank.
Marie rennt um den Tisch, brüllt, heult, wimmert. Mutter schlägt, wohin sie gerade trifft. Sie fletscht die Zähne als müßte sie in Maries Körper und Kopf eindringen mit aller Macht. Dir werde ich die Flötentöne schon beibringen. Rumtreiben mit diesem Hallodri, ins Kino gehen, das Wichtigste vernachlässigen, schlechte Noten nach Hause bringen, was bildest du dir eigentlich ein? Wie oft soll ich dir sagen, daß du für die Schule zu arbeiten hast, und zwar gründlich, wie oft soll ich dir noch sagen, daß du deine Pflichten erfüllen mußt und erst dann Freizeit hast. Wenn ich dich noch mal erwische, noch ein einziges Mal, dann ist Schluß. Dein Vater, wenn er das von dir wüßte, würde dich totschlagen.
Der Bügel geht in Stücke.
Marie hockt unterm Tisch und kommt nicht mehr hervor, eine ganz klein gewordene Marie."
K.Reschke, S.133 ff.

"Kaltesophie neigt den Kopf und sagt, den Mund voller Torte: Gut, du darfst aufstehen.
In meiner Erinnerung, und die trügt wahrscheinlich, standen mindestens hundert Tische im Gartenlokal. Alle Sommergäste bei Kaffee und Kuchen unter Linden oder Kastanien oder Ahornbäumen, in blitzsauberen Kleidern, einander in Fröhlichkeit, die von Tisch zu Tisch sprang, überbietend, und die und wir Schnurrbärte aus Sahne und braungebrannt.
Darf ich aufstehen?
Kannst du keinen Moment still bei uns sitzenbleiben?
Laß sie gehen, sie ist ja fertig.
Na, meinetwegen. Aber nicht auf die Straße! Nicht das Grundstück verlassen!

Aus Silberpapieren von Zigarettenschachteln und Schokoladentafeln hatten wir uns, Dorfkinder und Sommerkinder, einen kleinen Ball geformt. Damit spielten wir Fußball auf der Dorfstraße, unter der ein Bach verlief: egal, wo man die Straße überquerte, man ging über den Bach. Der rauschte und lag ziemlich tief. Nicht weit vom Gartenlokal war ein gemauerter Zugang zum Wasser, das über eine Steintreppe erreichbar war. In dieser tosenden Höhle hatte ich die Waschfrauen verschwinden sehen und sie nicht beneidet um ihren Untergang.
Wer den Ball hatte, versuchte ihn dorthin zu stoßen, wo er selber als Nächster wieder herankam. Als ich am Ball war, stieß ich ihn vorsichtig, aber doch ganz nahe an den Rand der brodelnden Tiefe. Kein anderer sollte sich zwischen mich und den Ball schieben können. Irrtum: der Junge aus der Urlauberfamilie im Haus neben uns rempelte mich hart an und stieß mich mitsamt dem Ball in die Tiefe. Heulend und patschnaß fand ich mich zwischen Steinbrocken im Wasser und kroch zerschlagen die Treppe zur Straße hinauf.
Da stand auch schon Kaltesophie, das Wasser übertönend mit Gebrüll. Sie hob mein triefendes Kleid hoch, zog mir die Hose herunter und schlug und schlug.
Inzwischen waren alle Gäste aus dem Gartenlokal herbeigestürzt, ebenso die Dorfbewohner. Umkreist von Kindern und Leuten verdrosch sie mich nach Strich und Faden mitten auf der Straße."
H.Novak, S.16

"Eines Tages empfing mich Kaltesophie nach der Schule mit zwei frischen, grünen Weidenruten in der Hand.
Wann, wann, frage ich, hast du mein Kleid versaut?
Und die guten Schuhe voller Modderpampe, und die Riemchen eingerissen? Wann?
Und bei jedem Wann zischten mir die Ruten um die Beine.
Wann?
Als - du - in - Berlin - warst.
Als ich in Berlin war? Da hast du mit deinen Dreckfingern meine Sachen durchwühlt?
Ich - habe - ja - bloß - die - Rosinen.
Ach, an den Rosinen bist du auch gewesen? Genascht hast du? Die letzten Vorräte weggefressen?
Nicht - ganz.
Keine Zeit mehr, was? Das Kleid verhunzen war dir wichtiger, was? Mein Theaterkleid durch die Pfützen zu schleifen, darauf kam es dir an, was? Dafür hast du lieber ein paar Rosinen übriggelassen, oder?
Sie hatte mich längst an die Stubenwand getrieben. Dort klebte ich fest und roch Kalk, und bei jedem Was zog sie mir die Ruten über. Die pfiffen, legten sich um meine Beine und rissen die Waden, die Kniekehlen, die Schenkel auf.
Hergucken, sage ich! Hängt hier nicht das Futter raus, wie? Ist nicht der halbe Rock mit Erde verkrustet, wie? Ist der Saum nicht ab und zerfasert und zerfetzt, wie? Hast die Schärpe verknotet und nicht mehr aufgekriegt, wie?
Bei irgendeinem Wie entfernte sich die Wand und legte sich mir zu Füßen. Ich knickte langsam ein und fiel hin."
H.Novak, S.119 f.

"Nimm dich in acht, eh dus gedacht, holt dich die Mutter heim in die Nacht.
Schlaf gut. Träum schön. Und daß du ja liegenbleibst, hörst du!

Aber ich brauch doch...Da ist sie schon raus. Wie der Wind. Ich brauch doch noch meinen Affen. Ohne den Affen kann ich nicht schlafen. Muß man schnell aufstehn. Zur Kommode gehn. Schublade auf. Schublade zu. Nee, hat nich geklappt. Mich erwischen sie immer.
Ichhabdirdochgesagt, was fällt dir denn ein, du bist wohl verrückt geworden. Wer nicht hören will, muß fühlen...
Sie rennt heraus, sie rennt herein. In der Hand hat sie eine Schachtel. Mit vielen bunten Bändern. Und im Kopf ein fremdes Gesicht.
Fremdeleute haben mir nichts zu sagen. Aber zu Fremdenleuten mit Fremdenstimmen muß man höflich sein.
Was machst du denn da?
Wirst du gleich sehn. Das sagt sie gar nicht schön.
Sie knotet die Bänder auf. Ein blaues, ein grünes, ein rotes. Und Hanf. Oder so ähnlich.
Sie sieht mich nicht. Sie hört mich nicht. Dreiäuglein wachst du, Zweiäuglein schläfst du?
Dann bindet sie mich mit den Bändern am Bett fest. Zwei an meinen Händen, zwei an meinen Füßen. Und Hanf. Damit es auch hält. Da sind alle Bänder wieder verknotet.
Fremde Menschen reden nicht miteinander, fremde Menschen schauen an uns vorbei.
Beim Rausgehn sagt sie, du hast mich sehr traurig gemacht. Das klingt, als wäre ich gar nicht gemeint.
Am nächsten Tag waren die Fesseln verschwunden.
Ein Traum? Müßte man fragen. Besser nicht.Vielleicht wars doch wahr."
D.Kempff, S.22 f.

E.A.Rauter versteht erst als Erwachsener richtig, was die Erziehung mit Gewalt angerichtet hat:

"Genie ist, den Druck der Umwelt zum Gehorsam mit unbeschädigtem Bewußtsein bis ins Erwachsenenalter überstanden zu haben.
Der Erziehungsterror in jeder Küche Europas zwingt Menschen, ihre Fähigkeiten mit ins Grab zu nehmen.
Der Schaden, der den Menschen durch die Auswirkungen des Gehorsams auf den Umgang miteinander entsteht, ist unkalkulierbar."
E.A.Rauter, S.27

"Eure Erziehung durch Gewalt hat mich mit Gewalt vertraut werden lassen. Für mich besteht kein Unterschied darin, ob man mir etwas mit Gewaltandrohung abverlangt - oder abverlangt hat, in welchem Alter auch immer - oder ob ich andere durch Gewalt zwinge, zu tun, was ich will. Wenn meine Gewalt ein Verbrechen ist, ist eure Gewalt ein Verbrechen. Das eine entsteht aus dem anderen. (...)
Gewiß, das ist nicht die Methode, die ihr mich in Worten gelehrt habt. Euer Unterricht war kein Sprechunterricht, Wörter spielten keine Rolle. Es war ein Vorzeigeunterricht, Taubstummen-Pädagogik: Du nicht machen - klatsch-klatsch, du machen - klatsch-klatsch.
Die Worte waren meist schön, sie lauteten: Ich werde dir helfen."
E.A.Rauter, S.85 f.

"Ich weiß eigentlich sehr wenig über sie. Vielleicht ist es einfach eine Tatsache, daß Mütter meistens über ihre Kinder reden.
Was ich weiß, weiß ich aus Beobachtungen.
Sie ist so erzogen, wie sie mich versucht, zu erziehen:
Als Geschäftsfrau muß sie darauf achten, daß die Form gewahrt bleibt. 'Der Jüngere grüßt zuerst', sagte sie. Als ich es vergaß, bekam ich eine Ohrfeige. 'Sag nicht Bonschen, sag Bonbon, sprich richtiges Deutsch, schließlich haben Deine Eltern Bildung'. Als ich die Kartoffel mit dem Messer schneiden wollte, riß sie mir den Teller weg. Zu einer guten Kundin der Bäckerei, deren Mann Arzt war, sagte sie Frau Doktor. Als ich es nicht tat, bekam ich Fernsehverbot. Bis sie die Bäckerei aufgaben, nahm sie oft nervenstärkende Medikamente und Eisenpräparate.
Es kam vor, daß sie wegen einer Nichtigkeit über mich herfiel und mich schlug. Nur, weil ich etwas Milch verschüttet hatte."
J.Hobrecht, S.75 f.

H.Novak beschreibt, wie das kleine Mädchen fast zwanghaft überall seinen Namen einritzt, um die Umwelt und vielleicht auch sich selbst von ihrem Vorhandensein zu überzeugen:

"Ich habe eine Sicherheitsnadel aufgebogen.
Ich schreibe überall meinen Namen hin.
Ich ritze ihn mit der Nadel in Tische, Stühle, Fensterbretter ein.(...)
Mittlerweile hatte ich mehrere Sicherheitsnadeln erobert und sie gerade gebogen. Bei denen, die ich schon länger benutzte, krümmte sich durch starkes Aufdrücken die Spitze, wodurch vorne ein zierliches Häkchen entstand. Mit diesem Häkchen ließen sich Beize und Lack leichter durchdringen und ich kam besser an die äußeren Holzfasern."
H.Novak, S.25 ff.

Die Erwachsenen, besonders die Mutter und die Kindergärtnerin, sehen nur die destruktive Seite der Zeichen des Kindes. Indem sie sie ausschließlich als mutwillige Sachbeschädigung interpretieren, überhören sie die Hilferufe des Mädchens und bestrafen es noch zusätzlich:

"Alles umsonst, das mühsame Sparen, die Anschaffungen, alles hinüber. Kein Fensterbrett mehr, kein Küchenmöbel, kaum drehe ich mich um, ist es passiert, nichtmal die Kredenz im Wohnzimmer hat sie verschont. Wir sind ruiniert. An Einladungen, an Besuch ist nicht mehr zu denken. Unmöglich, noch jemanden in die Wohnung zu bitten. Selbst auf der Tischplatte prankt ihr Name, eingeritzt mit irgendetwas Spitzem, Nadeln oder gar Nägel, prankt ihr Name. Ihr eigenes Zimmer sieht aus wie ein Reibeisen. Unangetastet ist bis jetzt nur unser Schlafzimmer geblieben. Wer kann mir die Frage beantworten, warum dieses Luder überallhin ihren Namen schreibt? Was heißt schreibt? Einritzt, einkratzt. Das ist nicht normal, behaupte ich, das ist reine Zerstörungswut und Gemeinheit. Ich mache da nicht mehr mit, diesmal kommt mir das Biest nicht ungeschoren davon. Wir sind ruiniert, und das soll sie mir büßen. Ich will sie nicht mehr haben, ich verzichte. Soll dahin gehen, wo sie hergekommen ist. (...)

Sie schreibt irgendwas. Sie faltet den Bogen Papier zusammen. Sie steckt ihn in einen Umschlag. Sie sagt: Zieh dich an! Sie beleckt die Gummierung der Klappe. Sie sagt: Mantel und Mütze! Sie zwängt mir den Brief in die Manteltasche. Sie sagt: Hast du die Handschuhe schon wieder verloren? Ist jetzt auch egal. Sie sagt: Mein Maß ist gestrichen voll, ich will dich nicht mehr sehen, geh dahin zurück, wo du hergekommen bist. Sie sagt: Wo der Bahnhof ist, weißt du ja. Sie sagt: In Köpenick steigst du aus und gehst zu Concordia, die Adresse steht drauf. Sie sagt: Der gibst du den Brief. Nun geh schon, geh! Ich stehe da mit gespreizten Armen. Sie steckt mir Fahrgeld in die andere Manteltasche.
Sie sagt: Nun geh!
Ich sage: Wohin?
Sie sagt: Habe ich dir doch eben erklärt, zum Bahnhof!
Ich sage: Und dann?
Sie sagt: Da siehst du es, dich hat der Esel im Galopp verloren.
Sie schiebt mich zur Wohnungstür hinaus, und ich trete flennend den Weg zum Bahnhof an. Am Marktplatz vorbei, die Wilhelmstraße hinunter, und nichts in Sicht vor lauter Heulerei. Ich bin fast auf der Höhe von Eberts Tischlerei, da werde ich am Ärmel zurückgezogen.
Sie sagt: Willst du wieder mit nach Hause kommen?
Ich sage: Ja, ja.
Sie sagt: Wirst du ab jetzt immer artig sein?
Ich sage: Ja, ja, immer artig sein.
Sie sagt: Vergiß es ja nicht, sonst schicke ich dich wirklich weg."
H.Novak, S.35 f.

8.9. Da ist das Gefühl, daß es mich gar nicht gibt

Kontrolliert, gedemütigt, geschlagen, totgeschwiegen. In der Interaktion mit den Erwachsenen haben die Kinder eine Abwertung ihrer Gefühle und ihrer Person erlebt, bis sie sich selbst nicht mehr fühlen konnten.

"Da ist wieder das Gefühl, daß es mich gar nicht gibt. Ich existiere nicht, ich bin überhaupt nicht da, bin nicht wirklich am Leben, nicht jetzt. Ich bin meine eigene Erfindung, eine, die herumläuft, eine, die sich verkriecht, ich bin vollkommen außer mir, außerhalb meines Körpers, meines Kopfes. Ich bin eine, von der ich mir vorstelle, wie sie herumläuft, wie sie sich verkriecht, ich denke, was denkt sie sich dabei, ich beobachte, wie sie etwas beobachtet, ich beobachte mich, wie ich etwas beobachte, wobei ich mich selber beobachte. Nein, das bin ich nicht, ich bin aber auch niemand anderer."
H.Novak, S.252

Bei D.Kempff findet sich eine ähnliche Aussage:

"Ich fühl mich von mir selber getrennt. Als wär ich zwei. Mindestens zwei. Ich beobachte, wie ich gehe, spreche, was ich tu und nicht tu. Dabei bin ich ganz unbeteiligt an der Person, die ich sein soll. Total wurscht ist die mir. Und die das alles beobachtet, der ists erst recht wurscht.
Irgendwas zerrt an mir. Kleine schwarze Tiere, die mich von innen her anfressen. Aber dann ists schon nicht mehr so schlimm. Solange ich Angst habe, bin ich noch da.
Manchmal bin ich nicht mehr da. Ich schmelze zu einem Punkt, der verschwindet langsam in einer schwarzen Leere.
Angst, das könnte mal nicht mehr aufhören. Aufgesogen von der Schwärze. Angst.
Ich sind so viele. Die zerren an mir. Jeder woandershin. Ich weiß nicht mehr, wer ich bin. Dann sage ich mir meinen Namen vor. Aber der sagt mir nichts.
Irgendwann hört das auf. Dann renne ich richtig glücklich herum und finde die blödesten Sachen schön. Bloß weil das vorbei ist."
D.Kempff, S.82

"Wenn Trostlosigkeit sie aufzulösen drohte, schon sehr früh in ihrem Leben, formte die Leere sich zu einem tickenden Pulsen, das in das Ohr, in den Kopf drang. Sie saß auf der Bettkante in der getäfelten Schlafstube, dem umgestülpten Uhrgehäuse der umgestülpten Zeit. Mit einem Schritt über die Schwelle konnte sie heraustreten in das Nicht-Begrenzte.
Doch sie mußte der Verlockung widerstehen, denn sie ahnte, daß eine Rückkehr vielleicht nicht mehr möglich gewesen wäre."
M.Palfrader, S.35

"Oft überfällt mich eine solche Niedergeschlagenheit, daß ich kaum aufstehen kann und das Haus nicht verlasse. Ich fühle mich verletzt, durchlöchert, zerschlagen und denke immerfort im Kreis herum. Vielleicht wird alles so bleiben, wie es gerade ist, und nie werde ich etwas an meinem Zustand ändern, nie mich in andere Verhältnisse begeben können. Ich haue mir den Kopf ein an etwas, das ich nicht erkenne. Trotzdem ist es härter, kantiger, stabiler als unsere Kirchhofmauer. Nur wenn ich schlafe, hört der Schmerz auf, versiegen die Kränkungen, vergesse ich die Unzufriedenheit, aus lauter Ohnmacht reißen die brennenden Bilder ab."
H.Novak, S.263

"Ich will kein Kind mehr sein. (...)
Ichweißnich. Ichweißnichmehrweiter.
Aber sterben tu ich nicht. Das ist nicht so einfach. An Störungen stirbt man nicht.
Aber schön wärs. Wenn sie dann traurig wärn, daß ich tot bin."
D.Kempff, S.51

Weil das Kindsein als Last empfunden wurde, brachte sie sich in Träume, in denen sie größer ist als die Schwierigkeiten:

"Träume. (...)
Ich stehe vor einer hohen Mauer. Sie ist von oben bis unten beschrieben. Ich weiß, es ist nur ein einziger Satz. Wenn ich ihn lese, werde ich alles wissen. Aber die Mauer ist viel zu hoch.
Ich wachse, bis ich so hoch bin wie die Mauer. Und ich lese den Satz.
Alles wird klar. Es kann mir nichts mehr geschehn. Wenn ich ihn nicht vergesse.
Irgendwann muß mir der Satz wieder einfallen."
D.Kempff, S.79

Als ihr Freund Stefan sich das Leben nimmt, spürt sie wie sehr der Selbstmord ihre eigene Möglichkeit ist:

"Da kommt er die Straße rauf. Mit hochgezogenen Schultern. Stefan. Ich erschrecke. Weil er es nicht sein kann. Nicht mehr. Er ist tot. Erhängt. Im Keller zuhaus. Als niemand da war. Als wieder mal niemand da war. Die Nacht hat ihn umgebracht. Aber es war Tag.
Ein schöner Tag. Ferien, Sonne, Föhn.
Ein Wiesntag. Ein blauer Tag.
Es schwankt der Himmel unter mir. Es ist nur die Erde.
Das Schöne am Karusell ist, man spürt sich nicht mehr.
Ich hänge an einem Seil.
Mit herausgestreckter Zunge. Blau."
D.Kempff, S.91

"Ich stellte mir vor, wie du reagieren würdest, wenn ich tot wäre. Wenn ich mich aufgehängt hätte und du meine Leiche sähest. Das schaff ich nie, das lern ich nie, dachte ich."
S.Gauch, S.30

"Marie kriegt die Zähne nicht auseinander. Marie will nicht essen, nicht kauen, klebt die Zunge an den Gaumen, kennt keinen Hunger, weigert sich, das ihr zugeteilte Brot in die Hand zu nehmen, eine richtige Scheibe Brot.

Andere Kinder beißen in den ganzen Leib und du stellst dich so an! Marie nickt. Sie verabscheut die Kaugeräusche der Essenden, preßt die Lippen aufeinander, hat was gegen Nahrung, gegen Aufpäppeln, groß und stark werden mit Brot und Margarine.
Marie friß, sagt Mutter.
Marie frißt nicht.
Ihr Mund ist knochentrocken. (...)
So ein großes Mädchen und nicht mal selber essen kann sie, heiliger Strohsack, friß!
Marie nickt unter Tränen, beißt sich in die Hand. Marie kennt kein Essen. (...) Marie wird sterben, wenn sie nicht ißt. Dies ist ihre Krankheit, die keiner kennt. (...)
Marie will nicht. (...)
Marie wird eingehen.(...)
Demnächst wird sie ihre Zähne ausspucken, und dann die Knochen, am Ende sich die Haut abziehen und die Haare einzeln vom Kopf pflücken."
K.Reschke, S.15 f.

"Essen Marie.
Fressen Marie.
Aufessen Marie.
Runterschlucken Kind!
Jedes Mal muß sie den Brechreiz unterdrücken und tief Luft holen. Die Limonade schmeckt wie Hosengummi.
Vielleicht mag ich nicht leben, Frau Doktor."
K.Reschke, S.71

"Seit meiner frühesten Kindheit haben sie mir den Tod eingeimpft."
P.Kersten, S.87

"Weil ihr immer wissen wollt, wie es in meinem Kopf aussieht und ich es auch wissen möchte, aber schon weiß, wieviel Schlechtigkeit in meinem Kopf ist, möchte ich lieber sterben, weil Ihr mich sowieso nicht haben wollt und keiner mich haben will, weil ich böse bin und hinterlistig und undankbar und besessen und verrückt, rein wahnsinnig und ins Irrenhaus gehöre, weil mit mir nichts anzufangen ist und nicht zu reden, weder im Guten noch im Bösen, will ich tot sein. Ich weiß ja, daß Eure Geduld mit mir zu Ende ist, und meine mit mir selber auch, weil ich nämlich nicht und nie mache, was Ihr sagt, weil ich nämlich schlecht bin und mir immer wieder was Schlechtes ausdenke, um Euch zu quälen, und weil ich mich selber quäle, will ich lieber tot sein, weil ich mich nicht ändern kann und nicht gehorchen kann, obwohl Ihr mich aufgenommen und genährt und gekleidet und mir laufen beigebracht habt, weil ich im Heim nämlich elend zugrunde gegangen wäre, weil meine Mutter mich beizeiten weggegeben hat, weil sie schon ahnte, daß ich schlecht bin und ein Teufelsbraten, deshalb will ich nicht mehr leben und lieber tot sein für immer. Weil ich nicht dankbar sein kann und nicht gehorche und nicht gut bin und nie was aus mir wird, will ich nicht mehr leben, weil mich sowieso niemand leiden kann, weil ich so schlecht bin und böse und häßlich und hinterlistig, weil ich selber wissen möchte, wie es in meinem Kopf aussieht, will ich ins Wasser gehen, weil ich sogar zu feige bin, schwimmen zu lernen. Wenn Ihr mich findet, könnt Ihr ja vom Arzt meinen Kopf aufmachen lassen, dann seht Ihr mal, wie es da drin aussieht, schade, daß ich es nicht selber sehen kann, weil ich dann schon tot bin und weg und überhaupt niemanden mehr ansehen muß und mich auch keiner mehr."

H.Novak, S.281 f.

8.10. Es gibt viele Engel auf Erden

Das Elternhaus hat nicht in dem Maße die Erfahrung der Wertschätzung, Anerkennung und Geborgenheit vermitteln können, wie die Autoren das als Kinder gewünscht und gebraucht hätten. Aber es tauchten außerhalb des Elternhauses andere Menschen auf, Tanten und Onkel, Großeltern, Lehrer, Freunde, aber auch Fremde oder ganz einfach Situationen voller Wärme, die *die Welt der Kinder zusammenhielten.*
Sie begrenzten zugleich die Allmacht der Eltern, die nun nicht mehr ausschließlich den Wert des Kindes bestimmen konnten. Diese frühen Erfahrungen ermöglichten den Kindern und später den Erwachsenen auch den hilfreichen Abschied vom Elternhaus.

"Ich möchte noch etwas einflechten, bevor ich weiter rede. Ich erinnere mich an ein Erlebnis, das war für mich das vollkommene Glück. Es muß gewesen sein, als ich drei Jahre alt war. Ich lag in meinem Kinderbett, zum Einschlafen hergerichtet. Links von mir erhob sich die dunkle Schmalwand eines Schrankes. Hinter dem Schrank saß eine junge Frau und strickte. Ich sah sie in einem Spiegel, der an der mir gegenüberliegenden Wand hing. Aus dem Spiegel kam alles, was ich war. Sie gab mir von ihren Blicken, soviel ich trinken wollte. Ich empfand unendliche Süßigkeit, sie zu betrachten. Sie lächelte, immer, wenn sie meinen Blick erwiderte. Sie war so schön, daß ich glaubte, sie liebe mich. Heute weiß ich es genau, das waren die glücklichsten Momente meiner ersten siebzehn Lebensjahre. So etwas hätte ich öfter gebraucht."
E.A.Rauter, S.104 f.

"Und die Wärme des Hauses, in dem wir ein Zimmer haben
und die Wärme der Heuschober, wo ich meine Arme reinstecke
und die Wärme des Kuhstalls, wo ich mich verkrieche
und die Wärme in den Milcheimern, wo heimlich meine Hände untertauchen
und die Wärme der Wasserlachen, wo ich bei Ebbe drinsitze
und die Wärme der Modderpampe am Strand
und die Wärme, wie Concordia ankommt, extra von Berlin uns besuchen kommt und mich hochnimmt und mich auf den Brunnenrand setzt
die große Concordia ist da
Concordia, alt, riesengroß, dünn, grauhaarig, in einem langen geblümten Kleid
Concordia in Knopfstiefeln
und die Wärme, wenn sie mich ins Bett bringt und vorsingt
Maikäfer flieg
dein Vater ist im Krieg
deine Mutter ist in Pommernland
Pommernland ist abgebrannt
Maikäfer flieg."
H.Novak, S.8 f.

"Endlich wieder bei Concordia. Sie umarmt mich und setzt mir Malzkaffee in einer bemalten Tasse vor. Bei ihr kann ich mich wärmen und ausruhen. Concordia hantiert in der Küche, tappt von dort in den Garten, kehrt mit einer Schürze voll Pflaumen zurück und rührt einen Brei aus Obst und Weißkäse an. Sie fährt sich mit dem Handrücken über die Stirn, dann bindet sie sich die Schürze ab und kramt das Schachspiel hervor, nachdem sie sich die Hände an der Schürze abgewischt hat."
H.Novak, S.19

K.Reschke über die Trümmerfrauen:

"Die Frauen haben alle Hände voll zu tun. Sie planen, sie ordnen, sie bestellen, sie befehlen. Ordnung ist das halbe Leben. Dazu gehören wieder instandgesetzte Häuser, Straßen, Fabriken, Wohnungen, Kirchen, Gärten, Schulen, Krankenhäuser, Parks. Ordnung, daß sich alles wieder fein säuberlich voneinander unterscheidet und das Leben seinen gewohnten Gang nehmen kann. Die Frauen tragen seelenruhig die zerstörten Mauern ab, transportieren Steine, Kalk, Holz und Eisen auf Karren, Handwagen oder von Hand zu Hand. Sie legen Schuttplätze an und organisieren zusätzlich ihr kleines Reich für die Kinder und Alten, sie sind emsig auf den Beinen und Armen, ihre Rücken sind so krumm. Sie würden am liebsten Ordnung zaubern, um sich wieder wohlzufühlen. Es geht ihnen alles zu langsam, und es gibt zu wenig, um Ordnung halten zu können. Für alles wollen sie in Zukunft sorgen. Sie schauen in den Himmel, als erwarteten sie Wunder. Ihre Augen wandern um sie herum, ihre Hände wandern mit, geben keine Ruhe, bis die explodierten Weltteile aus der Welt geschafft sind, Kinder ab und zu eine warme Mahlzeit bekommen, die Höhlen oder Notbehausungen gereinigt sind, vier alte Tücher aus Großmutters Zeiten ein Kleid und viele guten Reden einen Sinn ergeben. Der Tag hat vierundzwanzig Stunden. Vierundzwanzig Stunden am Tag halten die Frauen Maries Welt zusammen, daß sie ja nicht wieder platzt. Es gibt viele Engel auf Erden, wer das Gegenteil behauptet, hat die Frauen nicht gesehen, wie sie fliegen können."
K.Reschke, S.11

"Es war einmal eine alte Frau, die wohnte in einem Altenschloß und hatte zwölf Zimmer für sich allein. Sie war eine Oma und konnte zaubern. Ihre Haare warn aus Kupfer und ihre Augen aus Grünglas, mit denen konnt sie alles sehn, in jedes Gemach und bis ins Geheim. Manchmal fuhr sie in eine Stadt. Da stieg sie in einem Schwarzmantel in ein Schwarzauto. Drinnen saß Herr Friedlich mit einer Schwarzenmütze auf. Und alle sagten, ah, gottseidank ist die endlich weg. (...)
Aber mir tut sie nix. Manchmal beschützt sie mich. Sonntags. Da kommt sie zum Essen rüber. Und alle sagen, daßdudich auchja anständigbenimmst. Keinmucks, verstehst du?
Liebes Kind, ich wünsche das Wort an dich zu richten, hat sie gesagt. Das Liebekind bin ich. Ein Haufen Sachen hat sie mich gefragt. Alle ham Keinmucks gesagt, bloß Oma und ich. Aber meine Schwester, die Zischerin: Haltdochgefälligst diefüßestill. Oma: Nun, was flüsterst du denn mit dem Kinde? Sprich laut, damit wir vernehmen, was dich so sehr beschäftigt, daß du ungefragt deine Stimme erhebst.
Hach, da hat sie gestottert. Weil sie so Angst hat vor Oma. Erst wollte sie sagen, sie hätte nix gesagt, aber Oma hat sie gansböse angekuckt und sich ihre drei Kinne gestreichelt, ziemlich nervös, weil sie ihr Wort noch nicht zuende gerichtet hatte.
Da hat sies dann wiederholt. Und Oma hat zu mir gesagt mit ihrer Tiefenstimme, mein liebes Kind, bewege dich nur frei unterm Tische."
D.Kempff, S.13

K.Reschke über eine Ärztin:

"Käthe Veilchen hat auf dem Dach über ihrer Wohnungspraxis eine Birke in einen Eimer gepflanzt, zwei alte Korbstühle rausgestellt, einen Tisch, und schon befindet man sich in einem Garten über der Straße, mit Blick über viele zerschossene Dächer; ein Wunder, daß es so was gibt, Wärme, ein Glas Limonade und Behandeltwerden wie eine Erwachsene.
Wenn Marie sich reckt, ist sie bereits einmeterfünfzig lang. Hungermarie, sagt Käthe Veilchen, du solltest den Sommer über aufs Land in die Felder."
K.Reschke, S.69

J.Hobrecht über seinen Großvater:

"Ich mochte ihn, diesen Großvater. Vielleicht, weil er sich um mich gekümmert hatte, als sich in der Bäckerei niemand für mich interessierte. Ich fuhr oft hinüber mit dem Fahrrad in das Haus der Großeltern, saß auf dem Balkon, redete mit dem Großvater, oder trieb mich im Haus herum. Manchmal kam mein Cousin. Wir guckten über den Zaun dem Betrieb der Teppichfabrik zu, und wir phantasierten, die Fabrik gehöre uns und dem Großvater.
Die Rohheit meines Vaters erschreckte mich oft. Der Großvater war anders, vielleicht merkte er, daß man ihn nicht mehr gebrauchen konnte in der Bäckerei. Oft packte er mich in sein Auto. Wir fuhren einen Nachmittag lang durch die Landschaft, kehrten irgendwo ein und aßen Kuchen. Mein Vater hat nie so etwas mit mir gemacht. Vielleicht dachte der Großvater auch nur, 'irgendwer muß sich ja um den Jungen kümmern'."
J.Hobrecht, S.91

Der Engel konnte auch ein Freund oder eine Freundin sein:

"Marie dreht Stocklocken in Biggis Haare.
Kannst du schweigen wie ein Grab?
Jetzt wirst du aber feierlich.
Die Sache ist ernst.
Nach der Schule.
Ja.
Sie gehen Arm in Arm in die Klasse.
Weißt du noch früher?
Marie lacht. Gewiß, sie hat es nicht vergessen, die Spuren, die Steine, Schulwege, auf denen sie vom Bauschutt eingehüllt wurden, dieser schützende Nebel ihrer Geheimnisse, wie sie sich festgehalten haben, auch weil es niemand sehen konnte, so eine heimliche Wärme von Arm zu Arm, und ihre Gesichter an den Nasen zusammengewachsen. So küssen sich die Chinesen. Ja, ich weiß. Marie drückt sie leicht, die Zeiten sind noch nicht vorbei, aus und vergessen."
K.Reschke, S.104 f.

"Danuta sagt: Wenn wir schlachten, bring ich euch mal richtige Blutwurst. Auf dem Rückweg finden wir noch Pfifferlinge und kommen nach Hause, die Taschen voll zerquetschter Pilze. Danuta rennt mit mir den Hügel runter von der Post bis vor Seemanns Haus, ich komme außer Atem, sie hält mich fest und rennt mit mir. Ich bin ganz verrückt nach ihren Händen, sie soll dauernd mit mir irgendwohin rennen."
H.Novak, S.107

"Wir gehn uns eigentlich nie auf die Nerven. Stefan und ich. Wir verstehn uns eben, obwohl wir uns gar nicht verstehn. In vieler Hinsicht.

Das Schöne ist, daß du anders bist.
Gut, daß du das gut findest.
Den Bruder, den ich mir immer gewünscht habe.
Wenn das kein Glück ist. (...)
Wie gehts deiner Mutter?
Du weißt ja, das Hüftleiden.
Hast du wieder gekocht?
Klar.
Und deine Leute?
Och, immer unterwegs, oder gerade angekommen, oder kurz vor der Abreise. Alles in Butter, solang man nichts von mir merkt.
Stell ich mir aber schwierig vor.
Nee, ehrlich, bei denen bin ich ganz anders. Beinah unsichtbar.
Sprachlos und unsichtbar, wie?
Stefan prustet. Hält sich den Bauch vor Lachen. Er kann es einfach nicht fassen.
Im Tschibo kaufen wir uns einen Kaffee und überlegen, wie wir eigentlich zustandegekommen sind. Wahrscheinlich ganz aus Versehen. Anders ist das wirklich nicht zu erklären.
D.Kempff, S.64 f.

Der Engel kann auch ein Lehrer oder eine Lehrerin sein.

K.Reschke über ihren ersten Schultag:

"Alle strömen der Aula zu, lachen, rufen, kennen sich schüchtern mit erstaunten Augen. Lauter blank geputzte Gesichter, denen der Ernst des Lebens auf die Stirn geschrieben wurde, eine manierliche Prozession von ABC-Zwergen.(...)
Die Eltern bleiben zurück. Erste Trennung. Halb ängstlich, halb froh.(...). Marie möchte im Boden versinken. Inmitten der vierzig Neuen unter dem Rednerpult des Direktors steht eine junge Frau und reicht ihr die Hand. Das soll eine Lehrerin sein, die keine Brille aufhat, keinen Knoten im Nacken, kein strenges Gesicht und kein Kostüm am Leib? Eine Lehrerin, die man so noch nie gesehen hat, eine aus dem Märchenbuch, verzaubert, auf einen Prinz wartend, langes schwarzes Haar, weiße Wangen, einen roten Mund, Schneewittchen. Die Lehrerin heißt Fräulein Jung und sieht aus wie Schneewittchen. (...)
Sie sagt, bald gibts einen Stundenplan, und wer keine Angst hat, soll morgen wiederkommen, und wer Angst hat, den würde sie nach der Schule zu Hause besuchen. Marie ist die Angst gleich im ersten Moment vergangen."
K.Reschke, S.25 f.

"Die ersten Nachkriegsweihnachten standen vor der Tür, aber an Weihnachtslieder war nicht zu denken. Lehrer Bonhoff übte mit uns für den ersten Mai. Vier Monate nahm er sich Zeit, um aus uns einen Schulchor zu machen.
Draußen vor den Fenstern der Aula stehen die tiefdunkelgrünen Fichten und Eiben. Die Tage sind kurz und selten klar, und immer Stromsperre. Die abgewetzten Dielen knarren; Lehrer Bonhoff dirigiert in der Dämmerung mit schmalen Fingern.
Und nochmal von vorn: Brüder zur Sonne, zur Freiheit.
Und nochmal von vorn: Auf zum letzten Gefecht.
Und nochmal von vorn: Seit an Seit, und die alten Lieder singen.
Und nochmal von vorn: Es steht ein goldnes Garbenfeld.
Und weiter: Es geht der Sturm die Felder rein, es wird kein Mensch mehr Hunger schrein.

Er redet uns zu, sagt vor, läßt uns die Zeilen wiederholen. Auch die sitzengeblieben waren, auch die Stimmbruch haben, dürfen mitsingen.
In meiner Erinnerung verbindet sich jener Winter ohne Licht mit großer Helligkeit."
H.Novak, S.163 f.

Der Engel konnte auch ein Fremder sein:

"In der Mitte zwischen der Trambahnhaltestelle und der Schule ist ein Laden. Im Schaufenster sind seltsame Sachen. ANTIQUITÄTEN steht auf dem Schild und ASIATICA. Asiatica klingt vielleicht wie ein Schiff, vielleicht wie eine Insel, vielleicht wie Atlantis. (...) Ja, sagt der Mann, der an der Tür steht. Komm rein, wenn du magst, da kannst du dir alles anschaun.(...)
Stern, heißt er. Den mag ich gern.
Wenn ich aus der Schule komm, reden wir. Was ich nicht versteh, erklärt er mir.(...)
Ich hör gern zu, wie er spricht. Und was er sagt, vergeß ich nicht. Jedenfalls geb ich mir Mühe.(...)
Aber ich glaube, du wirst es schon schaffen. Machs gut.
Bis morgen.
Bis morgen."
D.Kempff, S.58 ff

"Manchmal kommen Freunde.
Bleib nur, du störst nicht."
D.Kempff, S.72

"Stern schenkt mir einen Stein.
Mensch, der soll für mich sein?"
D.Kempff, S.74

E.A.Rauter hätte gern seinen Onkel zum Vater gehabt:

"Ein Besuch von Onkel Siegfried aus Feldkirchen brachte Welt in unser Haus. Onkel Siegfried hatte eine beispiellos souveräne Lache. (...) Er war ein feiner Mann mit drei oder vier Doktortiteln. Sein Lachen widerlegte in Sekunden alte Überzeugungen, die euer angestrengter Zweckernst in mir aufgebaut hatten; sein Lachen riß eure Kathedralen ein. Wenn man ein Lachen demokratisch nennen kann, sein Lachen war demokratisch.(...)
Onkel Siegfried machte mir, wie Herkules und Odysseus, Hunger auf ein Leben außerhalb des Kätner-Kosmos.(...)
Ich hätte Onkel Siegfried gerne zum Vater gehabt. Er wäre mein Traumvater gewesen, wenn nicht schon mein richtiger Vater mein Traumvater gewesen wäre.(...)
Seine Aussprache lebt in mir fort. Ich verliebte mich in seinen Sound. Es war der Kärntner Dialekt. Seit ich anderthalb Jahre alt gewesen war, hatte ich niemanden mehr kärntnerisch sprechen hören. Der Onkelsound war Heimat."
E.A.Rauter, S.67 f.

Auch Chr.Meckel hatte einen Ersatzvater:

"In Freiburg lebte, schwebte und verschwand so etwas wie ein guter,lokaler Geist.

Der hieß Toni Müller und war ein alter Mann. Er war vor dem Ersten Weltkrieg nach Prag gekommen, hatte dort Kafka oder Werfel gekannt, AUS VERSEHEN einen Gedichtband veröffentlicht, dann den Krieg in einer Kanzlei vetrödelt und Einberufungslisten durcheinandergebracht. Später war er in Freiburg hängengeblieben. Er lebte als Kolumnist der lokalen Zeitung, unter Pseudonym, von wenigen Zeilen, eine Spalte an jedem Wochenende (was Kollegen für ein Essen bezahlten, reichte dem Taschengeldkönig zehn Tage lang). (...) In der Art eines friedlichen, alten Hundes, trabte er, immer allein, durch die schöne Stadt, arm aber sauber, ein Baskenmützengespenst. Er lebte irgendwo in Untermiete (kein Mensch schien seine Höhle betreten zu haben), strömte vor Zustimmung über und hatte keinen Feind. Isolation schien ihn veranlaßt zu haben, sich in die grenzenlose Bejahung zu retten. Grundsätzlich lächelnd, lächelnd für alle Fälle, lief er lächelnd durch die lokale Welt, verstreute Anekdoten (immer dieselben) und wurde zum Heiligen ohne Schein und Tadel. Das unbewaffnete Individuum entwaffnete jeden. Gern entwaffnet saß ich mit ihm beim Wein und hörte den immer gleichen Geschichten zu. In strömendes, stilles Gelächter verpackte Geschichten."
Chr.Meckel, S.125 ff.

Ein Motiv ist auch Heimat in der Fremde.

"Mehl ist da, wir backen, und Wodka genug, Eberhard wird noch Zwiebeln besorgen, und Lenchen hat Speck an Land gezogen, kannst du nicht euer Grammophon mitbringen?
Ich presse mein Gesicht gegen die Sperrholzplatten, mit denen unsere Verandafenster verschalt sind. Ob bei Wassermanns schon Rauch aufsteigt? Die messerdünnen Holzschichten lösen sich voneinander ab und bilden Spalten und Risse; im Winter lagen mehrmals feine Schneewehen auf dem Fensterbrett. Vom Wohnzimmer aus ist das Gemeindehaus nicht zu sehen. Von der Veranda aus erkenne ich den Bahndamm, die Schranke, das Bahnwärterhaus und dahinter den letzten Schornstein, der zu Wassermanns Zimmer gehört. Im Armenhaus kocht jede Partei in ihren eigenen Zimmern. Es quillt flauschiger Rauch aus dem Schornstein, und mich halten keine zehn Pferde mehr.
Im Armenhaus ist Hochzeit."
H.Novak, S.156

"...Ich konnte nicht glauben, daß der verdunkelte Tag mein Leben sei. (...)
Ein Jahr lang schlief ich in fremden Betten, und das war, trotz der Umstände, fast ein Privileg. Das frühe und späte Trödeln durch die Straßen, das freie Atmen und langsame Sehen-lernen, der unüberwachte Alleingang war mein Glück. Einen Winter lang schlief ich in der ungeheizten Dachkammer von Verwandten. Paula, ein Faktotum seit vierzig Jahren, alte, krumm geschuftete, lächelnde Paula, legte mir abends einen Apfel aufs Bett. Die Kammer, das Bett und die Äpfel waren kalt. Die Äpfel, das Alleinsein in der Kälte und nächtelanges Lesen im Schrank gefundener Bücher (Ritterromane, Quo vadis und Don Quichote) wurden zum Traum, der das fehlende Glück ersetzte."
Chr.Meckel, S.112 ff.

"Besser noch, bei Freunden zum Essen eingeladen zu sein. Raus aus der Waschküche, aus der zertrümmerten Stadt in geräumige, helle Häuser auf dem Land. Dort gab es Speck, Kaffee und Hausmacherwürste. Volle Brotkästen, volle Speisekammern und volle Weinkeller. Es gab frische, freie Milch und nicht numerierte Kartoffeln. Ganz natürliche, aufenthaltsgenehmigte und besatzungsfreie Obstgärten voll friedensfeierlicher Birnen und schuldloser Nüsse. Es gab unversehrten Most und nicht kriegsbeschädigten Wein, gut genährte Pflaumen und unbelastetes Brot. Es gab den üppigen, ersten Freßlust-Frieden und es gab den ersten stillen, gerechten Rausch. Es gab das Ausnahmegesicht des zufriedenen Vaters und es gab die Freude des Kindes für einen Tag.(...)
...es gab die schönen, zu schönen Träume aus Familiengefängnis und Ruinen hinaus in ein Jerusalem aus Licht, Luft und Schokolade."
Chr.Meckel, S.115 f.

8.11. Alles hinter sich lassen

Zum Schluß ist die Frage interessant, wie eigentlich der Abschied vom Elternhaus aussieht.
Gemeinsam ist den Autoren der Wunsch, über das Schreiben eine Abnabelung zu versuchen.
"Schreiben über die Mutter ist die einzige Möglichkeit, über den Kopf der Mutter weg mit mir selber zurecht zu kommen."
G.Wohmann, Ausflug, S.63

"Von der Schule weg, von der Kirche weg, in die Stadt, gleich in die größte, alles hinter sich lassen wollen, die Mutter mit dem Packen Schuldgefühl und glasgepreßten Tränen, die sich am liebsten verkriechen möchte und jeden Tag kocht, auch wenn es nichts zu essen gibt und niemand etwas essen will, dazu bin ich ja da, sagt sie, wozu denn sonst, es ist ja meine Pflicht, und wenn ich nicht mehr kann, dann steckt er mich ins Irrenhaus, der Papa, dort gehörst du hin, sagt er, du und deine Tochter, ihr zwei verrückten Weiber, brüllt er nach ein paar Flaschen Bier, am nächsten Morgen ist er wieder still, die Tochter faucht, die Mutter fleht, sei still, warum, das weiß sie nicht, um einen mörderischen Frieden."
U.Adam, S.78 f.

"Ich fahre aus der Küche, will in mein Zimmer. Der Vater hinterher. Im Flur holt er mich ein. Eine breitschultrige, übermächtige Masse baut sich vor meinem Stuhl auf: doppelt so groß wie ich. Ich starre gegen den massiven Bauch. Ich kann jetzt nicht, nein, will nicht zu ihm aufsehen.
'Wo willst du hin?'
'In mein Zimmer. Meine Ruhe haben.'
'Du kommst mit in die Küche. Wir wollen essen.'
'Nein.'
Meine Stimme zittert, ich schwitze vor Angst. Wenn ich nur erst im Zimmer wäre. Zack! Hatte ich eine Ohrfeige sitzen. Die erste Ohrfeige von meinem Vater.(...) Eine Grenze ist überschritten.(...)
Zwei Wochen später ziehe ich nach Kassel in ein Studentenheim. Meine Mutter, die fast täglich anruft, verspricht sich immer, fragt, wie es mir denn in diesem Internat ginge. Sie denkt, sie bekommt mich wieder, nach einer Zeit."
J.Hobrecht, S.85 f.

"Das eiserne Gartentor fällt ins Schloß, zehn Schritte bis zur Treppe, acht steinerne Stufen, die Haustür fliegt auf. Ich bleibe unter der Tischlampe sitzen und halte ein Buch. Mein Rücken juckt, warum ist denn Karl nicht da, warum muß er gerade heute seinen Freund, den Förster, besuchen und ewig bei ihm sitzen und reden und den ganzen ersten Weltkrieg wieder ausgraben und die Fußmärsche über die Alpen hin und zurück. Jetzt knallt sie die Wohnungstür hinter sich zu, jetzt steht sie im Korridor, jetzt höre ich sie atmen. Sie rennt in die Küche, sie reißt irgend etwas an sich. Schon kommt sie ins Wohnzimmer gestürzt und schwingt den Teppichklopfer. Ich lache. Wir stehen einander gegenüber, zwischen uns der runde, schwarze Eßtisch, sie haut und haut und haut auf den Tisch, ich lache, sie brüllt, und mitten in den Lärm tönen Stimmen von der Straße herein, laut und im Chor. Draußen steht meine ganze Klasse. Alle winken mir zu und schreien: Laß dir nichts gefallen! Laß dir nichts gefallen!

Meine Angst ist vorbei, der Lachkrampf ist vorbei. Ich reiße die Fenster auf, drehe mich um, gehe an ihr vorbei und schließe mich in meinem Zimmer ein."
H.Novak, S.320

"Ich sage: Ich muß weg von zu Hause, sonst gehe ich ein. Und ich will wissen, welchen Weg ich gehen kann. Ich möchte nicht blind abhauen und von der Polizei wieder nach Hause gebracht werden. Ich will wegziehen, und zwar für immer.
Frau Schwarz sagt: Weshalb willst du unbedingt weg?
Ich sage: Sie haßt mich.
Wer haßt dich?
Na, Kaltesophie.
Wer ist Kaltesophie?
Sie hat am 15. Mai Geburtstag.
Das verstehe ich nicht.
Kaltesophie ist die letzte Eisheilige, fünfzehnter Mai."
H.Novak, S.330

Mit fünfzehn Jahren, erinnert sich die Autorin, hat sie auf einem Lehrgang eine völlig neue Erfahrung gemacht:

"Hier fühle ich mich wohl. Hier brauchen sie mich. Hier werde ich anerkannt. Hier ist Aussicht auf Leben. Hier werde ich nicht unterworfen, hier bin ich nicht unterwürfig. Hier sind wir freundlich zueinander. Hier ist nicht alles umsonst. Hier ist Hoffnung. Hier lerne ich für den Sozialismus. Hier wird auf jeden von uns gebaut. Hier hat die Finsternis ein Ende. Hier wird gemeinsam gegessen. Hier wird auf das Leben losgegangen. Hier haben alle Schläge ein Ende. Hier bin ich nicht einsam. Hier hat die Angst ein Ende. Hier komme ich zu mir. Hier fange ich bei mir selber an. Hier wird nicht vorgeworfen und gedroht und erpreßt und bestraft. Hier ist Zuversicht. Hier bin ich richtig."
H.Novak, S.339

"Ich treibe mich im Park herum, sehe nach, ob die Akelei und die Lilien schon verblüht sind, gehe runter zur Quelle und denke darüber nach, wie ich es anstelle, nicht mehr nach Hause zurück zu müssen. Langsam, gründlich, Schritt für Schritt muß ich vorgehen."
H.Novak, S.341

"An meinem sechzehnten Geburtstag zog ich dann ins Internat."
H.Novak, S.362

"Sie ist aufgestiegen über die Straße der Ausbeutung, der Gewalt. Auf der Hindernisstrecke, so recht für die Spätentwicklung geschaffen. Sie verläßt das labyrinthische Haus an der Straße. Sie blickt zurück auf die Niederung. Die Waldlichtung, von brüderlicher Männlichkeit umgrenzt. Mit lichtgrünem Grashaar wie die Couch ihres Analytikers überzogene Wiesenmulde. Sonnenmulde, mit den Tränen ihrer Kindheit angefüllt, ihrer Schmerzen des Er-Wachsens.
Sie hüllt sich in ein Wolltuch ein."
M.Palfrader, S.93

"Ihre Mutter sagt, die Liebe kommt noch früh genug, laß dir Zeit, fang nicht schon in der Schule damit an, ein Mädchen sollte seine Unschuld hüten, bis es erwachsen ist. Mütter sprechen in Rätseln, als bekäme man schon vom Anfassen Krätze oder ein Kind. Männerbekanntschaften, da zieht die Mutter ein langes Gesicht. Rumdrücken im Hausflur, im Park, erwischt werden, sich eine Gardinenpredigt anhören, du wirst schon sehen, was du davon hast, du bist nicht die erste und nicht die letzte, Männer lieben die Abwechslung, glaub ja nicht, daß einer hält, was er verspricht, wenn du jetzt bereits damit anfängst, was willst du dann mit zwanzig machen?
Wie soll sie das wissen, Mütter haben doch auf alles eine Antwort. ***Den Mut haben, es auszuprobieren, Mutters Schatten überspringen, auch den eigenen."***
K.Reschke, S.115

"So kannte ich Vater nicht.(...)
Jetzt sitze ich auf seinem Bett, in seinem Sterbezimmer.
Ich ziehe die Schubladen auf, in denen noch seine Brille, seine Spritzen und Arzneien liegen. Ich nehme das kleine Döschen in die Hand, aus dem er bei Asthmaanfällen inhalierte und versprühe ein wenig von dem Medikament. Ich öffne den Schuhschrank, hole seine Schuhe heraus, stelle sie wieder hinein. Meinen Kopf beuge ich vor, in den Kleiderschrank hinein, rieche an seinen Anzügen. So roch Vater, denke ich; ich versuche, mir all das ganz genau einzuprägen.
Mutter kommt ins Zimmer.
Was suchst du denn, fragt sie.
Nichts, sage ich; ich nehme Abschied von meinem Vater.(...)
Deshalb schlafe ich in dieser Nacht in Vaters Bett."
S.Gauch, S.149

An der Stelle eines sinnvollen Abschieds von den Eltern stand manchmal eine Fixierung auf die Erfahrungen der Kindheit, die sich wie eine *Kohlenstaubwolke* über das Erwachsenenalter legen.

"Ihren siebzehnten Geburtstag beging sie in Verzweiflung. Sie weinte - nicht über die verlorene Kindheit, sondern über die Kindheit, die ihr nie beschieden war. Vom ältesten und über längere Jahre auch einzigen Mädchen in der großen Familie forderten Arbeit und Verantwortung für die jüngeren Geschwister Erwachsensein von ihr. Zu Beginn ihrer Pubertät diagnostizierte ein Arzt sie als "Spätentwickler". Sie war darüber keineswegs bestürzt oder beschämt oder besorgt, es war eher beruhigend, stimmig. Für sie war es nur das Echo auf ihren Widerstand gegen das Wachsen. Denn dieses hätte auch das Anwachsen der ihr aufgebürdeten Lasten bedeutet, wie es immer gewesen. Das Bild ihrer zwar sehr tüchtigen, mit ihren vielen Kindern und angesichts der sozialen Lage aber doch überforderten Mutter war für sie der Beweis für diese unausweichliche Entwicklung. So entschied sie sich trotz der verlockenden Freiheit der Erwachsenen - oder wegen der begrenzten Freiheit der erwachsenen Frau - lieber für das Kind-Sein und hemmte ihre Entwicklung.
M.Palfrader, S.72

"Beim Einsteigen ins Auto läutet zum ersten Mal die Totenglocke. Sie hallt durch den stillen Ort. Ich spüre, wie sich mein Magen zusammenzieht, wie ein Kribbeln den Körper hochsteigt, auf die Brust drückt. Mehrmals hole ich tief Luft. Dies aus der Kindheit auftauchende Gefühl des Einsamseins; ich unterdrücke die Tränen.
So saß ich viel an meinem Schreibtisch, schaute zum Fenster hinaus. Vater hatte mir einen Fernsehapparat gekauft und ins Zimmer gestellt.
Damit du nicht mehr so oft mit deinen Freunden weggehst, sondern für die Schule lernst, sagte er, als wieder einmal ein Besuch bei meinem Klassenlehrer sein Gesicht verdüsterte.
Damals lag eines Tages ein Zettel in seiner Handschrift auf meinen Büchern: Der Starke ist am mächtigsten allein(Schiller). Sonst stand kein Wort da; er hatte davon erfahren, daß ich keine feste Freundin habe."
S.Gauch S.118

"Das Kind begleitete sie.
Das Kind geriet in Not, wenn sie, im zweiten Jahr in der Schule, in die Klasse kam und ein Kind auf dem Lehrertisch lag und schrie: Voglio la mamma! Voglio la mamma! Ich will meine Mutter.
Es hätte der Mutter selbst noch bedurft, als es längst den anderen Mutter sein mußte.
Sie beneidete die Kinder, zu denen sie sich nicht dazusetzen und Dargebotenes nehmen konnte statt geben zu müssen.
Das Kind raste mit ihr und mit den anderen Kindern rund um die Klasse, in fröhlichem Karussell ein anderes Kind zu fangen, das mit seiner Spielzeugtrompete den Unterricht unterbrach.
Das Kind begann mit lauter Stimme zu schreien, wenn die Vielzahl der Kinder in einer Klasse es überschwemmte und sie wieder drohte unterzugehen.
Sie mußte ihre Schätze, das Malen, die Analyse, die Freude, verbergen im Kreis des Kollegiums, weil es befürchtete, sie räuberischer Mißgunst der Geschwister auszusetzen.
Sie mußte sich gegen den großen Bruder, den Konrektor, wehren, der wie es schien, seine Stärke aus der angeprangerten Schwäche der anderen - vornehmlich weiblichen Geschlechts - aufrichtete.
Sie mußte sich bei der Rektorin, der Mutter, rechtfertigen gegen seine Anschwärzungen.
Sie hatte bei des Kindes Tun oft das Gefühl unzulänglich zu sein und von den Vorgesetzten belangt werden zu können.
In der Sprechstunde in der Uni ließ sie sich von der Professorin entwürdigend behandeln, und, bestürzt über ihre rückfällige Ohnmacht, fand sie danach heraus, daß das wehrlose Kind sich unbemerkt eingeschlichen hatte."
M.Palfrader, S.78 f.

"Glücklich zu sein, war bei euch fast ein Vergehen, es weckte euren Verdacht, daß man sich erfolgreich einem eurer Gebote entzogen habe, daß man auf eure Kosten glücklich sei. Eure Unersättlichkeit war es, die sich wie eine Kohlenstaubwolke bis über mein Erwachsenenalter legte."
E.A.Rauter, S.60 f.

"Sie ersticken uns mit ihrer Vergangenheit. Und der Angst vor der Zukunft.
Gegenwart. Was ist das, sagt Stefan. Das.

Er schließt die Hand und öffnet sie. Aus. Vorbei. Eben war jetzt. Die Erinnerung an den Augenblick ist tausendmal so lang wie der Augenblick selbst. Eigentlich braucht man sich gar nicht zu freuen. Auf etwas, das Spaß macht.
Es wird vorbeigehn und nie so schön werden, wie man sichs ausgemalt hat. Deswegen ist es wurscht, ob man sich freut oder traurig ist.
Aber dann kann es auch nie so furchtbar sein."
D.Kempff, S.86

"Am Ende ist die Welt mit Brettern vernagelt. In unserem Kopf. Man müßte sie zerschlagen, bis der Kopf zerspringt."
D.Kempff, S.94

"Seit meiner frühen Kindheit haben sie mir den Tod eingeimpft. (...)
Sie konnte mich töten mit Fragen wie: 'Läßt du mich auch mal im Altersheim sterben?'"
P.Kersten, S.87 f.

J.Hobrecht ist fixiert auf die Wertlosigkeit, die er als Kind erfahren hat:

"Ich liege in diesem dunklen Zimmer, während sie nach einem Heizungsmonteur Ausschau hält, und meine Geschichte ist mir plötzlich nichts mehr wert. Wochen vorher, noch während der Fahrt, ja, noch gestern abend bei der Ankunft war ich entschlossen, zu schreiben und nicht mehr zu flüchten. Jetzt kann ich es mir nicht mehr vorstellen."
J.Hobrecht, S.8

"Die eigenen Erfahrungen, die ureigene Geschichte und Herkunft vergessen, sie in den Abfallcontainer werfen, sie als Seelenmüll abtun."
J.Hobrecht, S.217

"Ich erwache vom Traum mit schmerzender Hand.
Ich bin in einem Familien-Gastbetrieb. In der Hast und in dem Trubel kommt ein Kind auf mich zu und klagt: Schau, was sie mit meiner Hand gemacht haben, es tut so weh! Und zeigt mir seine rechte Hand, durch die am Fingeransatz eine große dicke Sicherheitsnadel gezogen ist, die die Finger zusammenheftet. Die Nadel ist aus Silber, am oberen Bügel sind, den vier Fingerknöcheln gleich, vier verschiedenfarbige Halbedelsteine aufgesetzt. Am äußeren Ende ist eine ringförmige Öse ausgezogen, für die Leine, denke ich voll Entsetzen. Eine Fessel, deren Grausamkeit, entsprechend dem Erfindungsreichtum von Ausbeutern in Zierde verkleidet. Der Verschluß ist verschweißt. Die Wunden an den Fingern wässern noch und ich spüre, wie die Hand, jetzt ist es die andere, zuckt im Schmerz.

Ganz außer mir, das Kind an der Hand, suche ich die Wirtin. Es ist eine einstige Freundin aus meiner Kindheit. Ich stelle sie und sage: Dieses schöne Schmuckstück, hättest du es deinem Kind auch angelegt? Sie versucht auszuweichen. Da kommt ihre Oma dazu, die schon immer ein Herz für Kinder hatte, und sagt: Natürlich nicht! Die Wirtin: Das ist doch ganz harmlos. Und das Kind soll bei der Arbeit bleiben. Wie bleibt es sonst bei der Arbeit? Natürlich, denke ich, das Kind soll immer die Öse vor Augen haben, damit es auch immer den Bewegungskreis seiner Arbeit vor Augen hat und ihn nicht etwa verläßt - vielleicht zum Spielen. Denn am Mittelpunkt des Kreises ist eine Leine befestigt. Meine wütende Forderung, das Kind von der Fessel zu befreien, bleibt ungehört. Ich sehe mich um; da sitzt unter den Gästen ganz ungerührt der Handwerker, er muß dem Kind die Fessel eingebohrt haben. Ich tue ganz ungerührt und frage nach einer Metallschere, ahnungslos gibt er sie mir, und endlich befreie ich das Kind."
M.Palfrader, S.80

"Es gäbe viele Kinderleichen auszugraben.
Es gäbe noch viele Kinder zu retten."
M.Palfrader, S.85

Es kommt zu einer Idealisierung der Welt außerhalb des Elternhauses:

"Die Kunstakademie war ein Paradies für sie. Das Leben war schön, wenngleich das Stipendium nicht ausreichte und sie ihr Studium zum Teil selbst finanzieren mußte.
Das Paradies: Die Unbekümmertheit eines versorgten Kindes, die Wunder der Entdeckung, die Freude der Entfaltung, des Wachsens, die Zeitlosigkeit des Alters.
Hier konnte sie ihre linke Hand aus der Verbannung befreien und mit ihrer Ungeschliffenheit und Kraft ans Werk gehen. Die glückliche Jugendzeit begann mit der Studentenbewegung. Endlich wurde die Frage der ungerechten Verteilung der Güter, die sie schon als kleines Kind bewegte, auch von den anderen aufgegriffen."
M.Palfrader, S.76

Abschied kann auch Ablehnung bedeuten:

"Der Rest war Enge, Enttäuschung und Überdruß, FAMILIE wurde zur gewöhnlichen Last und mein Vater zu einem, der nicht mehr in Frage kam."
Chr.Meckel, S.114

"Ich hatte nicht die Absicht, mich mit meinem Vater zu beschäftigen. Über ihn zu schreiben erschien mir nicht nötig. (...)
Seit ich seine Kriegstagebücher las, kann ich den Fall nicht auf sich beruhen lassen; er ist nicht länger privat. Ich entdeckte die Notizen eines Menschen, den ich nicht kannte. Diesen Menschen zu kennen, war nicht möglich, ihn für möglich zu halten - unzumutbar."
Chr.Meckel, S.63 f.

"Ich lebte selbstgerecht und ahnte nichts. Die frommen und sachlichen Wünsche waren vorbei. Was immer ich machte, ging über ihn hinaus und in ein Leben, das ihm nicht bekannt war. Er wurde weich und ich erkannte es nicht. (...) Mit leidlichem Humor verkündete er, der Vater seines Sohnes geworden zu sein.
DU SCHREIBST DIE GEDICHTE DIE ICH SCHREIBEN WOLLTE.
Mein bloßes Dasein höhlte das seine aus.(...)
Er war bloß entmutigt und glaubte sich kaltgestellt."
Chr.Meckel, S.156

Bei P.Kersten finden sich ähnliche Aussagen:

"Jetzt, wo er mir selbst nicht mehr antworten konnte, fing ich an, Fragen zu stellen. In den Erinnerungen suchte ich vergebens nach Beweisen für einen verborgenen Vater-Sohn-Konflikt, der sich nachträglich rekonstruieren ließ. Da war keine posthume Abrechnung mit einer autoritären Vatergestalt fällig.
Geschehen war etwas anderes: Die Fremdheit, mit der wir uns begegncten, war unwiderrufbar geworden. Das schmerzte.(...)"
P.Kersten, S.30 f.

"Denn der Augenblick, als er weinte und seine Kraft nur noch ausreichte, sich die Decke über die Augen zu ziehen, war, das wurde mir erst jetzt bewußt, die letzte Gelegenheit für mich gewesen, zu ihm zu sprechen."
P.Kersten, S.36

Da allerdings fragt sich der Sohn, was er selbst dazu beigetragen hat, daß es nicht zur Beziehung kam:

"Jetzt fühlte ich mich schuldig an einem Versäumnis, das mich noch nach dem Tod meines Vaters beschämte. Er selbst hatte, als er weinte und seinem sterbenden Körper nachgab, für Sekunden das verkrampfte Mißtrauen aufgegeben, mit dem er mir immer begegnet war. Ich wußte, es war der Moment, in dem er endgültig begriff, daß er das Krankenhaus nicht mehr lebend verlassen würde. Und ich ließ ihn auch in diesem Augenblick allein."
P.Kersten, S.37 f.

S.Gauch sieht sich ambivalenten Gefühlen ausgesetzt:

"Mit Uwe mache ich einen Spaziergang durchs Dorf, auf den Friedhof zu. Uwe ist der Sohn meiner Cousine; er hat gerade das Abitur bestanden und muß in den nächsten Tagen damit beginnen, seinen Ersatzdienst in einem Heim für geistigbehinderte Kinder abzuleisten. Ich erzähle ihm von meinem Studium, meiner Lehrtätigkeit bei Lern- und Geistigbehinderten.(...)
Uwe entgegnet wenig; er fragt höchstens kurz nach, spürt aber wohl, daß ich das Bedürfnis zum Monologisieren habe, mehr die eigenen Gedanken ordnen will als durch eine wirkliche Diskussion abgelenkt zu werden von dieser Mischung aus verdrängten oder negativen oder positiv umgemünzten Erfahrungen und Empfindungen, aus Erinnerungen und Reflexionen, die mich in einen Strudel von Emotionen reißen.(...)
Mensch, Uwe, sage ich wieder laut, ich kenne doch meine eigene schizophrene Situation sehr gut: den Vater als Person lieben und von seiner Persönlichkeit entsetzt zu sein.

Wir gehen an den letzten Häusern des Dorfes vorbei, deren Läden bereits verschlossen sind. Es ist kalt. Der Himmel ist wolkenlos und die Konturen der Hügel, der Weiden, die Silhouette des Dorfes könnten romantisch aussehen. Aber ich habe keine Empfindungen diesem Dorf gegenüber. Niemals in den letzten Jahren hatte ich den Wunsch, es wieder aufzusuchen, die Wege abzulaufen, an denen ich als Kind gespielt hatte. Es ist tot für mich.
Vater hat immer versucht, rede ich gegen den schweigenden Uwe an, mein Leben in seinem Sinn zu beeinflussen, hat mir immer wieder Steine in den Weg gerollt; in guter Absicht, wie er glaubte."
S.Gauch, S.132 f.

Bei J.Hobrecht findet sich eine ähnliche Aussage:

"'Du kannst nicht ehrlich sein', sagte Dorothee, bevor sie aus San Felice abreiste. 'Was Du über Deinen Vater an Verständnisvollem geschrieben hast, ist verlogen! Warum schreibst Du nicht, daß Du ihn haßt? Er ist doch ein Schwein, so kalt, wie er ist.'-
'Nein, er ist kein Schwein. Er ist mein Vater!'"
J.Hobrecht, S.171 f.

Selten kommt es zu dem Versuch, die Eltern zu verstehen.
Selten kommt es allerdings auch von seiten der Eltern zu einem Versuch, mit den Kindern über ihre Gefühle zu reden.

"Nach San Felice schreibt die Mutter mir einen Brief. Zum ersten Mal nicht nur Geschwafel in einem Brief von ihr. Was nicht nur so dahingeschrieben ist, ist wohl ein Dokument der Unsicherheit. Eine Flucht nach vorn, weil sie sieht, daß ich ihr entgleite. Sie schreibt den furchtbaren Satz hin. Ich fühle mich schuldig. Schuld an deiner Situation. Schuld daran, daß du so bist. Schuld, daß du nicht so sein kannst wie die anderen. Fünf Jahre sei sie am Leben vorbeigerannt nach meiner Geburt, weil sie nicht hat verwinden können, daß gerade sie ein behindertes Kind bekommt. Fünf Jahre Selbstvorwürfe, Selbstanklagen, Zermarterungen: Was habe ich falsch gemacht? Wird er die Operation überleben? Fünf Jahre keine Party, kein unbeschwertes Zusammensein mit Freunden. 'Der Gedanke, ich habe nicht richtig gehandelt, mein Kind ist nicht richtig, schlägt immer wieder durch.' Sie schreibt den starken Satz, 'Ich hätte Tagebuch schreiben sollen, damals in den ersten Jahren.'
Hätte sie man."
J.Hobrecht, S.97

"Der Krieg.
Plötzlich kommt das Wort Angst über die Lippen des Vaters. Vielleicht kommt die Kälte aus dem Krieg. 'Weißt Du was das heißt: Um sein Leben laufen? Jeden Tag mußte man damit rechnen, erschossen zu werden. Wochenlang sind wir durch Südfrankreich vor den Amerikanern hergelaufen. Jeden Tag die Angst im Nacken, auf eine Mine zu latschen. Der Gedanke, hinter dem nächsten Strauch sitzt jemand, der auf Dich schießen könnte, macht Dich wahnsinnig, und Du mußt auf ihn schießen, wer zuerst schießt, überlebt. Zwei Menschen, die sich nie gesehen haben, die nie etwas miteinander zu tun gehabt haben, müssen sich töten. Auf Befehl. Es ist zum Verrücktwerden, wirklich. Man kann verrückt werden dabei. Verstehst Du das? Ich war so alt wie Du.'
Schweigen. Ein langer, dringender Blick.

Ich kann es nicht verstehen, so sehr ich mich bemühe. Aber vielleicht kommt die Kälte wirklich von dieser Angst. 'Auf dem Marsch durch Frankreich kamen wir an einem ausgebrannten Panzer vorbei. Daneben lagen zwei Männer. Ich berührte den einen mit dem Fuß, um zu sehen, ob sich noch etwas in ihm regt. Da fiel der Körper zusammen in einen Haufen schmieriger Asche', erzählte der Vater einem Bekannten während einer Feier."
J.Hobrecht, S.77

9. Interpretation der Texte

In diesem Kapitel soll der in Teil I bereits angesprochenen Frage nachgegangen werden, in welchen Situationen Kinder leben und welche Fragen und Themen sie vorrangig beschäftigen.

Es soll herausgefunden werden, welche religionspädagogischen Möglichkeiten es gibt, auf diese lebensweltlichen Themen zu reagieren.[1] Ziel dieser Bemühungen ist, Religion im Leben der Schüler besser verorten zu können, nachdem der These rechtgegeben wird, daß nicht *"Stoffe"*, sondern *"der Schüler mit seinen Bedürfnissen"* im Mittelpunkt des Religionsunterrichts steht[2], näher: die "*Defizite, die er jetzt erlebt, die Schwierigkeiten und Nöte seiner Alltagsexistenz.*"[3] Zu diesem Zweck werden die Literaturbeispiele aus Kapitel II exemplarisch untersucht.

Die Interpretation der Texte soll sich dabei auf die Fragen konzentrieren:

Welche Selbstwert-Erfahrungen erinnern die inzwischen erwachsenen Autoren?

Was haben Kinder durch die Beziehung zu den Eltern und durch den damit verbundenen Erziehungsvorgang über sich selbst und ihren Wert gelernt?

Die Konzentration auf diese Fragestellung erscheint deswegen sinnvoll, weil die Erfahrung des eigenen Wertes in der Kindheit zu den wesentlichen Lernerfahrungen

---

1 Vgl. hierzu Kap 12: Religionspädagogische Konsequenzen.
2 Halbfas, Lehrerhandbuch, S.14.
3 Fox, S.117.

zwischen Geburt und Tod gehört[4] und auch die späteren Beziehungen des Menschen entscheidend prägt.[5]

"*Das Abbild, das ein Kind oder ein Erwachsener von sich selbst hat, ist das Ergebnis des Bildes, das wichtige andere Menschen auf es (oder ihn) in den ersten Lebensjahren übertragen haben. Eine positive Selbstbewertung kann also nur dann entstehen, wenn eine positive Fremdbewertung vorliegt.*"[6]

Daß mit der Frage nach dem Selbstwert auch ein theologisches Thema angesprochen ist, wird in den religionspädagogischen Konsequenzen zu zeigen sein.

4 Satir.
5 Henseler; Hurrelmann; Schmidtchen; Stierlin.
6 Schmidtchen, S.110.

1. Der Wert des Kindes in der Erziehung

Die Psychologie von der Entstehung des Selbstwertgefühls geht davon aus, daß *"alles Selbstwertgefühl des Kindes und späteren Erwachsenen, das Wirksamwerden des Prinzips Hoffnung, die Kraft der eigenen Initiative, sein Vertrauen darauf, daß es der Welt einen Sinn und anderen Menschen ein positives Antwortverhalten abringen kann"* wesentlich auf der Tatsache beruhen, daß da Menschen zur Stelle sind, die das Kind liebens-wert finden.[7] Durch das Interesse, das die Eltern dem Kind entgegenbringen, sind sie der lebendige Beweis für den Wert des Kindes, obwohl oder gerade weil Kinder sich diese Liebe nicht durch Wohlverhalten verdienen können. Sie sind liebens-wert, einfach weil sie da sind.

In den autobiographischen Erinnerungen gehört dieses Gefühl, liebens-wert gewesen zu sein, nicht zu den Alltagserfahrungen. Es überwiegen die erinnerten Botschaften, nicht gewollt zu sein, zu stören, eine Last zu sein, fortgeschickt zu werden.

"*Und du, soviel hab ich mitgemacht mit dir, erst hab ich dich gar nicht gewollt, ich wollte weg von ihm, zurück in die Stadt, arbeiten, und plötzlich schwanger.*"
U.Adam, S.21.

"*Zuhause haben sie gesagt, sie können mich jetzt wirklich nicht brauchen. Sie wüßten einfach nicht, wohin mit mir.*"
D.Kempff, S.57.

"*Warum stör ich immer, auch wenn ich gar nicht stör? Man ist ja nie unter sich, das Kind macht einen nerwös. Das sagen sie extra laut, daß ichs auch hör.*"
D.Kempff, S.36 f.

Hier wird deutlich, daß das Kind sich "stören" nur als aktive Handlung vorstellen kann, daß es , wenn es nicht "stört", doch gar nicht stören kann. Die Erfahrung, allein durch das Da-sein zuviel zu sein, muß zu Irrita-

---

7 Stierlin, Tun, S.94f.

tionen führen. Das Kind fühlt sich ausgestoßen. In der Familientherapie spricht man von "Ausstoßung", wenn das Kind von seiner zentralen Beziehungsperson "*wesentlich Kälte, Abweisung und Vernachlässigung erfährt*".[8] "*Für das ausgestoßene Kind ist das Erlebnis zentral, als Mensch und Beziehungsperson nicht emotional besetzt zu sein, nicht wichtig genommen zu werden, menschliche Überschußware darzustellen.*"[9]

Daß Kinder in dieser Situation überfordert sind, weil sie noch nicht gelernt haben, wie man damit umgeht, als Mensch nicht wichtig zu sein, zeigt die folgende Erinnerung:

"*Was sollichnmachen? Wassoll ichn machen? Was soll ich denn machen? Weißnich. Mir fällt nix ein. Ich bin ganz allein.*
D.Kempff, S.38.

Aus dem Alleinsein wird ein Spiel, das bald bitterer Ernst wird und die weitere Existenz des Kindes in seiner Umgebung prägt: es versucht, unsichtbar zu sein.

"*Spiel ich eben allein. Mein Lieblingsspiel. Unsichtbar sein.*
D.Kempff, S.47.

Die Logik des Kindes heißt: wenn ich unsichtbar bin, störe ich nicht mehr. Wenn ich nicht mehr störe, werde ich vielleicht geliebt.

"*Bei mir ist alles gestört, hat der Doktor gesagt.(...) Was ist denn alles gestört. Die Drüsen. Deswegen bin ich so dick.*
Dünn soll ich werden. Wenn ich dünn bin, stör ich nicht mehr."
D.Kempff, S.45.

Die Erfahrung zu stören und eine Belastung zu sein, wird von den Autoren im Zusammenhang mit der Angst, zu sterben, erinnert. Das Fortgewünschtwerden, die Erfah-

8 Stierlin, Delegation, S.71.
9 Stierlin, Delegation, S.71.

rung, menschliche Überschußware darzustellen, trifft zentral die Existenz des Kindes, allerdings wird der Zusammenhang nicht begriffen, weder vom Kind[10], das seine Angst nicht versteht, noch von der Mutter, die das Kind nicht versteht.[11]

"Als ich dreizehn war, holte die Mutter den Hausarzt. Ich sei so unruhig in letzter Zeit. Schlafe nachts nicht mehr, kann mich nicht mehr auf die Schule konzentrieren, rede viel vom Sterben. Frage, ob man mit dreizehn einen Herzschlag bekommen kann.(...)
Die Mutter am Telefon zu ihrem Mann, 'er hängt mir den ganzen Tag am Rockzipfel. Du weißt ja nicht, wie belastend das ist. Du bist ja nur am Wochenende da.'(...)
Ich begreife selbst nicht, wovor ich Angst habe, warum ich mich vor dem Sterben ängstige, warum ich nicht allein sein kann in der Wohnung."
J.Hobrecht, S.27 f.

"Nur Ärger, Verpflichtungen, Ablehnungen. Das Gefühl, zu Hause eine Last zu sein. Da wo man belästigt, kann man nicht zu Hause sein."
J.Hobrecht, S.80.

Das Gefühl der Belästigung der Eltern durch die Existenz des Kindes, durch sein bloßes Da-sein und So-sein[12] wird den Kindern mitgeteilt. Einmal durch non-

---

10 "*Die normale Reaktion auf die Verletzung wäre Zorn und Schmerz. Da der Zorn aber in einer verletzenden Umgebung dem Kind verboten bleibt und da das Erlebnis der Schmerzen in der Einsamkeit unerträglich wäre, muß es diese Gefühle unterdrücken, die Erinnerung an das Trauma verdrängen und seine Angreifer idealisieren."*
Miller, Zwölf, S.9.

11 "*Häufig zeigt sich, daß Eltern, die ihre Kinder mißhandeln, selbst aus der eigenen Familie ausgestoßen wurden(...). Es wurde ihnen bereits im frühen Kindesalter das Gefühl der eigenen Wertlosigkeit und des Überflüssigseins vermittelt."*
Stober, S.382.

12 "*Was das Schlagen betrifft, gehen die meisten auslösenden Krisen in den ersten drei Jahren am häufigsten auf die normalen Meilensteine der Entwicklung zurück, die von den betreffenden Eltern nicht richtig gesehen und nicht akzeptiert werden. Schreien scheint das bei weitem störendste Verhalten zu sein, obwohl es doch für das Baby das ganz normale Mittel ist, sein Bedürfnis nach Aufmerksamkeit kundzutun. Bei vielen mißhandelten Eltern ruft das Schreien unerträgliche Angst hervor, der ein Riegel vorgeschoben werden muß. Vielleicht fühlen sich diese Eltern, die nur selten selber weinen können, an die*

verbales Verhalten der Eltern. Das reichte schon aus für eine tiefe Kränkung und die Kinder würden es *verstehen*. Zum anderen wird es auch wörtlich mitgeteilt. Das kann von den Kindern, die ja keine Ausweichmöglichkeiten in andere Lebenszusammenhänge haben, nur als "*versagende Gewalt*" und "*Aggression*" erlebt werden.[13] Diese Gewalt reicht vom unverstandenen und untersagten Wunsch nach Liebe und Versorgung (D.Kempff) bis zum aktiven Fortschicken:

"Nein, schreit sie, nie und nimmermehr. Ich bin nicht genötigt, das Biest einen Tag länger unter meinem Dach zu behalten. Damit du es weißt, du bist nicht mein Kind, und du bist es in den ganzen zwölf Jahren auch nicht geworden. Die Möglichkeit dazu hattest du."
H.Novak, S.219.

Die zentrale Frage der Kinder heißt: Warum werde ich nicht geliebt? Warum geben mir die nächsten Erwachsenen nicht die Wärme, Geborgenheit und Zuneigung, die ich zum Leben brauche? Immer wieder wird deutlich, wie hoch stattdessen die Anforderungen sind, die Eltern an ihre Kinder hinsichtlich eines erwünschten Verhaltens stellen. Die Kinder sind oft gar nicht in der Lage, diese Anforderungen zu verstehen, geschweige denn zu erfüllen. Die Eltern strafen dann aus Wut und Enttäuschung, sie sind gekränkt.[14]

Die Kinder suchen die Gründe für die mangelnde Zuwendung im eigenen Fehlverhalten. Die Logik des Kindes heißt: Wenn ich mich so verhalte, wie die Eltern es wünschen, dann werde ich geliebt. Damit haben sich die Kinder aber schon weit davon entfernt, zu glauben, daß

---

seit langem hinter ihnen liegende, unerträgliche Trostlosigkeit ihrer eigenen frühen Kindheit erinnert." Kempe,Kempe, S.42.

13 Büttner,Volmerg, S.54 ff.

14 Kranz, S.370.

sie um ihrer selbst willen geliebt werden. Sie meinen, sie könnten sich die Liebe nun wenigstens verdienen, weil die Liebe der Eltern an die Bedingung geknüpft ist, so zu sein, wie die Eltern das wollen. Diese Grundstruktur der Eltern-Kind-Beziehung betrifft aber zentral das Selbstwertgefühl des Kindes: "*Es kann sich selbst positiv nur im Rahmen dessen definieren, was von den Eltern zugelassen wird; verläßt es in dieser Selbstdefinition diesen Rahmen, werden ihm Eigenschaften zugeschrieben, die sein Selbstbild verletzen.*"[15]
Bei H.Novak bekommt das Kind für sein Verhalten die Zuschreibungen böse, undankbar, hinterlistig, schlecht etc., die es dann als eigene Charaktermerkmale übernimmt:

"*Weil ich böse bin und hinterlistig und undankbar und besessen und verrückt, rein wahnsinnig und ins Irrenhaus gehöre, weil mit mir nichts anzufangen ist und nicht zu reden, weder im Guten noch im Bösen, will ich tot sein. Ich weiß ja, daß Eure Geduld mit mir zu Ende ist, und meine mit mir selber auch, weil ich nämlich nicht und nie mache, was Ihr sagt, weil ich nämlich schlecht bin und mir immer wieder was Schlechtes ausdenke, um Euch zu quälen, und weil ich mich selber quäle, will ich lieber tot sein, weil ich mich nicht ändern kann und nicht gehorchen kann, obwohl Ihr mich aufgenommen und genährt und gekleidet und mir laufen beigebracht habt, weil ich im Heim nämlich elend zugrunde gegangen wäre, weil meine Mutter mich beizeiten weggegeben hat, weil sie schon ahnte, daß ich schlecht bin und ein Teufelsbraten, deshalb will ich nicht mehr leben und lieber tot sein für immer. Weil ich nicht dankbar sein kann und nicht gehorche und nicht gut bin und nie was aus mir wird, will ich nicht mehr leben, weil mich sowieso niemand leiden kann, weil ich so schlecht bin und böse und häßlich und hinterlistig, weil ich selber wissen möchte, wie es in meinem Kopf aussieht, will ich ins Wasser gehen, weil ich sogar zu feige bin, schwimmen zu lernen. Wenn Ihr mich findet, könnt Ihr ja vom Arzt meinen Kopf aufmachen lassen, dann seht Ihr mal, wie es da drin aussieht, schade, daß ich es nicht selber sehen kann, weil ich dann schon tot bin und weg und überhaupt niemanden mehr ansehen muß und mich auch keiner mehr.*
H.Novak, S.281 f.

15 Mollenhauer,Brumlik,Wudtke, S.66.

Die Zuschreibungen enthalten nicht nur Eigenschaften wie "böse" oder "undankbar". Es sind auch Werturteile über das Kind, von denen es ahnt, daß sie auch mit Anstrengung nicht zu revidieren sind, "weil mit mir nichts anzufangen ist und nicht zu reden, weder im Guten noch im Bösen". Diese Urteile ersparen den Erwachsenen eine wirkliche Auseinandersetzung mit dem Kind und mit sich selbst, weil die Schuld für die mißglückte Eltern-Kind-Beziehung pauschal beim Kind gesucht und gefunden wird: "Es ist eben schlecht." Zusätzlich wird dem Kind die Motivation unterstellt, "daß es sich immer wieder was Schlechtes ausdenkt, um die Eltern zu quälen". Es ist nicht dies oder das, was die Eltern stört, es ist das Kind als Person. Diese Person ist eine Unperson, eine Beziehung zu ihr muß nicht aufrechterhalten werden, es ist im Gegenteil nur verständlich, wenn man "so ein Kind weggibt". Eine Änderung der Person ist nicht möglich, "weil ich mich nicht ändern kann". Eine Änderung, das ahnt das Kind, kommt einer Auslöschung der Persönlichkeit gleich, "deswegen will ich sterben".

Die Botschaft, die das Kind hört, lautet: Weil du nicht machst, was ich sage, bist du schlecht und weil du schlecht bist, wird nie etwas aus dir.

Folglich, weil das Kind schlecht ist und auch nichts mehr aus ihm wird, kann es auch gleich gehen.

Doch bevor die Kinder so weit sind, versuchen sie mit viel Anstrengung und Selbstaufgabe "lieb zu sein", um doch noch geliebt zu werden. Kinder versuchen oft *"mit einer bewundernswerten, aber gefährlichen Energie, den Wünschen ihrer Eltern nachzukommen, gefährlich deswe-*

gen, weil die Energie bald nicht mehr reicht, z.B. für die Schule und andere Leistungen."[16]

Für H.Novak z.B. hat das so ausgesehen, daß sie sich bemüht hat, nicht mehr ins Bett zu machen:

"Ich gebe mir große Mühe, nachts nicht einzuschlafen. Ich bleibe aufrecht sitzen und binde mich mit dem Gürtel meines Nachthemds an die vorderen Bettstreben. Ich denke mir Sachen aus, damit ich nicht einschlafe."
H.Novak, S.41

Doch die Bemühungen des Kindes haben nicht den gewünschten Erfolg. Die Mutter findet etwas anderes, um das Kind abzulehnen. Das zuvor mit viel Erziehungsaufwand angestrebte Verhalten des Kindes ist plötzlich nicht mehr von Interesse:

"Ich komme inmitten vieler Kinder am Lehrter Bahnhof an, und Mütter und Väter stürzen uns entgegen. Kaltesophie ist auch da. Ich habe eine Menge zu erzählen.
Was hast du denn da in den Haaren? Wo sind denn die Schleifen geblieben? Wie siehst denn du überhaupt aus? Das ist doch Strippe, reine Strippe, die du da in den Zöpfen hast.
Noch in der Bahnhofshalle wird mein Koffer inspiziert, an dessen Deckelinnenseite sich das sorgfältig eingeklebte Inhaltsverzeichnis befindet.
Ich stelle nur eins fest, es sind sämtliche Schleifen weg.
Dafür habe ich nicht ins Bett gemacht, nie.
Das interessiert mich jetzt nicht. Komm du mir mal erst nach Hause. Laß du uns erstmal unter vier Augen sein.
Es war weit vom Lehrter Bahnhof bis raus zum östlichsten Vorort von Großberlin."
H.Novak, S.30

Zusammenfassend kann gesagt werden, daß im rückblickenden Urteil der Autoren Kindern die Wärme und Achtung ihrer Persönlichkeit versagt bleibt, die sie nötig brauchen, um ein Selbstwertgefühl zu entwickeln. Es fehlte "*die Bejahung ungewaschener Kinderhälse*" (Chr.Meckel); was betrieben wurde, ist die konstante Entwertung der Persönlichkeit des Kindes. Die Art el-

16 Berna, Schulschwierigkeiten, S.36 ff.

terlicher Zuneigung, die "*gewissermaßen die Existenz des Kindes selbst belohnt*"[17], wurde vergeblich gesucht oder nur in Ansätzen gefunden.

Das Grundgefühl war das eines totalen Mangels elterlicher Bejahung, "*es fehlte und fehlte und fehlte*" (Chr.Meckel). Wenn Zuwendung erinnert wird, dann als "*Einzelereignis*" ohne die Aussicht auf Wiederholung. Das gab der elterlichen Liebe etwas Willkürliches und Unbeständiges. Aber man erinnert sich, daß die Befriedigung dieses Grundbedürfnisses zum Erwachsenwerden nötig und die Versagung dieses Bedürfnisses traumatisch war. Denn: "*So etwas hätte ich öfter gebraucht.*" (E.A.Rauter).

"Es gibt eine Fahrt zu Pfingsten auf die Flattnitz, sie leuchtet über mein Leben in Stall und Holzhütte.(...)
Du wirst dich wahrscheinlich nicht mehr erinnern, liebe Mutter, für dich war der Tag nicht das Einzelereignis. Du gingst mit mir über die Wiesen, über kleine Buckel und Hügel und erzähltest mir griechische Sagen.(...)
Dort und da blieben wir stehen, betrachteten und sprachen über Blumen. Es gab große blaue Gemeinden von Enzian; kleine Alpenveilchen (...).
Dann wieder setzten wir uns nebeneinander auf das feste kurze Almengras, in einer Vertrautheit, von der ich nicht ahnte, daß ich sie nie mehr erleben würde.
Die Pfingstbegegnung hat in mir ein Bild von dir geschaffen, das ich bis heute liebe. Du hast es immer wieder verdeckt, ich konnte nicht aufhören zu hoffen, es würde wiederkommen.(...)
So ein Sonntag ist nicht mehr wiedergekommen."
E.A.Rauter, S.64 ff.

Auffallend an dieser Schilderung der Pfingstbegegnung ist die Erfahrung einer vertrauten guten Eltern-Kind-Beziehung,die sich durch ein Fehlen jeglicher Erziehungs- und Veränderungsabsichten auszeichnet. Das Kind fühlt sich gut und ohne die ständige Angst, etwas

---

17 Neidhardt, Strukturbedingungen, S.287.

falsch zu machen.[18] Es kann nicht aufhören zu hoffen, eine solche Erfahrung würde wiederkommen.

Angesichts der hohen Wahrscheinlichkeit, sich überwiegend falsch, d.h. nicht erwartungsgemäß zu verhalten, kann das Kind sich nicht selber annehmen, weil es nicht erfährt, daß es angenommen wird, *bevor* es den elterlichen Erwartungen gerecht wird.

"*Sie sagt: Willst du wieder mit nach Hause kommen?*
Ich sage: Ja,ja.
Sie sagt: Wirst du ab jetzt immer artig sein?
Ich sage: Ja, ja, immer artig sein.
Sie sagt: Vergiß es ja nicht, sonst schicke ich dich wirklich weg."
H.Novak, S.37

Die Bekräftigung des Kindes als das, was es ist, die Erwartung der Kinder, daß sie jemand hinsichtlich ihres Verhaltens "*erfolgs- bzw. mißerfolgsunabhängig*"[19] annimmt, bleibt eine Illusion oder wird auf spätere Zeiten projiziert:

"*Erwartungen. Was kann ich eigentlich anderes erwarten, als den Morgen, an dem mir der Traum von den Abstoßungen und Mißhandlungen durch meine Eltern scheißegal ist. Den Morgen, an dem ich nach dem Traum nicht mehr friere und Angst habe, sondern ruhig weiterschlafe, weil da jemand ist, mit dem ich die Angst teilen kann. Worauf soll ich denn warten, als auf den Tag, an dem ich mich nackt vor dem Spiegel ertragen kann, weil ich weiß, daß mich jemand annimmt.*"
J.Hobrecht, S.207 f.

Wenn man mit V.Satir davon ausgeht, daß das Gefühl des Wertes nicht angeboren ist, sondern in der Familie erlernt wird, weil das Kind sich auf die Botschaften verläßt, die es hinsichtlich seines Wertes als Mensch von dort bekommt[20], muß man aufgrund der autobiographischen

18 vgl den Bericht der Sachverständigenkommission für den Zweiten Familienbericht, Kap IV: Sozialisationswirkungen der Familie, besonders "Selbstwertgefühl versus Ängstlichkeit", S.56 f.
19 F.Neidhardt, Strukturbedingungen, S.287; vgl. auch Schmidtchen, S.110 ff.
20 Satir, S.42 f.

Erinnerungen erst einmal von einem Defizit der Familienerziehung reden. In den Familien der Autoren wurde nicht so "*menschenmöglich*" (Chr.Meckel) gelebt, daß die Kinder sich von ganzem Herzen als gut oder als persönlich wertvoll hätten empfinden können. Dabei ist dieses Problem der Mißachtung der Persönlichkeit des Kindes nicht auf Ausnahmefamilien beschränkt. Nach K.Mollenhauer ist es vielmehr repräsentativ für die Familienerziehung und zeigt an, "*aus welchem Stoff das Eltern-Kind-System gemacht ist und was für eine Gratwanderung die Familienerziehung ist*".[21]
Diese frühen Erfahrungen in der Familie liefern, wie die weiteren von den Autoren geschilderten Entwicklungen zeigen, keine sehr nützlichen Informationen und Prägungen für das Leben. Es kommt zum Aufbau eines "*falschen Selbst*"[22].

"*Sie ziehen uns an mit Lügen. Die müssen wir vorspielen.*
Vor einem dankbaren Publikum.
Die Rolle liegt mir nicht.(...)
Sie haben uns beigebracht, uns so unmenschlich wie möglich zu benehmen."
D.Kempff, S.93

"*Ich habe eine Sicherheitsnadel aufgebogen.*
Ich schreibe überall meinen Namen hin.
Ich ritze ihn mit der Nadel in Tische, Stühle, Fensterbretter ein."
H.Novak, S.25

"*Ich hatte soviel Angst, ihren Anforderungen nicht zu genügen, daß ich nichts anderes tun konnte, als den Maßnahmen zuzustimmen, die sie über mich verhängten, und sie hielten das für Freundlichkeit. Ich stimmte aber nicht wirklich zu, sondern nur unter dem Vorbehalt meiner Schwäche. Der ihre Anweisungen befolgte, der war nicht ich, der war ein von mir vorübergehend Beauftragter.*"
H.Kipphardt, März, S.18

---

21 Mollenhauer,Brumlik,Wudtke, S.68.
22 Miller Drama; Miller, Merken, S.243 ff.

"Es ist eine Lüge, die durchs Leben holpert, sich durchs Leben stottert."
U.Adam, S.46

Das innerfamiliale Klima, das die Beziehung zwischen den Bezugspersonen und den Kindern kennzeichnet und damit auch wegweisend ist für die Beziehungs- und Dialogmöglichkeiten des späteren Erwachsenen, ist in der Kindheit von so großer Bedeutung, weil dadurch auch die Vermittlung von grundlegenden Interpretationsmustern erfolgt.[23]

B.Bettelheim hat in seinen Studien zum Autismus[24] des Kindes die negativen Konsequenzen für die Sozialisation erforscht, die entstehen, wenn Angst und Frustration die emotionalen Begleiterscheinungen sozialer Interaktion in der Familie sind:

"Ich kann nun näher spezifizieren, worin die autistische Anlage im wesentlichen besteht: sie gründet in der Überzeugung, daß die eigenen Anstrengungen die Welt nicht beeinflussen können, und diese Überzeugung wiederum basiert auf der früher gewonnenen Überzeugung, daß die Welt auf die eigenen Reaktionen gefühllos reagiert."[25]

So kann sich die wichtige Erfahrung, daß die eigene Person Reaktionen der Umgebung hervorrufen kann, und damit der Glaube an die eigene Person nicht einstellen. Wenn das Kind kein verläßliches Gefühl für sich selbst und seine Erfahrungen entwickeln kann, weil es keine emotionale Stabilität gibt, kommt es auch zu grundlegenden Verzerrungen in der Wahrnehmung anderer Menschen, zu erwartetem feindseligem Verhalten (J.Hobrecht; S.Gauch; U.Adam) und eigener Destruktivität und Feindseligkeit (H.Novak;P.Kersten). Nach H.Sullivan läuft diese Feindseligkeit, der man im Leben dann be-

---

23 Kreppner, S.412.
24 Bettelheim, Geburt.
25 Bettelheim, Geburt, S.59.

gegnet, auf die Feststellung hinaus: "*Es war einmal eine Zeit, da war alles schön und herrlich, das aber war, bevor ich etwas mit Menschen zu tun haben mußte.*"[26]

Diese zugespitzte Formulierung wird nur auf dem Hintergrund verständlich, daß die Familie für das Kind und seine Möglichkeiten, Erfahrungen hinsichtlich seines Wertes zu machen, anders als für die Erwachsenen, von exklusiver Bedeutung ist.[27]

---

26 Sullivan, S.245.
27 Sullivan, S.384 ff.

2. Erziehung statt Beziehung

Die Pfingstbegegnung mit der Mutter war für E.A.Rauter das Einzelereignis. "*So ein Sonntag ist nicht wiedergekommen.*" Wenn man mit Hilfe der autobiographischen Erinnerungen der Frage nachgeht, warum Begegnungen zwischen Eltern und Kindern, wirklich warme, gefühlsmäßige Beziehungen, das Einzelereignis geblieben sind, kann der Gedanke von H.Sullivan[28], in einem wichtigen Detail verändert, Gültigkeit beanspruchen: Es war einmal eine Zeit, da war alles schön und herrlich, das aber war, bevor ich etwas mit Erziehung zu tun haben mußte. Mit dem Einsetzen der Erziehungsmaßnahmen kommt etwas Befremdendes zwischen Eltern und Kinder, schleicht sich gleichsam etwas Zerstörerisches ein.

"Er liebte Kinder und vergötterte das eigene. Solange das Kind noch unschuldig war, bevor die Erziehungsmaßnahmen einsetzten (Vorschrift, Belehrung und was er ZÜCHTIGUNG nannte), war er ein Vater ohne Vergleich, Spielmeister, großer Bruder, Vertrauter und Freund. Er war die Zuversicht, der Fels und der Fixstern, er war die unumstößliche Mitte des Kindseins. Seine Art, die Erscheinungen der Welt zu vermitteln, verzauberten das Kind und machten es reich. Der Weg durch das Kieferngehölz und der Weg zu den Weiden, singen und pfeifen im Regen macht glücklich. Die Freundlichkeit der Sonne, die Trauer des Mondes, die Neugier des Windes, der bewußtlose Schnee. Der Vater wollte DAS HERZ SEINES KINDES besitzen, und er besaß es. Das Kind hing am Vater und glaubte noch lange an ihn. Auf einer Holzbank unter Bäumen im Garten hockte es neben dem Vater und hörte Gedichte, die der Vater ihm vorlas.(...)
Das haltbare Leben dauerte ein paar Jahre und war die beste Zeit meines Vaters gewesen. Es war seine beste Zeit für das Kind, und es war die beste Zeit des Kindes für ihn. Vier Jahre fast uneingeschränkter Verwirklichung. Dann kam (er hatte die Angst verdrängt) der Krieg."
Chr.Meckel, S. 49 ff.

Liebe gab es in der Erinnerung Chr.Meckels, bevor es Erziehung gab. Erziehung als Vorschrift, Belehrung und

28 Sullivan, S.245.

Züchtigung. Davor gab es den "Vater ohne Vergleich", den Spielmeister, den Vertrauten, der das Kind begleitete, glücklich machte und selber dabei glücklich war. Es gab Gefühle: die Freundlichkeit der Sonne, die Trauer des Mondes, die Neugier des Kindes. Es gab das Interesse des Vaters an seinem Kind und den Glauben des Kindes an den Vater. Es gab in der Familie ein haltbares Leben, Vater und Kind haben einander gut getan.

Es fehlte das Machtgefälle zwischen Eltern und Kind[29], es fehlten die Imperative, das Klein-machen des Kindes und die Stilisierung des Kindes zum Objekt irgendwelcher undurchschaubarer Maßnahmen.

Es gab natürlich auch Erziehung, aber *innerhalb* der Beziehung und geprägt und getragen von ihr. Erziehung geschah auf dem *gemeinsamen* Weg durch das Kieferngehölz und auf der Bank *neben* dem Vater.[30]

Dann kam der Krieg, auch der Erziehungskrieg.[31]

"Wirst du ab jetzt
artig sein
fügsam sein
willig sein
gehorsam sein
dankbar sein
fleißig sein
ja ja ja ja ja
vesprichst du mir das
du Findling du
ich verspreche
artig zu sein
fügsam zu sein
willig zu sein
gehorsam zu sein
dankbar zu sein
fleißig zu sein

---

29 Mollenhauer,Brumlik,Wudtke, S.69.
30 s.o. S. 32 ff.: Unterstützen statt Erziehen.
31 "*Lange vor Ausbruch eines thermonuklearen Krieges haben wir unseren Verstand verwüsten müssen. Wir fangen bei den Kindern an. Man muß sie rechtzeitig erwischen.*" R.D.Laing, The Politics, 1967,S.49. Zit.n.Saß, S.12. Vgl. hierzu auch Ende, Krieg.

erstmal ins Bett mit mir
bis sie erlaubt
ihr wieder unter die Augen zu treten
ich will ab jetzt
immer gehorchen"
H.Novak, S.39

Wenn Kinder als Objekte von Erziehungsmaßnahmen erscheinen, hören die Eltern auf, gemeinsame Wege mit den Kindern zu machen. Sie sitzen auch nicht mehr neben ihnen auf Holzbänken und erzählen, sie diktieren. Ebenso plötzlich hören Kinder auf, Personen mit eigener Würde zu sein. Man gewinnt den Eindruck, *"daß sie wie Variablen in einem organisatorischen Planspiel fungieren"*[32], dessen Regeln nicht einmal die Eltern genau kennen. Kinder werden zu Objekten einer Erziehung, deren erklärtes Ziel es ist, ein artiges, fügsames, williges, dankbares, fleißiges Kind zu haben. Auf dem Weg zu diesem Ziel wird der "Findling" daran erinnert, daß er keine Rechte in der Familie hat, daß er froh sein muß, in dieser Familie untergekommen zu sein, und jederzeit durch Fehlverhalten seinen Platz in der Familie verlieren kann. Was bei H.Novak eine Zuspitzung darin erfährt, daß sie ein Adoptivkind ist, taucht, etwas abgeschwächt, auch bei den anderen Autoren auf:

Die Liebe der Eltern ist gekennzeichnet durch strukturelle Labilität und der Liebesentzug wird als Bestrafung sowie als Mittel zur Durchsetzung von Erziehungsidealen eingesetzt. Die Wirkung dieses Mittels beruht auf der Trennungsangst, die unweigerlich entsteht, wenn die Beziehung vorübergehend aufgelöst wird.[33]

"Für einige Zeit konntest du am Wochenende kein Vater sein. Ich wurde an der Hand eines Erwachsenen durch die Kreisstadt gezerrt und sah hinter der Scheibe des Cafés

32 Mollenhauer,Brumlik,Wudtke. S.60.
33 Pernhaupt,Czermak, S.37.

dein Gesicht. Du hast mir nachgeblickt und ich wäre gerne zu dir gelaufen, hätte dich gerne umarmt, hätte mich gerne von dir in die Arme nehmen lassen und geweint. Geweint habe ich dann erst am Abend, unter der Bettdecke. Ich habe meinen Kopf ins Kissen gepreßt, damit mein Schluchzen nicht gehört wird."
S.Gauch, S.113

Ähnlich wie S.Gauch erinnern sich die anderen Autoren mit einer gewissen Fassungslosigkeit an die immer wieder abgebrochenen Beziehungen zwischen Eltern und Kindern, die fast zwangsläufig und ohne Beeinflussung von seiten des Kindes ihren Lauf nahmen, in dem Augenblick, da erzogen werden mußte.

Das Zeit-haben für das Kind, bei Chr.Meckel noch eine Quelle des Glücks für Vater und Kind, wird zum Alptraum für E.A.Rauter, weil es Zeit für die Erziehung ist.

"Der Sonntag war nicht günstig für mich, da hattet ihr beide Zeit, mich zu erziehen. Das merkte ich an einem der ersten Sonntage, die ich euch kannte.
Pflegevater und ich saßen in der Wohnstube auf der Bank am Kachelofen. Wir waren eine Paar-Idylle. Der Ofen war gewölbt wie ein Iglu. Er hatte die grüne Farbe provencalischer Teller. Wir beide saßen nebeneinander und genossen die Wärme mit unseren Rücken. Das Zimmer war zwei Jahre zuvor noch eine Gaststube gewesen. (...) In der Mitte der Stube stand ein runder Tisch. Auf der Mitte des Tisches lag ein Hut von dir, Vater. Du sagtest zu mir, ich solle hingehen, den Hut nehmen und ihn an die Tür hängen. Da war ich vielleicht eine Woche bei euch. Ich ging zum Tisch, setzte mir den Hut auf, ging zur Tür und hängte ihn an einen Haken. Ich wurde dadurch mit einem seelischen Abgrund bekannt. Ich bekam vom Leben eine gewischt.
Du hobst mich an den Haaren in die Höhe und drehtest mich im Kreis, ein Karusell, das an deiner Hand hing, meine Füße beschrieben eine größer werdende Spirale. Als dir die Fliehkraft meines Körpers stark genug schien, ließt du meine Haare los, ich landete in einer Zimmerecke.
Ich hatte dich eingeladen, mit mir zu spielen."
E.A.Rauter, S.55 f.

Auch in dieser Erinnerung taucht ein fast paradiesischer Vor-Erziehungs-Zustand auf: Die Paar-Idylle von Pflegevater und Sohn, die nebeneinander sitzen und die Wärme des Ofens genießen. Der Sohn lädt den Vater ein, aus einer Aufräumaktion, dem Wegräumen des Hutes, ein Spiel zu machen. Dadurch wird er mit einem seelischen Abgrund bekannt, wohl der verletzten Autorität des Vaters. Die Paar-Idylle Vater und Kind endet jäh in einer Machtdemonstration des eben noch genießenden, jetzt aber plötzlich erziehenden Vaters, die einzig das Ziel verfolgt, die Hegemonie des Vaters wieder uneingeschränkt herzustellen.[34] Nach den Gründen und Motivationen für das Verhalten des Kindes wird nicht gefragt. Es wird deutlich, daß die Welt des Kindes, die Einladung zum Spiel, zur Aufrechterhaltung der guten Beziehung zwischen Kind und Vater, eine untergeordnete Rolle spielt.[35] Das Interaktionsgeschehen in dieser Familie ist nicht so, daß die Familienmitglieder sich als Partner begegnen und als Subjekte verstehen könnten. Der Sohn wird zum Objekt der Erziehung,und ob der Vater Subjekt bleiben kann, ist zumindest zweifelhaft, eher macht er den Eindruck eines Erfüllungsgehilfen einer abstrakten Norm. Die Beziehung ist für beide unterbrochen.

Wichtig ist in diesem Zusammenhang, daß es sich nicht um ein einmaliges Mißverständnis handelt, das bei größerer Empathie von seiten des Vaters ein zweites Mal vermieden werden könnte, sondern daß hier ein struktu-

---

34 Honig, S.218 ff.

35 *"Für die familiale Sozialisation der Kinder ist die Frage außerordentlich wichtig, ob und in welchem Maße sie in der Familie die Chance haben, ihre eigenen Bedürfnisse zur Geltung zu bringen und deren Einschränkung durch die Eltern diesen gegenüber auf ihren Sinn zu hinterfragen, also Metakommunikation zu entfalten. Werden in den Familien die kindlichen Bedürfnisse respektiert? Werden die Fragen der Kinder ernst und - wenn sinnvoll - zum Anlaß elterlicher Korrekturen genommen? Und wer entscheidet darüber?"* Zweiter Familienbericht, S.35 f.

relles Problem in der Familienerziehung auftaucht: das Aufeinanderprallen von unvernünftiger,verspielter Kinderwelt und einer Sachzwängen folgenden Erwachsenenwelt. Die Erziehungsmaßnahmen sollen den *"Widerstand des Kindes als Kind"* überwinden.[36] Widerstände, die sich aus der *"eigenartigen Vernunft von Kindern"* ergeben, wie z.B. spielen, träumen, etwas vergessen, Zeit verlieren und Zeit haben, die das *"linear-quantitative Zeitkalkül erwachsener Rationalität"* stören.[37] Das Verstehen der Kinderwelt durch die Erzieher führt eigenartigerweise nicht zu einer Akzeptanz derselben, sondern zu ihrer Unterdrückung. Erwachsenenwelt und Kinderwelt haben eben unterschiedlich viel Gewicht, Macht und Plausibilität auf ihrer Seite. *"Für den Umgang der Familienmitglieder miteinander und die Art der Interaktionen zwischen diesen ist charakteristisch, daß die Elterngeneration der Kindergeneration gegenüber einen Vorsprung an Macht- Einfluß-, Kontroll- und Sanktionsmöglichkeiten besitzt."*[38] Deswegen hat es keinen Sinn für das Kind, um Verständnis zu werben für seine Sicht der Dinge, um zu vermitteln zwischen diesen beiden Welten. Je deutlicher die Struktur der Kinderwelt wird, d.h. auch je überzeugender, desto mehr muß sie bekämpft werden. Prügel sind ein Mittel, die Vorherrschaft der Erwachsenenwelt aufrechtzuerhalten.

"Ich konnte es mir nicht leisten, von euch verstanden zu werden. Je besser ihr mich verstanden hättet, um so mehr Prügel hätte ich von euch bezogen."
E.A.Rauter, S.20

---

36 Honig, S.228.
37 Honig, S.228.
38 Hamann, S.50.

So kommt es zu dem eigenartigen Tatbestand, daß die Kinder und ihre Sicht der Welt sowie ihre Probleme in und mit dieser Welt "*verblassen vor den Problemen, die die Eltern für sich, als Erwachsene in dieser Gesellschaft, in dieser Familie zu lösen haben*".[39] Kindererziehung wird zur Last, unter der nicht nur die Kinder, sondern auch die Eltern leiden.

"*Ihr habt euch in harter Heimarbeit an mir versucht. Während eurer Verrichtungen schien ich für euch ein Gummisack mit Löchern. Erziehung hieß für euch, Lecks in einem Behälter abzudichten.*
Das ist wörtlich zu verstehen. Ich gehörte zu der Art von Jungen, deren Blase während des Schlafes vom Gehirn falsch gesteuert wird. Ihr schlugt euch um meine Harnröhre, als reichte der Inhalt meiner Blase, euren Keller in der Nacht unter Urin zusetzen."
E.A.Rauter, S.5

"*Es war die Angst vor meinem Blaseninhalt, die viele Erwachsene beherrschte, während die Aussichten auf Brandbomben und Granatsplitter sie nicht so nachhaltig schreckte. Ich konnte nicht verstehen, daß solche zerstörerischen Kräfte in meiner kleinen Hose stecken sollten.*
E.A.Rauter, S.12

Diese Last und dieses Leiden rechtfertigen auch Angriffe und Übergriffe auf das Selbstwertgefühl des Kindes. Es geschieht ja in bester Absicht. Das erklärte Erziehungsziel vieler Eltern ist, "*das Kind zu einem guten Menschen zu machen und ihm seinen Dickkopf (Zorn) auszutreiben. Es ist kaum möglich, zu ahnen, wieviel Schaden diese Erziehungseinstellung einem Kind zufügt.*"[40]

"*Als wir an unserer Station aus der S-Bahn stiegen, blickte sie an mir herab. Ich trug ein rotes Seidenkleid mit Pikeekragen und weißen Manschetten. Ihre Augen wanderten hin und her. Jetzt erwachte sie und schlug zu: ich hatte in der Bahn, in die wir leicht noch hätten zurückspringen können, meine rote Lackledertasche liegenlassen.*

---

39 Mollenhauer,Brumlik,Wudtke, S.60.
40 Satir, S.131.

Wenn ich nicht auf alles achte, du Kamel, du! Was glaubst du, habe ich mir für Mühe gegeben, eine Tasche aufzutreiben, die zu deinem Kleid paßt! Kleine Idiotin! Peng. Drrrr, an den Zöpfen gezogen. Dir ist einfach nichts was wert, schon gar nicht, wenn es von mir ist. Du achtest weder meine Sachen, noch deine, und das mitten im Krieg. Satansbraten. Steh nicht so dämlich da! Ich bring dich zum Aufsichtsbeamten und fahre noch mal nach Friedrichstraße rein. Soll er auf dich aufpassen. Zwei Stunden später kam sie mit meiner Tasche unterm Arm zurück. Ich hatte inzwischen alle Stationen bis Friedrichstraße auswendig gelernt."
H.Novak, S.80

Die Mühe der Mutter, eine Tasche aufzutreiben, die zu dem Kleid des Kindes paßt, sowie die Kränkung ("dir ist nichts was wert, wenn es von mir ist") reichen als Begründung aus, um das Kind schlagen zu können. Die Vergeßlichkeit oder Sorglosigkeit des Kindes, seine Motive und Probleme verblassen neben denen seiner Mutter. Die Zeit wird nicht genutzt, um in die Bahn zurückzuspringen und die Tasche zu holen, obwohl das nach Ansicht des Kindes möglich gewesen wäre.
Die Gelegenheit wird auch nicht genutzt, um etwas aus dieser Situation zu lernen, das entstandene Problem wird nicht mit vereinten Kräften gelöst. Der Anlaß wird vielmehr dazu benutzt, das Kind zu demütigen. Mit Hilfe einer Unterstellung -"du achtest weder meine Sachen, noch deine"- wird das Kind zum Täter mit bösen Absichten stilisiert. Diese Stilisierung des Kindes zum Täter, "Satansbraten", ermöglicht es der Mutter, sich selbst als Opfer zu sehen und dem Kind die nötige Fürsorglichkeit zu verweigern. Es wird allein auf dem Bahnhof zurückgelassen, weil es die Mutter verletzt hat. Die Stilisierung des Kindes zum starken Täter, der die schwachen Eltern ("Opfer") verletzt, ist mitverantwortlich dafür, daß es zwischen Eltern und Kindern so selten zu

der Beziehung kommt, die sie brauchen, um wachsen zu können und sich als wertvoll zu empfinden.

Eine andere Ursache ist das fehlende Gespräch zwischen Eltern und Kindern. "*Nirgendwo wird so abgrundtief geschwiegen wie in deutschen Familien.*"[41] Dadurch erfahren die Eltern nichts von den Kindern und die Kinder nichts von den Eltern. Man könnte verkürzt sagen: Erziehung ("*jenes bald strafende, bald lähmende Schweigen*"[42]) ersetzt das Gespräch.

"*Es ist niemand Vertrautes da. Zähne zusammenbeißen, denke ich. (...) Und ich kann mit keinem darüber reden. (...) Erschöpft lasse ich mich in den Autositz fallen. Will mich irgendwo anlehnen, ausheulen. Es geht nicht.*"
J.Hobrecht, S.41 f.

"*Was ist erquicklicher als das Licht? Das Gespräch. Weil es alle Lichtjahre mal zu einem Gespräch kommt. Der Dialog ist eine Erfindung von dramatischen Greisen. In Wirklichkeit sieht das so aus: Einer redet, die andern dürfen zuhören. Das ist das einzige, was man darf. Du darfst nicht, du sollst nicht, du mußt.*"
D.Kempff, S.78

Dadurch, daß es nicht zu einem Gespräch kommt, sprechen die Eltern auch nicht über ihre eigenen Gefühle. Sie sprechen nicht über die Fehler, die sie machen, darum haben die Kinder nicht die Möglichkeit zu verzeihen. Die Erwachsenen erkennen nicht ihre eigene Menschlichkeit und Bedürftigkeit. Ihre eigenen Wünsche nach "Beelterntwerden"[43] dürfen nicht zur Sprache kommen. Dadurch sind sie noch weniger in der Lage, die Bedürftigkeit der Kinder zu erkennen. Es kommt zur Parentifizierung[44] der Kinder. Ein gewisses Maß an unbewußter Pa-

---

41 Wolf, Kindheitsmuster, S.272.
42 Grimm, S.176.
43 Babcock,Keepers, S.265 ff.
44 "*Definitionsgemäß bedeutet Parentifizierung die subjektive Verzerrung einer Beziehung - so, als stellte der Ehepartner oder gar eines der Kinder einen Elternteil dar. Diese Verzerrung kann sich in Form einer Wunschphantasie oder, dramatischer, eines Abhängigkeitsverhaltens äußern.*"

rentifizierung gehört wahrscheinlich zum Verhalten aller Eltern gegenüber ihren Kindern, aber "*zuweilen verhalten sich Eltern so regressiv, daß ihre Kinder sich offen aufgefordert fühlen, bereits in zartem Alter Sorgerollen zu übernehmen...Häufig pendelt das kleine Kind auch zwischen den Eltern hin und her, mal dem einen, mal dem anderen Trost spendend..*"[45].

"Von dem Mitleid, das ich schon als Kind für ihn empfand, wenn er den Erniedrigungen durch meine Mutter ausgesetzt war, spürte er nichts. Todesangst packte mich, als meine Mutter ihm eine ausgequetschte Zitronenhälfte ins Gesicht klatschte. Er wurde blaß, stand starr. Für einen Moment schien es, als wolle er zurückschlagen. Er hob die Hand, ließ sie wieder sinken, rannte zur Tür hinaus. Meine Mutter weinte, aber ich sah ihren Augen an, daß sie heimlich triumphierte. 'Eines Tages', drohte sie mir, 'kommst du nach Haus, dann findest du mich in der Küche, dann habe ich den Gashahn aufgedreht.'
Wenn ich aus der Schule nach Hause kam, atmete ich schon im Treppenhaus tief ein, um festzustellen, ob es nach Gas roch. Ich stellte mir vor, daß sie in der Küche liegen würde, zwischen Herd und Ausguß. Und immer, wenn mein Vater länger als gewöhnlich mit dem Motorrad (oder später mit dem VW) unterwegs war, packte mich die Angst. Meine Mutter steigerte sie zur Todesangst.'Wenn ihm nun was passiert ist?' Ich rannte mit Herzklopfen mehrmals auf die Straße hinaus, um nach ihm Ausschau zu halten. Als ich ihn endlich um die Ecke biegen sah, schluckte ich rasch meine Tränen runter, um sie vor ihm zu verbergen."
P.Kersten, S.86 f.

Die Eltern sprechen nicht offen mit den Kindern über ihre eigenen Bedürfnisse und Wünsche und nicht über ihre Enttäuschungen.[46] Sie sprechen überhaupt selten mit den Kindern.

"Der Wunsch nach Erinnerungen, die es nicht gibt, und der Wunsch nach Gesprächen, die nicht geführt wurden."
Ch.Meckel, S.131

Boszormenyi-Nagy, S.209.
45 Boszormenyi-Nagy, S.213 f.
46 *"Im Hinblick auf den Inhaltsaspekt der Familienkommunikation zeigt sich, daß die Themen, an denen alle Familienmitglieder teilhaben, vorwiegend im Freizeit- und Konsumbereich liegen..."*
Zweiter Familienbericht, S.40

"Es fehlte in allem, für alles, ein echtes Wort."
Chr.Meckel, S.148

Wenn die Erwachsenen sprechen, sprechen sie nicht über sich, sondern über die Kinder und dies häufig in einem verletzenden Ton:

"Ich weiß eigentlich sehr wenig über sie. Vielleicht ist es einfach eine Tatsache, daß Mütter meistens über ihre Kinder reden.
Was ich weiß, weiß ich aus Beobachtungen.
Sie ist so erzogen, wie sie mich versucht, zu erziehen: Als Geschäftsfrau muß sie darauf achten, daß die Form gewahrt bleibt. 'Der Jüngere grüßt zuerst', sagte sie. Als ich es vergaß, bekam ich eine Ohrfeige. 'Sag nicht Bonschen, sag Bonbon, sprich richtiges Deutsch, schließlich haben Deine Eltern Bildung.' Als ich die Kartoffel mit dem Messer schneiden wollte, riß sie mir den Teller weg. Zu einer guten Kundin der Bäckerei, deren Mann Arzt war, sagte sie Frau Doktor. Als ich es nicht tat, bekam ich Fernsehverbot. Bis sie die Bäckerei aufgaben, nahm sie oft nervenstärkende Medikamente und Eisenpräparate.
Es kam vor, daß sie wegen einer Nichtigkeit über mich herfiel und mich schlug. Nur, weil ich etwas Milch verschüttet hatte."
J.Hobrecht, S.75 f.

Die Erwachsenen sind sehr damit beschäftigt, ihrem Kind zu sagen, was es tun oder lassen soll, damit die Form gewahrt bleibt. Daneben ist keine Zeit und Möglichkeit mehr, das Kind kennenzulernen und sich an seiner Einmaligkeit zu freuen. Über Erziehung weiß man viel, über das Kind wenig.[47] Elternsein wird zur schrecklichen Erfahrung, voll harter Arbeit, Verzweiflung und Last. Erziehungswissen befähigt Eltern nicht dazu, den Kindern zur Freude über sich selbst und über ihr Dasein zu verhelfen.[48]

---

47 Beck-Gernsheim, Inszenierung; Genser; Rerrich; Schülein.
48 *"Das Auseinanderklaffen von Theorie und Praxis, bzw. von Erziehungsanspruch und tatsächlichem Verhalten, scheint mir selbst bei noch so progressiver Theorie keine bessere Ausgangsbasis für das Kind in seiner Entwicklung zu schaffen als die herkömmlich bürgerliche Erziehung; beide stellen einen erzieherischen Anspruch an das Kind, den sie selbst bewußt oder unbewußt nicht in der Lage sind zu halten."*
Seehuber, S.52.

"Kinder sind Sauigel, Ferkel und kleine Verbrecher. Sie sind dickköpfig, heimtückisch, böse und raffiniert und schlimme Steine auf dem Herzen der Eltern. Sie setzen sich mit Absicht in den Dreck, zerschlagen Töpfe, drehn unerlaubt an Radioknöpfen und ruinieren eine Autoheizung. Sie sind zuzeiten wie das Gesindel selbst, sie spielen im Reich der Erwachsenen auf eigene Gefahr."
Chr.Meckel, S.57

Bei der geringsten Panne ("Nichtigkeit") werden Maßnahmen ergriffen, die in keinem Verhältnis zu den sie auslösenden Ereignissen stehen. Weil die Eltern keine Freude an den Kindern haben, haben die Kinder keine Freude an den Eltern.[49] So lernen die Kinder vielleicht richtiges Deutsch, richtiges Grüßen und daß man die Kartoffeln nicht mit dem Messer schneidet. Aber sie lernen nicht, daß es Spaß macht, erwachsen zu werden und wie man mit Lust Mutter und Vater sein könnte. "*Es überrascht mich nicht, von vielen Kindern zu hören, daß sie eigentlich nicht erwachsen werden wollen, weil es keinen Spaß macht, erwachsen zu sein.*"[50]
Geborgen und akzeptiert kann sich ein Kind erst dann fühlen, wenn es weiß, daß die Eltern es im großen und ganzen in Ordnung finden. In dem Bewußtsein, anerkannt zu sein, kann es die notwendige Kritik leichter verdauen und verstehen. Erwachsene untereinander sind sehr empfindlich und halten es leicht für eine persönliche Zurückweisung und Kränkung, wenn sie ihre Eigenarten verleugnen und sich ändern sollen. Genau das wird von den Kindern im täglichen Interaktionsgeschehen aber verlangt. Dabei hieße, auf konsequente Weise für jemanden zu sorgen, *"zuallererst: ihn so zu nehmen wie er ist."*[51]

49 Satir, S.256 f.
50 Satir, S.256.
51 Bandler,Grinder,Satir, S.10.

Die Autoren erinnern sich nicht, daß sie als Kinder nach ihren Gefühlen gefragt wurden. Nie erscheint die Frage: "Wie geht es dir? Was brauchst du jetzt?". Immer wieder wird deutlich, daß die Kinder kein Recht hatten auf ihre Gefühle und auf die Befriedigung ihrer Bedürfnisse zu der Zeit, wo sie das gebraucht hätten. Immer wieder wurde die Bestätigung vermittelt, daß die existentielle Abhängigkeit des Kindes "*ihm nicht eine unterstützende und sichere Bindung zur Orientierung*" gewährleistet hat, "*sondern* (daß) *man seinem Kleinsein und seinen Wünschen gegenüber feindlich gesinnt*" war.[52] Das bedeutet, daß das Kind als der "*Schwächere sich an die Realität des Stärkeren anpassen muß*".[53] Erwachsene, gleichgültig wie sehr sie selbst unterdrückt sind, besitzen ein Privileg - "*sie sind mächtig im Verhältnis zu denen, die erst erwachsen werden wollen. Und sie bedienen sich dieser Macht.*"[54]

Wo nicht gefragt wird, ist auch nichts über die Realität des Kindes und seine Gefühle in Erfahrung zu bringen. Die Macht des Kindes bleibt eine ohnmächtige Geste. Die "*Übermacht der Erwachsenen über die Kinder*"[55] ist die unausweichliche Folge, die von den Autoren immer wieder berichtet wird. Sie vererbt sich weiter von

---

52 Seehuber, S.53.
53 Stierlin, Psychoanalyse, S.50 ff.
54 Saß, S.6.
55 Mollenhauer,Brumlik,Wudtke, S.60.

Erziehergeneration zu Erziehergeneration.[56] Die Eltern präsentieren ihre Kinder nichtsahnend als "*Symptome ihrer eigenen verbliebenen Kindlichkeit*".[57] Die Kinder haben von ihren Eltern Erziehung gelernt, die freilich die Eltern nicht von sich aus produziert, sondern ebenfalls durch bittere Erfahrungen gelernt haben. "*Erwachsene sind aufgewachsene Kinder.*"[58] Erwachsene sind durch Erziehung beschädigte Menschen, sie repräsentieren "*ein System von Narben, die nur unter Leiden, und nie ganz, integriert werden*".[59]

"*Mein Vater war ein ausgespucktes Kind.*"
Chr.Meckel, S.21

Über den Großvater, der den Vater erzogen hat, schreibt Chr.Meckel:

"*Der Misanthrop zerbrach die Natur der Kinder. Seiner Mißachtung entkam kein Mensch, es sei denn als Opfer. Mein Vater litt unter chronischer Lieblosigkeit und stotterte früh. Was immer er tat, seinen Vater zu überzeugen, wurde knapp und kalt mit Verachtung belegt. Zeitlebens warb er um ihn und erhielt kein Echo.(...) Die Erziehungsformel für seine Kinder hieß: du bist nichts, du kannst nichts, mach deine Schulaufgaben. Sie kehrte wörtlich bei meinem Vater wieder, als er meine ersten Gedichte las.*"
S.22 f.

Nach I.A.Caruso verfolgen die Eltern das Kind mit Haß, weil sie sich selbst hassen: "*Das Kind hat zu parieren, das Kind hat brav zu sein, es hat nicht zu schreien, nicht zu stören, nicht schmutzig zu sein usf usf., weil wir übererzogen, unterdrückt, ängstlich sind. Wir haben ständig brav zu sein (...).*"[60]

---

56 "*Sehr häufig sind mißhandelnde Eltern in einem ähnlichen System aufgewachsen..Ihre eigenen Bedürfnisse wurden nicht wahrgenommen. Mißhandelnde Eltern haben kein Polster von Selbstwertgefühl entwickeln können. Sie sind ständig auf der Suche nach Bestätigung.*"
Kranz, S.371 .
57 Brück.
58 Satir, S.237.
59 Adorno, S.24
60 Caruso, S.31.

In den Interaktionen zwischen Eltern und Kindern kommt es fortgesetzt zu Abwertungen kindlicher Gefühle und Einstellungen. Erziehung kann geradezu als Verlust von Wissen und persönlicher Integrität bezeichnet werden. Wo Fragen gestellt wurden, gab es keine Antworten, die Kinder wurden nicht ernst genommen oder für zu klein gehalten.

"Keine Antwort auf all die Fragen. Oder: dazu bist du noch zu klein. Warte bis du größer bist. Kinder verstehen nichts von der Welt."
K.Reschke, S.39

Die seltsame Vorstellung von Erwachsenen, Kinder wären zu klein, um Antworten zu verstehen, steht in einem krassen Widerspruch zu den Problemen, die Erwachsene den Kindern ungefragt zumuten und aufbürden. Die Autoren waren nie zu klein, um unverständliches Erwachsenenverhalten zu ertragen.

Dieses *"Du bist zu klein-Klischee"* ist meistens verbunden mit einem *"Du bist zu dumm"*. Solche Behauptungen sind im Grunde persönliche Beleidigungen und haben auf das Selbstwertgefühl der Kinder eine langandauernde, lähmende Wirkung.[61]

"Er war entschlossen, mich ins Unrecht zu setzen."
Chr. Meckel, S.153

"In Gegenwart Dritter bin ich immer der kleine dumme Junge."
J.Hobrecht, S.104

"Er ließ mich fühlen, daß ich ein Dummkopf sei."
Chr. Meckel, S.155

Dabei geht es nicht zuerst und vor allem um den Ansporn zu besseren Leistungen, sondern um den Nachweis der Unfähigkeit und der Unterlegenheit der Kinder. Um diesen Nachweis zu erbringen, werden die Kinder als "dumm"

---

61 Satir, S.254.

stigmatisiert. Die vorgenommene Stigmatisierung gelingt auch weitgehend, die Kinder werden immer stärker verunsichert und akzeptieren schließlich die Rolle des Versagers.

"Nicht weit von der Wiege entfernt, im zweiten Schuljahr, als ihre Hände bereits gezeichnet waren und ihr Herz verwirrt, fand sie besonderen Gefallen an ihrer Lehrerin. Da fing sie an zu sagen, auch sie wolle Lehrerin werden. Und ihr Vater fing an zu sagen: Wenn du dies und das tust, wenn du dich so und so benimmst, kannst du nie Lehrerin werden. Schließlich, der Ermahnung überdrüssig, wollte sie es nicht mehr."
M.Palfrader, S.7

"Sie zeichnete gern. Zu ihren Bildern sagte ihr Vater: Das mag ganz schön sein, aber dein Geld wirst du dir damit nicht verdienen können (sie hatte nie die Idee gehabt!)."
M.Palfrader, S.25

H.Gukenbiehl weist darauf hin, daß gerade für die Entwicklung des Leistungsmotivs, "*dosierte Anregungen*" und "*positive Anreize*" wichtig sind, die in einem "*warmen Erziehungsklima*" gegeben werden.[62]

Die Autoren erinnern ein anderes Erziehungsklima:

"Der Eindruck, daß es ihm unangenehm ist, sich mir zuzuwenden.(...)
Ich kann mich nicht erinnern, von ihm gelobt worden zu sein.
Ich kann mich nicht erinnern, daß er mir in irgendeiner Sache recht gab.
Ich kann mich nicht erinnern, ihm jemals mit gutem Gefühl in die Augen gesehen zu haben.
Wenn ich allein mit ihm in einem Raum bin, fühle ich mich beklommen."
J.Hobrecht, S.77

"Aus dir wird nie was. (...)

Ich gehe unter ich gehe ein ich sterbe ich komme um ich kratze ab ich gebe den Geist auf ich falle dem Tod anheim ich krepiere ich beiße ins Gras ich verschwinde ich verrecke ich mache mich kalt ich schäme mich daß es mich gibt mich sollte es gar nicht geben ich gehe ein ich bin schon ganz außer mir."
H.Novak, S.280

---

62 Gukenbiehl, S.199.

M.Selvini-Palazzoli hat die Entwertung der Äußerungen des Kindes sowie die damit zusammenhängende Entwertung der Person des Kindes und die gleichzeitig mit der Entwertung ausgedrückte Verneinung oder Verleugnung dieser Entwertung als destruktives Muster innerhalb der Familienkommunikation untersucht.[63] Als Folge davon kann das Kind seine eigenen Wahrnehmungen nicht mehr einschätzen und bewerten und verliert auch das Gefühl für sich selbst und seinen Wert.

"*Richard, ein elfjähriger, überängstlicher und zwanghaft sauberer Junge, erzählte uns später: 'Meine Mutter hat mir immer den Mund mit Seife ausgewaschen, wenn ich schlechte Wörter gebraucht habe, aber mit den schlechten hat sie auch alle guten Wörter weggewaschen'.*"[64]

Unter den genannten Aspekten ist die Bedeutung der Familie als Erfahrungsbasis und Fundament für die Einschätzung der eigenen Person und die damit verbundenen Interaktionsmuster auch im späteren Leben nicht hoch genug einzuschätzen.[65]

Nach der eingehenden Beschäftigung mit den autobiographischen Texten kann der traurigen These nicht widersprochen werden, daß in der Praxis *"das Aufziehen eines Kindes"* eher dem *"Abbau der Persönlichkeit"* ähnelt.[66]

Die Kinder weisen Merkmale auf, die dem klassichen Erscheinungsbild einer Depression zuzuordnen sind.

Typisch für depressive Kinder und Jugendliche ist ihr schlechtes Selbstbild. Sie fühlen sich nutz-und wertlos. *"Sie trauen sich nichts zu, fühlen sich hilflos und neigen dazu, Schwierigkeiten und unangenehme Situa-*

63 Selvini-Palazzoli.
64 Bettelheim, Liebe, S.38.
65 Hamann, Familie, S.77 ff.
66 Cooper, S.12.

tionen als unveränderbar und als der eigenen Kontrolle und Einflußnahme enthoben zu sehen."[67]

"*Ich hab geträumt, sie haben mich in einen Sarg getan. Ich hab gesagt, bitte nein, bitte nein. Ich bin doch lebendig. Sie haben gesagt, es muß sein, du gehörst da rein. Sie haben den Deckel aufgeklappt, der hat geglänzt. Silbern. Oder wars Erz? Im Sarg lagen drei Männer. Ihre Gesichter haben auch geglänzt. Die sind tot, hat jemand gesagt.*
Geh rein, dann lassen wir dich allein.
Nein, bitte nein.
Es muß sein. Mach schnell, du kommst zu spät. Jemand hat gelacht. Dann sind sie gegangen und haben die Tür zugemacht. Es war dunkel.
D.Kempff, S.14 f.

"*Das kann ich nicht. Ich bin querschnittgelähmt.(...) Ich bin halt ihr behinderter Sohn*".
J.Hobrecht, S.256

"*Langweiliger kann es nirgends sein als hier, nirgends öder, stupider, trauriger als hier, und niemand häßlicher als ich, krumm und schief.*"
H.Novak, S.241

---

67 Eggers, S.199.

3. Gewalt in der Erziehung

Erziehung wird von den Autoren als innere und äußere Gewalt erinnert.[68] Die Kindheit der Kinder gehörte den Erwachsenen (Chr.Meckel). Die Kinder waren den Erwachsenen ausgeliefert (E.A.Rauter). Die Erwachsenen machten sich an den Kindern zu schaffen, schlugen erbarmungslos zu oder benutzten die Kinder zur vermeintlichen Lösung ihrer eigenen Probleme.

Der Preis, den die Autoren als Kinder zahlen mußten, um so zu werden, wie die Erwachsenen sie haben wollten, war hoch: "*Angst und Haß sind die stärksten Affekte, die im Kind durch Prügelstrafe mobilisiert werden. Sie bilden Wurzeln in der Gefühlswelt des Kindes, die später seine Eigenbefindlichkeit und die Art seines Selbstvertrauens wie seiner zwischenmenschlichen Beziehungen kennzeichnen. Mißtrauen bis zur Feindseligkeit sich selbst und anderen gegenüber vergiften einen solchen Lebensaufbau.*"[69]

Die Häufigkeit, mit der in den autobiographischen Erinnerungen die "Gewalt der Erzieher" thematisiert wird, macht deutlich, daß es sich bei der Gewalt in den Familien nicht um eine Ausnahme oder einen Sonderfall gehandelt hat, sondern um den Normalfall.[70] Gewalt kann

68 Vgl. hierzu auch Gudjons, Spuren, S.107 f; Honig;Pernhaupt,Czermak.

69 Petri,Lauterbach, S.83.

70 "*Dabei geht es zentral um die Frage, ob Kindesmißhandlungen Ausnahmeerscheinungen sind oder ob sie nicht vielmehr ein zugespitzter Ausdruck generell herrschender Erziehungsverhältnisse und Erziehungsmuster sind, von Gewaltförmigkeit, die die zwischenmenschlichen Beziehungen gerade auch in den Sozialisationsinstanzen prägt, die entscheidend an der Festlegung des Menschen auf ein bestimmtes Verhalten und auf (begrenzte) Möglichkeiten beteiligt sind: Familie und Schule.*" R.Wolff, S.15.

als "*integrales Element der Familienstruktur und nicht als eine Störung oder ein Fremdkörper*" angesehen werden.[71]

Wie selbstverständlich und gesellschaftlich-öffentlich akzeptiert Schläge in der Erziehung sind[72], drückt sich auch in der Häufigkeit aus, mit der die Autoren sich erinnern, in der Öffentlichkeit geschlagen worden zu sein, ohne Protest der Umstehenden.

"*Umkreist von Kindern und Leuten verdrosch sie mich nach Strich und Faden mitten auf der Straße.*"
H.Novak, S.17

Im Namen der Erziehung waren die Hände der Erwachsenen zu allem berechtigt.

"*Erwachsene machten sich an den Kindern zu schaffen. Jacken wurden gebürstet und Scheitel gezogen, Nasen geputzt und Kragen zurechtgerückt. Kinder waren die Visitenkarten-Geschöpfe ihrer Eltern und hatten einwandfrei in Erscheinung zu treten. Wenn Besuch im Haus war, spät am Abend, wurden sie im Wohnzimmer vorgeführt, vorher im Flur einer Prüfung unterzogen, eilig und lautlos in saubere Hemden gesteckt, ermahnt, gekämmt und mit Elternspucke am Mundwinkel sauber gerieben.(...)*
Die Kindheit der Kinder gehörte den Erwachsenen. Erwachsene Hände drückten die Kinder zurecht, unabweisbare Hände, Tast- und Tätschelpfoten fremder Leute, Kleideranzieh- und Kleiderausziehhände, Ohrfeigenhände und streichelnde Fingerspitzen.(...) Es gab (...) die zu allem berechtigten Hände der Eltern.(...) Aus den Händen der Erwachsenen kam das Bonbon, das Taschengeld und die schlecht gemeinte Dressur. Kindheit - Widerwillen gegen erwachsene Hände, Protest gegen jede Hand die nicht kinderleicht war, gegen alles, was Hand war und sich nicht abschütteln ließ."
Chr.Meckel, S.53 f.

Die Familie erscheint als "*Ort der Bearbeitung menschlicher Natur ohnegleichen.*"[73] Die Erziehung als Be-

---

71 Honig, S.49.
72 "*..da die kulturelle Billigung der Anwendung von körperlicher Gewalt in der Kindererziehung den gemeinsamen Kern jedweder körperlichen Mißhandlung von Kindern (...) darstellt.*"
Gil, S.259.
73 Ostner,Pieper, S.108.

arbeitung ergeht ohne - für das Kind verständliche - Vermittlungen und unausweichlich "*durch die Haut*"[74].

"Hinter dem Verschwender von Zuckerbroten kam ein Offizier mit der Peitsche daher. Der hielt für seine Kinder Strafen bereit. Der beherrschte so etwas wie ein System von Strafen, ein ganzes Register. Zu Anfang gab es Schelte und Wutausbruch - das war erträglich und ging wie der Donner vorbei. Dann kam das Ziehen, Drehen und Kneifen am Ohr, die Ohrfeige und der berühmte Katzenkopf. Es folgte die Verbannung aus dem Zimmer, danach das Fortgesperrtsein ins Kellerloch. Und weiter: die Kindsperson wurde ignoriert, durch strafendes Schweigen gedemütigt und beschämt. Es wurde zu Besorgungen mißbraucht, ins Bett verurteilt oder zum Kohleschleppen abkommandiert. Zum Schluß, als Mahnmal und Höhepunkt, erfolgte die Strafe, die Strafe schlechthin, die exemplarische Bestrafung. Das war die Strafe des Vaters, die ihm vorbehaltene, eisern gehandhabte Maßnahme. Im Sinn von Ordnung, Gehorsam und Menschlichkeit, damit Recht geschähe und das Recht sich dem Kinde einpräge, wurde die Prügelstrafe angesetzt. Die Sorte Offizier griff zum Tatzenstock und ging schon mal in den Keller voraus. Ihm folgte, wenig schuldbewußt, das Kind. Es hatte die Hände auszustrecken (Handflächen nach oben) oder sich über die Knie des Vaters zu beugen. Die Prügel erfolgten gnadenlos und präzis, laut oder leise gezählt, und ohne Bewährung. Die Sorte Offizier äußerte ihr Bedauern, zu dieser Maßnahme gezwungen zu sein, behauptete, darunter zu leiden, und litt darunter. Auf den Schock der Maßnahme folgte das lange Entsetzen: der Offizier verordnete Heiterkeit. Mit betonter Heiterkeit ging er voraus, gab ein gutes Beispiel in dicker Luft und war gereizt, wenn das Kind von der Heiterkeit nichts wissen wollte.
An mehreren Tagen, jeweils vor dem Frühstück, wurde die Strafe im Keller wiederholt. Sie wurde zum Ritual und die Heiterkeit zur Schikane.
Für den Rest des Tages hatte die Strafe vergessen zu sein. Von Schuld und Sühne wurde nicht gesprochen und Recht und Unrecht lagen auf hoher Kante. Die Heiterkeit der Kinder blieb aus. Kalkweiß, sprachlos oder heimlich weinend, tapfer, trübe, verbissen und bitter ratlos steckten sie - nachts noch - in der Gerechtigkeit fest. Die prasselte nieder und hatte den letzten Schlag, die hatte das letzte Wort aus dem Mund des Vaters. Die Sorte Offizier strafte noch im Urlaub und war deprimiert, wenn sein Kind ihn fragte, ob er nicht wieder wegwolle in den Krieg."
Chr.Meckel, S.55 ff.

Das System von Strafen, die zur Alltagserziehung gehören, reicht von der Schelte und dem Wutausbruch bis zum Fortgesperrtsein ins Kellerloch. Das Ignorieren des Kindes steht neben der Beschämung durch strafendes

74 Ostner,Pieper, S.108.

Schweigen. Als Schlußpunkt, wenn alle anderen erzieherischen Maßnahmen versagt hatten, folgte, im Sinne von Ordnung, Gehorsam und Menschlichkeit, die Prügelstrafe.
Die Teilnahme der Kinder am Familienleben ist durch Ordnungen geregelt. Die Ordnungen setzen die Erwachsenen fest. Die Ordnungen müssen eingehalten werden, bei Nichteinhaltung wird bestraft, erst milde, dann härter, zuletzt geschlagen. Schläge sollen die Ordnungen einprägen, durchsetzen und wieder herstellen, wenn sie ins Wanken geraten sind. In diesem Lernprozeß wird vor allem Gnadenlosigkeit vermittelt: die Strafe kann nicht zur Bewährung ausgesetzt werden, weil das Kind dann nichts daraus lernen würde. Erzieher und Kind erscheinen als Marionetten in einem Spiel, zu dem beide gezwungen werden und unter dem beide leiden. Diese Art der Erziehung verstrickt sich tragischerweise in Widersprüche. Im Namen der Erziehung zur Menschlichkeit zählen die menschlichen Gefühle zugleich nichts: das Mitleid und die Depression des Vaters ebensowenig wie die bittere Ratlosigkeit und das verzweifelte Weinen des Kindes.
Damit Recht geschieht und das Recht sich dem Kind einprägt, werden die Rechte der Kinder übergangen.
Der Vater Chr.Meckels ist kein Ausnahmeerzieher, das belegen die autobiographischen Erinnerungen ebenso wie die neuere Literatur zur Frage der Gewalt in der Familienerziehung.[75] *Die Sorte Offizier* verkörpert ein weit verbreitetes Beispiel von Kindererziehung. Das Kind erscheint als ein Bündel schlechter Eigenschaften, das

75 Vgl. hierzu v.a. Brinkmann; Büttner; Ende,Krieg; Gil; Petri,Lauterbach; Stettbacher; R.Wolff.

durch Erziehung erst lebenstüchtig und gesellschaftsfähig gemacht werden muß.

Was lernen Kinder dadurch? Sie lernen *"Aggression, die von Familienmitgliedern geformt und bekräftigt wird"*[76], sie lernen Ablehnung durch Ablehnung. Sie lernen Angst[77], mangelnde Selbstakzeptierung[78], Aggression[79] und Selbstaggression.[80]

"Die Nacht im Hocken zugebracht, an nichts gedacht, und nur gehorcht, erst gegen Morgen eingeschlafen, müde aufgewacht, ich möchte heim und höre Schreie schon von weitem, und Hände packen meinen Kinderleib und schütteln ihn, bist du verrückt, und einmal kräftig zugeschlagen, wofür? Ich werde eingesperrt, das ist mir recht, im Keller, das Klo ist auch zur Wahl gestanden."
U.Adam, S.99

Gewaltmaßnahmen zur Abschreckung sind geeignet, die Sensibilität zu zerstören und neue Gewaltsamkeit zu induzieren. Die Idee der Strafe als Besserungsmittel geht im Grunde fehl: *"Sie fixiert den Täter in seinem Rachezustand, gefährdet das Kind in seinem Entwicklungsprozeß, bis es später selber zu einem gefährlichen Menschen wird."*[81]

---

76 Bandura, S.25
77 Kury,Bäuerle.
78 Helmke,Väth-Szusdziara.
79 *"...daß Gewalt und ihre Androhung noch mehr Bedeutung im Sozialisationsprozeß haben als für die gewöhnlichen Erwachsenenbeziehungen in der Familie. In diesem Prozeß, durch den wir Kinder zu Erwachsenen transformieren, indem wir ihnen die Wertvorstellungen, Normen und Rollengewohnheiten der Familie und der Gesellschaft einimpfen, oder genauer, durch den Kinder dazu kommen, die von uns gutgeheißenen Familienmuster als richtig und wünschenswert anzunehmen, gebrauchen wir nicht nur Gewalt und Gewaltandrohung, um unsere Kinder zu sozialisieren, dadurch lehren wir sie auch, daß Gewalt nützlich ist, und in der Tat üben wir sie im Gebrauch von Gewalt und Gewalttätigkeit ein."*
Goode, S.137.
80 Kury.
81 Windaus, S.135.

"Eure Erziehung durch Gewalt hat mich mit Gewalt vertraut werden lassen. Für mich besteht kein Unterschied darin, ob man mir etwas mit Gewaltandrohung abverlangt - oder abverlangt hat, in welchem Alter auch immer - oder ob ich andere durch Gewalt zwinge, zu tun, was ich will. Wenn meine Gewalt ein Verbrechen ist, ist eure Gewalt ein Verbrechen. Das eine entsteht aus dem anderen. (...)
Gewiß, das ist nicht die Methode, die ihr mich in Worten gelehrt habt. Euer Unterricht war kein Sprechunterricht, Wörter spielten keine Rolle. Es war ein Vorzeigeunterricht, Taubstummen-Pädagogik: Du nicht machen - klatsch-klatsch, du machen - klatsch-klatsch.
Die Worte waren meist schön, sie lauteten: Ich werde dir helfen."
E.A.Rauter, S.85 f.

Daß die Kinder dabei vor allem lernen, die unbedingte Überlegenheit der Erwachsenen über Kinder hinzunehmen, und *nachts noch in der Gerechtigkeit feststecken*, in deren Namen sie verprügelt wurden, würde den Erziehern erst deutlich, wenn sie sich mit den Kindern wirklich beschäftigen würden. Die mangelnde Kenntnis von Kindern und ihren Gefühlen, das Desinteresse an kalkweißen Gesichtern, Sprachlosigkeit, heimlichem Weinen ist erschreckend. Man fragt nicht, warum Kinder sich so verhalten, man will sie ändern. Weil es kein Interesse und keine Einfühlung gibt, stören kindliche Verhaltensweisen und Aktionen, die man auch verstehen könnte. Stattdessen will man sie mit Schlagen zum Verschwinden bringen. Dabei kam es in der Erinnerung der Autoren zu massiven Angriffen auf das Selbstwertgefühl des Kindes: es wurde ignoriert, gedemütigt, beschämt, mißbraucht, verurteilt und abkommandiert.
Zuerst leistet das Kind, dessen Autonomie behindert wird, Widerstand. Dieser Widerstand wird von den Erziehern meistens Trotz, Ungehorsam, Jähzorn und Eigensinn genannt. Es ist jedoch nur ein hilfloser Versuch, das eigene Selbst zu retten gegen die Fremdbestimmung. Wenn

die Erwachsenen diesen Widerstand brechen, unterdrücken sie das noch zu schwache Selbst des Kindes und zerstören damit die Basis für ein gesundes Selbstwertgefühl. Da das Kind abhängig ist von der Zuneigung der Eltern, weil es sonst nicht überleben könnte, beginnt es seine Gefühle von Haß, Wut und Trotz zu verdrängen, obwohl es eigentlich von der Berechtigung dieser Gefühle überzeugt ist.[82] Mit unerklärlichem Haß[83], mit Schulversagen oder Krankheit[84] bestrafen die Kinder später häufig ihre Eltern, ohne daß der Zusammenhang für die Eltern und Lehrer deutlich wird.

Wir werden etwas aus dir machen! Das Kind muß gebildet und geformt werden, der Zweck heiligt die Mittel, es dient dem Kind ja zum Besten. Bei diesem Vorgang kommt es zum Grundwiderspruch aller Familienerziehung, die "*einerseits das Glück dieses konkreten Kindes will, andererseits zur Tüchtigkeit in einer historisch bestimmten Gesellschaft, in der dieses Glück immer schon Abstriche erfahren hat*"[85], erziehen will.

"*'Wir wollen doch, daß der Junge glücklich wird', sagt die Mutter einer Bekannten am Telefon. Ich höre das Gespräch mit. Ein schwacher Trost. Das Wissen, daß da guter Wille ist.*"
J.Hobrecht, S.72

Spätestens hier wird wieder deutlich, daß es bei der Nichtbeachtung von Kindern und ihren Bedürfnissen nicht um gezielte Bosheit der Erwachsenen geht, sondern um eine Wertehierachie in der Gesellschaft, die die Eltern im Erziehungsprozeß an die Kinder weitergeben, weil sie sie selber als bestimmend erfahren haben und noch er-

---

82 Dinslage.
83 Redl/Winemann.
84 Leber,Rückzug.
85 Mollenhauer,Brumlik,Wudtke, S.62.

fahren. Die kommunikativen Bedürfnisse werden den instrumentellen Zielen und Anforderungen untergeordnet.[86]

"Andere spielten, ich lernte Vokabeln und vergaß sie auf der Stelle wieder. Andere hatten Freunde und Spielkameraden, ich hatte dich, einen Vater, der sich um mich kümmerte.
Erst viel später lernte ich, daß es auch andere Möglichkeiten gibt, sich um seine Söhne zu kümmern."
S.Gauch, S.30

"Du hast es gut gemeint, wirklich gut, als du dir in Meisenheim ein Zimmer gemietet hast. Ich sollte nicht so allein sein, und du wolltest dich um meine Hausaufgaben kümmern."
S.Gauch, S.28

Der Wunsch des Kindes, nicht so allein zu sein, wird vom Vater durchaus verstanden und möglicherweise sogar geteilt. Aber die guten Schulleistungen, die antizipierten Erwartungen der Schule und des Arbeitsmarktes, haben Vorrang vor diesem kommunikativen Bedürfnis. "*Die Marterung der Kinder (sie kann auch moralisch erfolgen) ist der durchschlagende Erfolg der moralistischen Bemühungen einer unterdrückenden Gesellschaftsordnung.*"[87]

"Ständig setzen sie mich unter Druck.(...)
Oft genug habe ich das nicht mehr ausgehalten, wollte von zu Hause abhauen.
'Dann hau doch ab', sagte mein Vater, 'wenn Du es wagst, wiederzukommen, stecken wir dich in ein Heim!'
'Du bist undankbar', schrie mich meine Mutter an. 'Wir haben uns die ganzen Jahre um Dich gesorgt, um Dich gezittert, und wie dankst Du uns das jetzt?'
Als hätte ich keine Angst gehabt, als hätte ich nicht gezittert."
J.Hobrecht, S.70 f.

Anstelle von "*Befriedigung, Halt und Sicherheit, d.h. Spannungsausgleich*", die das Kind von den Erwachsenen zur Bewältigung des ganz normalen Alltags braucht[88], stellen die Erwachsenen eine zusätzliche Belastung des

86 Mollenhauer,Brumlik,Wudtke, S.62.
87 Caruso, S.31.
88 Leber, Erfahrung, S.17.

Kinderalltags dar, weil sie die Probleme der Kinder nicht teilnehmend aufgreifen und lösen helfen, sondern eher verstärken durch das Einbringen eines abstrakten Erziehungsprogramms. Was ein Kind braucht, einen erwachsenen Partner, "*der seine Anstrengungen teilnehmend begleitet, sich mit ihm freut, wenn ihm etwas geglückt, und es auffängt und entlastet, wenn ihm etwas mißlungen ist oder wenn es Schmerzen erlitten hat*"[89], erscheint angesichts der autobiographischen Erinnerungen eine nicht eingelöste Wunschvorstellung zu sein.

"*Aus Silberpapieren von Zigarettenschachteln und Schokoladentafeln hatten wir uns, Dorfkinder und Sommerkinder, einen kleinen Ball geformt. Damit spielten wir Fußball auf der Dorfstraße, unter der ein Bach verlief: egal, wo man die Straße überquerte, man ging über den Bach. Der rauschte und lag ziemlich tief. Nicht weit vom Gartenlokal war ein gemauerter Zugang zum Wasser, das über eine Steintreppe erreichbar war. In dieser tosenden Höhle hatte ich die Waschfrauen verschwinden sehen und sie nicht beneidet um ihren Untergang.*
Wer den Ball hatte, versuchte ihn dorthin zu stoßen, wo er selber als Nächster wieder herankam. Als ich am Ball war, stieß ich ihn vorsichtig, aber doch ganz nahe an den Rand der brodelnden Tiefe. Kein anderer sollte sich zwischen mich und den Ball schieben können. Irrtum: der Junge aus der Urlauberfamilie im Haus neben uns rempelte mich hart an und stieß mich mitsamt dem Ball in die Tiefe. Heulend und patschnaß fand ich mich zwischen Steinbrocken im Wasser und kroch zerschlagen die Treppe zur Straße hinauf.
Da stand auch schon Kaltesophie, das Wasser übertönend mit Gebrüll. Sie hob mein triefendes Kleid hoch, zog mir die Hose herunter und schlug und schlug.
Inzwischen waren alle Gäste aus dem Gartenlokal herbeigestürzt, ebenso die Dorfbewohner. Umkreist von Kindern und Leuten verdrosch sie mich nach Strich und Faden mitten auf der Straße."
H.Novak, S.16 f.

Wo ist der Erwachsene, der das kleine Mädchen auffängt und entlastet, nachdem ihm etwas mißlungen ist?[90] Die Wahrnehmung des Kindes als in dieser Situation hilfs-

---

89 Leber, Erfahrung, S.17.
90 "*Um sich entfalten zu können, braucht das Kind die Achtung und den Schutz der Erwachsenen, die es ernst nehmen, lieben und ihm ehrlich helfen, sich zu orientieren.*"
Miller, Zwölf, S.9.

und trostbedürftig hätte ihm vermutlich auch Hilfe und Trost eingetragen. Die Orientierung an Erziehungsgrundsätzen (Kinder müssen gehorchen; wenn man ihnen etwas durchgehen läßt, tanzen sie einem auf der Nase herum; etc.) macht aber eine situationsgerechte Wahrnehmung des Kindes unmöglich. An die Stelle tritt die Wahrnehmung des Kindes als "vorsätzlicher Gesetzesübertreter". Die Wahrnehmung des Kindes ist, so die These dieser Interpretation, maßgeblich verantwortlich dafür, ob ein Kind das bekommt, was es in einer Situation braucht. Durch die Orientierung an Erziehungsvorstellungen kommt es zu einer mangelnden Orientierung am Kind. Ein Bild vom Kind, wie es sein sollte, tritt an die Stelle des Kindes, wie es ist. Würden die Kinder als menschliche Wesen gesehen mit einsichtigen Motiven, begründeten Gefühlen und einer eigenen, zu respektierenden Wirklichkeit, könnte man sie nicht so massiv verprügeln. Aber an die Stelle der Beziehung zu einem wirklichen Kind tritt ein stilisiertes, durch Erziehungsvorstellungen "ver-rücktes" Bild vom Kind.

"Die Dinge wendeten sich für mich bald zum Schlimmen mit Schnelligkeit und Härte. Herr Pflegevater stand vor mir. Ich hätte lieber den Ochsen auf mich warten sehen. Ich fühlte mich auf einmal verwandelt in Dreck. Ich war nahe daran, alles aus mir herausfallen zu lassen, vorne und hinten.(...)
Du nahmst dem Ochsenknecht die Peitsche aus der Hand. Du schlugst auf mich ein, noch heute habe ich am linken Bein eine Vertiefung in der Haut, die von einem deiner Peitschenhiebe herrührt. Die Peitschenschnur schlang sich um meine Wade, du rissest sie wieder ab und knalltest sie erneut um meine Strümpfe.(...)
Ihr, die Arbeiter und du, setztet euch ins Führerhaus. Du befahlst mir, nach Hause zu gehen. Ich ging den Weg auf dem Schnee wieder zurück, ohne Haselrute. Nachdem ich einige Schritte getan hatte, hörte ich den Dieselmotor deines Lastwagens anspringen und mir folgen. Es dauerte eine Sekunde, bis ich verstand, daß du mich mit dem Tonnengefährt vor dir hertriebst. Du erhöhtest das Tempo und zwangst mich zu rennen, vor dem rollenden Ge-

rät, das mit Stämmen beladen war bis zur Höhe eines einstöckigen Hauses. Das traf mich stärker in dem, was man Stolz nennt, stärker als die Schlagfolter, die ich bis dahin erlitten hatte.
Ich rannte ungefähr drei Kilometer. Du bestimmtest das Tempo. Manchmal beschleunigtest du die Maschine. Manchmal nahmst du Gas weg,das sollte dann wohl die menschliche Seite der Sache sein.
Während ich rannte, überlegte ich mir, an einer Seite auszubrechen. Das war schwierig, die Straße war von Schneemauern eingeengt. Strebte ich einer Seite zu, lenktest du deinen LKW dorthin. Du wolltest in deiner Erziehungsarbeit nichts dem Zufall überlassen.(...)
Zu Hause weinte ich vor Wut und Selbstmitleid. Mutter brachte mich ins Bett, deckte mich hoch zu. Was das bedeutete, habe ich nicht verstanden, rennen im Schnee macht nicht krank.(...)
Mit deinem Lastwagen hast du mir die Angst vor dem Ochsen nicht genommen, du hast meine Geschicklichkeit erhöht, sie zu verbergen. Von den vielen Ängsten, die Menschen haben können, hast du mir eine weitere eingepflanzt."
E.A.Rauter, S.41 f; 50 ff.

In diesem Beispiel wird deutlich, welche Art "*emotionaler Erziehung*" in vielen Familien vorherrscht.[91] Gefühle wie Angst, Wut, Zorn und Verlassenheit lösen bei den Erwachsenen Hilflosigkeit, manchmal Unberechenbarkeit aus. Das Kind wurde geschlagen, weil es Angst vor dem Ochsen hatte. Die Angst vor dem Ochsen war stärker als seine Möglichkeit, die Aufgabe, die der Vater gestellt hatte, zu erfüllen. Dieser Tatbestand kann nicht einfach als Ausgangspunkt für einen Lernprozeß hingenommen werden. Es wird nicht überlegt, warum das Kind Angst hat und wie die Angst verringert werden kann, so daß die Aufgabe des Vaters bewältigt werden könnte. Eine Gelegenheit, etwas über die Angst und den Umgang mit der Angst zu lernen, bleibt ungenutzt. Das Kind lernt: Angst ist ein Grund für Strafe, es ist besser, seine Angst zu verbergen. Das Kind lernt außerdem: meine Gefühle zählen im Konfrontationsfall nicht. Es zählen die Wirklichkeit und die Sichtweise der Erwach-

91 Satir, S.128 ff.

senen, auch wenn sie nicht mehr Plausibilität auf ihrer Seite haben. Das Kind lernt, daß die Erwachsenen keine Achtung vor Kindern zu haben brauchen, daß Kinder aber unbedingten Gehorsam den Erwachsenen leisten müssen. Auch für die Erwachsenen verstreicht eine Gelegenheit zu lernen ungenutzt: Achtung vor dem Kind hätte Achtung vor Gefühlen zur Folge, die sie längst nicht mehr zulassen - zu ihrem eigenen Schaden.

"*Es hat uns dreien geschadet, daß ihr vor dem Kind keine Achtung hattet.*"
E.A.Rauter, S.12

Erziehung heißt: Die Welt der Kinder mit ihren Gefühlen muß um jeden Preis der Welt der Erwachsenen angepaßt werden.

"*Ich möchte, daß ihr versteht, ein Kind ist kein unfertiger Erwachsener. Es ist ein anderer Mensch.*"
E.A.Rauter, S.17

"*Marie sagt zu Hause: Kino. Sie könnte täglich ins Kino mit ihm gehen, sich ferne Bilder einverleiben, darin herumspazieren; klar, daß sie Filmstar werden will. Prinzessin, Aschenbrödel, Bauerntochter, Nymphe, im Kino sterben und wieder auferstehen. Und diese unbekannten Landschaften flimmern ihr vor Augen. (...) Kino, Mutter könnte aus der Haut fahren, daß sie ständig davon redet, offenbar nichts anderes mehr im Kopf hat, als ins Kino zu rennen. Es hagelt Ohrfeigen, Prügel, Stubenarrest diesmal. Außerdem ist ein blauer Brief gekommen, in aller Stille. Großmutter wirft die Küchentür zu, Großvater straft durch Schweigen, Anton verkriecht sich im kleinen Zimmer und der Heimkehrer hebt bedrohlich den Zeigefinger. Aber Mutter pocht auf ihre Gewalt, sie nimmt den Bügel vom Schrank. Marie rennt um den Tisch, brüllt, heult, wimmert. Mutter schlägt, wohin sie gerade trifft. Sie fletscht die Zähne, als müßte sie in Maries Körper und Kopf eindringen mit aller Macht.*
Dir werde ich die Flötentöne schon beibringen. Rumtreiben mit diesem Hallodri, ins Kino gehen, das Wichtigste vernachlässigen, schlechte Noten nach Hause bringen, was bildest du dir eigentlich ein? Wie oft soll ich dir sagen, daß du für die Schule zu arbeiten hast, und zwar gründlich, wie oft soll ich dir noch sagen, daß du deine Pflichten erfüllen mußt und erst dann Freizeit hast. Wenn ich dich noch mal erwische, noch ein einziges Mal, dann ist Schluß. Dein Vater, wenn er das von dir wüßte, würde dich totschlagen. Der Bügel geht in Stücke.

Marie hockt unterm Tisch und kommt nicht mehr hervor, eine ganz klein gewordene Marie."
K.Reschke, S.133 ff.

Warum schlägt die Mutter ihre Tochter? Weil sie täglich ins Kino gehen könnte, weil sie träumt und *das Wichtigste*, die Schule, vernachlässigt. Was für das Kind das Wichtigste ist, ist in dieser Interaktion vernachlässigenswert. Nach den Gründen und Motiven des Kindes wird auch hier nicht gefragt, es wird zugeschlagen. Daß das Kind in seiner Welt eigenen Regeln gefolgt ist, bleibt unberücksichtigt, ebenso, daß es einiges zur Familienkommunikation beiträgt, indem es offen von seinen Träumen spricht. Das Vorhandensein von Träumen ist für die Mutter lediglich ein Anlaß zu Sorge und Ärger und ein Hinweis auf die Erziehungsbedürftigkeit des Kindes. Die Sicht der Mutter hat fraglos Vorrang vor der Sicht der Tochter und rechtfertigt das Schlagen. *Die Mutter pocht auf ihre Gewalt.* Das Schlagen soll eine Lehre für die Zukunft sein: wenn die Tochter bestraft wird, macht sie das in Zukunft nicht mehr. Wenn sie nicht bestraft wird, denkt sie, sie könne das immer so weiter machen. Mit der Berufung auf den Vater und dessen antizipierte noch härtere Bestrafung, die einer Auslöschung *"totschlagen"* (K.Reschke) gleichkäme, stellt die Mutter ihre Reaktion in einen größeren institutionellen Rahmen. Was sie tut, tut sie im Namen der guten Erziehung, damit etwas aus der Tochter wird. Hier wird wieder deutlich, daß es sich bei der Gewalt in der Erziehung auch immer um den Druck handelt, den die Eltern von seiten der Gesellschaft spüren. Das Kind muß etwas werden. Die Zukunft der Kinder ist der Wert, der über der gegenwärtigen Beziehungswirklichkeit steht und entscheidet. Mit der Berufung auf später ("*alles Schöne kommt danach*"[92]) werden Ansprüche an die Kinder gewaltsam und tätlich durchgesetzt. Daß etwas aus dem Kind werden muß, macht blind dafür, daß das Kind schon etwas wert ist und als Interaktions- und Kommunikationspartner ernst genommen werden möchte.

"*Ichhabdirdochgesagt, was fällt dir denn ein, du bist wohl verrückt geworden. Wer nicht hören will, muß fühlen.*"
D.Kempff,S.22

Die "Zukunft" des Kindes, von Erziehungsnormen vorgegeben, die von den besorgten Eltern oft fraglos übernommen wurden, durchbricht die Beziehung zum Kind bis zur Zerstörung. Dadurch, daß das gegenwärtige Kind nicht gefragt ist, daß seine Perspektive nicht gefragt ist, sind die Eltern als Beziehungspartner irgendwann zu ihrer eigenen Verbitterung nicht mehr gefragt.

"*Bedrückend stand er zwischen dem Kind und der Welt, ein verbissener, gequälter und quälender Vorschriftsmensch, der die Gegenwart seines Kindes mißbrauchte, um sich selber ins Recht zu setzen. Seine Liebe zu mir wurde wertlos für mich.(...)*
Ich ging als Kind nicht mehr zu ihm hin."
Chr.Meckel, S.111

"*Der Rest war Enge, Enttäuschung und Überdruß. FAMILIE wurde zur gewöhnlichen Last und mein Vater zu einem, der nicht mehr in Frage kam.*"
Chr.Meckel, S.114

92 Combe.

1.4. Das Ende der Erziehung

Die Familie ist nach "*öffentlicher Suggestion*" ein Reservat für "*Liebe*" und "*heile Welt*"[93], das geeignet ist, besonders den Kindern ein positives emotionales Klima zu bieten. Das gilt immer noch, auch wenn die These von der Kernfamilie als einem optimalen Sozialisationsmilieu heute nicht mehr geteilt wird und einer vorsichtigeren, eher ambivalenten Einschätzung der Sozialisationsfähigkeit der Familie weicht.[94] Traditionell wird die Familie als Ort betrachtet, an dem die Menschen Liebe, Verständnis und Unterstützung finden, gerade wenn andere Institutionen dies nicht leisten können.[95] Sie ist der Platz, an dem man auftanken kann, um mit der Welt draußen besser fertig zu werden. "*Aber für Millionen belasteter Familien ist das ein Mythos.*"[96]

"*O! es ist ein heiliger Ort um die Wohnung des Menschen; da kennt, da versteht man einander, da geht einem so alles ans Herz; da soll man eynander lieb seyn, wie man sonst nirgends auf der Welt lieb ist; da ist es so still; da ist nichts Fremdes und kein Schulgewühl; da schneidet ein Sohn Rüben und rechnet mit dem Vater; da spinnt die Tochter und lernt im Spinnen die Lieder alle, die ihre Mutter neben ihr singt.*"[97]

Die Familientherapie[98], die sich nicht mit der Idealfamilie und ihren Leistungen, sondern eher mit den Konflikten und Störungen der Familienkommunikation befaßt, kommt zu einem anderen Bild: "*Neben schwersten psychotischen Erkrankungen werden Psychosomatosen, aber auch klassische Neurosen auf Störungen und Konflikte des Familienprozesses als Ausdruck des dynamischen Interakti-*

93 Brinkmann, S.37.
94 Rosenbaum.
95 Rosenbaum.
96 Satir, S.27.
97 Pestalozzi. Zit.n. Mollenhauer,Brumlik,Wudtke, S.20.
98 Bateson;Laing;Richter;Stierlin;Wynne.

onsablaufes der Familienmitglieder untereinander zurückgeführt."[99]

Die Fülle neuerer Forschungen über pathologische Familienstrukturen demonstriert eindringlich, daß die Familie *"eine soziodynamisch und psychodynamisch viel zu riskante Einrichtung ist, als daß man faktisch überall nur mit glücklichen, guten und funktionstüchtigen Familien rechnen dürfte."*[100]

"Aufgewachsen sein am Land, in Landluft großgeworden oder größer halt, den Eltern ausgeliefert, der Bruder ist nicht da, er muß studieren in der Stadt. Die Freundin ist zu klein, ich bin allein, eingespannt im elterlichen Gezänk, versteckt in Decken, schweißgebadet, die Ohren zugehalten, wünsche ich mich in stille, kühle Maulwurfslöcher. Jetzt fällt ein Stuhl, später ein Tisch, und Laute ohne Sinn, sich gegenseitig fertigmachen, einmal mit Geschrei und dann mit Schweigen, gestichelt und genörgelt, tödlich ausgeliefert auf den Morgen warten. Wenn es hell wird, in die Wiese laufen, taunasse Gräser streifen die Waden, den Bach entlang, den Hang hinauf, im Wald verschwunden, Astgeknister, der Wald hat viele Früchte und auf dem warmen Boden ausgestreckt, geruht, ich geh nicht mehr nach Haus. Ich bin ein Kind, das will jetzt seine Ruhe, ich baue mir ein Haus aus Ästen, aus Moos und Laub..".
U.Adam, S.98 f.

Der *"Entsorgungspark Familie"*[101] entsorgt nicht mehr zuverlässig, sondern macht mindestens ebenso viele Sorgen. Vielleicht war das immer so, vielleicht ist früher nicht darüber gesprochen worden, weil das *Ideal* Familie die *Wirklichkeit* verstellt hat.

Die vorliegende Arbeit hat es sich nicht zur Aufgabe gemacht, den Nachweis oder Gegenbeweis für die Funktionstüchtigkeit der Familienerziehung zu liefern. Das Hauptinteresse war, herauszufinden, welche Erfahrungen Kinder in der Familie wirklich[102] gemacht haben, um für

---

99 Rupp, S.66.
100 Tyrell, S.39.
101 Schmidbauer, 1987.
102 *"Kinder und Jugendliche sagt man, sind immer fröhlich und heiter. Nach der eigenen glücklichen*

die Situation des Religionsunterrichts, einer außerfamiliären Erziehungssituation, Grundlagen zu erarbeiten. Gleichwohl kann es auch für Theorie und Praxis der Familiensoziologie sowie der Familientherapie nur von Interesse sein, Familienerziehung aus der Sicht der inzwischen erwachsenen Kinder kennenzulernen. Die Interpretation der autobiographischen Berichte ist somit auch ein Beitrag zu einer "*interpretativen Familiensoziologie*"[103] sowie ein Beitrag zur Erziehungsstilforschung[104] und zu einer Soziologie[105] beziehungsgweise einer Psychologie[106] des Kindes.

Die Fragen: Was steht am Ende der Erziehung? Wer sind die Kinder am Ende durch Erziehung geworden? können

---

Kindheit und Jugendzeit sehnen sich, scheint es, alle. Solche Meinungen sind aber oft nur Stereotype, die die Realität verdecken."
G.Nissen, Psychische Störungen, S.130.

103 S.o. S.12 f.

104 *"Herkömmlicherweise untersucht man in der Erziehungsstilforschung Zusammenhänge zwischen elterlichen Erziehungseinstellungen einerseits und Merkmalen der kindlichen Persönlichkeit andererseits und betrachtet das elterliche Erziehungsverhalten als Erklärungsbeitrag für die Entwicklung der kindlichen Persönlichkeit."*
Engfer,Schneewind, S.72. Vgl. auch Lukesch,Erziehungsstil.

105 *"Obwohl das wirkliche Leben der Kinder in der sozialwissenschaftlichen Forschung kaum vorkommt, hat das Kind zumindest theoretisch eine Funktion darin."*
Alanen, S.81.
"Empirische Forschung muß aufhören, Kinder weiterhin zum Objekt zu machen und ihnen statt dessen den Status von TeilnehmerInnen und KonstrukteurInnen der sozialen Prozesse zugestehen, aus denen sich ihre - und unsere - Welt zusammensetzt.
Alanen, S.87.

106 Auch die Psychologie des Kindes war nicht ohne Klischees. Vgl dazu Remplein, Einleitung, S.17: *"Der Gegenstand dieses Buches übt nicht nur auf den Psychologen, sondern auch auf den Laien stärkste Anziehungskraft aus. Wer dächte nicht gern zurück an die glücklichen Tage der Kindheit und den hoffnungsreichen Lebensabschnitt der Jugendzeit. Wer freute sich nicht beim Anblick eines Kindes in seiner natürlichen Anmut und heiteren Wesensart, die noch unbeschwert ist vom Kampf ums Dasein..."*

eine vorsichtige Korrektur der Klischeevorstellungen von Kindheit und Erziehung einleiten.

"Da ist wieder das Gefühl, daß es mich gar nicht gibt. Ich existiere nicht, bin überhaupt nicht da, bin nicht wirklich am Leben, nicht jetzt. Ich bin meine eigene Erfindung, eine, die herumläuft, eine, die sich verkriecht, ich bin vollkommen außer mir, außerhalb meines Körpers, meines Kopfes. Ich bin eine, von der ich mir vorstelle, wie sie herumläuft, wie sie sich verkriecht, ich denke, was denkt sie sich dabei, ich beobachte, wie sie etwas beobachtet, ich beobachte mich, wie ich etwas beobachte, wobei ich mich selber beobachte. Nein, das bin ich nicht, ich bin aber auch niemand anderer."
H.Novak, S.252

Bei D. Kempff findet sich eine ähnliche Aussage:

"Ich fühl mich von mir selber getrennt. Als wär ich zwei. Mindestens zwei. Ich beobachte, wie ich gehe, spreche, was ich tu und nicht tu. Dabei bin ich ganz unbeteiligt an der Person, die ich sein soll. Total wurscht ist die mir. Und die dies alles beobachtet, der ists erst recht wurscht.
Irgendwas zerrt an mir. Kleine schwarze Tiere, die mich von innen her anfressen. (...)
Manchmal bin ich nicht mehr da. Ich schmelze zu einem Punkt, der verschwindet langsam in einer schwarzen Leere.
Angst, das könnte mal nicht mehr aufhören. Aufgesogen von der Schwärze. Angst.
Ich sind so viele. Die zerren an mir. Jeder woandershin.
Ich weiß nicht mehr, wer ich bin. Dann sage ich mir meinen Namen vor. Aber der sagt mir nichts."
D.Kempff, S.82

Die Autoren beschreiben ein "Außer-sich-Sein" und ein "Neben-sich-Stehen", das dem Krankheitsbild der Schizophrenie bzw. der Depression[107] nicht unähnlich ist. In der Interaktion mit den Erwachsenen haben die Kinder eine Abwertung und Entwertung ihrer Gefühle und ihrer Person erfahren[108], die es ihnen nicht erlaubt, sich

---

107 G.Nissen weist darauf hin, daß Depressionen bei Kindern häufig nicht erkannt werden und daher auch falsch, gar nicht oder unzureichend behandelt werden. Nissen, S.130.

108 "*Die Berücksichtigung der Bedürfnislage der Edukanden ist nicht immer leicht; denn in der Durchschnittsfamilie werden die eigentlichen Bedürfnisse der Kinder von diesen selbst vielfach gar nicht zur Geltung gebracht, so daß darüber andere*

als wertvoll und eins mit sich zu erfahren. Das Unbeteiligtsein an ihrer eigenen Person spiegelt das Unbeteiligtsein an der kindlichen Persönlichkeit durch die Erzieher wider.[109] Sie beobachten sich distanziert, so wie sie einst beobachtet worden sind, sie zensieren ihre Gefühle, so wie sie selbst zensiert wurden. Da sie keine Möglichkeit hatten, ein wahres Selbst aufzubauen, wurde das falsche Selbst zu ihrer zweiten Natur.[110] Es gehört zu den Verdiensten der Schizophrenieforschung[111] sowie der Familientherapie[112], gezeigt zu haben, daß kranke Kinder und pathologische Biographien oft ein Resultat intelligenter Anpassung an eine unverständliche Welt darstellen.

"Oft überfällt mich eine solche Niedergeschlagenheit, daß ich kaum aufstehen kann und das Haus nicht verlasse. Ich fühle mich verletzt, durchlöchert, zerschlagen und denke immerfort im Kreis herum. Vielleicht wird alles so bleiben, wie es gerade ist, und nie werde ich etwas an meinem Zustand ändern, nie mich in andere Verhältnisse begeben können. Ich haue mir den Kopf ein an etwas, das ich nicht erkenne. Trotzdem ist es härter, kantiger, stabiler als unsere Kirchhofmauer. Nur wenn ich schlafe, hört der Schmerz auf, versiegen die Kränkungen, vergesse ich die Unzufriedenheit, aus lauter Ohnmacht reißen die brennenden Bilder ab."
H.Novak, S.263

Die Autoren haben als Kinder alle Anstrengungen unternommen, ihre Bedürfnisse nach Geborgenheit, Liebe und Zuwendung erfüllt zu bekommen. Sie haben versucht, ein liebes oder ganz liebes Kind zu sein. Sie haben einen Platz in ihrer Familie gesucht, den sie glaubten, sich

---

(kompetentere) Entscheidungen treffen und entsprechende Machtmittel einsetzen müssen."
Hamann, S.53. Gegen Hamann liefern die autobiographischen Texte allerdings den Nachweis, daß die Edukanden ihre Bedürfnislage sehr gut zum Ausdruck bringen können, daß ihnen das durch permanentes Mißachten iher Wünsche aber abgewöhnt werden kann.

109 Schmidtchen, S.110 ff.

110 Miller, Drama; Miller, Merken, S.143 ff.

111 Bateson; Laing,Esterson; Wynne.

112 Bateson; Lidz; Stierlin; Wynne.

verdienen zu können. Wenn das alles nichts nützte, schlug die Kränkung manchmal in suizidal getönte Wünsche oder in Selbstvernichtung[113] um. Wenn Kinder keinen Ausweg mehr sehen, geben sie sich selbst auf, "*in einer von Grund auf als böse und unbarmherzig erlebten Welt.*"[114]

"Marie kriegt die Zähne nicht auseinander. Marie will nicht essen, nicht kauen, klebt die Zunge an den Gaumen, kennt keinen Hunger, weigert sich, das ihr zugeteilte Brot in die Hand zu nehmen, eine richtige Scheibe Brot.
Andere Kinder beißen in den ganzen Laib und du stellst dich so an! Marie nickt. Sie verabscheut die Kaugeräusche der Essenden, preßt die Lippen aufeinander, hat was gegen Nahrung, gegen Aufpäppeln, groß und stark werden mit Brot und Margarine.
Marie friß, sagt Mutter.
Marie frißt nicht.
Ihr Mund ist knochentrocken.(...)
So ein großes Mädchen und nicht mal selber essen kann sie, heiliger Strohsack, friß!
Marie nickt unter Tränen, beißt sich in die Hand. Marie kennt kein Essen. (..)
Marie wird sterben, wenn sie nicht ißt. Dies ist ihre Krankheit, die keiner kennt.(...)
Marie will nicht. (...)
Marie wird eingehen. (...)
Demnächst wird sie ihre Zähne ausspucken, und dann die Knochen, am Ende sich die Haut abziehen und die Haare einzeln vom Kopf pflücken."
K. Reschke, S.15 f.

Oft formulieren die Autoren die verzweifelte Erinnerung, daß niemand sich richtig um sie gekümmert hat. Alleingelassen, arbeiteten sie an ihrer Selbstzerstörung. In dem Augenblick, da sie zu erkennen gaben: 'Ich gebe auf', meinten sie gleichzeitig: 'Ich werde euch schon dazu bringen, Euch um mich zu kümmern, wenn es auch meine letzte Verzweiflungstat ist.[115]

---

113 "... *daß das menschliche Kleinstkind ohne ein beachtliches Maß an liebevoller Zuwendung auch bei 'genügender' Ernährung keine Chance hat, ein normaler Mensch zu werden, ja, daß es bei Fehlen jeder derartigen Zuwendung überhaupt nicht 'wird', sich vielmehr in einem komplizierten Prozeß 'gegen sich selbst wendet', stirbt.*" Claessens, S.74.
114 Biermann, S.18.
115 Mangold,Seidel, S.233.

"Wenn Trostlosigkeit sie aufzulösen drohte, schon sehr früh in ihrem Leben, formte die Leere sich zu einem tickenden Pulsen, das in das Ohr, in den Kopf drang. Sie saß auf der Bettkante in der getäfelten Schlafstube, dem umgestülpten Uhrgehäuse der umgestülpten Zeit. Mit einem Schritt über die Schwelle konnte sie heraustreten in das Nicht-Begrenzte.
Doch sie mußte der Verlockung widerstehen, denn sie ahnte, daß eine Rückkehr vielleicht nicht mehr möglich gewesen wäre."
M.Palfrader, S.35

Auffallend oft wird der Wunsch, tot zu sein, formuliert, verbunden mit der Frage, ob den Erwachsenen das überhaupt berühren würde. Gerade diese erinnerten Todeswünsche der Kinder können eine Antwort auf die von Eltern und Erwachsenen so häufig unverstandenen Kinderselbstmorde und ihre Ursachen sein.[116]
Die Phantasien, zu sterben und nicht mehr da zu sein, orientieren sich am tatsächlichen Verhalten der Eltern, die mehr als einmal die Kinder fortschickten oder durch Nichtbeachtung ihr Selbstwertgefühl nachhaltig verletzt haben. *"Wenn das Kind, so wie es ist, durch die Familie nicht akzeptiert wird,(..).wird es symbolisch getötet: 'Du bist nicht eigentlich, der Du sein sollst'; also bist Du eigentlich nicht; 'Du solltest nicht sein, der Du jetzt bist'; also solltest Du eigentlich nicht sein, deine Existenz ist unerwünscht."*[117]
In vielen Fällen sehen die Kinder ihre Selbstvernichtung oder ihren Tod als gerechte Bestrafung der Erwachsenen für die vorenthaltene Liebe an. Sie stellen sich vor, daß die Eltern *"voller Kummer vor ihrer Leiche*

116 Eine ausführliche Literaturübersicht zum Problem Selbstmord bei Kindern und Jugendlichen bietet Lubrich.
117 Caruso, S.31 f.

stehen; dann begriffen diese endlich, wie weit sie es mit ihnen gebracht hätten."[118]

"Ich stellte mir vor, wie du reagieren würdest, wenn ich tot wäre. Wenn ich mich aufgehängt hätte und du meine Leiche sähest."
S.Gauch, S,30

"Ich will kein Kind mehr sein.(...)
Ichweißnich. Ichweißnichmehrweiter.
Aber sterben tu ich nicht. Das ist nicht so einfach. An Störungen stirbt man nicht.
Aber schön wärs. Wenn sie dann traurig wärn, daß ich tot bin.
D.Kempff, S.51

"Vielleicht mag ich nicht leben, Frau Doktor."
K.Reschke, S.71

"Seit meiner frühesten Kindheit haben sie mir den Tod eingeimpft."
P.Kersten, S.87

Im Jahr 1978 begingen in der BRD 1665 Kinder und Jugendliche Selbstmord[119], und es ist "*auffallend, daß immer mehr jüngere Kinder sich zu dieser Verzweiflungstat entschließen.*"[120]. Es wird oft *"Schülerselbstmord"* genannt, damit wird der Schule die Ursache zugeschoben - und man muß nicht darüber nachdenken, daß sich die Kinder mit ihren Sorgen und ihrem Kummer nicht an die Familie oder die Eltern wenden konnten und können.[121] Damit wird auch nicht deutlich, daß sich die Kinder in ihren Familien "*wenig angenommen, nicht genug geliebt und nicht verstanden*" fühlen, daß sie nicht in der Lage sind, "*ein tragfähiges Selbstwertgefühl zu entwikkeln.*"[122]

Der Selbstmord kann der letzte verzweifelte Versuch einer Begegnung des Kindes mit den Eltern sein.[123] Am

118 Müller, S.1066.
119 Ende, Krieg, S.20.
120 Biermann, S.18
121 Ende, Krieg, S.20.
122 Kos-Robes,Reinelt, S.110.
123 Mangold,Seidel, S.233.

Ende der Erziehung sind die Kinder mit sich selbst am Ende - könnte hier etwas zugespitzt zusammenfassend gesagt werden. Nach Szenen sozialer Erniedrigung und Kränkung in den Familien, nach nie verwundenen enttäuschten Erwartungen an die Eltern verstricken sie sich in komplizierte Beziehungsmuster auch außerhalb der Familie.[124]

Der Versuch einer Interpretation "*erlebten Familienlebens*"[125] soll zeigen, wie unentbehrlich es für einen Lehrer ist, offen zu sein für die Erfahrungen seiner Schüler, gerade auch für die negativen, weil nicht vorausgesetzt werden kann, daß die Kinder sich zu Hause wirklich zu Hause fühlen[126], d.h. daß die Familie an den primären Bedürfnissen des Kindes[127] orientiert ist. Die Autoren haben ihre Kindheit nicht als hilfreiche Vorbereitung auf das Leben nach der Kindheit verstanden. Erziehung war keine Unterstützung und hat die Kinder nicht besonders fähig gemacht, ihre Probleme als Erwachsene in angemessener Weise zu lösen. Sie war eher eine *Kohlenstaubwolke*, die sich, alle Gefühle erstikkend, über die Kinder legte.

"Glücklich zu sein, war bei euch fast ein Vergehen, es weckte euren Verdacht, daß man sich erfolgreich einem eurer Gebote entzogen habe, daß man auf eure Kosten glücklich sei. Eure Unersättlichkeit war es, die sich wie eine Kohlenstaubwolke bis über mein Erwachsenenalter legte."
E.A.Rauter, S.60 f.

---

124 "*Ob es sich um die politische Sozialisationsforschung handelt, um Jugendstudien oder (...) um die Untersuchung von Lehrereinstellungen - die langfristig prägende Wirkung familialer Szenen wird unterschätzt, auch weil diese methodisch schwer faßbar sind.*"
Combe, S.30.
125 Combe, S.33ff; Rupp, S.103 f.
126 Biermann, S.15.
127 Fromm, Anatomie, S. 207 ff; Pringle.

"Sie ersticken uns mit ihrer Vergangenheit. Und der Angst vor der Zukunft.
Gegenwart. Was ist das, sagt Stefan. Das.
Er schließt die Hand und öffnet sie. Aus. Vorbei. Eben war jetzt. Die Erinnerung an den Augenblick ist tausendmal so lang wie der Augenblick selbst. Eigentlich braucht man sich gar nicht zu freuen. Auf etwas, das Spaß macht.
Es wird vorbeigehn und nie so schön werden, wie man sichs ausgemalt hat. Deswegen ist es wurscht, ob man sich freut oder traurig ist.
Aber dann kann es auch nie so furchtbar sein."
D.Kempff, S.86

Im günstigeren Fall steht am Ende der Erziehung der Abschied vom Elternhaus[128], der auch die Möglichkeit bedeutet, von der Erziehung Abschied zu nehmen und in anderen Institutionen andere Erfahrungen zu machen.

Gerade weil die Familie nicht *"der exklusive Ort praktizierter Liebe, Menschlichkeit und primärer Solidarität"*[129] war, wurde Liebe, Menschlichkeit und Solidarität erst nach dem Abschied von den Eltern gefunden.

"Hier fühle ich mich wohl. Hier brauchen sie mich. Hier werde ich anerkannt. Hier ist Aussicht auf Leben. Hier werde ich nicht unterworfen, hier bin ich nicht unterwürfig. Hier sind wir freundlich zueinander. Hier ist nicht alles umsonst. Hier ist Hoffnung. (...). Hier wird auf jeden von uns gebaut. Hier hat die Finsternis ein Ende. Hier wird gemeinsam gegessen. Hier wird auf das Leben losgegangen. Hier haben alle Schläge ein Ende. Hier bin ich nicht einsam. Hier hat die Angst ein Ende. Hier komme ich zu mir. Hier fange ich bei mir selber an. Hier wird nicht vorgeworfen und gedroht und erpreßt und bestraft. Hier ist Zuversicht. Hier bin ich richtig."
H.Novak, S.339

Für M.Palfrader begann das Leben nach dem Abschied vom Elternhaus, wenn auch mit einer Idealisierung der Umstände (*"Paradies"*). Dennoch, was als Kennzeichen der Kindheit[130] gilt: Unbekümmertheit, Versorgtwerden, Ent-

---

128 Vgl. hierzu v.a. Stierlin, Eltern.
129 Tyrell, S.26.
130 *"Jedes Kind kommt auf die Welt, um zu wachsen, sich zu entfalten, zu leben, zu lieben und seine Bedürfnisse und Gefühle zu seinem Schutz zu artikulieren."*
Miller, Zwölf, S.9.

decken, Sich entfalten, Wachsen, fand sie erst nach der Kindheit. Im Zuge einer Befreiung von Erziehungsnormen fand sie ihre Kraft und ihren Lebenswillen wieder.

"Eine Weile muß sie überlegen, welche Seite es ist. Sie ist Linkshänderin. Mit schreibender Hand weiß sie, wo links und rechts ist. In der Schule schlug man ihr auf die Hand, wenn es nicht die richtige war, in der der Bleistift lag. Der Bleistift hüpfte immer wieder zurück, sie wußte bald nicht mehr in welche Hand."
M.Palfrader, S.5

"Die Kunstakademie war ein Paradies für sie. Das Leben war schön, wenngleich das Stipendium nicht ausreichte und sie ihr Studium zum Teil selbst finanzieren mußte.
Das Paradies: Die Unbekümmertheit eines versorgten Kindes, die Wunder der Entdeckung, die Freude der Entfaltung, des Wachsens, die Zeitlosigkeit des Alters.
Hier konnte sie ihre linke Hand aus der Verbannung befreien und mit ihrer Ungeschliffenheit und Kraft ans Werk legen. Die glückliche Jugendzeit begann mit der Studentenbewegung. Endlich wurde die Frage der ungerechten Verteilung der Güter, die sie schon als kleines Kind bewegte, auch von den anderen aufgegriffen."
M.Palfrader, S.76

"Von der Schule weg, von der Kirche weg, in die Stadt, gleich in die größte, alles hinter sich lassen wollen, die Mutter mit dem Packen Schuldgefühl und glasgepreßten Tränen..."
U.Adam, S.78

"Sie ist aufgestiegen über die Straße der Ausbeutung, der Gewalt. Auf der Hindernisstrecke, so recht für die Spätentwicklung geschaffen. Sie verläßt das labyrinthische Haus an der Straße. Sie blickt zurück auf die Niederung....Sonnenmulde, mit den Tränen ihrer Kindheit angefüllt."
M.Palfrader, S.93

Die Fragen: "Was steht am Ende der Erziehung? Wer sind die Kinder am Ende der Erziehung?" stehen also im Dienst der weiterführenden Frage, "*ob es nicht doch einmal möglich sein wird, Kinder so aufwachsen zu lassen, daß sie später mehr Selbstachtung für alle Seiten ihres Wesens haben könnten*".[131] Daß sie gerne leben und ohne Angst vor einer schwarzen Leere. Daß sie Lust haben, erwachsen zu werden und Eltern zu sein. Daß sie keine Angst vor der Zukunft haben.

---

131 Miller, Merken, S.244.

Menschen, deren Selbstwert in der Kindheit nicht verletzt wurde, die bei ihren Eltern Schutz, Respekt und Ehrlichkeit erfahren haben, werden vielleicht einmal so leben können.[132]

132 Miller, Zwölf, S.12.

10. Gültigkeit und Übertragbarkeit der autobiographischen Aussage

10.1. Die Autobiographie als Quelle

Es ist umstritten, inwieweit die Autobiographie als Quelle für eine Geschichte der Kindheit benutzt werden kann.[1] Ganz sicher aber kann sie als Quelle benutzt werden, um etwas über den Stellen-Wert der Kindheit zu erfahren. Damit ist ein Doppeltes gemeint. Einmal: welchen Wert messen erwachsene Autoren ihrer eigenen Kindheit bei? Und zum anderen: Welche Selbst-Wert-Erfahrungen (welche Erfahrungen mit ihrem eigenen Wert) haben sie als Kinder gemacht und welche erinnern sie? In diesem Sinne bedeutet es keine Wertminderung, daß Autobiographien "*eine wertende Erzählung der eigenen Vergangenheit vom gegenwärtigen Ich aus*" sind.[2] Der wertende Standpunkt ist deshalb ein Vorteil und kein Nachteil, weil nicht in erster Linie interessant ist, was an Tatsachen[3] über eine Kindheit berichtet wird, sondern was dabei an Gefühlen mitschwingt. *Wie*[4] schreiben die Autoren über ihre Kindheit - und was kann daraus für eine angemessene Begleitung von Kindern heute gelernt werden?

---

1 Hardach-Pinke; Johansen; Niggl; Pascal; Scheck; Wuthenow.
2 Scheck, S.11.
3 "*Als geschichtliche Quelle im dokumentarischen Sinne ist die eigene Lebensbeschreibung stets verdächtig; wer auf Tatsachen aus ist, wird hier vorsichtig sein müssen.*"
Wuthenow, S.20.
4 "*Wie akzentuiert, wie färbt der Erinnernde diese Bilder?*"
Pascal, S.89.

Die Autoren nehmen nicht für sich in Anspruch, Geschichte[5] zu schreiben, sondern sie schreiben ihre Erinnerungen nieder. Diese Erinnerungen sind notwendigerweise einseitig und nicht ausgewogen. Sie sind nicht Rekonstruktion der Kindheit, sondern immer auch schon deren Interpretation, bedeutsam ist "*an welches Vergangene sich der Mensch erinnern kann.*"[6] Die erinnerten Ereignisse bekommen eine "tages-enthobene Bedeutsamkeit", weil sie von einem bestimmten Zeit- und Standpunkt aus betrachtet werden.[7] Die tages-enthobene Bedeutsamkeit der Kindheitserinnerungen unterscheidet die Autobiographie vom Tagebuch. Autobiographie ist immer Wahrheit und Dichtung zugleich, ist Formung der Vergangenheit, indem dem Leben ein "Muster (pattern)" untergelegt wird.[8] Es werden Beziehungen und Zusammenhänge dargestellt, die der Autor subjektiv so sieht. Kennzeichnend ist eine Wechselwirkung, "*ein geheimes, auch trügendes Einverständnis zwischen Vergangenheit und Gegenwart.*"[9] Die Bedeutung der Kindheitsberichte liegt ebenso in der Aufdeckung der gegenwärtigen Lebensituation der Autoren wie in der Entschleierung der Vergangenheit. Sie antworten ebenso auf die Frage: Wer sind wir durch Erziehung geworden? wie auf die Frage: Wie sah unsere Kindheit aus? Genauigkeit ist nicht das wichtigste Prinzip der Autoren, sondern der Zusammenhang, die Wirkungen. "*Ungenauigkeit ist für den Auto-*

5 "*Der Autobiograph berichtet nicht Tatsachen, sondern Erfahrungen, d.h. die Wechselwirkung zwischen Mensch und Tatsachen oder Ereignissen.*"
Pascal, S.29.
6 Pascal, S.32.
7 Pascal, S.13.
8 Pascal, S.21.
9 Pascal, S.23.

biographen kein ernstes Problem."[10] Selbst wenn die Begebenheiten nicht so waren, so werden sie doch so erinnert, gerade auch in ihrer deformierenden Wirkung so erinnert.

Weil die Autoren es so empfunden haben, ist es auch wahr.[11]

10.2. Der gewählte Standpunkt der untersuchten Autobiographien.

Autobiographie bedeutet "*Unterscheidung und Auswahl angesichts der endlosen Vielschichtigkeit des Lebens, Auswahl von Tatsachen, Verteilung der Akzente, Wahl des Ausdrucks. Alles hängt ab vom gewählten Standpunkt.*"[12]

10.2.1 Autobiographien am Ende der Kindheit

Im Unterschied zu Autobiographien, die im vorgerückten Alter[13] geschrieben werden und das Thema "Erziehung" als Thema unter anderen berücksichtigen, beschäftigen sich diese, die am Ende der Kindheit geschrieben wurden, überwiegend mit der erfahrenen Erziehung und deren negativen Folgen. Das Leben scheint mit dem Erwachsenwerden zu einem gewissen Abschluß gekommen zu sein, man schreibt bereits seinen Lebensbericht. Man erwartet von der Zukunft keine Heilung der in der Kindheit erworbenen Wunden mehr.[14] Erziehung und ihre determinierende

---

10 Pascal, S.31.
11 Wolf, Ort, S.45.
12 Pascal, S.22.
13 *"Einem Schriftsteller, der sich über fünfzig Jahre lang aus allernächster Nähe beobachtet hat, und dessen Metier es ist, stets unter der Oberfläche zu sondieren, sollte man doch etwas wie Rechenschaft über das eigene Leben zutrauen und vielleicht sogar eine gewisse Beute an Lebenseinsichten."*
Bronsen, S.202.
14 *"Die Autoren* (der 70er Jahre, Anm.d.Vf.), *die hier zur Sprache kommen, sind Geplagte, die mit sich selbst und ihrer Umwelt nicht fertig werden.(...) Es sind Men-*

Wirkung wird vergleichbar mit der theologischen Prädestinationslehre.

10.2.2. Erziehung als Beschädigung

In der Erinnerung wird die Erziehung reduziert auf die Beschädigungen und Deformationen, die sie mit sich gebracht hat.

"Der Erziehungsterror in jeder Küche Europas zwingt Menschen, ihre Fähigkeiten mit ins Grab zu nehmen."
E.A.Rauter

So kommt wohl auch die überwiegend negative Auswahl der Erinnerung zustande. Beschädigung ist nicht alles, was Erziehung ausmacht. Aber wenn man die Beschädigung durch Erziehung zum Thema macht, ist es durchaus sinnvoll, Erziehung durch dieses Brennglas subjektiver Erinnerung zu betrachten. Die perspektivische Beobachtung kann zur Verzerrung[15] führen, ohne dadurch falsch zu sein. Vereinfachung, Verzerrung und perspektivische Brechung sind Charakteristika der Gattung Autobiographie, ein Stilmittel, um etwas hervorzuheben. Wenn also die Autoren deutlich machen wollen, wie sehr sie unter Erziehung gelitten haben, ist bei der Schilderung der Ereignisse mit einer Verzerrung zu rechnen, die aber nicht in Abrede stellen kann, *daß* die Autoren unter Erziehung gelitten haben. Einseitigkeit als Verdeutlichung mindert also nicht den Erkenntniswert. Daß es

---

schen, die Angst vor dem Leben haben, und bei der Mehrzahl von ihnen ist die Identität fließend. Einige von ihnen haben die Hoffnung aufgegeben, daß die Dinge sich bessern könnten."
Bronsen, S.212.

15 *"Das Wissen um den Ausgang einer gemachten Erfahrung drückt der Erfahrung seinen Stempel auf und entstellt sie."*
Pascal, S.28.

nicht ausschließlich so schlimm gewesen sein mag, heißt ja nicht, daß es nicht noch schlimm genug war.

10.2.3. Kindheit: eine zu überwindende Erfahrung

Kindheit war nicht die Zeit, in der der Autor leben lernte. Sie war keine sinnvolle Voraussetzung für das Erwachsensein. Sie war eine Leidenszeit, die man hinter sich lassen muß, um überhaupt leben zu können. Die Kindheit ist nicht das verlorene Paradies, dem man nachtrauert. Getrauert wird über die zugemutete Kindheit, über die Prägungen, unter denen der Erwachsene noch heute zu leiden hat. Erziehung wurde nicht zur Vorbereitung auf das Leben als Erwachsener, sondern zur Lebenshemmung.

"Beim Essen in der Pension fällt mir das Wort Lebenshemmung ein."
J. Hobrecht S.337

"Das Kind, das hinter ihr verborgen, schon immer auf der Bühne an-wesend war, griff endgültig, allumfassend in ihr Handeln ein. Diesem unabweisbar in Erscheinung getretenen Kind mußte Gerechtigkeit widerfahren, wo sie ihm in seiner Kindheit nicht geschehen. Diesem Kind mußte sie nun gerecht werden. Dem Kind, das sie noch lange begleiten sollte.
M.Palfrader, S.71

"In den Morgenstunden wieder der Alptraum. Ich komme nichtsahnend in das Haus meiner Eltern. Im Flur empfängt mich meine Mutter. Sie sagt etwas Demütigendes zu mir. An die Worte kann ich mich nicht genau erinnern. Sie läuft auf mich zu, zerrt mich an den Haaren aus dem Rollstuhl. Ich liege gekrümmt am Boden. Sie schreit, schlägt und tritt auf mich ein. Mein Vater kommt. Verstärkt die Beleidigungen noch. Beide treten auf mich ein, schlagen mich, zerren an mir herum.
Ich wache auf. Weinend und zitternd. Eine furchtbare Kälte in mir."
J.Hobrecht, S.316

10.2.4 Kindheit in der Kälte

In der Erinnerung bestand das Leben im Elternhaus aus Kälte, Entfremdung und Ablehnung. Eine gute Beziehung hat es nie gegeben. Die Ablehnung des Kindes wird zur Ablehnung der Eltern. Mit der Erziehung werden auch die Erzieher abgelehnt.

"Nur Ärger,Verpflichtungen, Ablehnungen. Das Gefühl, zu Hause nur eine Last zu sein. Da, wo man belästigt, kann man nicht zu Hause sein."
J.Hobrecht, S.80

"Den Sohn weit wegrücken, damit er nicht mehr gefährlich wird. Sich kalt und drüberstehend geben, damit die Unsicherheit nicht deutlich wird.
Den Vater weit wegschieben, damit er mir nicht mehr gefährlich wird. Mich kalt und unnahbar machen, damit die Angst nicht deutlich wird."
J.Hobrecht, S.102 f

"Ich würde sie gern trösten, aber irgend etwas hindert mich daran, zu ihr hinzufahren und sie in den Arm zu nehmen. Es ist eine Blockade da, ich bin ihr Sohn. Sie ist meine Mutter(...). Es käme mir komisch vor, ihr helfen zu wollen. Ich habe es nicht gelernt, für sie positive Gefühle zu haben."
J.Hobrecht, S.107

Zum Vergleich sollen autobiographische Notizen von G.Wohmann herangezogen werden, die nicht zur Literatur der "antipädagogischen Autobiographie"[16] gerechnet werden.

"Genießt euer Leben, sagt sie den Kindern. Es ist ein Standardsatz. Darauf, daß sie diesen Rat fast als Befehl aufs Äußerste ernstnimmt, neidlos und ohne Nebengedanken, ohne eine Spur von Selbstmitleid oder Hoffnung für sich selber, darauf ist Verlaß. Kein Wort zu viel. Keine Verzierungen. Keine Tricks und keine List. Nicht die mindeste Einschränkung. Die Kinder werden nicht unkritisch, aber bedingungslos geliebt."
G.Wohman, Ausflug mit der Mutter, S.70

"Die Mutter schlägt dann der Tochter vor, nur noch nach jeder Mahlzeit eine Zigarette zu rauchen. 'Nun Schluß, es ist Zeit für den Briefkasten. Habt es schön gemütlich, warm und nahrhaft, schlaft gut und seid fröhlich'. Die Tochter spricht das vor sich hin wie die letzte Zeile von einem Psalmwort mit Beruhigungswert und sie fühlt sich für Momente entkommen, in einer erlaubten Gedankenlosigkeit."
G.Wohmann, Ausflug mit der Mutter, S.110

16 Oelkers,Lehmann, S.88 ff.

10.3. Der Sinn der Subjektivität

Ein Autor, der über sein Leben schreibt, behandelt sich selbst notwendigerweise mit einem Vorurteil. Wesentlich ist *seine* Sicht der Vergangenheit, nicht wie diese Vergangenheit anderen erscheint oder in Erinnerung ist. Der Autobiograph stellt eine "*Ordnung von Werten auf, die seine eigene ist.*"[17] In den Kindheitsberichten ist etwas über die Werte des Autors erfahrbar: über den Wert, den der Autor seiner Erziehung beimißt und darüber, welchen Werten in der Erziehung der Autor am meisten Wert beimißt. Die subjektiven Erinnerungen machen hellhörig dafür, was Interaktionen zwischen Erwachsenen und Kindern bewirken können. Dafür ist die Interpretation einer Interaktion durch das Kind hilfreich, nicht die Tatsache, wie eine Interaktion *wirklich* gewesen ist. Es geht um die "*wesentliche Sicht von innen*", um die "*Vertrautheit mit Intentionen und Motivationen, statt mit dem faktischen Resultat, dem faktischen Vorgang, wie er den anderen erscheint*".[18] Autobiographien schärfen den Blick dafür, was aus dem Rückblick wichtig wird. Das Einzelereignis bekommt ein anderes Gewicht. Was denkt der Erwachsene über seine Kindheit? "*Dieser subjektiven Sicht wohnt eine tiefe Wahrheit inne.*"[19] Die Beschäftigung mit dieser nachträglichen Innenansicht von Erziehung ist für Lehrer und Erzieher deswegen hilfreich, weil die Perspektive pädagogischer Intervention sich verändert zugunsten langfristiger Ziele: Welche Erinnerungen sollen die Kinder, die heute erzogen werden, später einmal haben?

---

17 Pascal, S.226.
18 Pascal, S.205.
19 Pascal, S.205.

Durch die Reise in die Gefühle der vergangenen Kindheiten wird eine "*allgemeine und wahre Struktur unserer Existenz*" sichtbar.[20]

Jede Autobiographie hat eine Erzählstruktur. Aber "*es wäre falsch, anzunehmen, daß das eine bedauerliche Einengung ihrer Wirklichkeitstreue (...) mit sich bringt. Es handelt sich vielmehr um ihren Modus, Wahrheit zu vergegenwärtigen.*"[21] Die Erzählstruktur verbindet Ereignisse folgerichtig miteinander, die ursprünglich vielleicht anders gewesen sind, weil innere Konsequenzen deutlich werden sollen. In den neuen aktuellen Ereignissen wird das früher Erlebte wieder heraufbeschworen. So spiegelt die Erzählstruktur der Kindheitsberichte wider, was auch der Inhalt meint: nicht nur eine Prägung, sondern eine Fixierung auf die Kindheit. "*Das Unglück, Herr Hofrat, von Bindungen abzuhängen, die mich ersticken, wenn ich sie dulde, und die mich zerreißen, wenn ich sie löse.*"[22]

Alle Kindheiten können profitieren aus der Beschäftigung mit literarisch verfaßter Kindheit, denn Kindheiten sind sich in ihren Strukturmerkmalen ähnlich, "*wie verschieden auch immer Kinder und die Umstände ihrer Kindheit sein mögen.*"[23] Auch wenn gilt, daß Autobiographien die individuelle Geschichte der Autoren erzählen, so gilt doch ebenso, daß sie ein Licht auf die Kindheit im allgemeinen werfen. Das Einzelschicksal ist nicht nur ein Einzelschicksal, das als privat abgetan werden

---

20 Adler, S.20.
21 Pascal, S.220.
22 Wolf, Ort, S.51 f.
23 Pascal, S.104.

könnte. Das literarisch aufbewahrte Schicksal macht allgemein Erlebtes bzw. Verdrängtes sichtbar.[24]

Die Frage ist also nicht, ob die Beschädigungen durch Erziehung für alle Kindheiten in dem Maße gelten, wie die Autoren sie beschrieben haben, sondern was andere Kindheiten davon profitieren können, daß durch Erziehung derartige Beschädigungen entstehen können, wie sie beschrieben wurden.

10.4. Lernen im Haus der Kindheit

"*Es fing damit an, daß ein Unbekannter auf der Straße vor mir stehen blieb und das Wort an mich richtete. Er fragte, ob ich mich in der Stadt auskenne und ob ich ihm sagen könne, wo das Haus der Kindheit sei. Was soll das sein? fragte ich überrascht, ein Museum? Wahrscheinlich nicht, sagte der Mann. Vielleicht eine Schule, fragte ich weiter, oder ein Kindergarten? Der Mann zuckte die Achseln. Ich weiß es nicht, sagte er.*"[25]

Das Lernen im Haus der Kindheit ist ein Lernen an Erinnerungen.

Was in der Kindheit unwidersprochen blieb, nicht gehört wurde oder verschwiegen werden mußte, kann nun endlich gesagt werden. Alle Wut, aller Schmerz, alles Selbstmitleid darf ans Licht kommen. Das Gespräch mit den Eltern wird gesucht, aber angeredet werden die Eltern nur der Form nach, sie existieren im Grunde nicht als Ansprechpartner. Oftmals beginnt der Dialog erst mit oder nach dem Tod der Eltern oder eines Elternteils (P.Kersten; P.Weiss; S.Gauch; A.Plessen).

"*Jetzt, wo er mir selbst nicht mehr antworten konnte, fing ich an Fragen zu stellen.*"
P.Kersten, S.30

24 Adler; Muschg, S.20.
25 Kaschnitz, S.5

Es findet kein Gespräch statt[26], sondern eher ein Zur-Sprache-kommen des Vermißten. Daß es zur Sprache kommt, ist allerdings eine Notwendigkeit.[27] Das Schreiben hat etwas mit dem Wenden von Not zu tun, zuallererst bei dem Autor selbst.[28] Indem er nicht unempfindlich ist gegen das Leid und das "*Meer von Tränen*"[29] in seiner Kindheit, gibt er den Lesern ebenfalls die Erlaubnis zum Trauern. Er schlägt sich auf die Seite der Kinder, die sie einmal waren und hilft ihnen nicht bloß bewältigen, sondern erst einmal weinen. Die Autoren nehmen ihre Gefühle ernst und übernehmen darin Verantwortung, daß sie sich selbst zuständig erklären für ihre Erfahrungen. Sie veröffentlichen ihre nie erfüllten Bedürfnisse. Diese Veröffentlichung bricht das Tabu der glücklichen Kindheit.[30] Die Erfahrung derer, die ihre Kindheitsgeschichte erzählen, kann zur Selbsterfahrung derer beitragen, die mit Kindern eine neue Geschichte haben: Eltern und Erzieher.

Ein Kind kann Gefühle nur erleben und zulassen, "*wenn eine Person da ist, die es mit diesen Gefühlen annimmt*".[31] Autobiographien, die ein Kindheitsereignis aus der Sicht des betroffenen Kindes schildern, tragen so zu einer sinnvollen *Nacherziehung*[32] der Erzieher bei, weil sie helfen, ein Kind mit seinen Gefühlen zu verstehen und anzunehmen. Weil die Autoren das "Haus der Kindheit" aufsuchen, ermöglichen sie dem Leser den

---

26 Schulze, Suche.
27 "*Das Schreiben ist mir eine Lebensnotwendigkeit.*" Bernhard, S.45.
28 Muschg, S.14.
29 Hardach-Pinke, S.10.
30 Combe.
31 Miller, Zwölf, S.10.
32 Brück.

Besuch dieses Hauses, der nicht ohne Folgen für die Betrachtung der eigenen Kindheit bleibt und dadurch auch nicht ohne Folgen für den Umgang mit Kindern.[33]

Die Notwendigkeit, das Not-wendende des Schreibens zeigt sich aber noch in einer anderen Hinsicht. "*Der Fall ist denkbar - und für das, was wir Entwicklung nennen, ist er notwendig-, daß nicht die Gesellschaft die Krankheit an der bewährten Norm mißt, sondern das Bewährte sich an der "Krankheit" messen lassen muß - und dann nicht genügt.*"[34] Für den Lernprozeß der Pädagogik in Theorie und Praxis ist es also notwendig, daß das Bewährte der Erziehung sich messen lassen muß an den Beschädigungen, die in den Kindheitsberichten zum Ausdruck gebracht werden. Eine Verdrängung dieser Wahrnehmungen würde den Lernprozeß der Erziehungswissenschaft verkümmern lassen. Wenn nicht wahrgenommen werden darf, was an Deformationen in der eigenen Kindheit geschehen ist, so muß gerechtfertigt werden, was an Deformationen heute immer noch mit Kindern geschieht.

10.5 Von der Selbsterfahrung zur Selbstdarstellung

"*Für die meisten Autobiographen stellt das Abfassen einer eigenen Lebensbeschreibung eine Tröstung über die Versagungen dar, die sie im Leben erfuhren*"[35]

Die Autoren haben nicht nur ein Interesse an Selbsterfahrung (wer bin ich durch Erziehung geworden?)[36], son-

---

33 "*Das Zusammensein mit Nicole hat uns nicht nur bestätigt, was wir vorher schon wußten, daß ihre Erziehung zum größeren Teil eine Erziehung an uns selbst ist; eine Erziehung dazu, sie als selbständigen Menschen zu akzeptieren und sie darin zu unterstützen und nicht zu brechen, weil wir selbst gebrochen wurden.*" Seehuber, S.61.
34 Muschg, S.197.
35 Neumann, Identität, S.61.
36 "*Ich wollte feststellen, wie und warum ich der wurde, der ich bin, wollte die Kräfte und die Emotionen*

dern auch ein Interesse an Selbstdarstellung (was kann ich aus mir machen?)[37]. Heimlich oder offen verzweifelt darüber, was aus ihnen durch die Erziehung geworden ist, wird aus ihnen etwas: ein Autor. Indem sie darüber schreiben, wie wenig sie den Erwachsenen - und damit überhaupt - wert waren, sind sie sich selbst soviel wert, daß sie über sich schreiben. Sie machen etwas aus sich und ihrer Geschichte, nachdem sich niemand etwas aus ihnen gemacht hat. Das Eingeständnis dessen, was ihnen gefehlt hat, heilt sie. Das gilt, auch wenn Versuche, sich schreibend von der Erziehung zu befreien, scheitern.[38] Schreibend wird das Leben ein Stück *gemeistert*, weil der Autor nicht nur Objekt, sondern auch Subjekt seiner Lebensgeschichte wird.[39] Das Schreiben erscheint als Ausdruck und zugleich Therapie der eigenen Zerrissenheit.[40] Die Verletzungen werden heraufbeschworen, erinnert und es wird ihnen zugleich der Abschied gegeben.[41] Das Schreiben wird zum Mündigkeitsbeweis, zum Abschied von den Eltern. "*Das Beste, was ich aus meiner eigenen Geschichte machen konnte, war: den Weg in die Literatur weiterzugehen.*"[42] Der Stellenwert

---

hinter meinen jetzigen Reaktionen verstehen. Ich versuchte, sie zu finden, nicht durch eine psychologische Analyse, sondern imdem ich die Bilder und Empfindungen neu hervorrief, die ich einst gesehen und gefühlt und später in Gedanken vertieft und neu geordnet hatte." Barea, Rebellenschmiede, Vorwort. Zit.n.Pascal, S.218.

37"*Wenigstens schreibend wollen diese Autoren die Wirklichkeit berühren, ihre Erfahrungen greifbarer machen, schreibend selbst etwas wirklicher werden, sich in Schrift womöglich verkörpern: Der Text: das bin ich!*" Baumgart, S.22.

38 Vgl hierzu v.a. Wagener (über B.Vesper).

39 Neumann, Identität, S.61.

40 Neumann, Wiedergeburt, S.105.

41 Baumgart, S.28.

42 Muschg, Literatur, S.132.

und damit der Wert der eigenen Geschichte erscheint dabei immer wieder gebrochen:

"Es ist aus. Ich kann nur noch versuchen, eine Geschichte daraus zu machen,(...) eine Art, sich das Vergangene vom Halse zu schaffen."[43]

"Ich liege in diesem dunklen Zimmer, während sie nach einem Heizungsmonteur Ausschau hält, und meine Geschichte ist mir plötzlich nichts mehr wert. Wochen vorher, noch während der Fahrt, ja, noch gestern abend bei der Ankunft war ich entschlossen, zu schreiben und nicht mehr zu flüchten. Jetzt kann ich es mir nicht mehr vorstellen."
J.Hobrecht, S.8

"Die eigenen Erfahrungen, die ureigene Geschichte und Herkunft vergessen, sie in den Abfallcontainer werfen, als Seelenmüll abtun."
J.Hobrecht, S.217

Die Autobiographie stellt für den, der sie schreibt und für den, der sie liest, eine Aufgabe dar. Für den Autor ist es die Aufgabe, sich durch Erinnerung mit seiner Kindheit zu versöhnen und Unversöhnliches zu integrieren. Heil-Kunst und Sprach-Kunst liegen nahe beieinander.[44]

Für den Leser stellt sich die Aufgabe, in einem "*nachvollziehenden, analytischen und entwerfenden Verstehen*" Bedingungen einer konkreten Lebensgeschichte zu erschließen und zugleich Alternativen für kommende Lerngeschichten zu entwerfen.[45]

Eine Autobiographie ist nicht geeignet als "*Darlegung einer Doktrin*"[46]. Es wird auch nicht das Leben als etwas Fertiges dargestellt, es wird die Reise des Autors zu sich selbst beschrieben.[47] Der Autor braucht nicht

---

43 Kinder, Schleiftrog, S.203. Zit.n.Neumann, Wiedergeburt, S.108.
44 Muschg, Literatur, S.186 f.
45 Baacke, Normalbiographie, S.205.
46 Pascal, S.212.
47 "*Es gibt keine endgültige und vollständige Wahrheit über einen Menschen.*"
Pascal, S.228.

die Zur-Kenntnisnahme des Lesers, sondern seine Mitarbeit und sein Mitgefühl auf dieser Reise in die Kindheit, deren Ziel es ist, sich kennenlernen zu wollen.[48] Autobiographien, gerade solche, die zu einem frühen Lebenszeitpunkt abgefaßt sind, geben ein vorläufiges Bild und die jetzige Einschätzung der Erziehung und Kindheit durch den Autor wieder. Es wäre interessant, zwanzig Jahre später eine neue Beschreibung der Kindheit desselben Autors zu lesen. Aber auch diese Vorläufigkeit der Einschätzung, d h. die Möglichkeit der Veränderung der eigenen Einschätzung der Kindheitserfahrungen, mindert nicht die Relevanz und den Erkenntniswert eben dieser vorläufigen Einschätzung zu diesem Zeitpunkt. Autobiographien sind kein wissenschaftliches Lehrbuch der Pädagogik, aber *"wer nur die Sprache der Wissenschaft beherrscht, bleibt in wesentlichen Lebensbezügen stumm"*[49]. Die Sprache der Wissenschaft kann gerade *Erfahrungen* nur schwer erfassen, z.B. die der *"Sinnlosigkeit oder der Sinnerfahrung, der Beziehungslosigkeit oder der Verbundenheit."*[50] Autobiographien erfüllen, weil sie Literatur sind, einmal einen *"seismographischen Dienst"*[51], zum anderen streben sie das Wichtigste an, was wir mit unserer Sprache tun können: Kommunikation.[52]

48 Wolf, Kindheitsmuster, S.14.
49 Sölle, Eis, S.10.
50 Sölle, Eis, S.10.
51 Muschg, S.145 f.
52 Sölle, Eis, S.10.

11. Exkurs: Kinder hatten es noch nie so gut wie heute

Der mögliche Einwand, daß die erinnerten Erfahrungen der Autoren Kindererfahrungen der 50er Jahre sind und Kindern heute, in den 80er Jahren, die Entwicklung eines gesunden Selbstwertgefühls ohne Schwierigkeiten möglich ist, macht diesen Exkurs notwendig.

11.1. Das wachsende Verständnis für Kinder - Fortschritt oder Fortschritts*glaube*?

Die Entwicklung eines Verständnisses für Kindheit ist verbunden mit der Entwicklung des Verständnisses für Individualität.[1] Mit der Individualität, die man auch Kindern zuerkannte, wurde aus Gleichgültigkeit gegenüber dem Wohlbefinden der Kinder wachsende Fürsorge.[2] Damit veränderte sich auch der psychosoziale Status von Kindern qualitativ: Aus dem rechtlosen Wesen, das angepaßt werden soll, wurde ein gleichberechtigtes Wesen, dem die Eltern eigene Bedürfnisse zugestanden und zugestehen. Ein pädagogisches Handbuch von 1887 schrieb noch:

"Der Säugling braucht und empfängt Zucht. Sie besteht auf ihrer ersten Stufe nicht aus Belehrung, sondern ist reine Tat, Machtäußerung, Beugung des sich entwickelnden Willens. Der Wille des Kindes muß gebrochen werden."[3]

Im Jahre 1985 heißt es dann:

"*Was soll denn ein Kind im ersten Lebensjahr eigentlich alles schon lernen? Nachts durchschlafen? Nicht soviel schreien? Sich willig zur rechten Zeit füttern und wikkeln lassen? Das alles könnte man durchaus durch 'Erziehung' oder besser 'Dressur' erreichen: Indem man hungrige Kinder warten läßt, bis es Zeit für die nächste Mahlzeit ist, indem man das schreiende Kind mit seinem Bettchen außer Hörweite schiebt und es beim Wikkeln und Füttern kräftig festhält. Aber was das Kind dabei lernt, ist gar nicht Stillsein und Bravsein und*

---

1 Lüscher, Ökologie, S.81.
2 Shorter, S.196 ff.
3 Eltern Sonderheft 1985/86, S.35. Zit.n.Schülein, S.414.

Wartenkönnen. In Wahrheit lernt es dies: daß es nicht angenehm ist, auf dieser Welt, bei diesen Leuten zu leben."[4]

Kinder werden immer häufiger als eigenständige Persönlichkeit mit eigenen Rechten wahrgenommen. Eltern verstehen sich immer deutlicher als "*Sachwalter der persönlichen Identität*" ihrer Kinder.[5]

Das Beziehungsgefüge zwischen Eltern und Kindern funktioniert nicht mehr einfach nach dem Schema Überordnung und Unterordnung, Befehl und Gehorsam. Der "*Individualisierungsschub*", im Zusammenspiel mit dem gesellschaftlichen Strukturwandel und der funktionalen Differenzierung makrosozialer Prozesse, beeinflußt auch die Familie, insbesondere die Beziehungen zwischen Eltern und Kindern.[6]

Es hat stattgefunden und findet immer noch statt eine "*Verschiebung vom Befehlshaushalt zum Verhandlungshaushalt*", d.h. Entscheidungen werden nicht angeordnet, sondern ausgehandelt.[7] Der Tendenz nach wird seit den 50-er Jahren Kindern mehr Autonomie zugestanden, und insgesamt herrscht ein liberaleres Erziehungsklima.[8] Dabei ist natürlich zu beachten, daß Erziehungsvorstel-

---

4 Eltern Sonderheft 1985/86, S.35. Zit.n.Schülein, S.414.

5 Lüscher, Ökologie, S.87.

6 Schülein, S.411 f.

7 Büchner, S.200.

8 *"Es zeigt sich ein erstaunliches Maß an Hinwendung/Annäherung zu/an demokratische(n), partnerschaftliche(n), liberale(n) Erziehungsleitbildern in erster Linie der jüngeren Bevölkerung mit qualifizierter Bildung. Von ihr geht ein stark 'moralischer' Veränderungsdruck auf andere Bevölkerungskreise aus. Insgesamt kann festgehalten werden, daß heute die Mehrheit bundesdeutscher Bürger eine eher freiheitliche und nichtautoritäre Erziehung befürwortet und für wünschenswert hält."*
Kmieciak, S.321.

lungen und -leitbilder nicht mit dem tatsächlichen Erziehungsstil und -verhalten übereinstimmen müssen.[9]
Dennoch gilt, daß der Blick für die Bedeutung von kindlichen Erfahrungen für die Persönlichkeitsentwicklung sensibler geworden ist. Eltern können heute *wissen*, was Kinder brauchen, um ein stabiles Selbstwertgefühl aufzubauen. Beruf und Karriere werden - zumindest manchmal - dem gemeinsamen Leben mit dem Kind nachgeordnet. Das Wohl des Kindes steht im Vordergrund. Eltern richten sich nach den Spielräumen des Kindes und wollen ihm eine liebevolle Welt bieten. Eltern drehen sich - bisweilen auch schreibend - um ihre Kinder.[10]
Aus diesen Beobachtungen könnte man nun den Schluß ziehen, daß Kindern in den 80er Jahren mehr Verständnis entgegengebracht wird als früher, und daß sie es leichter haben als früher, als Kinder in ihrer Umwelt zu leben. Aus diesen Beobachtungen könnte man auch den Schluß ziehen, daß die autobiographischen Erinnerungen, die von einer Mißachtung kindlicher Gefühle und Einstellungen, von einer Mißachtung des Kindes überhaupt berichten, der Kindheit der Vergangenheit angehören.
Dieser Exkurs soll die These stützen, daß sich zwar der psychosoziale Status von Kindern und das Wissen von ihren Bedürfnissen verbessert hat, daß sich aber die Gesamtsituation von Kindern nicht gebessert hat und daß die Achtung vor dem Kind sowie das Ernstnehmen kindlicher Bedürfnisse kein durch die Geschichte der Kindheit überholtes Thema ist, sondern im Bewußtsein wachgehal-

---

9 "*Erziehungsziele sind sprachlich artikulierte Pläne; sie sagen nicht, was wirklich passiert. Sie sind Erklärungen für den, der fragt.*"
Mollenhauer,Brumlik,Wudtke, S.119.
10 Seck-Agthe; Sichtermann,Leben.

ten werden muß.[11] Gerade über die "*Tatsache des Fortbestehens der Gewalt gegen Kinder*" muß weiterhin nachgedacht werden.[12] Wenn man überdies einen Blick wirft auf Umfragen, statistische Erhebungen und sozialwissenschaftliche Untersuchungen über Kindesmißhandlungen und die Prügelstrafe in den entwickelten Industrienationen[13] kommen erst recht Zweifel an der "*fortschrittsgläubigen These der evolutionistischen Kindheitsforschung*".[14] Die öffentliche Annahme "*Kinder hatten es noch nie so gut wie heute*" verleugnet das Fortbestehen der Gewalt im Kinderalltag, indem es einseitig in historisch frühen Formen der Eltern-Kind-Beziehung gesucht und gefunden wird.[15]

11.2. Die widersprüchliche Beurteilung heutiger Kindheit. Kinderfreundlichkeit versus Kinderfeindlichkeit[16]

Während die Begriffe "Kindgemäßheit" und "Kindbezogenheit" eine wachsende Kinderfreundlichkeit signalisieren, dominieren auf der anderen Seite Klagen über die Kinderfeindlichkeit der heutigen Umwelt und Gesellschaft.[17] Quer zu dieser Diskussion wird außerdem die Aufhebung der Grenzen zwischen Erwachsenen- und Kinderwelt in den Blick genommen und vom "*Verschwinden der Kindheit*"[18], *von "Kindheit als Fiktion"*[19] oder von den "*Kindern ohne Kindheit*"[20] gesprochen.

11 Vgl. hierzu v.a. Brinkmann,Honig; Honig; Stettbacher; Windaus.
12 Windaus, S.122.
13 Bast u.a.;Pernhaupt,Czermak;Petri,Lauterbach; R.Wolff.
14 Windaus, S.124.
15 Windaus, S.125.
16 Engelbert; Rolff,Zimmermann.
17 Brinkmann,Honig.
18 Postman, Verschwinden.
19 Hengst u.a.
20 Winn.

Diese widersprüchliche Beurteilung ist schon bei Ariès und DeMause vorgezeichnet. DeMause vertritt die These, daß Eltern in der jetzigen Gesellschaft die Fähigkeit besitzen, die besonderen Bedürfnisse ihrer Kinder zu erkennen und in einer "unterstützenden Beziehungsform" für sie da sein können.[21] Ariès dagegen hebt vor allem die immer weiter fortschreitende Ausgrenzung der Kinder aus außerfamiliären Lebensbereichen, ihre Unfreiheit und Repression durch die Erziehung hervor.[22] Diese widersprüchliche Beurteilung findet heute ihre Fortsetzung in der Diskrepanz zwischen einer Bewußtseins- oder Wissensebene, auf der eine Berücksichtigung kindlicher Bedürfnisse als wünschenswert und wichtig erachtet wird, und zwischen einer strukturellen Kinderfeindlichkeit, durch die das, was man weiß, gar nicht oder nur sehr schwer im konkreten Alltag umgesetzt werden kann.[23] So steht die Fülle der Möglichkeiten kindgerechten Lebens (Kinder hatten es noch nie so gut wie heute) dicht neben der Verhinderung kindgerechten Lebens (heute möchte ich kein Kind mehr sein bzw. keine Kinder mehr haben)[24]. Der psychosoziale Status von Kindern ist zwar inzwischen anerkannt, aber keineswegs durchgängig verwirklicht.

Die strukturelle Kinderfeindlichkeit wird diskutiert als gesellschaftliche oder soziale[25], zeitliche[26],

---

21 DeMause, S.84.
22 Ariès, Geschichte.
23 Bittner, Welten; Seehausen.
24 Kontos,Walser, S.191.
25 *"In den meisten Organisationen sind Kinder ungern gesehen, da sie als bloße Störfaktoren wirken. Ob in Warenhäusern, Fabriken, Verwaltungen oder Krankenhäusern: Kinder halten sich weit weniger als Erwachsene an die Spielregeln, die sie im übrigen auch weit weniger kennen und durchschauen. Kinder können keine Mitglieder, sondern höchstens Betroffene, Publikum solcher Or-*

räumliche[27] und pädagogisch verursachte[28] Ausgrenzung der Kinder in der Gesellschaft.

Als tiefgreifendste Folge der Ausgrenzung der Kinder aus der Öffentlichkeit und dem Produktionsprozeß der Erwachsenen sowie ihres Heranwachsens unter spezifischen Kindheitsbedingungen wird vor allem der Anschauungsverlust genannt. Gesellschaftlich ausgegrenzte Kindheit ist zwar geschützte Kindheit, macht Kinder aber abhängig von gesteuerten und kontrollierten Spiel- und Lerninszenierungen, die den Verlust anschaulicher Alltagserfahrungen kompensieren sollen.[29] Kindheit wird zum "*Moratorium*" bis zu dem Zeitpunkt, an dem aus Kindern Erwachsene und erst dann vollwertige Mitglieder der Gesellschaft werden.[30] Insofern ist auch das Anwachsen der Spielplätze und des Spielwarenangebots[31] nur sehr bedingt ein Zeichen für wachsende Kinderfreundlichkeit, insbesondere da es einhergeht mit dem Ausbau autogerechter Stadt- und Dorflandschaften. Kinder werden auf den kindgerechten Bereich verwiesen, aber die Stadtplanung eines Viertels macht unmißverständlich jedem Kind deutlich: Du bist hier uner-

---

ganisationen werden. Am besten ist es jedoch für beide, die Organisationen und die Kinder, wenn sie nichts miteinander zu tun haben."
F.X.Kaufmann, S.767.

26 Rabe-Kleeberg,Zeiher; Seehausen; Zeiher,Zeitstrukturen.

27 Zeiher,Räume.

28 Zimmer.

29 Kazemi-Veisari, S.23 f.

30 Pieper, Kinderspiel, S.219 ff.

31 Die Bedürfnisse der Kinder nach Begreifen der Welt werden durch Spielwaren nicht ernstgenommen: "*Auf den Wunsch der Kinder, eine unlesbare Welt in Gleichungen zu bringen, treffen Spielwaren, die zu Eindeutigkeiten geronnen sind.(...) Das Bedürfnis nach Handgreiflichem, nach Weltbesitz, wird reduziert auf den immer zu erneuernden Besitz von Spielwaren, mit dem gleichzeitig das Bedürfnis nach Kommunikation ritualisiert wird."*
Kazemi-Veisari, S.376.

wünscht, Autos sind wichtiger. Nicht zuletzt an den räumlichen Gegebenheiten in unserer Gesellschaft läßt sich ablesen, wie - in Bereiche getrennt - gearbeitet, gedacht, gespielt, geplant wird und Lebensvollzüge organisiert werden. "*Für den Wohnungsbau heißt das: Erwachsene planen und bauen Wohnungen und Wohnumgebungen für sich. Den Kindern wird ein ihnen von den Erwachsenen zugedachter abgesonderter Bereich zugewiesen: Kinderzimmer und Kinderspielplätze.*"[32] Kinder lernen die Bedeutungslosigkeit der eigenen Handlungen, Gedanken und Fähigkeiten. Ihr Wunsch nach Einfluß, Mitsprache und Gestaltung wird gebunden an ihre Zukunft als Erwachsene, in der dies alles dann möglich sein soll.[33]
Die strukturelle Kinderfeindlichkeit trägt auch dazu bei, daß die aktuelle Lebensqualität von Kindern nicht unbedingt der Einsicht in die kindspezifischen Bedürfnisse entspricht. Die Schere zwischen dem, was man für Kinder tun will und dem, was man persönlich oder gesellschaftlich realisieren kann für die und mit den Kindern, geht immer weiter auseinander. Ebensowenig kann der Hinweis auf die Aufgaben und Fähigkeiten der Familie[34] bereits aureichend sichern, daß die Familie die Fürsorge- und Sozialisationsaufgaben, die ihr zugedacht und zugemutet werden, auch erfüllen kann.[35] Da "*außerhalb des Familiensystems Strukturprinzipien dominieren, die den besonderen kindlichen Handlungsbedürf-*

---

32 Pieper, Kinderspiel, S.219.
33 Kazemi-Veisari, S.43.
34 "*Die Familie besitzt strukturelle Eigenschaften, die das Auftreten der in der gegenwärtigen Heimerziehung häufig beobachteten Sozialisationsdefekte unwahrscheinlich machen.*"
F.Neidhardt, Strukturbedingungen, S.288.
35 Engelbert, S.81.

nissen entgegenstehen", wird dem System Familie die alleinige Last aufgelegt, das Prinzip Kinderfreundlichkeit als Rücksichtnahme auf die kindlichen Bedürfnisse zu verwirklichen.[36]

"*Effizienz und Leistung, Pünktlichkeit und Berechenbarkeit, Ordnung und Organisation, das sind die Prinzipien der technisch-wissenschaftlichen Zivilisation, die immer dichter auch die Alltagswelt durchdringen.*"[37] Kinder dagegen zwingen zur Langsamkeit, halten auf und sind unberechenbar. Eltern sehen sich gezwungen, um ihrem Kind gerecht zu werden, immer mehr durch private Anstrengungen auszugleichen, wo die weiter fortschreitende Technisierung des Alltags und die Auswirkungen des veränderten Arbeitsmarktes[38] die Bedürfnisse der Kinder behindert. Weil die moderne Gesellschaft mit dem Kind nicht zurechtkommt, delegiert sie diese Aufgabe an Eltern und Erzieher.[39]

Weil die Familie damit überfordert ist, ist die Gefahr groß, daß auch innerhalb der Familie Kinderfreundlichkeit nicht gewährleistet werden kann, weder strukturell noch emotional. Der Familie wird aufgebürdet, die Kinder vor der Umwelt und die Umwelt vor den Kindern zu

---

36 Engelbert, S.95.
37 Beck-Gernsheim, Inszenierung, S.34.
38 "*Der Arbeitsmarkt fordert Mobilität unter Absehung von persönlichen Umständen. Ehe und Familie fordern das Gegenteil.* U.Beck, S.46.
"*Die Grundfigur der durchgesetzten Moderne ist - zu Ende gedacht - der oder die Alleinstehende. In den Erfordernissen des Arbeitsmarktes wird von den Erfordernissen der Familie, Ehe und Elternschaft abgesehen...Dieser Widerspruch zwischen Arbeitsmarkt und Familie konnte solange verdeckt bleiben, wie Ehe für Frauen gleichbedeutend war mit Familienzuständigkeit, Berufs- und Mobilitätsverzicht.*"
U.Beck, S.47 f.
39 Beck-Gernsheim, Inszenierung,S.35.

schützen bei der gleichzeitigen Anforderung, beide miteinander in Kontakt zu bringen.[40]
Aufgrund dieser strukturellen Kinderfeindlichkeit der gesellschaftlichen Entwicklung ist Kindsein und Kinderhaben in den 80er Jahren nicht leichter, sondern schwieriger geworden[41], "*trotz Sozialstaat und Wohlstand, Waschmaschine und Kühlschrank.*"[42]
So kommt es wider besseres Wissen oft zu einer Ablehnung von Kindern:

"Eigentlich
hätten sie
nie Kinder haben wollen
erklärten
Eltern
Freunden
in Gegenwart ihrer eigenen."[43]

11.3. Wirklichkeit aus zweiter Hand[44]

Eine Besonderheit heutiger Kindheit ist die Erfahrung der Mediatisierung und die "*Mediatisierung der Erfahrung*"[45]. Weil der Alltag der Kinder weithin "*bedeutungs- und erlebnisarm*"[46] geworden ist, wird die Fernsehwelt bevorzugt. Die im Vergleich zur Wirklichkeit perfekte, aufregende Welt des Fernsehens läßt den Alltag trivial erscheinen. Damit verbunden ist zugleich auch eine Abwertung der eigenen Erfahrungen der Kinder, "*eine ständige, selbstverständliche Verachtung des Lebendigen, des Schwachen und Beschützenswerten. Was nicht vermarktet werden kann, ist nicht. Was keinen Erfolg hat - jetzt -, kann so wahr sein wie es will, es*

40 Engelbert, S.96 ff.
41 Rerrich, S.421.
42 Beck-Gernsheim, Inszenierung, S.30.
43 K.Kiwus, Zit.n.v.Hentig, Kinder, S.349.
44 Bauer, Hengst.
45 Bauer, Hengst, S.11 f.
46 Kazemi-Veisari, S.48.

kommt nicht ins Programm."[47] Bevor sich das Kind ein Bild von der Wirklichkeit machen kann, kommt eine bebilderte Informationsflut auf es zu, es wird konfrontiert mit der "*'Scherbenwelt' des Fernsehens; ein buntes Durcheinander von Unterhaltung, Nachrichten, Tierfilmen, Liebesdramen, Krimis, Werbung, Schlagern und Politik*"[48]. Bevor die Kinder Fragen stellen, bekommen sie Antworten auf Fragen, die sie nie gestellt haben, "*Nachrichten aus dem Nirgendwo*"[49]. Dadurch entsteht ein Pseudo-Wissen: man kann über Dinge reden, die man im Fernsehen gesehen hat, ohne genau darüber Bescheid zu wissen. Die Fähigkeit zum aktiven Erschließen eines Problems durch Nachdenken verkümmert oder wird gar nicht erst entwickelt.[50] Die Abwertung der eigenen Erfahrung unterstützt das Gefühl der Bedeutungslosigkeit der Kinder. "*Kindheit heute ist Fernsehkindheit: die Welt (...) erscheint verkleinert, zerstückelt, an- und abstellbar, in absurder Mischung, ohne Zusammenhang in sich und erst recht mit ihr. Dabei ist sie aufregend, extrem, glanzvoll und elend, übertrifft in allem meine kleine, erlebbare Umwelt und macht sie unbedeutend.*"[51] Fernsehen prägt auch die Wahrnehmungsfähigkeit der Kinder. Durch den raschen Wechsel der Bilder entsteht der Eindruck, daß alles unheimlich schnell geht und immer etwas geschehen muß. Damit prägt der Fernsehkonsum die Erwartungen an die Wirklichkeit, kann zur Flucht aus der Realität werden und die Akzeptanz erschweren, die Welt so zu nehmen, wie sie ist. Beeinflußt wird auch

47 Sölle, Eis, S.16.
48 Kunstmann, S.130.
49 Postmann, Verschwinden, S.107.
50 Kunstmann, S.133.
51 v.Hentig, Vorwort, S.33.

die Kommunikationsfähigkeit der Kinder.[52] Sie lernen, daß es leichter ist, sich berieseln zu lassen, als selbst zu spielen oder konfliktreichen Kontakt mit anderen Kindern zu suchen.[53] Fernsehkonsum und mehr noch die Computerspiele verändern die Gefühlswelt der Kinder, weil sie als Anpassungsleistung "*Cool-werden*" verlangen. "*Kinder und Jugendliche werden cool, kühl wie ihre Ziehmütter, die technischen Medien. Da sie die Freude an der Unversehrtheit nicht kennen, bekommen sie Lust auf Zerstörung.*"[54] Da der Körper sich nicht immer wieder neu in Hochspannung versetzen lassen kann, ohne sich sinnvoll abzureagieren, wird Desensibilisierung der Empfindungen ein erwünschtes Ziel. Wenn dieses *Cool-Bleiben* auf andere Erlebnisbereiche des Alltags übertragen wird, kann es zu einer Reduktion von Empfindungsfähigkeit kommen.

Die Chance, daß ein Kind lernt, sich in der immer komplizierter werdenden Welt zurechtzufinden, wenn es nur die Kinderzimmer-, Spielplatz- und Fernsehwelt kennt, ist gering. Der Konflikt, in den es gerät, ist vorprogrammiert: Bewegt es sich vorschriftsmäßig in den vorgeschriebenen kindgemäßen Schonräumen, wird es die Fähigkeiten verlieren, die es braucht, um sich später in der Welt zurechtzufinden.[55] Bewegt es sich außerhalb

---

52 Kazemi-Veisari, S.52.
53 Kunstmann, S.132.
54 Jörg, S.117.
55 Vgl. hierzu v.a. die "vier Forderungen, was Kinder heute lernen sollten" des Bundesministers für Bildung und Wissenschaft J.Schmude:
"*1. Sie sollten leben lernen, um sich Spontaneität und Neugierde zu bewahren.*
2. Sie sollten das Lernen lernen, um künftige Berufswechsel besser zu überstehen.
3. Sie sollten das Zusammenleben lernen, um auch ihre Freizeit zu bewältigen.

der Schonräume, begibt es sich in Gefahr oder gefährdet den reibungslosen Ablauf der strukturell kinderfeindlichen Umwelt.[56]

11.4. Das Pseudowissen über Erziehung

Parallel zur Veränderung der Erziehungsziele ist eine enorme Verbreitung pädagogisch-psychologischen Wissen zu beobachten, insbesondere durch die Massenmedien. Elternratgeber, Illustrierte, Funk und Fernsehen, sowie Elterntrainings sagen den Eltern, wer ihre Kinder sind und wie die Kinder am besten zu erziehen sind. Dadurch kommt es zu einer steigenden Diskrepanz zwischen dem "*selbstverständlich verfügbaren Wissen über Kindererziehung und pädagogisch gefordertem Wissen*".[57] Auf der einen Seite sind Eltern Laien, weil sie wenig Erfahrung im Umgang mit Kindern haben, "*weil es weniger gibt und sie selten welche sehen, bis sie selber welche haben.*"[58] Auf der anderen Seite sollen sie möglichst schnell gute Eltern sein und möglichst alles richtig machen im Umgang mit ihren Kindern. Die meisten Elternratgeber bieten Lösungen für Probleme mit Kindern an und suggerieren dadurch häufig, daß es richtige, gute, fehlerfreie Eltern geben kann, die ihre Kinder ohne Probleme aufziehen. Als gute Eltern gelten solche, die möglichst viel über Pädagogik *wissen*. Dabei wird häufig übersehen, daß es durch die Verbreitung von pädagogischen Wissen eher zu einem *Erklären* als zu einem *Ver-*

---

4. Sie sollten 'Lust auf ihre Zukunft' lernen, um sich gegen Anpassung und Niedergeschlagenheit zu schützen." (Süddeutsche Zeitung Nr.106 vom 9.5.1979, S.7). Zit.n. Pieper, Kinderspiel, S.220.

56 Pieper, Kinderspiel, S.220.

57 Beck-Gernsheim, Inszenierung, S.33.

58 Beck-Gernsheim, Inszenierung, S.33.

stehen der Kinder kommt.[59] Zudem sind durch die Verbreitung dieses Wissens die Anforderungen an die Erziehungskompetenz der Eltern sprunghaft gestiegen[60], es ist zu einem vermehrten Wissen (oder Pseudowissen?) über Erziehung gekommen.

"'Was kann ich noch tun für mein Kind'? Eltern, die sich das fragen, rackern sich bereits unermüdlich ab. Ihre Kinder sind nervös. Sie brauchen Behandlung. Ihre Kinder sind aggressiv. Maßnahmen müssen angeraten werden. Maßnahmen zur Beseitigung der Folgen von Maßnahmen."[61]

Daß die Kindheit mit einem Netz von Theorien und Techniken überzogen wird und die Erfahrungen der Kinder durch ein Konstrukt ersetzt werden, ist dabei nicht neu. Neu ist, daß durch die Verwissenschaftlichung der Erziehung Eltern immer weniger wagen, sich auf ihr Gefühl zu verlassen und Empathie dafür zu entwickeln, was das Kind braucht, wie es ihm geht, warum es sich nicht wohl fühlt.[62] Der Wissenschaftsstreit schafft im Kinderzimmer in erster Linie Verunsicherung, Verwirrung und die Suche nach neuen Informationen.[63] Eltern und Erzieher geraten unter Leistungsdruck, der sich als Defiziterlebnis und Versagensgefühl negativ in der Ausgestaltung der Beziehung zu den Kindern niederschlagen kann.[64]

Das vermehrte Wissen über Erziehung hat also im konkreten Umgang mit Kindern nicht unbedingt eine größere Fähigkeit zur Empathie zur Folge.

59 Vgl. hierzu v.a. Tausch,Tausch, S.178 ff.
60 Rerrich, S.434.
61 Dessai, Erziehung, S.8.
62 Ostner,Pieper, S.144.
63 Beck-Gernsheim, Inszenierung, S.33.
64 Honig; Kranz; Stober.

11.5. Mütter und Väter

Männer sind auch in der BRD der 80er Jahre immer noch primär auf die Erwerbstätigkeit festgelegt[65], während Frauen - wenn auch nicht ausschließlich - auf den innerfamilialen Beziehungsbereich verwiesen sind. Konsequenterweise befinden sich Frauen, was den familialen Bereich insgesamt sowie speziell die Erziehung und Sozialisation der Kinder betrifft, nach wie vor unter einem stärkeren Verantwortungs- und Leistungsdruck wie Männer. Ihnen wird für das Mißlingen familialer Kommunikation und Erziehung die Hauptverantwortung zugewiesen.[66] Damit einher geht die Erwartung nach einem partiellen Verzicht auf die Entwicklung und Realisierung eigener Bedürfnisse und Lebensziele, man fordert von den Frauen zumindest tendenziell "*ein Dasein für die Familie*".[67] Sozial erwünscht ist ein Dasein für andere.[68] Im Zentrum des weiblichen Lebensentwurfs steht - als ein vorgegebenes Strukturmuster - die "*private, unbezahlte und unmittelbare 'Sorge' für andere Personen*".[69] Dies ist eine gesellschaftlich geforderte Sorgeleistung, die Frauen "*anders als Männer höchst konkret und unmittelbar für Haushalt und Kinder zuständig macht und sie an diese bindet. Diese Norm gilt grundsätzlich und unabhängig davon, ob sie im konkreten Fall auch tatsächlich befolgt wird.*"[70] Zusätzlich dazu und nicht als Alternative kommt zu der Verwiesenheit der Frauen auf Haushalt und Familie im Gefolge der Indivi-

---

65 Pieper, Subjektorientierung, S.304.
66 Ostner.
67 Beck-Gernsheim, Familie, S.282.
68 Beck-Gernsheim, Dasein.
69 Pieper, Subjektorientierung, S.303.
70 Pieper, Subjektorientierung, S.304.

dualisierungstendenzen in der Gesellschaft die Möglichkeit und Erwartung der außerfamilialen Erwerbsarbeit. Die Leistungsfähigkeit der Frau ist demzufolge gesellschaftlich viel umfassender definiert als die des Mannes. Je nach Lebenssituation und Lebensphase ist eine wechselnde Kombination von Erwerbsarbeit, Hausarbeit und Fortpflanzungsfähigkeit grundsätzlich in der Biographie der Frau möglich und erwünscht.[71] Dies gilt unabhängig davon, ob und wie solche Wechsel der Leistungsbereiche von den Frauen vorgenommen werden. Frauen müssen sich - und das ist ein Unterschied zu den gesellschaftlichen Anforderungen an Männer - darauf einstellen, *"sei es nun antizipatorisch, abwehrend oder real, sich im Verlauf ihres Lebens in höchst unterschiedlich strukturierten Bereichen gesellschaftlicher Realität mit höchst unterschiedlichen Anforderungen und oftmals in ständigem (auch täglichen) Wechsel auseinanderzusetzen."*[72] Aus diesen unterschiedlichen, zum Teil gesellschaftlich vorgegebenen Handlungsmustern, zum Teil von den Frauen selbst ersehnten Handlungsmöglichkeiten ergeben sich nicht nur neue Freiräume und Wahlmöglichkeiten für die Gestaltung des Lebenslaufes der Frauen, sondern auch, je nach Situation und Fähigkeit, Streßsituationen und Überforderungen, sie sich unmittelbar auf die eigene Zufriedenheit und auf den gestalteten Umgang mit den Kindern niederschlagen. Ein Leben mit Kindern bedeutet neben persönlicher Selbstverwirklichung Verzicht und das Zurückstellen eigener Bedürfnisse. Das war immer so. Aber der Verzicht der Mütter

---

71 Pieper, Subjektorientierung, S.306 f.
72 Pieper, Subjektorientierung, S.306.

hat eine neue Qualität, seit der Lebensinhalt "Dasein für andere" der Frau Konkurrenz bekommen hat durch das Lebensziel "ein Stück eigenes Leben".[73] Verschärft wird der Konflikt noch dadurch, daß die Mütter dieses Recht auf individuelle Lebensentfaltung zu einem Zeitpunkt stellen, an dem den Kindern mehr Freiraum und die Äußerung eigener Bedürfnisse zugestanden wird und auch gewährt werden soll. Das erfordert im konkreten Alltag mit Kindern wieder eine stärkere Zurücknahme eigener Interessen zugunsten der Entfaltungsmöglichkeiten der Kinder.[74]

Als zusätzlicher Streßfaktor kommt hinzu, daß Frauen sich aufgrund der gesellschaftlichen Handlungsvorgaben und ihrer eigenen Ansprüche hinsichtlich der Vereinbarkeit von Beruf und Familie unter einem dauernden Rechtfertigungsdruck finden und sich, so oder so, als defizitär empfinden. *"Wer nur für sich sorgt ('single'), muß sich dafür ebenso rechtfertigen, wie die erwerbstätige Mutter ihre berufliche Einsatzfähigkeit unter Beweis zu stellen hat (zugleich aber zeigen muß, daß sie auch eine 'gute' Mutter ist), und die nichterwerbstätige Frau sich (oft genug) gedrängt sieht, zu erklären, wieso sie 'nur' hausarbeitend tätig ist."*[75] Was immer also die Frau tut, es ist in jeder Hinsicht rechtfertigungsbedürftig[76] und in irgend einer

---

73 Beck-Gernsheim, Dasein.
74 Rerrich; Sichtermann, Leben; Sichtermann, Vorsicht.
75 Pieper, Subjektorientierung, S.308.
76 *"Außerhäusliche Berufstätigkeit der Mutter führt relativ häufig zu Interaktionsschwund und im Zusammenhang damit zu reduzierter Emotionalität im Mutter-Kind-System. Nichtberufstätigkeit der Mutter führt...relativ häufig zu überaus starker, aber ambivalenter Emotionalität im Mutter-Kind-System. In diesem Fall ist die Gefahr gegeben, daß Kinder als Ursache für Statusverluste*

Hinsicht defizitär. Das Urteil der nicht-erwerbstätigen Frauen mit Kindern über den eigenen Lebensentwurf enthält deutliche Züge von Unzufriedenheit und Depression, das Urteil der erwerbstätigen Frauen mit Kindern über den eigenen Lebensentwurf Züge von schlechtem Gewissen und Überforderung.[77] Von einer vorbehaltlosen Bejahung der eigenen Rolle kann in beiden Gruppen nicht die Rede sein. Es bleibt zu fragen, ob unter diesen Bedingungen, die in vielem einer ständigen Zerreißprobe nicht unähnlich sind, ein Eingehen auf die entwicklungsbedingten Bedürfnisse der Kinder überhaupt möglich ist.

11.6. Das programmierte Kind

Elternsein liegt ebenso wie die Übernahme anderer sozialer Rollen im Gefälle des Individualisierungsschubes. Das bietet Raum für Offenheit und Kreativität, erfordert aber mehr Selbst-Steuerung und Balance.[78] Kinder sind keine selbstverständliche Konsequenz von Partnerschaft und Eheschließung mehr, sie sind ein vermeidbares Resultat sexueller Beziehungen geworden. Damit ist Kinderhaben eine *Möglichkeit*[79] geworden. Dadurch ist ein viel höheres Maß an Stabilität und Motivation erforderlich, damit überhaupt Kinder zur Welt kommen. Elternschaft hat sich verkompliziert. Es werden nicht mehr einfach bereitliegende Muster übernommen[80], son-

---

und Selbstwertprobleme der Mütter definiert und entsprechend behandelt werden."
Neidhardt, Strukturbedingungen, S.290.
77 Schweitzer,Pross.
78 Schülein, S.432.
79 Schülein, S.413.
80 *"Mit leichter Übertreibung kann man sagen: 'anything goes'. Wer wann den Abwasch macht, die Schreihälse wickelt, den Einkauf besorgt, den Staubsauger herum-*

dern in einem aufwendigen Prozeß müssen Motive, Gründe und Gegengründe zwischen den Partnern ausgehandelt werden.[81] "*Die 'Geburt der Eltern' ist ein biographischer Übergang von besonderem Gewicht geworden.*"[82] Das Kind bekommt einen neuen Stellenwert. Es ist nicht, wie zuvor, in erster Linie dazu da, den Familiennamen weiterzugeben und das Fortleben der Familientradition zu sichern[83], sondern es wird zur "*letzten verbliebenen, unaufkündbaren, unaustauschbaren Primärbeziehung*"[84]. Der Sinn des Kindes liegt für die Eltern darin, daß in ihm eine "*anachronistische Sozialerfahrung kultiviert*"[85] wird, die mit dem Individualisierungsprozeß verunmöglicht, aber gerade deswegen immer stärker herbeigesehnt wird. Das Kind wird zur letzten "*Gegeneinsamkeit*", die die Eltern aufrichten, weil die Möglichkeit, als Partner dauerhafte Gemeinsamkeit zu leben, ihnen entgleitet. Das Kind ist eine Art privater "*Wiederverzauberung*", die gerade durch die Entzauberung der gesamten übrigen Welt an Bedeutung gewinnt.[86] Die Stilisierung des Kindes zum Erlöser, weil "*letzten Vertreter einer*

---

schiebt, wird ebenso unklar, wie etwa die Beantwortung der Fragen, wer die Brötchen verdient, die Mobilität bestimmt, und warum eigentlich die schönen Nachtseiten des Bettes immer mit dem vom Standesamt hierfür vorgesehenen, angetrauten Alltagsgegenüber genossen werden sollen dürfen. Ehe läßt sich von Sexualität trennen und die noch einmal von Elternschaft, die Elternschaft läßt sich durch Scheidung multiplizieren und das Ganze durch das Zusammen- oder Getrenntleben dividieren und mit mehreren Wohnsitzmöglichkeiten und der immer vorhandenen Revidierbarkeit potenzieren."
U.Beck, S.46.

81 Beck-Gernsheim, Auswirkungen; Dessai,Weg; Jürgens,Pohl; Rosenstiel; Urdze,Rerrich.

82 Schülein, S.413.

83 Rülcker, S.17.

84 U.Beck, S.46.

85 U.Beck, S.46.

86 U.Beck, S.47.

freien Innen- und Gegenwelt", wächst[87], aber die Geburtenzahlen sinken. Die Beziehung zwischen Eltern und ihrem Kind ist exklusiv und würde von mehreren Kindern nur gestört. Die narzißtische Besetzung des Kindes, das Ausmaß, in welchem "*das zu erwartende Kind als Erweiterung des eigenen Größen-Selbst narzißtisch besetzt wird*"[88], bringt zwar viel spontane Zuwendung, aber genau soviel Labilität in der Beziehung zu den Kindern mit sich.[89] Enttäuschung ist das Gefühl vieler Eltern in den Monaten nach der Geburt. *"Die Zumutungen durch das Kind(...) werden stärker als Kränkung erlebt, wo sie die Symbiose (bzw.deren Entwurf) trüben."*[90]

Daß Kinder heute vielfach Wunschkinder sind und nur dann geboren werden, wenn die Eltern das wollen, heißt also noch lange nicht, daß die Eltern sich deswegen automatisch besser auf die Kinder einstellen können. Daß Kinder geplant werden, heißt eben auch, daß sie oft *verplant* werden. Sie kommen in Abhängigkeit von den Planungen, Wünschen und Erwartungen der Eltern zur Welt.[91] Wenn das Kind dann da ist, kann es nicht hingenommen werden, wie es ist, mit seinen Eigenheiten und vielleicht auch Mängeln seelischer und körperlicher Art.

---

87 Schmidbauer, S.179.
88 Schülein, S.420.
89 "*Die Liebe zum Kind ist in den modernen Familien intensiv, aber strukturell labil.*"
Honig, S.286.
90 Schülein, S.426.
91 *"Ein Kind ist nötig, um gesellschaftlichen Normen zu genügen, um die eigene Weiblichkeit unter Beweis zu stellen, um als Erwachsene zu gelten, um eine echte Familie zu sein. Man möchte die Erfahrung von Schwangerschaft und Geburt machen, man möchte zusehen, wie ein Mensch aufwächst und sich entwickelt, man möchte diese Entwicklung mit beeinflussen können."*
Urdze, Rerrich, S.96.

Mit der Wählbarkeit und Planbarkeit der Elternschaft sind auch die Anforderungen an die Kompetenzen der Eltern, insbesondere an die Fähigkeit zur Akzeptanz des Nicht-Planbaren, gestiegen.

12. Religionspädagogische Konsequenzen: Religionsunterricht als Beitrag zur Lebensbewältigung unter besonderer Berücksichtigung des Selbstwert-Defizits der Schüler

12.1. Der Zugang

Die Argumentation ist in den vorausgegangenen Kapiteln der These gefolgt, daß eine klare Vorstellung von dem, "*was Kinder brauchen*"[1], zunächst einmal entscheidend ist.

Erst dann kann die Überlegung einsetzen, welche dieser Situationen und entwicklungsbedingten Bedürfnisse eine religiöse Erziehung aufgreifen kann.

Bei der Auswahl und Interpretation der Kindererfahrungen[2] haben sich Grunddefizite und Grundbedürfnisse des Schülers hinsichtlich seines Selbstwert-Gefühls gezeigt, die eine religiöse Erziehung aller Altersstufen nicht unberücksichtigt lassen kann, wenn sie für die Kinder eine Form der "*Lebensbewältigung*" anbieten möchte.[3] Obwohl die Entwicklung des Selbstwert-Gefühls auch in der religiösen Erziehung im Vorschulbereich eine große Rolle spielt[4], sollen die religionspädagogischen Konsequenzen im folgenden für den Religionsunterricht an der Grundschule formuliert werden. Es ist allerdings nicht an die Planung und Entwicklung einzelner Unterrichtseinheiten gedacht, sondern an den Religionsunterricht als ganzen in seiner Konzeption. Es ist ein praktisch-theologischer Versuch, der eine angemessene Theologie des Religionsunterrichts sucht und versucht. Diese Theologie muß dann in die Praxis umgesetzt werden. Obwohl gerade in dieser Frage ein fächerübergrei-

1 Pringle, bes. S.42 ff und 190 ff.
2 S.o.Kap. 8 und 9.
3 Kaspar, S.10; Wegenast, Problemfelder, S.56.
4 Buschbeck, Failing; Situationsansatz.

fender Unterricht wünschenswert wäre, ergänzt durch ein außerschulisches Angebot kirchlicher Jugendarbeit und kirchlichen Unterrichts[5], werden die Überlegungen im folgenden nur für den Religionsunterricht formuliert.[6]
Eine Religionspädagogik, die beachtet, was Kinder brauchen, will psychologische, sozialpsychologische, soziologische, pädagogische und seelsorgerliche Einsichten aufgreifen, in den Unterricht einbeziehen und leistet damit gerade etwas *Theologisches.*[7] Das gilt für den Unterrichtsvollzug selbst, aber auch für den Begründungszusammenhang der Religionspädagogik im Kanon der praktisch-theologischen Disziplinen.
Sich auf die Erfahrung der Schüler einzulassen, bedeutet, sich dem zu stellen, was begegnet und anliegt. Es bedeutet, das Vorgegebene ernst zu nehmen, auch wenn es unbequem ist[8], Angst macht oder verunsichert. Es heißt, die Wirklichkeit der Welt gegen die Wünschbarkeit der Welt zu akzeptieren.[9]
Die gegenwärtige Situation des Schülers ist eine wichtige Station auf dem Weg zu einem geglückten Leben und zu dem Wunsch, "*ganz zu sein*".[10] Hier wird noch einmal deutlich, daß die ausgewählten autobiographischen Zi-

---

5 Deresch; Hanusch.
6 Zum fächerübergreifenden Religionsunterricht vgl. v.a. Nipkow, Grundfragen.
7 "*Wem es mit der Theologie ernst ist, der wird sich dem stellen müssen, was nicht Theologie ist.*"
Gremmels, S.37.
8 "*Die ehrliche Frage nach den (gegenwärtigen und künftigen) Lebenssituationen der Schüler ist äußerst unbequem. Sie läßt uns in manchen Fällen nicht einfach 'unseren Stoff' weiterunterrichten, selbst wenn wir es schaffen, ihn methodisch relativ interessant zu verkaufen und die Kleinen in Klasse 5 uns noch eine Menge gutwillig abnehmen.*"
Silberberg, Beruf, S.81.
9 Mieth, Bedeutung.
10 Sölle, Hinreise.

tate nichts beweisen wollen. Sie wollen nicht die Familie anklagen und auch keine besseren Eltern einklagen, sie wollen Mut machen, sich *"in einem Prozeß des Miterlebens und Nacherlebens"* auf die Erfahrung der Schüler einzulassen.[11] Damit die Erfahrung, die Kinder in ihrem bisherigen Leben gemacht haben, nicht *vermauert* wird[12], muß sie ernstgenommen werden. Das ist ein Programm zur Sensibilisierung für Kinder und Erzieher gleichermaßen. In seinen Leiderfahrungen zeigt der Schüler dem Lehrer das Bild seines bedrohten Lebens und lädt ihn zugleich ein, etwas von der *"Gabe der Tränen"* zu erleben.[13] Wenn Erfahrungen sprach-los bleiben und der Zugang zu den eigenen Leidenserfahrungen fehlt, fehlen auch die Worte, um *"den neben sich zu erreichen"*[14].

Dieser Unterricht hat für die Kinder in hohem Maße eine kompensatorische Funktion, weil er eine Lebens- und Lernwelt anbietet und gestaltet, die den Erwartungen und Bedürfnissen der Schüler entgegenkommt.[15] Er will das außerschulische Leben der Kinder aufgreifen, Leben und Lernen miteinander verbinden[16], aber nicht so, daß der Unterricht die Erziehungs-Erfahrungen der Kinder innerhalb der Familie fortsetzt, sondern ein Gegengewicht schafft *"in einer bewußt inszenierten Abgrenzung und Absetzung von den Lebenserfahrungen der Kinder und einer gleichzeitigen Einbindung der Erfahrungen in die pädagogischen Handlungstrategien."*[17]

11 Feifel, Identitätsfindung.
12 Zwergel.
13 Sölle, Fliegen, S.35.
14 Sölle, Fliegen, S.35.
15 S. o. Kap 9.
16 Ackert; Göndör; Stollberg, Dreiecke.
17 Fölling-Albers, S.16.

Indem der Religionsunterricht sich kompensatorisch und zugleich *"realistisch-kritisch auf die außerschulischen Lebensbedingungen der Kinder bezieht"*[18], ist er aufgefordert, zu ermöglichen, daß Kinder hier andere, bessere Erfahrungen mit ihrem Wert machen können, ohne ihnen eine illusorische heile Kinder-Welt bieten zu wollen.

12.2. Die Orientierung an der Rechtfertigungslehre

Die Rechtfertigung allein aus Glauben *"ist nicht ein Lehrstück neben vielen anderen, sondern ist das Ganze des christlichen Glaubens. Sie ist nicht nur eine Seite oder gar eine Einseitigkeit, die ergänzt werden müßte(...)."*[19]

Im folgenden wird die Konzeption des Religionsunterrichts von diesem Kernstück reformatorischer Theologie her entwickelt, insbesondere von den anthropologischen Implikationen. *"Rechtfertigungsglaube ist adäquates personales Selbstbewußtsein."*[20] Es ist der Versuch einer Neuinterpretation der Rechtfertigungslehre, der einmal ein Anliegen der IV.Vollversammlung lutherischer Kirchen in Helsinki 1963 aufnimmt und zum anderen dem Vorwurf begegnen möchte, die Orientierung an der Rechtfertigungslehre sei retrospektiv und könne schon deshalb den Aufgaben heutiger Theologie in der säkularisierten Welt nicht gerecht werden.[21]

Im Jahre 1963 diskutierte der Lutherische Weltbund auf seiner Konferenz in Helsinki ausführlich das Problem der Rechtfertigungslehre. Dabei wurde unter anderem die Überzeugung vertreten, daß die Rede von der Rechtferti-

18 Klafki, S.25.
19 Ebeling, Wesen, S.195.
20 Härle, Herms, S.93.
21 Lohff, Rechtfertigung, S.753; vgl. auch Härle,Herms.

gung des Sünders allein aus Gnade dem modernen Menschen nicht mehr verständlich sei. Die Menschen fragen nicht mehr nach einem gnädigen Gott, sondern danach, ob es überhaupt einen Gott gibt.
Unter dem Stichwort "Gnade für die Welt" sollte die Rechtfertigungsbotschaft - nun nicht mehr auf das individuelle Leben beschränkt - die Möglichkeit eines "gnädigen" Umgangs mit dem Nächsten und der Schöpfung eröffnen.

Wenn eine Vermittlung von Theologie und Lebenssituationen gelingen soll, geht es im Gefälle dieser Arbeit konsequenterweise um eine Entfaltung der Rechtfertigungslehre für Kinder unter den Bedingungen von Schule. Denn nirgendwo sonst wird so ausdrücklich und nachhaltig von einem Wert des Menschen jenseits dessen, was er leistet, gesprochen. Hier kann der Schüler die Erfahrung machen, daß er angenommen und geliebt wird, so wie er ist, *"ohne des Gesetzes Werke"*(Röm 3,28). Die Rechtfertigung des Gottlosen schließt auch das Recht des Kindes in sich, ein Kind zu sein.[22]
Damit wird Religionsunterricht zusammen mit anderen Handlungsfeldern der Kirche ein Ort der "*institutionalisierten Vermittlung von Rechtfertigungsglauben*".[23]

12.2.1. Die Tradition

Die Rechtfertigung des Menschen *sola fide*, ohne die Werke des Gesetzes, galt für die Reformatoren als der *"articulus stantis et cadentis ecclesiae"* (der Glaubensartikel, mit dem die Kirche steht und fällt).[24]

---

22 Riess, S.167.
23 *"Wie kann kirchliches Handeln als institutionalisierte Vermittlung von Rechtfertigungsglauben unter seinen eigenen empirischen Bedingungen und im Kontext der allgemeinen psychosozialen Lebenswirklichkeit sich so realisieren, daß es am Ort der beteiligten Subjekte den Grund und die Vollzugsstruktur ihrer Subjektwerdung in Individualität und Sozialität anbietet"?*
Gräb, Korsch, S.94.
24 Weber, Bd II, S.317.

"*Von diesem Artikel kann man nichts weichen oder nachgeben, es falle Himmel und Erden oder was nicht bleiben will...Darum müssen wir des gar gewiß sein und nicht zweifeln...Sonst ist's alles verlorn.*"[25]

Wenn von einem Menschen gesagt wird, er ist vor Gott gerechtfertigt, so bedeutet das, *"er wird vor Gottes Gericht als gerecht angesehen und ist um seiner Gerechtigkeit willen Gott angenehm"*.[26] Deswegen ist stets fest im Auge zu behalten, daß diese Lehre *"den hauptsächlichsten Pfeiler darstellt, auf dem unsere Gottesverehrung ruht"*.[27] Die Rechtfertigung des Menschen ist wie ein "*Zufluchtsort*", an dem der Mensch *"aufatmen"* kann[28], und wer sein Herz an etwas anderes hängt, dem wird es gehen, *"wie einem, der im Traum große Reichtümer aufgehäuft hat: beim Erwachen verwehen sie ihm."*[29] Diese Lehre bildet bis heute einen "*Brennspiegel, in dem sich die Probleme der Dogmatik fangen, und zwar unter Einschluß der Ethik*"[30]; sie ist nicht ein Gegenstand des Glaubens, sondern die Wirklichkeit des Glaubens selbst.[31]

---

25 Schmalkaldische Artikel, S.415 f.
26 Calvin, Unterricht, III,11,2, S.471.
27 Calvin, Unterricht, III,11,1, S.471.
28 Calvin, Unterricht, III,12,4, S.494.
29 Calvin, Unterricht, III,12,4, S.495.
30 Weber, Bd II, S.317.
31 Ebeling, Wesen, S.195.

12.2.2. Die Neuinterpretation: Rechtfertigung als Annahme

P.Tillich hat die Meinung vertreten, daß die Rechtfertigungslehre zwar grundlegender Ausdruck des protestantischen Prinzips und damit das Kriterium ist, an dem sich "*jede einzelne These des theologischen Systems messen lassen muß*", daß sie aber in ihrer klassischen Formulierung dem modernen Menschen aus semantischen Gründen nicht mehr zugänglich ist. In der Praxis des Unterrichts und der Predigt sollte der Begriff "*Rechtfertigung*" durch "*Annahme*" ersetzt werden.[32] "*Annahme bedeutet: Wir sind von Gott angenommen, obwohl wir nach den Kriterien des Gesetzes unannehmbar sind (...). Wir sind aufgefordert anzunehmen, daß wir angenommen sind.*"[33] Damit würde die Rechtfertigungslehre in der Sache auch für Menschen bedeutungsvoll, die keinen Zugang mehr zu biblischen und reformatorischen Denkmustern haben.

Damit die Entfaltung der Rechtfertigungslehre als Lehre von der Annahme im Religionsunterricht möglich wird - und nicht ein zu lernender Glaubensartikel bleibt -, muß einerseits "*die Überlieferung elementarisiert werden und in ihren einzelnen Elementen mit konkreten Lebenserfahrungen verknüpft werden*"[34], damit die Schüler erkennen können, daß hier ein relevantes Angebot für sie liegt. Rechtfertigung des Menschen würde dann heißen: Anerkennung und Entlastung des Kindes, das sich seines Wertes im ungewissen ist; Wichtigkeit und Wertigkeit des Kindes angesichts der wertsetzenden

---

32 Tillich, S.257 f
33 Tillich, S.258
34 Baudler, Erziehung, S.94.

Lebenspraxis Jesu. Ziel dieses Unterrichts ist die alternative Wert-Erfahrung des Schülers.[35] Als Vorgehen ist denkbar: Der Religionsunterricht bedenkt die Erfahrungen der Kinder und überlegt, wie sich daran die christliche Rede von dem unbedingten Wert des Menschen bewähren kann. Eine möglichst enge Korrelation von Tradition und Alltagserfahrung ist dabei wünschenswert, denn "*die Bibel redet erst mit ihrer eigenen Stimme, wenn man sie nicht abseits der Probleme liest, sondern mit einer durch sie geschärften Fragehaltung*".[36] Die Tradition ist dann mehr als ein legitimatorischer Anhang zu den Problemen der Schüler, die im Religionsunterricht *behandelt* werden. Dazu muß der Lehrer selbst ein Lernender sein, im Kontakt mit seinen Erfahrungen und Erwartungen und auf dem Weg, die christliche Tradition als Hilfe bei seiner eigenen Lebensbewältigung zu verstehen.[37]

Zum anderen geht es nicht nur um eine Entfaltung der Rechtfertigungslehre ihrem Inhalt nach. Denn die Kraft des unbedingten Angenommenseins läßt sich nur so erfahren, daß der Begegnung mit dem Schüler eine bestimmte Richtung gegeben wird, sodaß in der Beziehung zum Schüler ein dieser Lehre entsprechendes Menschenbild sichtbar wird. Das wäre eine strukturelle, eine heilsame, eine therapeutische Rechtfertigungslehre. Sie ist eine neue Erfahrung für die Schüler, mit deren Hilfe sie ihre *alten Erfahrungen* erweitern, korrigieren, diffe-

35 Singer.
36 Baldermann, Lernerfahrungen, S.85.
37 "*Es ist bedenklich, wenn Religionspädagogen oder auch andere Mitarbeiter in der Kirche immer nur überlegen, wie sie 'anderen' das Evangelium beibringen können.*"
Exeler, Religionslehrer, S.12.

renzieren und überbieten können.[38] Zugleich ist diese neue Erfahrung nicht so fremd, daß die Schüler nicht an sie anknüpfen könnten in Form von Erinnerung und Sehnsucht. Die Lebenswirklichkeit der Kinder ist dann mehr als ein Sprungbrett für das Eigentliche, sie ist eine Anfrage an die Tragfähigkeit der Rechtfertigungslehre. Der christliche Glaube ist in diesem Verständnis nicht das jenseits aller Erfahrung Festgeschriebene, sondern das, was sich bewähren kann und muß, im Hinblick auf die Selbstwert-Erfahrungen der Schüler. So werden nicht nur die Wert-Erfahrungen der Schüler ernstgenommen, sondern auch die Wert-Erfahrungen der Tradition. Denn sie sind als Niederschlag und Zeugnis bereits gemachter Erfahrungen mit dem Glauben, der sich bewährt hat, wertvoll für Vermittlung von Wert. Die Frage, an der sich eine Religionspädagogik, die sich an einer strukturellen, heilsamen Rechtfertigungslehre orientiert, messen lassen muß, heißt dann: Welche Erfahrungen macht der Schüler im Religionsunterricht mit seinen Erfahrungen? Wie werden sie gehört und aufgenommen? Welcher Wert wird ihnen beigemessen? Aber auch: Welche Erfahrungen kann er mit neuen, korrigierenden Erfahrungen machen?[39] Davon wird abhängen, ob die Schüler auf lange Sicht dem Glauben etwas zutrauen. Es wird zu wenig in Rechnung gestellt, daß die Schüler

---

38 Stoodt, Sozialisationsbegleitender, S.307; Singer.
39 *"...hätte der Religionsunterricht da die Aufgabe, dem Schüler neue Erfahrungen mit der Erfahrung zu ermöglichen und das auf der Ebene vorgegebener Erfahrungen aus dem bisherigen Leben des Schülers, auf der Ebene vermittelter Erfahrungen aus der Tradition und endlich auf der Ebene von im Unterricht zu machenden Erfahrungen mit dem eigenen Selbst in der Gruppe und mit der Gruppe".*
Wegenast, Wo, S.17.

ein Vorbild des Glaubens erleben in der Art und Weise wie mit ihren Lebenserfahrungen umgegangen wird. So stellt sich der Religionsunterricht als dreifache Erfahrung mit der Entfaltung der Rechtfertigungslehre dar: Es gibt die mitgebrachten Wert-Erfahrungen des Schülers. Es gibt die einzubringenden, und auf Tragfähigkeit hin zu prüfenden Erfahrungen der Tradition. Es gibt die zu entdeckenden Erfahrungen im Unterricht, mit sich selbst, der Gruppe, dem Lehrer und der Sache.

12.2.3. Die Entfaltung der Rechtfertigungslehre

Rechtfertigung ist Bejahung des Menschen vor Gott. Rechtfertigungsglaube ist Bejahung dieser Bejahung und damit auch die Bejahung der implizierten ethischen Grundnorm.[40] Wer im Rechtfertigungsglauben Ja sagt zu seiner Person, kann und muß auch Ja sagen zu den Menschen, die ihm anvertraut sind, denn die Bejahung des Menschen ist universal und unteilbar. Damit ein Mensch von der Rechtfertigung (Bejahung des Menschen) zum Rechtfertigungsglauben (Bejahung dieser Bejahung) findet, bedarf es einer zwischenmenschlichen Bejahung: des Verständnisses.

Die reformatorische Rechtfertigungslehre unterscheidet "Gesetz" und "Evangelium". Unter der Kategorie des "Gesetzes" weist sie hin auf die Annahme der wirklichen Welt anstelle einer idealisierten, gewünschten Welt.[41] Die Verkündigung des 'Evangeliums' ist nur sinnvoll, wo die wirkliche Welt und der darin begegnende Mensch gesehen werden. Voraussetzung der Rechtfertigung als An-

40 Härle, Herms, S.141-172.
41 Rechtfertigung, S.10.

nahme ist also die Offenheit für die tatsächlich begegnende Realität des Menschen.
Identität ist nur für den erreichbar, mit dem sich ein anderer identifiziert. "*Solange mich keiner annimmt, ist auch keine Selbstannahme möglich.*"[42]
Rechtfertigung als Annahme des Nichtangenommenen, auch als Selbstannahme bisher nicht angenommener biographischer Ereignisse ist nur möglich, wenn Annahme zwischenmenschlich erfahrbar wird.
Nach diesem Verständnis macht Gott sich abhängig vom Menschen. Gelingen oder Scheitern der Rechtfertigung des Menschen hängt auch am konkreten Verhalten der Menschen. Gott muß vertreten werden, will er zum Zuge kommen.[43]
Was in der Sprache der Dogmatik "Kenosis" genannt wird, die "Selbstentäußerung Gottes", die freiwillige Übernahme des Schicksals der Menschen, ist dem Menschen aufgegeben als Identifikation mit dem Leiden des Mitmenschen.[44] So wie Jesus Christus den Himmel für den Menschen verlassen hat, hätten die Menschen den Himmel der Selbstbezogenheit - die einmal bedeutet, jeder wird alleine glücklich, und zum anderen, Gott hat die alleinige Verantwortung - zu verlassen. Rechtfertigung des Menschen wird also auch erlebbar durch das Dasein des Menschen für andere. Wo einer für den anderen da ist, kann ein Klima der Sympathie, des Mitleidens und Mitfühlens erfahren werden.

---
42 Sölle, Stellvertretung, S.153 f.
43 Sölle, Stellvertretung, S.172.
44 Sölle, Stellvertretung, S.194 ff.

Im folgenden soll die Rechtfertigungslehre entfaltet werden als:

Verständnis für die Fragen und Fragwürdigkeiten der Kinder,

Offenheit gegenüber dem, was Kinder tatsächlich sind und erleben,

Möglichkeit zur *Annahme des Nicht-Angenommenen*,

Erfahrung der *Sympathie*, die neue Werterfahrungen ermöglicht.

Der Struktur der bisherigen Arbeit folgend, werden auch in diesem Teil immer wieder autobiographische Zitate den Argumentationsgang begleiten.

12.2.3.1. Das Verständnis

H.Halbfas mußte im Jahre 1975 feststellen: "*Die Identitätsproblematik hat in der Religionspädagogik bisher wenig Aufmerksamkeit gefunden.*"[45] Im gleichen Zeitraum kamen zwei Befragungen zum RU unter Haupschülern[46] zu dem Ergebnis, daß der RU zwar kein unbeliebtes Fach ist, aber ein Fach, "*mit wenig Relevanz für die Bewältigung von Lebensfragen*"[47]. Die Schüler erwarten vom RU "*weniger Informationen und Unterweisungen in kirchlichen Lehren, sondern Hilfe in der Selbst- und Sinnfindung*".[48] Sie möchten den Religionslehrer als "*verständnisvollen Erwachsenen*", eine Vertrauensperson, mit dem man über alle wichtigen Probleme reden kann.[49]

Auch wenn inzwischen der Identitätsbegriff Einzug in die Religionspädagogik gehalten hat[50], bleibt die Anfrage an den Religionsunterrricht weiterhin die, ob er denn Verständnis hat für die "*innere Geschichte des Kindes*".[51] Das Wesens- und Verhaltensmerkmal Verständnis ist nicht nur Voraussetzung aller Erziehung[52], sondern die einzige Möglichkeit, dem Schüler wirklich zu

---

45 Halbfas, Lehrerhandbuch, S.34.
46 Prawdzik,1973; Havers,1978.
47 Prawdzik, S.225.
48 Prawdzik, S.223.
49 Havers, S.114. Vgl hierzu auch Schmidt, S.327; Ulonska, Rollenerwartungen.
50 Josuttis, S.223.
51 "*Wie verbinden sich unsere religionspädagogischen Hilfen mit der inneren Geschichte des Kindes? Für eine am Lebenslauf orientierte, die individuelle religiöse Lebenslinie ernstnehmende Religionspädagogik ist dies eine der religionspädagogischen Kardinalfragen.*" Nipkow, Erwachsenwerden, S.40.
Was Nipkow hier für die religiöse Lebenslinie sagt, für den bereits ausgebildeten '*privaten Gott des Kindes*' gilt mindestens ebenso für die anderen inneren Geschichten und Bilder.
52 "*Erst verstehen, dann erziehen.*" Moor, S.277 ff.

begegnen[53] und ein Gespräch zu beginnen. Dabei ist gemeint, daß es sich um eine echtes Gespräch handelt, nicht um ein Scheingespräch, bei dem der Lehrer die Antwort schon im Vorhinein weiß. Gerade die religiöse Erziehung ist ein Weg, auf dem Kinder und Erwachsene Erfahrungen machen mit der Tragfähigkeit der christlichen Botschaft.[54] Lehrer und Schüler bringen, wenn auch nicht in gleicher Art und Weise, so doch in gleichem Maße und in gleichem Umfang ihre Fragen und ihre Antworten, ihr Leben *und* ihre Theologie dem anderen zu Gehör und in den Unterricht ein.[55] In der Seelsorge nennt man diese Haltung *non-direktive*. "*Sie dirigiert den Partner nicht in eine dogmatisch vorgeschriebene Richtung, sondern folgt ihm dorthin, wohin er den Seelsorger durch den unbewußt motivierten Gesprächsgang führt.*"[56]

Es soll hier die These aufgestellt werden, daß ohne Verständnis für den Schüler, also ohne "*die ausgebildete und verfeinerte Form einer menschlichen Grundfähigkeit, der Fähigkeit, sich in 'Fremdseelisches' ein-*

---

53 Buber.

54 "*Soll es einem Lehrer gelingen, einen jungen Menschen zur Einsicht in die Sinnhaftigkeit des Evangeliums und zu einem verantwortlichen Handeln aus der Lehre und Gemeinschaft Jesu Christi zu führen, dann muß er sein Tun als Erfahrungslernen begreifen. Er muß diesen jungen Menschen dort aufsuchen, wo er im Augenblick behaust und beheimatet ist, um ihn vom Standort seiner eigenen, jetzigen, unmittelbar berührenden Erfahrung her auf einen Weg zu führen. Um dem gerecht zu werden, muß das Schulfach Religion den Umstand, daß Sinn-Erfahrung Weg-Erfahrung ist, in Unterrichtsdimensionen umsetzen.*"
Feifel, Schülerorientierung, S.274.

55 "*Der Religionsunterricht ist eine Gelegenheit für Lehrer und Schüler, Äußerungen des christlichen Glaubens...auf ihre sinnstiftende Kraft hin zu befragen.*"
Schmidt, S.333.

56 Stollberg, Seelsorge, S.15.

zufühlen und dieses wahrnehmen zu können"[57], kein sinnvoller Religionsunterricht möglich ist, wenn sinnvoll bedeutet, daß er zur *"Sinngebung dieses Lebens"*[58] beitragen könnte und er seine zentrale Funktion in der Rechtfertigung des Menschen als Annahme dieses konkreten Kinderlebens sieht.

Was als pädagogischer Gemeinplatz anmutet und der Erwähnung überflüssig, ist, wie die Untersuchung von Tausch u. Tausch[59] gezeigt hat, nicht pädagogische Realität: "*Tag für Tag ereignen sich viele tausend Begegnungen zwischen Lehrern und Schülern. Dabei erfahren Schüler kaum, daß ihre Lehrer sie einfühlend und nicht wertend in ihrer inneren Welt verstehen."*[60] Gründe, die eine Realisierung des einfühlenden Verstehens verhindern, sind vor allem Überlastung und Überforderung des Lehrers, sowie Einstellungen, die überwiegend auf Beurteilung und Bewertung des Kindes ausgerichtet sind.[61] Besonders die Überforderung des Lehrers, die gerade auch durch einen schülerorientierten Religionsunterricht provoziert werden kann, muß im Blick behalten werden.[62] Ein seelsorgerlicher Unterricht schließt immer auch die Seelsorge an den Lehrern ein.[63] Einfühlendes Verstehen der inneren Welt des anderen[64] und Einfühlung in die eigene innere Geschichte bedingen einan-

57 Stierlin, Familiengespräch, S.30.
58 Kaspar, S.10.
59 Tausch, Tausch.
60 Tausch, Tausch, S.192 f.
61 Tausch, Tausch, S.194.
62 "*Der normale Lehrer hat schon genug Last mit seiner Berufsrolle zu tragen, vom Religionslehrer wird Unmögliches verlangt.*"
Konukiewitz, S.256.
63 Leuenberger; Scharfenberg, Religionspädagogik; Singer; Stollberg, Wahrnehmen.
64 Tausch,Tausch, S.178 ff.

der. Und unter einer Mißachtung und Entwertung der Person im Schulalltag haben Lehrer wie Schüler gleichermaßen zu leiden. Die Geschichte, daß es einem Wunder gleichkommt, ernst genommen zu werden, "*behandelt zu werden wie eine Erwachsene*", kann deswegen wohl von sensiblen Lehrern und Schülern gleich gut verstanden werden.

"*Manchmal im Traum bin ich erwachsen. Da seh ich ganz anders aus. Niemand lacht mich aus.*"
D.Kempff, S.51

"*Käthe Veilchen hat auf dem Dach über ihrer Wohnungspraxis eine Birke in einen Eimer gepflanzt, zwei alte Korbstühle rausgestellt, einen Tisch, und schon befindet man sich in einem Garten über der Straße, mit Blick über viele zerschossene Dächer; ein Wunder, daß es so was gibt, Wärme, (...), ein Glas Limonade und Behandeltwerden wie eine Erwachsene.*
Wenn Marie sich reckt, ist sie bereits einmeterfünfzig lang."
K.Reschke, S.69

Der Wunsch nach einem verständnisvollen Erwachsenen ist der Wunsch nach Wahrgenommenwerden und Angenommenwerden.[65] Diesen Wunsch kann hier (K.Reschke) eine Kinderärztin aufgreifen. Auch das ist zu bedenken: Unter den Bedingungen von Schule ist die "*Ehrfurcht*" und *der* "*hohe Respekt vor dem Schüler*"[66] schwerer zu verwirklichen als in der außerschulischen Begleitung oder Therapie von Kindern und Jugendlichen. Dennoch bleiben Verständnis, Ehrfurcht und Respekt ein unverzichtbares Merkmal des Religionslehrers. Dies gilt in besonderem Maße, weil nicht davon ausgegangen werden kann, daß die Familien an dem Grundbedürfnis der Kinder nach Verständnis ausreichend orientiert sind.[67]

---

65 Stollberg, Wahrnehmen.
66 Grell, S.124 f.
67 Pringle.

"Ich kann mit den Eltern nicht reden über meine Angst."
J.Hobrecht, S.72

"Immer sagen sie, du hast doch bloß geträumt."
D.Kempff, S.27

Sicher begegnet ein Lehrer nicht ausschließlich, aber auch und immer wieder und in unterschiedlicher Stärke im Unterricht *behinderten* Kindern, d.h. Kindern mit erheblichen Behinderungen des Selbstwertgefühls. Repräsentative Studien kommen im Durchschnitt zu der Schätzung, wonach etwa 10 bis 12% der Kinder im Grundschulalter an psychischen Störungen leiden. Im Jugendalter muß mit einer noch höheren Quote von etwa 15 bis 20% gerechnet werden. Die Tendenz ist steigend.[68] Zudem gilt, daß die aus der sensiblen Beobachtung und Therapie mit psychisch labilen Kindern gewonnenen Erfahrungen deutlich machen, welche Maßstäbe für den Umgang mit *allen* Kindern zu gelten haben.[69]
Im Anschluß daran muß gefragt werden, welche zentrale Funktion Religionsunterricht haben kann, der die Lebensrelevanz des christlichen Glaubens bezeugen will, der nicht nur davon ausgeht, "*daß Subjekt der Bildung und des Lernens der junge Mensch ist, der durch vermittelte Lernerfahrungen mehr Freiheit und Selbstbestimmung erlangen soll*"[70], sondern auch Antworten findet, die zur Entfaltung des Schülers bedeutsam sind. Es heißt zuallererst, die Kinder *"geduldig in ihrem Kindsein ernstnehmen"*[71] und sie zu bestärken, ihren inneren Lehrplänen zu folgen.

---

68 Hurrelmann, S.2; vgl auch Bittner, Ertle, Schmid; Bittner, Thalmann; F.X.Kaufmann, S.761; Thalmann.
69 Hurrelmann, S.9.
70 H.B.Kaufmann, Thesen, S.37.
71 Fabricius, S.375.

"Ich möcht auf eine Leiter steigen und übers Dach bis zum Wetterhahn klettern können, ohne daß ich runter fall. Dann würd ich von einem Turm bis zum andern gehn. Auf einem Seil. Das hätte ich vorher gespannt. Braucht ich bloß durch die Luft gehn und es drüben festbinden. Auf einem Seil, das wär schön. Zum Beispiel wenn Kerwa ist, Kirchweih. Da könnt ich das Karussell von oben sehn. In der Mitte über dem Marktplatz tät ich stehnbleiben und laut Juchhu schrein. Die Leute, die da unten gehn, die überall rumstehn, sich alles ansehn, die Kinder im Karusell, in der Schiffschaukel und vor den Buden, die Lutscher lutschen, Zucker und Gummibären kaun, die würden alle nach oben schaun. Und ihre Köpfe sähen ganz komisch aus, weil sie so verdreht wärn. Dann tät ich mich aufen Kopf stellen auf meinem Seil. Ich hätte Luftballongs an den Füßen, daß ich nicht runterfall. Und sie würden sagen, ui, schau, toll, kuckmal, siehmal an, was das Kind alles kann."
D.Kempff, S.30

Das Kennenlernen der Person und Lehre Jesu Christi kann eine Hilfe sein für Kinder, die alltägliche und weithin normale Entwertung von Kind-sein zu entdecken und zugleich ein realistisches Selbstwertgefühl zu gewinnen.[72] Grundbedingung dafür ist allerdings das Verständnis des Lehrers für das Bedürfnis des Kindes nach Selbstachtung, Stolz und Eigenständigkeit. Es entspricht der Lebenspraxis Jesu, diesem Bedürfnis nicht mit Argwohn und Ablehnung[73] zu begegnen, sondern mit der Bereitschaft, es wachsen zu lassen, weil darin ein *"Streben nach berechtigter Selbstbestätigung"*[74] erkannt wird. Dazu ist es wichtig, daß der Lehrer sich darum

---

72 *"Alles liegt daran, daß über die notwendige Sachinformation hinaus im kommunikativen Interpretations-, Auseinandersetzungs- und Zueignunsvorgang ein individueller und kollektiv-öffentlicher Zuwachs an Selbstverständnis und Lebensermöglichung entsteht."*
Stock, Elementarisierung, S.75 f.

73 *"Die abendländische Kulturgeschichte hegt einen auffallenden Argwohn gegen den Umgang des Menschen mit sich selber.(...) So etwas wie Selbstachtung, Stolz, Eigenständigkeit und die damit verbundenen Affekte von Behagen, Sicherheit und Selbstwertgefühl werden zwar heimlich ersehnt und bei anderen bewundert, gelten aber als suspekt."*
Henseler, S.51

74 Friedemann, S.29.

bemüht, den inneren Zustand seiner Schüler zu verstehen.[75] Wenn er darüber nachdenkt, was ein Kind in einer bestimmten Situation empfindet, wie es sich fühlt, dann wird sich dieses Nachdenken darin ausdrücken, wie er sich verhält. Diese Fähigkeit, die innere Wirklichkeit des Schülers zu berücksichtigen, muß sich nicht in Problematisierungen ausdrücken[76], wird aber die Wahl der Unterrichtsinhalte und -methoden entscheidend mitbestimmen und prägen. Diese Fähigkeit wird sich auch darauf auswirken, ob und wie Lehrer markante biographische Situationen im Leben ihrer Schüler wahrnehmen, z.B. Trennung und Abschied, Geburtstag oder Schulanfang.

"Alle strömen der Aula zu, lachen, rufen, kennen sich schüchtern mit erstaunten Augen. Lauter blank geputzte Gesichter, denen der Ernst des Lebens auf die Stirn geschrieben wurde, eine manierliche Prozession von ABC-Zwergen.(...)
Die Eltern bleiben zurück. Erste Trennung. Halb ängstlich, halb froh.(...)
Marie möchte im Boden versinken. Inmitten der vierzig Neuen unter dem Rednerpult des Direktors steht eine junge Frau und reicht ihr die Hand.(...)
Sie sagt, bald gibts einen Stundenplan, und wer keine Angst hat, soll morgen wiederkommen, und wer Angst hat, den würde sie nach der Schule zu Hause besuchen. Marie ist die Angst gleich im ersten Moment vergangen."
K.Reschke, S.24 ff.

Wer in der Reflexion seiner schulischen und außerschulischen Arbeit mit Kindern zur Kenntnis nimmt, daß die Gottesfrage sich einer *"nachchristlichen Situation nähert"*[77], wird unschwer in den Lebensfragen der Kinder die Frage nach Gott entdecken, auch wenn diese Frage von der biblisch-christlichen Überlieferung abgekoppelt

---

75 *"Es ist leider nicht selbstverständlich, daß Lehrer geduldig zuhören können und eine ausgeprägte Fähigkeit besitzen, auf Schüler einzugehen."*
Grell, S.91.
76 Hier gilt es auch das Mißverständnis auszuräumen, es würde im problemorientierten Religionsunterricht immer nur über die Probleme der Schüler geredet.
77 Nipkow, Erwachsenwerden, S.9.

ist: Die Kinder *"fragen noch nach Gott, aber die christlichen Antworten fallen ihnen nicht mehr ein."*[78] Der Religionsunterricht hat dann die Aufgabe, die weithin fehlende Lebensrelevanz des christlichen Glaubens aufzuzeigen[79], aber gerade so, daß im Unterricht selber in der Auf- und Annahme dieser Fragen den Schülern ein Vorbild christlichen Lebens begegnet, in der engen Verzahnung von Situation und Tradition. Im konkreten Fall kann das dann heißen, daß die Schüler nicht "Religion" als Fach haben, sondern "Trauern" oder "Sich-freuen", "Angst haben" oder "Vertrauen-können"[80].

U.Adam erinnert sich, wie notwendig solche Lernprozesse gewesen wären.

"Ich habe meine Kraft hineingeschrieben in lauter Worte die ganze Nacht, ich schreibe Fleißaufgeben, ja Herr Lehrer, später werde ich Schneeglöckchen zeichnen oder Frauenköpfe, in einer Reihe, in Zweierreihen, die Perspektive kennen wir noch nicht. Als Strafaufgabe, ja Herr Lehrer, der Nachbarhund ist gestern gestorben, und wann haben wir denn Trauern? ich möchte das lernen, ich möchte das können, noch bevor meine Eltern sterben oder mein Bruder, ich bin so traurig, obwohl ich Hunde nicht mag, aber den, den schon.
U.Adam, S.45

Wenn den Schülern deutlich wird, daß die christliche Tradition etwas Entscheidendes beitragen kann, Trauerwege zu gehen, ist ein doppeltes möglich geworden: Einmal erscheint den Kindern die christliche Tradition nicht als etwas, was mit ihrem Leben nichts zu tun hat. U.Adam beschreibt anschaulich, wie es sich auswirkt, wenn die christliche Tradition ohne Bezug zum Leben und zu den Fragen der Kinder bleibt:

"Die Kirche fällt ihr ein, mitten in das eigene Fühlen hinein, das sonntägliche Kirchenvolk mit himmelblauen

---

78 Nipkow, Erwachsenwerden, S.9.
79 Schilling, Entwürfe, S.386.
80 Baltz,Buschbeck u.a., S.6 ff,S.24 f,30 ff und 72 ff.

Eichelhäherfedern auf den Hüten, die im Lufthauch der gemurmelten Gebete hin und her schwanken, den Blick nach vorne gerichtet. Armselig, wie der da vorn am Kreuz hängt, zerschunden und abgemagert, eine Schande ist das, das sind wir ihm schuldig, die fetten Kugelbäuche, in Bier gebadet, das neue Kostüm zur Auferstehung, das hab ich Mamma gekauft, zweitausend Schilling hats gekostet, aber das ist mir die Mamma wert, ich will schließlich eine Frau, mit der ICH MICH zeigen kann. Sieh nur, wie er leidet, er ist zwar aus gutem Holz geschnitzt, aber schon tot, sieh nur, ich kann gar nicht hinsehen. Wir kaufen IHM eine neue Kirche, zumindest eine Kirchenglocke und eine Sakristei mit Fußbodenheizung, und wenn es edle Spender gibt, für bunte Glasfenster haben wir allemal Verwendung, das ist was für die Kinder, die können sich gar nicht satt sehen daran und bleiben still."
U.Adam, S.78

Zum anderen entdecken die Schüler, daß Fragen ihrer Existenz gut aufgehoben sind in den Fragen und Antworten des christlichen Glaubens.

Dazu ist unabdingbar, daß der Religionsunterricht die Fragen der Kinder mit Interesse aufnimmt und keine fertigen Antworten bereithält. Die fertigen Antworten müssen entlarvt werden als Antworten, die im Grunde nicht *christlich* sind, weil sie nicht in einer authentischen Situation erarbeitet wurden, in enger Korrelation von Situation und Tradition. Gerade der Religionsunterricht muß ein Ort des offenen Gesprächs sein, kein Ort für *"fromme Lügen, billigen Trost im Jenseits oder für theologische 'Belehrungen'".*[81]

D.Kempff erinnert sich, daß die Erwachsenen sich die Antworten seltsam leicht gemacht haben.

"Wer sich nicht das Letzte abverlangt, kommt unter die Räder.
Man muß ein Ziel haben, nicht rechts, nicht links sehn, den graden Weg gehn, mit Ernst bei der Arbeit sein. Wer zuviel Freizeit hat, kommt bloß auf dumme Gedanken.
Erlebt erst mal einen Krieg.
D.Kempff, S.75

---

81 Heimbrock, Diakonie, S.99.

"Wenn du so weitermachst. (...)
Paß auf, ich warne dich.
Gib dir gefälligst mehr Mühe, du willst uns doch keinen Kummer machen.
Was ich da höre, gefällt mir gar nicht.
Was hast du dir dabei nur gedacht? Denk nicht, tu lieber was.
Mit Freundlichkeit erreicht man viel mehr.
Aber natürlich, wenn du so mürrisch bist, kannst du nichts erwarten.
Die Aufgaben werden schwerer, so daß man sie nicht mehr mit der linken Hand lösen kann. Aber sie machen sich ihre Antworten so leicht wie immer."
D.Kempff, S.77

12.2.3.2. Die Offenheit

Rechtfertigung bedeutet, daß Gott die verlorene Sache des Menschen zu seiner Sache gemacht hat.[82] Ein Religionsunterricht, der sich an der Entfaltung der Rechtfertigungslehre orientiert, muß sich also im Gefälle dieser Lehre fragen, ob er die verlorene Sache des Schülers zu seiner Sache macht. Dann kann der Schüler mit Hilfe der Person des Lehrers und mit Hilfe der Botschaft des christlichen Glaubens seine verloren geglaubte Geschichte als *seine* Lebensgeschichte akzeptieren und zugleich frei werden für neue Erfahrungen. Das Verlorene bekommt einen neuen Stellenwert. Dem entspricht, daß das Verlorene und "*alle Formen des Bösen, alle Formen der Armut und des Hungers, die zum Weinen bringen*" im Alten und insbesondere im Neuen Testament in die ganz besondere Nähe Gottes gerückt werden.[83] Wo Menschen unter die Räuber fallen oder hungern und dürsten, fremd und nackt, krank oder gefangen sind, da sind die Menschen aufgerufen, diese Verlorenheit zu ihrer Sache zu machen (Amos; Jesaja; Luk 10,25 ff; Mtth 25,31 ff). Heilsames ereignet sich, wenn Menschen sorgend bei anderen verweilen, weil sie damit "*Jesu sorgendes Verweilen bei Menschen*" als Heil Gottes heute erfahrbar machen.[84] Im Hören und Erleben dieser Botschaft finden Menschen sich selbst, weil sie von Gott gefunden und aufgefunden werden in ihrer verlorenen Geschichte.[85]

82 Weber, Bd II, S.349.
83 Schillebeeckx, S.158 ff.
84 Schillebeeckx, S.159 ff.
85 Eicher, S.45.

Eine wichtige Regel in der heilpädagogischen Erziehung lautet: *"Nicht gegen den Fehler, sondern für das Fehlende arbeiten."*[86] Ein Religionsunterricht, der seinen Ausgang beim Schüler nimmt als dem Subjekt des Lernprozesses und ebenso die Konsequenzen der Rechtfertigungslehre ernst nimmt, muß also zuerst fragen: Inwiefern ist der Schüler verloren? Was fehlt denn dem Schüler eigentlich? *"Väter und Mütter fragen sich: Haben Schüler überhaupt Konflikte? Man merkt jedenfalls nichts davon."*[87] Daß man so wenig davon sieht, bedeutet allerdings nicht, daß da keine Konflikte sind, sondern daß die *"ganzen Landschaften"* verborgener Ängste und Konflikte[88] nicht ohne weiteres zur Sprache gebracht werden können. *"Personen, die sich einem Gesprächspartner in ihrer inneren Welt öffnen, dabei jedoch kein einfühlendes und eher wertendes Verhalten erfahren, oder die fürchten, daß ihre Äußerungen mit Mißachtung bewertet und an Dritte weitergegeben werden, werden sich tief verletzt fühlen und Angst haben."*[89]

Wenn die Konfliktbearbeitung im Religionsunterricht Vorrang hat vor der Erreichung einer Sachleistung, dann muß zuerst ein Raum geschaffen werden, damit verborgene Ängste und Konflikte zu Sprache gebracht werden können.[90] Darin geschieht etwas Theologisches, denn so wie die Erlösung in der Erfahrung von Leid ihren Sitz im Leben hat, so wird Theologie von Erlösung nur sprechen

---

86 Moor, S.317 f.
87 Soodt, Praxis, S.1.
88 Stoodt, Praxis, S.3.
89 Tausch, Tausch, S.191.
90 Buschbeck, Angst.

können, *"wenn sie dem sprachlos gehaltenen Leid zur Sprache verhilft."*[91]

In der Konsequenz dieser theologischen und heil-pädagogischen Überlegungen zu Rechtfertigung und Erziehung soll das Offen-sein für die frag-würdige Geschichte des Schülers mit seinen frag-würdigen, schwer zu akzeptierenden Gefühlen einen besonderen Stellenwert erhalten, gerade auch als Kontrasterfahrung zur emotionalen Erziehung in der Familie.[92]

Das Offen-sein für die Geschichte des Schülers beinhaltet auch das Offen-sein für den Schüler, *so wie er wirklich ist.* Das Verständnis für den Schüler soll nicht mit einer Romantisierung des Kindes[93] verwechselt werden. Zur Frag-würdigkeit des Schülers gehört auch seine Fähigkeit, *"garstig"*[94] und böse zu sein. Wer die Persönlichkeit der Kinder wirklich annehmen will, muß auch ihre negativen Seiten sehen und annehmen. Kinder sind Menschen in jeder Beziehung, also auch fähig zum Guten und Bösen.

Kinder brauchen Lernorte, um ihre Gefühle zum Ausdruck zu bringen und um sich anderen mitzuteilen.[95] Wer seine

---

91 Gremmels, S.37.
92 Mollenhauer,Brumlik,Wudtke; Satir; Sullivan.
93 Oelkers,Lehmann, S.71; S.84.
94 *"Ich habe zur Kenntnis genommen, daß ich als Lehrer im Unrecht bin: Wenn ich auf Schüler schimpfe, fehlt mir das Verständnis für sie, ich kann ihr Verhalten nicht richtig erklären, ihre Äußerungen nicht liebevoll ausloten und einordnen in ihre bedauerlichen Erfahrungen und ihren Kummer an der Gesellschaft. Zum Teil projiziere ich auch meine eigenen Schwächen auf sie, wenn ich mich ihrer zu erwehren suche durch heftige Vorwürfe. Der harmlose Schüler trifft mich nur an Stellen, wo ich mich selbst bekämpfe. Ihm ist nichts anzulasten. Garstige Schüler gibt es nicht, nur garstige Lehrer."* Hoffmannsthal, S.556.
95 *"(...).wäre die Grundaufgabe unseres Konzepts, die Schüler zum Reden zu bringen, das heißt im Gruppenprozeß gemeinsam die Fähigkeit einzuüben, Empfindungen, innere Erfahrungen und Gefühle in Worte zu verwandeln."*

emotionalen Erfahrungen artikulieren kann, vermag diese zu biblisch-christlicher Tradition in Beziehung zu setzen.[96] Er kann seine Grunderfahrungen in geprägten biblischen Sätzen, z.B. den Seligpreisungen (Mtth 5,4) oder den Klagepsalmen (Ps 17,6; 18,7; 142,6), oder in einer Geschichte, die alle Züge der Familienerziehung aufnimmt (Josephsgeschichte, 1.Mose), wiederfinden. Die biblisch-christliche Tradition muß auf der anderen Seite "*mit Alltagswissen aufgefüllt werden*"[97], um überhaupt verstanden zu werden. Nur "*wenn die eigene Erfahrung ins Spiel kommt und aufs Spiel gesetzt wird*"[98], wenn der Bibeltext in die eigene Sprache und Gefühlswelt übersetzt wird, ist er verstehbar. Der Glaube ist nicht nur ein *"Hörereignis"*, sondern auch ein *"Sprachereignis"*.[99]

In vielen Familien herrscht die ausgesprochene oder unausgesprochene Regel, die Gefühlswelt zu zensieren, d.h. Gefühle nur auszudrücken, wenn sie *gerechtfertigt* erscheinen, nicht wenn und weil sie einfach *da* sind.[100] Eine Familienregel lautet, daß man nur über das Gute, Richtige, Passende und Bedeutende sprechen darf. In diesem Fall können weite Teile der Realität von den Kindern nicht angesprochen werden, denn weder Erwachsene noch Kinder haben ausschließlich positive, passende und gerechtfertigte Gefühle. Was können Kinder tun, wenn sie erleben, daß wichtige Teile ihrer Persönlichkeit und ihrer Geschichte nicht angesprochen werden

---

Scharfenberg, Religionspädagogik, S.239.
96 Reents, Religionsunterricht, S.64 ff.
97 Dormeyer, S.69.
98 Ebeling, Klage, S.25.
99 Scharfenberg, Religionspädagogik, S.239.
100 Satir, S.128 f.

dürfen, weil die Regel besteht: Was nicht passend ist, muß verschwiegen werden? *"Einige Kinder beginnen zu lügen, andere entwickeln Haß gegen oder Entfremdung von ihren Eltern. Das Schlimmere ist, daß sie Einstellungen über ihren Selbstwert entwickeln, die sich in Hilflosigkeit, Feindseligkeit, Dummheit oder Einsamkeit übersetzen."*[101] Familienbarrieren gegen das Sprechen über das, was *ist* oder was *war*, schaffen eine Brutstätte für niedriges Selbstwertgefühl und für Kinder verwirrende Situationen.

"Warum kriegt Kaltesophie keine Kinder?
Das erzähle ich dir später.
Und ist Christa bei uns zu Hause gestorben?
Nein, in einem Heim. Sie war drei Jahre bei Karl und Sophia und ist dann wieder ins Heim gekommen. Dort ist sie gestorben.
Wie alt war sie da?
Sechs Jahre. Sie sollte gerade in die Schule kommen.
Aber wieso war sie wieder im Heim?
Das erzähle ich dir auch später.
Ich finde das beschissen und gemein von dir, mir nicht richtig zu antworten. Als ob ich jetzt nicht genauso viel verstehe wie im nächsten Jahr.
Das ist das erste Mal, daß du so mit mir sprichst. Und ich bin sicher, daß du diesen Ton nie wieder anschlägst. Statt dessen wirst du Geduld lernen, auch mit mir, so wie ich Geduld habe mit dir.
Wer nicht warten kann, kann auch nicht nachdenken."
H.Novak, S.221 f.

Dabei geht es nicht nur um die familieninternen Tabus, die geschützt werden und nicht aufgedeckt werden sollen.

Es geht auch um die existentiellen, menschlichen Grunderfahrungen, die gesellschaftlich tabuiert werden, wie Tod, Alleinsein, die Frage nach dem Sinn des Lebens, die Ohnmacht des Menschen gegen Bedrohungen durch

101 Satir, S.128 f; Sullivan, S.250 f.

Krankheit, Krieg oder Gewalt, die Konfrontation mit der Möglichkeit, böse oder ungerecht zu sein.[102]

"Was weiß ich eigentlich über meinen Gesundheitszustand, was weiß ich über meine Behinderung? (...)
Ich kann nicht laufen. Gesprochen wird darüber zuhause in meiner Gegenwart nicht, und meine Behinderung wird als Zustand betrachtet und totgeschwiegen. Sie sagen nichts, und ich frage auch nicht. Zustand nach operiertem Hydrocephalus, lese ich auf einem Attest des Hausarztes. Als ich meinen Vater einmal fragte, was denn mit dem Rückenmark los sei, antwortete er nur notdürftig.
Notdürftiges Wissen habe ich. Was ich heute weiß, reimte ich mir aus dem Fachchinesisch der nach der Visite geklauten Krankenblätter zusammen."
J.Hobrecht, S.47 f.

"Als ob der Krieg weitergeht. Still, heimlich. Und leise.
Es passiert dauernd etwas.
Irene Ludwig ist ermordet worden. Nicht auszudenken. Ein Kind von sieben Jahren.(...)
Eltern reden umständlich über Verführung. Sie wissen es nicht genau. Großmutter sagt, er verspricht dir etwas Schönes, und dann verschleppt er dich irgendwohin und drückt dir den Hals zu.
Bums, aus, Feierabend, so einfach ist das.(...)
Der Mann hat Inge Böses angetan.
Was ist denn böse?"
K.Reschke, S.53 ff.

"Da kommt er die Straße rauf. Mit hochgezogenen Schultern. Stefan. Ich erschrecke. Weil er es nicht sein kann. Nicht mehr. Er ist tot. Erhängt. Im Keller zuhaus. Als niemand da war. Die Nacht hat ihn umgebracht. Aber es war Tag.
Ein schöner Tag. Ferien, Sonne, Föhn."
D.Kempff, S.91

"Die Kinder haben nichts zu weinen in der größten Not, weil die Eltern immer alles vor ihnen verheimlichen, und deswegen sind in der Welt so viele Rätsel, die niemand lösen kann.
K.Reschke, S.39

"Obwohl alles heller geworden ist und durchsichtiger, sogar die Engländer an der Ecke verschwunden sind, benehmen sich die Erwachsenen wie in der größten Not. Sie haben noch immer zu viele Geheimnisse, die man kaum ergründen kann. Kinder hinken dauern hinterher und versuchen sie zu fassen. Selbst wenn sich mal ein Geheimnis fassen läßt, bleibt es verschlossen, weil es von selbst nicht redet."
K.Reschke, S.48

---

102 *"Ein besonderes Ziel der Pädagogik und Therapie von Kindern besteht darin, ihnen zu helfen, existentielle Lebensängste und Lebenskrisen zu bewältigen."* Schmidtchen, S.114.

Kinder müssen die Möglichkeit haben, sich den gefühlsmäßigen Reaktionen, die diese Themen auslösen, zu stellen, auch und gerade wenn diese Reaktionen sich in Krisen ausdrücken. Dazu müssen die Fragen des Kindes ernst genommen und die sie begleitenden Ängste wahrgenommen und akzeptiert werden. Erwachsene müssen die Bereitschaft zum Miterleiden und Miterleben dieser Gefühle der Trauer und Ohnmacht angesichts nicht lösbarer Probleme wie Krankheit, Tod und Kriegsgefahr, Gewalt und Unberechenbarkeit anbieten.[103]

"Sachgemäße Einstellungen des Lehrers sind im Religionsunterricht Glaube und engagiert fragende Offenheit."[104] Vom Glauben wird später die Rede sein. *Engagiert fragende Offenheit* bedeutet einmal Offenheit als Authentizität in der Kommunikation mit den Kindern, zum anderen aber Offenheit als Offen-sein für das, was den Kindern *wirklich* begegnet. So könnte der Religionsunterricht Kinder, die mit schwierigen Fragen, aber auch Kinder, die mit schwer traumatogenen Sozialisationserfahrungen in die Schule kommen, ein Stück auf ihrem Lebensweg begleiten.[105] Das bedeutet nicht, daß der Religionsunterricht zur Therapie wird, damit wäre er und die, die ihn leisten und verantworten, überfordert. Aber das schließt nicht aus, daß die Schüler Erfahrungen machen, die *"therapeutischen"* Charakter haben, weil es *heilsame Erfahrungen* sind. Heilsam ist die Erfahrung, wahrgenommen zu werden mit der ganz eigenen Geschichte und mit den Gefühlen, die diese Geschichte begleiten. Kinder, die in der Familie verletzt und totge-

---

103 Schmidtchen, S.115 f.
104 Schmidt, S.337.
105 Ettl, S.35.

schwiegen werden, warten in der Begegnung mit anderen Erwachsenen auf eine Gelegenheit, ihre Geschichte erzählen und ihren Verletzungen Ausdruck geben zu können.[106] Dies entspricht wiederum der überraschenden Tendenz des Alten und Neuen Testaments, "*das Leid einzelner wie ganzer Gruppen in die Öffentlichkeit zu ziehen*"[107] und dadurch aus der Isolation zu befreien. Die sprachliche oder spielerische Rekonstruktion der eigenen Erfahrung als Form kindgemäßer Selbstreflexion hilft, das eigene Leben besser zu verstehen und zu bewältigen.[108] Wenn die Geschichte des Kindes und damit das Kind selbst auch in der Schule ausgeklammert wird, wird es erneut übergangen und verletzt. "*Indem die Erfahrungen der Kinder, die sie außerhalb der Institution machen, von den Erziehern ...kaum aufgegriffen werden, besteht für die Kinder die latente Situation eines Identitätsverlustes.*"[109] So ist das Kind darauf angewiesen, endlich gehört zu werden, um seine Identität mit der eigenen Lebensgeschichte herstellen zu können.
Wenn gilt, daß "*die geschenkte Gerechtigkeit Gottes eschatologisch ist, weil sie Gottes auf uns zukommende, in diesem Zukommen schon jetzt gültige Gerechtigkeit ist*"[110], kann die gegenwärtige Geschichte des Schülers nicht hoffnungslos und sinnlos sein, wenn und weil sie nicht sprachlos bleiben muß.
Die Realität sieht in der Regel anders aus. Beklemmende, bedrückende, unangenehme Erlebnisse aus der Lebensgeschichte der Kinder werden in den Bildungsinsti-

---

106 Miller, Drama.
107 Gerstenberger, Schrage, S.115.
108 Habermas, v.a. S.262-300.
109 Bader. Zit.n.Ettl, S.39.
110 Weber, Bd II, S.354.

tutionen nicht genügend berücksichtigt, oft mit dem Hinweis, daß dem Kind durch die Ausklammerung und die damit verbundene Nicht-Erinnerung eine erneute Krise erspart werden soll. Aber durch das Ausklammern der traumatischen Erfahrungen der Kinder werden Gefühlskrisen nicht verhindert, sondern geradezu provoziert.[111] Entweder kommt es zu Verhaltensauffälligkeiten oder zur Resignation. Kinder, die ihre Geschichte immer wieder verschweigen müssen oder ausgeredet bekommen, können sich und ihre Geschichte eines Tages nicht mehr retten. Sie sind zwar leichter im Unterricht zu begleiten, weil sie resigniert haben und keine Szenen mehr machen[112], aber sie sind auch sprachlos geworden.

"Um diese Zeit fing ich an, wie eine Wahnsinnige meine Fingernägel abzubeißen. Weder Drohung noch Schläge, weder Blamage -'Leg mal deine Hände auf den Tisch und zeig Tante Grete, wie die Nägel aussehen' - noch Verdammungsurteile vor dem Schlafengehen hinderten mich daran, Fingernägel zu kauen."
H.Novak, S.46

Hier wird noch einmal deutlich, worauf eine Religionspädagogik sich einläßt, die Ernst macht mit der These, daß der Religionsunterricht schülerorientiert ist, weil es doch eine beträchtliche Fähigkeit des Lehrers, das *Unheil* des Schülers zu sehen, voraussetzt. Daß ein Lehrer die Erlebnisse der Kinder bei sich selbst zulassen kann, setzt voraus, daß er das Schmerzliche an seiner eigenen Kindheitsgeschichte nicht verdrängt. Es setzt aber neben der Fähigkeit zur Sensibilisierung auch die zur Stabilisierung voraus[113], das Bemühen, Leiden an sich heranzulassen, ohne das Gleichgewicht zu verlie-

---

111 Ettl.
112 Ettl, S.44.
113 Stierlin, Psychoanalyse, S.62 ff.

ren.[114] Denn er muß vermutlich nicht in erster Linie bei den Kindern, sondern bei sich selbst schmerzhafte Gefühlskrisen abwehren, wenn die Kinder das Thema *"verletzte Kinder"* ansprechen und berühren. Im Leiden der Kinder werden die Erzieher mit ihrem eigenen Leiden konfrontiert.

Ein Traum von M.Palfrader kann diesen Zusammenhang verdeutlichen.

"Ich bin in einem Familien-Gastbetrieb. In der Hast und in dem Trubel kommt ein Kind auf mich zu und klagt: Schau, was sie mit meiner Hand gemacht haben, es tut so weh! Und zeigt mir seine rechte Hand, durch die am Fingeransatz eine große, dicke Sicherheitsnadel gezogen ist, die die Finger zusammenheftet. Die Nadel ist aus Silber, am oberen Bügel sind, den vier Fingerknöcheln gleich, vier verschiedenfarbige Halbedelsteine aufgesetzt. Am äußeren Ende ist eine ringförmige Öse ausgezogen, für die Leine, denke ich voll Entsetzen. Eine Fessel, deren Grausamkeit, entsprechend dem Erfindungsreichtum von Ausbeutern in Zierde verkleidet. Der Verschluß ist verschweißt. Die Wunden an den Fingern wässern noch und ich spüre, wie die Hand, jetzt ist es die andere, zuckt im Schmerz.
Ganz außer mir, das Kind an der Hand, suche ich die Wirtin. Es ist eine einstige Freundin aus meiner Kindheit. Ich stelle sie und sage: Dieses schöne Schmuckstück, hättest du es deinem Kind auch angelegt? Sie versucht auszuweichen. Da kommt ihre Oma dazu, die schon immer ein Herz für Kinder hatte, und sagt: Natürlich nicht! Die Wirtin: Das ist doch ganz harmlos. Und das Kind soll bei der Arbeit bleiben. Wie bleibt es sonst bei der Arbeit? (...)
Meine wütende Forderung, das Kind von der Fessel zu befreien, bleibt ungehört. Ich sehe mich um; da sitzt unter den Gästen ganz ungerührt der Handwerker, er muß dem Kind die Fessel eingebohrt haben. Ich tue ganz ungerührt und frage nach einer Metallschere, ahnungslos gibt er sie mir, und endlich befrei ich das Kind."
M.Palfrader, S.80 f.

"Es gäbe viele Kinderleichen auszugraben.
Es gäbe noch viele Kinder zu retten."
M.Palfrader, S.85

Die Institution Schule erleichtert das Ausklammern solcher Gefühlskrisen. Lehrer können hinter institutionell verankerten und legitimierten Ritualen und Zeremonien wie Lehrplänen, Notengebung, Stundeneinteilung, hinter

114 Richter, Gotteskomplex, S.11.

dem Erreichen von Klassen- und Lernzielen, sowie Disziplinierungsmöglichkeiten Schutz und Distanz finden.
In diesem institutionellen Rahmen ist es gut möglich, und um der Aufrechterhaltung des Systems willen sogar sinnvoll, die Kindheit nicht mit den Augen der Kinder zu sehen. Für die Kinder bedeutet das aber unter Umständen, daß sie erneut angeschlagen zurückbleiben, daß sie das Vertrauen in ihre Gefühle und Orientierungsmöglichkeiten verlieren. Durch das Verschweigen können die Lehrer die ohnehin *bisher von den Kindern allein getragene Bürde* der Einsamkeit und Verzweiflung auch in Zukunft nicht mittragen helfen.[115]
Die biblische Tradition des Alten und Neuen Testaments geht davon aus, "*daß Gott nicht weit weg vom Schauplatz des Leidens ist, sondern ganz in der Nähe. Daß er nicht als Zuschauer dort weilt, sondern als Betroffener, als Leidender. Gott leidet mit den Menschen, die leiden müssen(...) Wer Gott suchen will,(...) suche Gott bei denen, die unter Ungerechtigkeit leiden.*"[116] Im Gefälle dieser Botschaft gilt grundsätzlich, daß einer die Lasten der anderen tragen möge (Gal 6,2). Grundvoraussetzung dafür ist, daß Erlebnisse verbalisiert werden können, die als Last, als Bedrängnis und Bedrohung erlebt werden.[117] "*Die Förderung der Verbalisierung (..) verhilft dem Kind dazu, im Kontakt mit der Mitwelt zu bleiben, oder die Kommunikation wieder aufzunehmen, wenn sie abgebrochen*

---

115 "*Die Kinder zwingen die Therapeuten, die Eltern mit ihren (der Kinder) Augen zu sehen, und stellen die Therapeuten hinsichtlich ihrer Fähigkeit auf die Probe, die bisher von den Kindern getragene Bürde zu übernehmen.*"
Boszormeny, S.327.
116 Gerstenberger, Schrage, S.117.
117 Vierzig, Kreis, S.62 ff.

ist."[118] Die Möglichkeit, Gefühle wahrzunehmen und auszusprechen, sollte wesentlicher Bestandteil der Erziehung sein, nicht nur der Therapie.[119] Der Religionsunterricht könnte einen wesentlichen Beitrag dazu leisten, wenn und weil er offen dafür ist, was dem Schüler wirklich begegnet - und weil er, ohne Unmögliches zu fordern, im Gefälle der Rechtfertigungslehre, den fragwürdigen Gefühlen und Geschichten des Schülers Recht gibt.[120] Ein reiner Sachkundeunterricht "Religion" läßt keine Möglichkeit dazu, weil er viel Wissen anbietet, ohne die biographische Verankerung im Leben der Schüler zu gewährleisten. In einem sozialisationsbegleitenden Unterricht findet der Lehrer zusammen mit den Schülern die Glaubenserfahrungen, die ein Beitrag zur Lebensbewältigung sein können.

"Träume.
Ich sitze hinten im Kino und kann nicht gut sehen. Die Reihen vor mir sind alle besetzt. Ich stehe auf, gehe nach vorn. Plötzlich verschwimmt das Bild. Ich bin auf der Leinwand und muß mitspielen. Aber ich kenne meine Rolle nicht. Ich sag irgendwas. Manchmal ist es genau das Falsche.
Ich stehe vor einer hohen Mauer. Sie ist von oben bis unten beschrieben. Ich weiß, es ist nur ein einziger Satz. Wenn ich ihn lese, werde ich alles wissen. Aber die Mauer ist viel zu hoch. Ich wachse, bis ich so hoch bin wie die Mauer. Und ich lese den Satz.
Alles wird klar. Es kann mir nichts mehr geschehen."
D.Kempff, S.79

---

118 Berna, Kinder, S.158.
119 Berna, Kinder, S.158.
120 Rechtfertigungslehre bedeutet nach K.Barth, daß Gott dem Menschen nicht rechtgibt, aber Recht gibt. Barth, Dogmatik, IV,1, S.573 ff.

12.2.3.3. Die Annahme

Die Interpretation der Rechtfertigungslehre kann die menschliche Grundfrage "Werde ich um meiner selbst willen geliebt?" als Frage nach Gott aufnehmen und ansatzweise auch einer möglichen, nachvollziehbaren Klärung zuführen. Damit würde man einen Grundkonflikt des Schülers im Spiegel eines christlichen Grundsymbols, der Rechtfertigungslehre, sehen.[121] Im folgenden soll die Rechtfertigungslehre entfaltet werden als Möglichkeit zur Annahme des Nicht-Angenommenen, und zwar in einem doppelten Verständnis. Einmal geht es um die Ermöglichung, verlorene Anteile der eigenen Lebensgeschichte anzunehmen. Zum anderen geht es um die bedingungslose Annahme des Menschen, der sich nur bedingt angenommen fühlt, hier in der Person des Schülers.[122] Die Möglichkeit zur schrittweisen Annahme der eigenen Lebensgeschichte setzt die Annahme der eigenen Person voraus. Beides wird im Religionsunterricht gelernt - oder auch nicht gelernt - im konstruktiven Neben- und Ineinander von Erfahrungen, die die Schüler mit biblischen Texten, mit sich selbst und mit den anderen machen. Dadurch können die bisherigen Erfahrungen der Schüler und die Interpretamente der Rechtfertigungslehre miteinander in einen "*Deutungszusammenhang*" treten.[123] Ziel ist die Versöhnung mit der eigenen Lebensgeschichte als Stabilisierung und Weiterführung von Elementen, die sich be-

---

121 "*Es gibt in unserem Leben einige wenige Grundkonflikte und Bedürfnisse, die sich in religiösen Symbolen widerspiegeln und eine bestimmte Lösung erfahren haben, diese Lösung bezieht sich auf eine umgreifende (transzendente) Wirklichkeit, die eben durch das Symbol zugänglich wird.*"
Biehl, Erfahrungsbezug, S.83.

122 Gordon, Lehrer, S.36 ff.

123 Fox, S.118.

währt haben, als Korrektur von Verhaltensweisen, die sich überlebt haben und als Eröffnung von neuen Lebensformen.[124] Die Interpretation der Rechtfertigungslehre im Dienste einer Lebensbewältigung erfordert nicht nur theologischen Sachverstand, sondern auch Sensibilität. Theologischen Sachverstand, weil darüber nachgedacht werden muß, wie denn ein Unterricht die Erfahrung eines helfenden Gottes vermitteln kann.[125] Er kann sie nur gegenwärtig werden lassen in Erzählungen, Gesprächen und Interaktionen. Sensibilität, weil für die Frage, welche Erfahrungen Kinder mit Gott machen sollen, von großer Bedeutung ist, welche Erfahrungen die Kinder in ihrem bisherigen Leben mit Menschen gemacht haben. Und die Erfahrungen, die Kinder mit Menschen gemacht haben, bevor sie in den Religionsunterricht kommen, sind ganz verschieden. Das macht es schwierig, bei der Frage, was Kinder für die Stabilisierung ihres Selbst-Wertgefühls brauchen, von *der* Interpretation der Rechtfertigungslehre im Dienste einer Lebensbewältigung zu sprechen. Konkret heißt das: Woran soll ein Lehrer anknüpfen, wenn er von der Liebe Gottes redet, von der bedingungslosen Annahme durch diesen Gott, von dem grenzenlosen Vertrauen, das man zu diesem Gott haben kann, weil für

---

124 *"Schülerorientierter RU wird versuchen, an die Lebenswelt und die biographischen Voraussetzungen der Schüler anzuknüpfen und Stoffe und Methoden des Unterrichts in den Kontext der biographischen Identitätskrisen zu stellen, um dem Schüler gezielte Angebote der Interpretation seines Lebens und der Aufarbeitung seiner Konflikte zu vermitteln und ihn zugleich zur kritisch-konstruktiven Reflexion derselben zu befähigen. Das kann zu einer Weiterführung, zum Aufbrechen, zur Korrektur sozialisierter Verhaltensweisen und Vorstellungselemente, zur Eröffnung neuer Lebensformen führen."*
Fraas, Schüler, S.92f.

125 Nipkow, Erwachsenwerden, S.57.

diesen Gott nicht Lebensvernichtung, sondern Lebenserfüllung Sinn und Ziel des Lebens ist?[126]

Denn, wie die Erinnerung der Autoren zeigt, steht bei den Kindern die Erfahrung, aufgefangen und getragen worden zu sein, dicht neben der Erfahrung, fortgeschickt worden zu sein.

"Das weißlackierte Kinderbett, in dem ich schlief. Ich war stolz und ängstlich zugleich, als ich es eines Tages schaffte, die Gitterstäbe zu überklettern. Mein Vater stand bereit, mich aufzufangen.
Spät am Abend, wenn ich in der Wohnküche eingeschlafen war, trug er mich, eingehüllt in ein Kissen, ins Schlafzimmer hinüber. Er trug mich über einen dunklen Flur. Ich stellte mich schlafend, hielt die Augen geschlossen und erriet den Weg, den mein Vater mich trug, an den schaukelnden Bewegungen: fünfzehn, zwanzig Schritte über den fensterlosen Flur, zwei Stufen hinauf bis zur Schlafzimmertür, die er, weil er mich in den Armen hielt, mit Ellenbogen und Schulter öffnete."
P.Kersten, S.60 f.

"Sie schreibt irgendwas. Sie faltet den Bogen Papier zusammen. Sie steckt ihn in einen Umschlag. Sie sagt: Zieh dich an! Sie sagt: Mantel und Mütze! Sie zwängt mir den Brief in die Manteltasche. Sie sagt: Mein Maß ist gestrichen voll, ich will dich nicht mehr sehen, geh dahin zurück, wo du hergekommen bist. Sie sagt: Wo der Bahnhof ist, weißt du ja. Sie sagt: In Köpenick steigst du aus und gehst zu Concordia, die Adresse steht drauf. Sie sagt: Der gibst du den Brief. Nun geh schon, geh! Ich stehe da mit gespreizten Armen. Sie steckt mir Fahrgeld in die andere Manteltasche.
Sie sagt: Nun geh!
Ich sage: Wohin?
Sie sagt: Habe ich dir doch eben erklärt, zum Bahnhof!
Ich sage: Und dann?"
H.Novak, S.36 f.

Es wird also darauf ankommen, die Botschaft von dem helfenden Gott so zu vermitteln, *"daß der einzelne*

---

126 "*Das Ziel religiöser Erziehung muß es sein, den Menschen zur Fülle des Lebens zu führen, ein Anspruch, den wir den Worten des Johannesevangeliums entnehmen (Joh 10,10). Der Weg dorthin kann nur der der Liebe sein. Sie aber muß konkret erfahrbar, konkret lebbar werden. Der bloße Anspruch, Christentum sei die Religion des Prinzips Liebe, reicht so lange nicht aus, bis christliches Erziehen nicht selbst Liebe erfahrbar macht. Liebe will, wenn sie ernst genommen wird, stets die volle Selbstverwirklichung des anderen, in der Erziehung also die des Kindes.*"
Tischler, S.37.

Schüler die für ihn persönlich hilfreiche besondere Antwort daraus ableiten kann."[127] Gott soll zur Sprache gebracht werden als einer, der die menschliche Erfahrung der Sinn-und Wertlosigkeit kennt, und *deswegen* zugleich durch einen verheißungsvollen Entwurf einer neuen Welt und eines neuen Menschen zu neuen Möglichkeiten des Erlebens und Zusammenlebens einlädt.[128]

Bei der Verbindung sozialisationstheoretischer Gesichtspunkte mit theologischen Reflexionen über die Entwicklung und Bedingung von Glaube und Religion kann es leicht zu dem Mißverständnis kommen, die Liebe Gottes finde leichter Verständnis bei denen, die sich ohnehin geliebt wissen. Das große Ja Gottes finde ein offenes Ohr bei denen, die sich ohnehin bejaht fühlen. Die Kinder, die "Glück gehabt haben", könnten die Geschichten vom unverdienten Glück besser verstehen. Die Kinder, die vertrauen können und das Vertrauen des Lehrers haben, die hoffen können, bei denen sich Hoffnung und Hoffnungslosigkeit zumindest die Waage halten, hätten auch gut - christlich- hoffen. Die gute Botschaft von dem Angenommensein würde ihr gutes Lebensgrundgefühl verstärken. Die christliche Botschaft wäre hier eine Art *"zusätzliche Entwicklungshilfe für die, deren Leben von ihren psychosozialen Voraussetzungen ohnehin schon besser gelingt."*[129]

Hier ist es wichtig zu unterscheiden:

In der Theorie der religiösen Sozialisation hat die Erfahrung von Urvertrauen[130] und Geborgenheit als Grund-

127 Nipkow, Erwachsenenwerden, S.57.
128 Eicher, S.43.
129 Silberberg, Beruf, S.98.
130 *"Die Gewinnung eines genügend starken Urvertrauens zu Leben und Wirklichkeit ist also die Grundbedingung*

bedingung für die Entwicklung einer reifen Menschlichkeit und Religiosität einen hohen Stellenwert, der auch nicht in Abrede gestellt werden soll.

Allein *dieses* Urvertrauen und *diese* Geborgenheit, werden von manchen Kindern nur in Ansätzen oder gar nicht erlebt. Auf der anderen Seite hat der Religionsunterricht den berechtigten Anspruch, gerade denen eine Lebenshilfe und Lebensbewältigung anzubieten, die nicht in dieser Weise auf positiven Grunderfahrungen wie Vertrauen, Liebe und Angenommensein aufbauen können. Denn jeder Mensch "*hat ein Recht auf Religion, so gut wie auf ein Dach, das ihn schützt gegen Wetter und Wind*".[131] Deswegen gilt es hier zu unterscheiden: Für den Erziehungs*vorgang* ist die Bemühung um Vertrauen und Geborgenheit unverzichtbar, gleich in welcher Institution diese Erziehung stattfindet. Es ist aber geradezu pädagogisch unzulässig und religionspädagogisch fahrlässig, eine gelungene religiöse Sozialisation von dem Maß der im Elternhaus empfangenen Geborgenheit abhängig zu machen.

"*Aus den frühesten Lebenserfahrungen wird Glaube möglich. Wir können also jetzt schon mit Gewißheit sagen, was Glaube in unserem christlichen Sinn unmöglich macht: größte Entbehrung in den ersten Lebensmonaten, wodurch Haß und Ablehnung gegen die Pflegepersonen und gegen die Welt entsteht, unerträgliche Verlassenheit, lebensgefährliches Hungern, Nicht-Angesprochenwerden, Nicht-Angenommensein.*"[132]

Hier wird der Blick in einseitiger Weise verstellt durch eine *Prädestinationslehre*, die eine totale Prägung durch die frühkindliche Sozialisation annimmt, die

---

sowohl des vollen Menschseins als auch einer echten Religiosität des Menschen."
Baudler, Familie, S.182.
131 Kabisch, S.2
132 M.Leist. Zit.n. Buschbeck, Failing, S.103.

im späteren Leben des Kindes keine neuen Erfahrungen mehr zuläßt. Im Gegensatz dazu sollte aus religionspädagogischer Verantwortung heraus wesentlich vorsichtiger gedacht und geredet werden. Es müßten die Krisen und Brüche in einer Biographie nicht als Festlegung, sondern als Chance zur Veränderung und Verlebendigung betrachtet werden.

"Es ist bekannt, wie sehr unbewußte Kindheitserfahrungen und -konflikte das ganze spätere Leben des Erwachsenen mitbestimmen können.(...) läuft man Gefahr, alle entscheidenden Gotteserfahrungen bereits einseitig in der Kindheit, oft sogar bereits nur in der frühesten Kindheit, anzusetzen, als gäbe es von da an nur Wiederholungen und Nachwirkungen, aber keine wirklich neuen Anfänge. Die Erfahrung der Kirche hat von ihren Anfängen her festgehalten: Zu Gott steht in jeder Lebensphase der Weg offen."[133]

Sowohl die religiöse Sozialisation als auch der Religionsunterricht sind in einem qualifizierten Sinne inhaltlich von der Überlieferung Jesu her zu bestimmen. Jesus v.Nazareth hat sich gerade nicht an die Gesunden und ohnehin Heiteren gewandt. Er war gerade denen nahe, die weder psychisch, noch sozial, noch interpersonal ein gutes Polster und eine gute Basis hatten. Das Lebensgefühl der Menschen, um die sich Jesus in erster Linie gekümmert hat, entsprach dem Grundgefühl: "*Ich bin am Ende, ich weiß nicht weiter, was bin ich eigentlich wert?*" Gerade in fesselnde und abgeschnittene Lebensgeschichten, in Biographien ohne jede Aussicht auf Änderung, hat Jesus befreiend eingegriffen und hat denen eine neue Zukunft gegeben, die nichts mehr zu erwarten hatten. Ihnen hat er seine Begleitung angeboten und einen möglichen Weg gezeigt, wie sie *mit* ihren belastenden Erfahrungen leben könnten. Das heißt doch

---

133 Nipkow, Erwachsenwerden, S.16.

nichts anderes, als daß gerade das Nichts-im Rücken-haben in besonderer Weise für Gottes Nähe einsteht und qualifiziert (Matthäus 5,4: "Selig sind die Leid tragen"). In der Konsequenz der Jesus-Überlieferung werden also gerade nicht die ohnehin *seligen* Kinder selig gesprochen. Gerade die *Unseligen* leben in Gottes besonderer Nähe, weil Gott die Menschen nicht liebt, "*weil einer so und so ist, sondern weil er da ist und Hilfe braucht.*"[134] Dieser Gott Jesu Christi ist im Religionsunterricht zu verantworten, wenn neue Erfahrungen von Lebendigkeit, Würde und Befreiung konkret geschaffen, vermittelt und erlebt werden sollen. Danach müßte die Rede von den frühkindlichen Sozialisationserfahrungen als Voraussetzung für eine gelungene Menschlichkeit und Religiosität, gerade im Hinblick auf den Schüler und dessen Möglichkeiten, im Religionsunterricht *religiöse* und d.h. *befreiende* Erfahrungen zu machen, wesentlich menschlicher und theo-logischer sein. Denn "*die Freiheit, die Jesus erschlossen hat, ist nicht das jedem Menschen selbstverständlich Eigene, sondern das Unerwartete und vielfach wohl auch Unverständliche.*"[135] Ein Religionsunterricht, der sich darauf beruft, wird Menschen mit der Lebenspraxis Jesu nicht daran erinnern, was er ohnehin schon weiß, sondern daran, daß die Gerechtigkeit Gottes dem Menschen voraus ist.

Das hat auch Konsequenzen für die Inhalte. So sind bei der Auswahl biblischer Geschichten solche besonders geeignet, die Neuanfänge thematisieren (z.B.Berufungsgeschichten) und eine Integration der belastenden

---

134 Wegenast, Glaube, S.260.
135 Lührmann, S.181.

Vergangenheit in Aussicht stellen (z.B.Heilungsgeschichten). Bei genauerem Hinsehen zeigt sich, daß die gesamte Jesus-Überlieferung orientiert ist an der Gnade eines geschenkten Neu-Anfangs.

Der Religionsunterricht ist ein Ort des Gesprächs, *"das billige oder unsinnige Antworten auf ernste Fragen als solche entlarvt"*[136] Er ist also der richtige Platz, um die lebensfeindliche und unmenschliche Antwort einer endgültigen Festlegung auf die Kindheitserfahrungen zu entlarven und kann dadurch Raum bieten für neue Erfahrungen. Der Religionsunterricht kann ein Defizit an Geborgenheit und Angenommensein im Elternhaus des Schülers nicht ungeschehen machen. Aber er kann durch verständnisvolles Zuhören[137] und liebevolles Wahrnehmen ans Licht und zur Sprache bringen, worunter Schüler leiden.[138] Er kann die Hoffnung des Kindes auf mehr Akzeptiertsein nähren und stärken. Auf der Grundlage dieser sensiblen, vertrauensfördernden Beziehung kann das Kind die Erfahrung machen, *"daß es trotz allem gute Menschen finden kann"*, weil diese Menschen es spüren lassen, *"daß es wertvoll ist, und daß vor allem auch Gott dies meint."*[139] Ein so verstandener Unterricht kann einüben in einen Glauben, der die Fähigkeit bein-

---

136 Heimbrock, Diakonie, S.100.

137 Wenn ein Lehrer den Schülern so zuhört, *"daß in deren vielleicht nur sachlichen oder ungelenken Äußerungen über sich selbst der nicht formulierte, aber mitgemeinte persönliche Hintergrund - Probleme und Konflikte, Wünsche nach Akzeptiertwerden und Zuwendung (...) miterfaßt und die Schüler besser verstanden werden."*
Kassel, S.143.

138 *"Im Religionsunterricht ist kein gesprochenes Wort gleichgültig: daß dies dem Lehrer bewußt sei, bildet die Grundlage der seelsorgerlichen Wirkung des Faches."* Leuenberger, S.389.

139 Grom, S.76.

haltet, sich von Gefühlen der Hoffnungslosigkeit, des eigenen Unwertes und der Sinnlosigkeit zu distanzieren. Er kann, gerade indem er diese Gefühle ernstnimmt und aufnimmt, dem Schüler vermitteln, daß das *sein* Gefühl ist, aber nicht die ganze Wirklichkeit und nicht die ganze Zukunft. Er könnte spüren, daß er sich wohlfühlen kann und leben kann, auch wenn seine Eltern ihm Leben und Wohlfühlen nicht haben bieten können. Er könnte, wenn auch spät, entdecken,daß die Mit-Welt ein dem Menschen freundliches, sicheres Haus und Zuhause sein kann.

"Es fehlte. Es fehlte.
Es fehlte die offene Strömung lebendigen Lebens.(...)
Es fehlte die Bejahung ungewaschener Kinderhälse.(...)
Was der Vater betrieb, war die konstante Entwertung,
die Entwertung seiner selbst und des Lebens der andern.
Er war der Entwerter.
Das Leben war anderswo.(...)
Es gab nur den Untergang oder das Stärkerwerden.
Es gab noch ein Lachen zu lernen anderswo."
Chr.Meckel, S.148 ff.

Wenn im Religionsunterricht nicht davon geredet wird und nichts davon erfahrbar und erlebbar wird, daß Gott vom Menschen mehr hält als Menschen oft voneinander halten - wo soll der Schüler, der aufgrund vernichtender Erfahrungen ein geringes Selbstwertgefühl hat, dann davon erfahren?

Auf der anderen Seite wird der Religionsunterricht keine unrealistischen Wünsche nach Geborgenheit und Akzeptiertsein nähren, um den Schüler nicht ein zweites Mal zu enttäuschen.

"Es schneit. Immerfort schneits. Ich sitz auf meinem Stein und denk, vielleicht kommt jemand und nimmt mich mit. Dahin, wos schön iss."
D.Kempff, S.50

Ein Religionslehrer kann die Probleme seiner Schüler nicht lösen. Er kann in einem seelsorgerlichen Unterricht den Schüler *annehmen*, aber er kann ihm seine Biographie nicht *abnehmen.*[140] Durch diese Annahme erweitert sich indes der Freiheitsspielraum des Schülers - er lernt, anders, d.h. besser mit seiner Geschichte zu leben.

So geht es in der Annahme des in seinem bisherigen Leben nicht oder zu wenig angenommenen Schülers um eine Unterbrechung seiner Erfahrungen und damit um eine Lebenshilfe im Sinne einer Neuorientierung. Indem die Destabilisierung seines Selbstwert-Gefühls gesehen und bestätigt wird, wird sie gerade nicht *"bestätigt"* im Hinblick auf seinen weiteren Lebenslauf. Die Neuorientierung wird ermöglicht durch *"die legitime Neubegründung seines Selbstwertgefühls."*[141] Die legitime Neubegründung seines Selbstwertgefühls geschieht aber im Religionsunterricht auf der Ebene der Inhalte (daß Menschen bei Gott einen Selbst-Wert haben und nicht wegen bestimmter Leistungen und Eigenschaften geliebt werden) und auf der Beziehungsebene durch das Verhalten des Lehrers, der den Schüler achtet und versteht.[142] Der Religionsunterricht hat durch die Gottesvorstellung,

---

140 *"Annehmende Seelsorge ist nicht abnehmende Seelsorge, d.h. sie nimmt keine Entscheidungen ab und stößt den Partner nicht in die Unmündigkeit zurück, sondern sie arbeitet hin auf eine Erweiterung des Freiheitsraumes des Klienten, um ihm seine eigene Entscheidung zu ermöglichen."*
Stollberg, S.16.

141 Leuenberger, S.389.

142 *"Die Versicherung, Gott halte vom Menschen mehr als Menschen oft voneinander, kann Heranwachsende mit geringem Selbstwertgefühl tatsächlich beeindrucken, wenn sie von einem Erzieher/Lehrer geäußert wird, der sie achtet und versteht."*
Grom, S.76.

die er vermittelt *und* durch die Wertschätzung, die dem Schüler durch die Art der Interaktionen entgegengebracht wird, eine seelsorgerliche Funktion.[143] Eine Stabilisation des beschädigten Menschen geschieht also durch eine doppelte, miteinander verschränkte Bewegung: durch Sozialisationsbegleitung und durch Information über die christliche Tradition mit dem Ziel einer religiösen Sachkompetenz.[144]

Der Religionslehrer ist ein Zeuge dafür, daß eine erfahrbare Beziehung besteht zwischen den Entdeckungen, die Menschen in der Nähe Jesu mit ihrem Selbst-Wert gemacht haben, und den Erziehungserfahrungen, die Schüler in den Unterricht mitbringen. "*Er ist Zeuge dafür, daß das menschliche Leben an großer Weite gewinnt, wenn man gelernt hat, in eigener Verarbeitung persönliche Lebenserfahrungen im Licht des Glaubens zu sehen.*"[145]

Rechtfertigungslehre als Ermöglichung der Annahme des Nicht-Angenommenen kann dann in Lernziele übersetzt heißen:

- Fähigkeit zur Annahme der eigenen Person und zur Annahme der Geschichte, die ein Mensch hat und die ihn begleitet.
- Hoffnung auf einen neuen Anfang, auf eine Zukunft, die nicht wertlos und nicht sinnlos ist.
- Ermutigung zu neuen Beziehungen, die geprägt sind vom Selbstwert aller Menschen.

---

143 "*Die seelsorgerliche Funktion des Faches Religion steht und fällt also damit, daß die Ganzheit von sachlich-methodischer und emotional-zwischenmenschlicher Verantwortung wahrgenommen wird.*"
Leuenberger, S.389.

144 Stoodt, Information, S.10.

145 Exeler, Religionslehrer, S.8.

12.2.3.4. Die Erfahrung der Sym-pathie

Religionsunterricht als Entfaltung der Rechtfertigungslehre kann erfahrbar machen, was die *Botschaft* von der Erlösung und Versöhnung zu tun hat mit einer *Praxis* der Erlösung und Versöhnung. Dabei ist der versöhnliche Umgang mit dem Schüler (-Nächsten) ebenso angesprochen wie der erlösende Umgang mit den Wunden und Narben der eigenen Lebensgeschichte. Das reformatorische *"pro me"* muß sich für den Schüler umsetzen lassen in ein befreiendes *"da ist ja einer für mich"*. Diese Botschaft spricht, entgegen allen erlernten Mustern des Schülers, die er schon als kleines Kind übernehmen mußte und die sein Leben bedrücken[146], dem Menschen einen Selbst-Wert zu, der nicht erst durch Leistung und Wohlverhalten verdient werden muß. Ein defizitäres Selbstwertgefühl kann sich auch in der Unfähigkeit ausdrücken, für sich selbst zu bitten, sich etwas (heraus-) zu nehmen. Religiöse Erziehung wird gerade auf diese als Bescheidenheit eingeführte *"christliche"* Tugend, die doch nichts anderes ist als Selbstverachtung, eingehen müssen. Hierher gehört auch die kritische Sichtung von christlichen Liedern und Gebeten, sowie die Analyse der in den Texten offen zu Tage tretenden oder versteckten Erziehungsnormen.[147]

"Die Nacht vor Heiligabend, und wieder raus und wieder runter. Ich bete und bete und bete und bete. Zusammengekauert sitze ich in meinem mit Decken ausgeschlagenen Liegestuhl und bitte den Herrgott, niemanden von Bomben treffen zu lassen. Wenn ich darum bitte, daß es niemanden erschlägt, meint das Gebet auch mich, und ich bin gerettet. Die Einschläge kommen immer näher; nie würde ich wagen, für mich allein zu bitten. Ja, ich bin fest davon überzeugt, daß Gott mir geneigter ist, wenn ich auch für die anderen bitte.

---

146 Stoodt, Praxis.
147 Vgl. hierzu v.a. Bargheer, Analyse.

Entwarnung. Es ist eine einzige Bombe niedergegangen, am Rande der Ortschaft. Aber dort hat eine einstürzende Hauswand ein siebenjähriges Mädchen erschlagen. Es war ein Jahr jünger als ich."
H.Novak, S.83 f.

Die Verkündigung der neutestamentlichen Botschaft, daß die Entwicklung des Menschen grundsätzlich offen ist und Neuanfänge möglich sind, wird nun allerdings begleitet werden müssen von einem Menschen, der dem Schüler eine *versöhnende und erlösende Wertschätzung* entgegenbringt. Dieser Zusammenhang legt sich von einer auf Anthropologie hin entfalteten Christologie her nahe. Denn Gott offenbarte sich in Jesus Christus als ein Mensch, in dem das absolute Ja Gottes zum Menschen sichtbar, spürbar und hörbar wurde. Die Erfahrung, von Gott angenommen zu sein, darf zwar nicht verwechselt werden mit - oder abhängig gemacht werden von- der Erfahrung der Akzeptanz durch die Person des Lehrers. Es läßt sich aber doch behaupten, daß es zu erheblichen Irritationen und Verständnisschwierigkeiten im Religionsunterricht kommen muß, wenn ein Lehrer die "*Gültigkeit des christlichen Liebesprinzips theoretisch*" behauptet, "*aber gleichzeitig durch sein kontrafaktisches Verhalten eben diese Gültigkeit in Frage stellt.*"[148] Die Sym-pathie Gottes mit dem Menschen als *Mitfühlen, Mitempfinden, Sich-Mitfreuen und Mit-leiden*[149] findet *einen* wesentlichen Ausdruck in einer Haltung, die Anteil nimmt an der Person des Schülers und über dessen "*Au*" nicht hinwegsieht. Grundlage aller Lernprozesse im Religionsunterricht sollte das Empfinden bilden, *angenommen* zu sein.[150]

148 Vierzig, Handbuch, S.59.
149 Richter, Gotteskomplex, S.239 ff.
150 Scharfenberg, Religionspädagogik, S.236.

"Der Mohn is aufgegangen, die Goldensternlein prangen am Himmel Höll unklar. Der Wal steht schwarz und schweige und Ausdehnwiesen steige der weißen Näbel wunderbar.Wie ist die Welt so stille und in der Dämmerunghölle so traurig Unserhold...Seht ihr den Mond dort stehen er ist nur halb zu sehen und ist doch rund unschön...Fettfleck...So sind wohl manche Sachen, die wir getrost belachen, weil unser Au könn sie nich sehn."
D.Kempff, S.21 f.

Wenn ein Lehrer lernt, Not zu erkennen, und nicht mehr darüber hinwegschaut, wird er für die Schüler nicht nur "*Wissenvermittler*", sondern auch "*Beistand in der Not.*"[151] Die theologische Praxis im Religionsunterricht orientiert sich damit an der Praxis Jesu Christi, der an nichts *kalt* vorbeiging.[152]

Die pädagogische Praxis im Religionsunterricht wird sich damit Elementen der Therapie annähern, es kommt zu einer "*quasi-therapeutischen Nacherziehung*".[153] In diesem therapeutischen Unterricht geht es nicht darum, "*signifikant Kranken medizinisch, psychologisch oder gar psychoanalytisch zu helfen. Erst recht darf man nicht suggerieren, alle am Lernprozeß Teilnehmenden seien 'irgendwie' krank*".[154] Therapeutisch meint nicht ein berufsspezifisches Handeln, sondern bezeichnet ein Klima und eine Wirkung.[155]

Therapeutisch ist ein Klima, "*das nicht so sehr Leistungen betont, sondern Wachstum anregt.*"[156] Wachstum ist möglich in einem Unterricht, in dem nicht Zensuren, sondern die Schüler der Maßstab sind für Inhalte und

---

151 Brost, Kinderleben, S.89; Singer, S.68.
152 H.Wolff, S.102.
153 Deresch, Jugendarbeit, S.307.
154 Stoodt, Sozialisationsbegleitender, S.307.
155 Leuenberger, S.388.
156 Bettelheim, Liebe, S.39; Gordon, Lehrer, S.23 ff; Grell, S.77; Rogers, Kraft, S.86 ff.

Ziele, für Methoden und Stil dieses Unterrichts.[157] Ein in diesem Sinn therapeutischer Unterricht wird auch seine Augen nicht davor verschließen, daß etwa zwei Drittel aller Schüler unter Schulangst leiden, daß sie Angst davor haben, aufgerufen zu werden, etwas Falsches zu sagen, an die Tafel zu kommen und vor anderen reden zu müssen.[158] Beinahe jeder zweite Schüler glaubt, er könnte in der Schule besser sein, wenn er nicht so viel Angst hätte.[159] Ein Klima des Wachstums und der Wertschätzung, gerade im Hinblick auf die schulängstlichen Kinder, legt sich nahe aus der Reflexion über die Tatsache, daß nicht wenige Kinder die Schule nur schwer ertragen können.

"Ich habe Angst vor dem Turnen.
Ich werde feige genannt und eine Memme.
Ich sage keine Liedstrophen auf.
Ich kann kein s sprechen, kein l, kein sch.
Ich erhalte täglich die Aufgabe, laut vorzusprechen.
Ich soll sagen: Esel essen Nesseln nicht, Nesseln essen Esel nicht.(...)
Ich soll sagen: Sechshundertsechsundsechzig sächsische Schuhzwecken. Die andern lachen sich kaputt."
H.Novak, S.25

"Auf dem Weg zur Schule malte ich mir ein Leben aus, in dem es keine Angst gibt, keinen Hunger, keine Demütigung durch Lehrer, kein Versagen beim Abhören von Vokabeln. In dem es nach der Schule keine Schule gibt: in dem keine Nachhilfelehrer das gleiche leise Stöhnen von sich geben wie der Lateinlehrer am Vormittag.
Auf dem Weg in die Schule, vor einer Klassenarbeit in Mathematik oder Latein oder Griechisch, vor einem Erdkundepröbchen beim Ochs, versuchte ich mich zu beruhigen, indem ich mir vorstellte, daß das, was ich jetzt sehe, gar nicht die Wirklichkeit ist. Daß ich nicht Schritt für Schritt dieser Schule näherkomme, daß ich nicht in einer Viertelstunde vor einem Matrizenabzug mit unübersetzbaren Redewendungen sitze. Daß ich in Wirklichkeit auf einer Wiese im Sonnenschein unter einem Baum liege, die Augen geschlossen habe und dies alles nur träume.

157 Auf das Problem der Notengebung im RU kann hier nicht näher eingegangen werden. Vgl. hierzu v.a. Anselm, Fikenscher. Dort auch weiterführende Literatur.
158 Mreschar, S.201.
159 Jacobs, Strittmatter.

Wenn es mir gelingt, auf diesen Trottoirplatten zu laufen, ohne eine Fuge zu berühren, bleibe ich an Ostern nicht sitzen.
Ich schreibe eine fünf, ich schreibe eine vier, ich schreibe eine fünf, ich schreibe eine vier, zähle ich die Schritte bis zur nächsten Kreuzung ab.
Zu jeder dritten Arbeit leiste ich mir eine Grippe. Fieber und Halsweh kommen fast auf Bestellung. Das schaff ich nie, das lern ich nie, dachte ich auf dem Weg zu dir."
S.Gauch, S.34 f.

Psychoanalytische Studien haben eine Beziehung aufgezeigt zwischen Schulschwierigkeiten von Kindern, z.B. Konzentrations- und Aufmerksamkeitsstörungen, und der "*unzulänglichen Sättigung primärer Bedürfnisse.*"[160] Elementare Bedürfnisse des Menschen sind die nach Verwurzelung, Orientierung, Anerkennung, Unverwechselbarkeit, Einheit mit sich selbst und anderen; der Wunsch, akzeptiert und geliebt zu werden; in Sicherheit und Solidarität angstfrei leben zu können.[161] Ein Religionsunterricht, der diese Bedürfnisse akzeptiert und sensibel auf Defizite in der Befriedigung dieser elementaren Bedüfrnisse reagieren kann, leistet ein Mehrfaches. Einmal weist er diese Bedürfnisse aus als legitime Bedürfnisse und die Befriedigung dieser Bedürfnisse als berechtigt. Das geheime oder auch offene psychische Elend des Schülers ist ein religiöses Problem.[162] Bevor die Bedürfnisse des Schülers verdächtigt, abgewertet oder zu wenig ernst genommen werden, sollte man bedenken, daß es nicht abwegig ist, *"Religion in ihrer Funktionalität im Rahmen vorgegebener Konfliktsituationen"* zu verstehen[163], daß dadurch die *"Finalität des Got-*

160 Berna, Schulschwierigkeiten; Bittner,Thalmann; Bittner,Ertle,Schmid; Thalmann.
161 Fromm, S.207 ff.
162 Silberberg, Emanzipation.
163 Die Grenze der therapeutischen Ansätze sieht Fraas gerade darin, *"daß die Kriterien für den Prozeß der Ich-Konstitution der psychologischen und soziologischen*

tesgeschehens"[164] deutlich wird, die nichts anderes meint als die Befriedigung der elementaren menschlichen Bedürfnisse. Die Gefahr besteht nicht darin, daß "*der Glaube unter die Herrschaft menschlicher Bedürfnisse gerät"*[165], wenn sie befriedigt werden, sondern darin, daß die ins Leere laufenden menschlichen Bedürfnisse die Herrschaft über den Glauben antreten. Zum anderen lernt der Schüler, daß "*der Mensch nicht für die Kirche da ist, sondern die Kirche für den Menschen und seine (recht verstandene) Persönlichkeitsentwicklung."*[166] Schüler erfahren bei einem solchen Unterricht, daß die christliche Botschaft eine wirksame Kraft der Hoffnung und der Liebe ist, die das Leben mit seinen Konflikten tragen kann. An der positiven oder negativen Reaktion auf ihre Bedürfnisse lernen sie anschaulich, wie sinnvoll es ist, auch im weiteren Lebenslauf ihre Fragen und Bedürfnisse als religiöse zu verstehen. Sie bilden sich auch eine Antwort auf die Frage, wie sinnvoll es ist, bei den Fragen des Lebens eine Beschäftigung mit der christlichen Tradition in Erwägung zu ziehen.

Der Religionslehrer ist nicht nur Zeuge für die *Notwendigkeit* des Evangeliums, er ist auch potentiell immer ein Modell für das Verhalten der Schüler.[167] Mit einem wertschätzenden, verständnisvollen und geduldigen Verhalten trägt er zu einem ähnlichen Verhalten in der Schülergruppe bei. Wen Schüler mögen, bestimmen die

---

Theoriebildung entnommen werden: Religion ist hier nicht von ihrem Selbstverständnis,, sondern von ihrer Funktionalität im Rahmen vorgegebener Konfliktsituationen her definiert und kritisiert." Fraas, Schüler, S.80.

164 Neuenzeit.

165 Feifel, Schülerorientierung, S.279.

166 Caspary, S.346.

167 Grell, S.114; Petillon, Beziehungen, S.419.

Lehrer.[168] Schüler werden in der Klasse selten akzeptiert, wenn sie nicht vom Lehrer akzeptiert werden. Hier liegt eine große Verantwortung, um abgelehnte Kinder nicht noch zusätzlich zu isolieren. Häufig sind die unbeliebten Schüler ja die Schüler, die auch im Elternhaus wenig Unterstützung erfahren und ein labiles Selbstbewußtsein haben. Kinder, die von ihren Eltern gefühlsmäßig wenig unterstützt werden, haben überdurchschnittlich viel Angst vor der Schule, sind unselbständiger, unbeliebter, aggressiver und stören den Unterricht häufiger.[169] Neben dem Verhalten spielt auch der Sprachgebrauch gegenüber den Kindern, die Schwierigkeiten haben, eine große Rolle für die Frage, ob Kinder sich angenommen oder abgelehnt fühlen. So spricht Chr.Meves von *"kleinen Sonderlingen"*, *"leistungsschwachen Kümmerlingen"* und *"Seelenkrüppeln"*.[170]

Ein Religionsunterricht, der die Defizite der Schüler einfühlsam begleitet, der die "*Abweichungen und Umwege*" der Schüler ernst nimmt[171], wird besonders die *unbeliebten* Schüler im Auge haben.[172] Denn man muß sich fragen, wo denn Kinder, die zu Hause abgelehnt werden und in der Schule keine Gruppe finden, in der sie "*menschenmöglich*" (Chr. Meckel) leben können, und keinen Lehrer, der sie annimmt, noch hingehen sollen. Am Modell des Lehrers, der sich im Unterricht am *Prinzip der Sympathie* orientiert[173], weil dadurch das annehmende Handeln und Verhalten Jesu realisiert wird, erfahren

---

168 Mreschar, S.90 f.
169 Tiedemann u.a.; Berna, Schulschwierigkeiten.
170 Meves, S.8; vgl. auch Tillmann.
171 Kollmann, S.189.
172 Petillon, Schüler, bes. S.179 ff.
173 H.E.Richter, Gotteskomplex, S.247.

Schüler Achtung, Wärme und Rücksichtnahme. Diese erfahrene Achtung befähigt sie, nicht nur sich selbst, sondern auch die anderen mit ihrer Lebensgeschichte anzunehmen und rücksichtsvoll mit ihren Verletzungen umzugehen.[174] Es kann sich ein Gefühl dafür bilden, daß jedes Kind etwas zu geben hat und von jedem Kind andere etwas empfangen können.[175]

Unter dieser Voraussetzung wird religiöse Erziehung eine *"partnerschaftliche Hilfestellung bei der Suche und Erfahrung des eigenen Selbst"*[176], wenn und weil Lehrer zusammen mit ihren Schülern erproben, wie Heil und Heilung sich konkret im Leben ereignen.[177] Die Wahrheit und der Sinn der christlichen Botschaft wird im Miteinander-Leben erfahren.[178]

Im Umgang miteinander lernen Lehrer und Kinder, daß *"ein menschliches Wesen in jedem Alter eine Person ist, sei es bei der Geburt, mit zwei Wochen, fünfzehn, fünfunddreißig oder achtzig Jahren."*[179] Wenn die Erwachsenen beim Vorgang Erziehung in Kontakt mit ihren Gefühlen bleiben, gibt es im Grund keinen Bereich der Empfindungen und Verletzungen, von denen der Erwachsene

---

174 *"Erfahrene Achtung und Wärme fördert die seelische Funktionsfähigkeit und seelische Gesundheit von Personen, ihre Selbstachtung, ihr günstiges Selbstkonzept, ihr prosoziales Verhalten und auch deutlich die kognitiven Prozesse bei Schülern."*
Tausch,Tausch, S.118.

175 Scharfenberg, Religionspädagogik, S.236.

176 Kaspar, S.8.

177 *"Religionsunterricht ist ein ständiges Wechselspiel: der Religionslehrer lernt von Kindern und mit ihnen. Wenn Sie mich fragen, was das mit Theologie zu tun habe, dann antworte ich: sehr viel. Denn lebendige Theologie darf niemals fertig sein; sie geht auf ihre Gesprächspartner ein und bezieht den Entwurf Jesu auf die uns gestellten Aufgaben: wo Menschen wie Jesus leben, da suchen sie neue Wege des Friedens."*
Reents,Religionsunterricht, S.14.

178 Stachel, Religionsunterricht, S.25.

179 Satir, S.276 f.

aus eigener Erfahrung nichts weiß.[180] Die Wahrnehmung der Schüler bedeutet nicht die Mißachtung der eigenen Gefühle nach dem Schema: *"Du bist o.k., ich bin nicht o.k."*[181] Im Gegenteil: Die Verletzbarkeit des Lehrers verdient "*Respekt und Schonung wie die Verletzbarkeit des Schülers*".[182]

"Das Kind begleitete sie.
Das Kind geriet in Not, wenn sie, im zweiten Jahr in der Schule, in die Klasse kam und ein Kind schrie: Voglio la mamma! Voglio la mamma! Ich will meine Mutter.
Es hätte der Mutter selbst noch bedurft, als es längst den anderen Mutter sein mußte.
Sie beneidete die Kinder, zu denen sie sich nicht dazusetzen und Dargebotenes nehmen konnte, statt geben zu müssen.
Das Kind raste mit ihr und mit den anderen Kindern rund um die Klasse, in fröhlichem Karussell ein anderes Kind zu fangen, das mit seiner Spielzeugtrompete den Unterricht unterbrach.
Das Kind begann mit lauter Stimme zu schreien, wenn die Vielzahl der Kinder in einer Klasse es überschwemmte und sie wieder drohte unterzugehen.
Sie mußte ihre Schätze, das Malen, die Analyse, die Freude, verbergen im Kreis des Kollegiums, weil es befürchtete, sie räuberischer Mißgunst der Geschwister auszusetzen.
Sie mußte sich gegen den großen Bruder, den Konrektor wehren, der, wie es schien, seine Stärke aus der angeprangerten Schwäche der anderen - vornehmlich weiblichen Geschlechts - aufrichtete.
Sie mußte sich bei der Rektorin, der Mutter, rechtfertigen gegen seine Anschwärzungen.
Sie hatte bei des Kindes Tun oft das Gefühl unzulänglich zu sein und von den Vorgesetzten belangt werden zu können.
In der Sprechstunde in der Uni ließ sie sich von der Professorin entwürdigend behandeln, und, bestürzt über ihre rückfällige Ohnmacht, fand sie danach heraus, daß das wehrlose Kind sich unbemerkt eingeschlichen hatte."
M.Palfrader, S.78 f.

Mit der Berücksichtigung des *"wehrlosen Kindes"* wird ein Religionslehrer "*mehr als bisher lernen, sich selbst zu erfahren und damit die positiven und negativen Auswirkungen verstehen, die von der eigenen Person ausgehen.*"[183] So kann der Lehrer den Kindern *und sich*

180 Ettl; Singer; Scharfenberg; Stoodt.
181 Harris.
182 Hoffmannsthal, S.556.
183 Caspary, S.348.

selbst[184] das geben, was jeder braucht: das Gefühl, wertvoll zu sein. Die Gruppe im Religionsunterricht kann sich erfahren als eine "*Gemeinschaft von Nicht-Perfekten, die mit ihren Zerbrochenheiten und Behinderungen gemeinsam nach Heilung suchen*".[185] Dabei werden Ressourcen aufgespürt, von denen die Schüler noch nichts geahnt haben, seelsorgerliche Fähigkeiten der christlichen Tradition und empathische Fähigkeiten jedes Einzelnen, die verschüttet waren in dem aufreibenden Gefühl, zu kurz zu kommen. Weil der Kampf um die Achtung und Respektierung der eigenen Person überflüssig ist, werden Kräfte frei.[186] Ohne Angst vor Objekt- und Liebesverlust können sie anfangen, die zu sein, die sie schon immer sein wollten: Menschen, die aus der Kraft der Liebe leben.[187] Der Religionsunterricht wird zur Einübung in ein *heilsames Dasein für andere*, indem einer den anderen für sich heilsam da sein läßt und selber heilsam ist.[188]

---

184 "*Lehrer und Erzieher werden erfahren, daß sie durch ihr einfühlendes Verstehen der inneren Welt des anderen und die Mitteilung an ihn in dem Partner eine Quelle erschließen, die ihm hilft, sich lebendig zu entwikkeln. Eine einfühlende, verstehende Person erfährt in beglückender Weise, daß sie zu etwas fähig ist, was andere sich von ihr sehnlichst wünschen und erhoffen, aber kaum erfahren: Von einem Menschen tiefgreifend verstanden zu werden und sich selber besser zu verstehen und zu verwirklichen.*"
Tausch,Tausch, S.191.
185 Hanusch, S.320.
186 Tausch,Tausch, S.174.
187 "*Vielmehr geht der Weg zum Gutwerden über die Erfahrung, über das Verständnis dessen, was man erfahren hat, über die Einsicht und die Kraft, aus Einsicht zu handeln; kurz gesagt: über Gewissensbildung, nämlich Liebeserfahrung, die zur Einsicht gekommen ist.*"
Stachel, Unterricht, S.9f.
188 "*Die Menschlichkeit eines menschlichen Ich besteht darin, daß ich einen anderen für mich dasein lasse.*"
Jüngel, Gott, S.299.

Ein Religionslehrer, der das Prinzip Sym-pathie für den Umgang mit seinen Schülern bedenkt, realisiert Versöhnung und Erlösung im Unterricht und ermöglicht den Schülern, das Alte hinter sich zu lassen und eine *"neue Kreatur"* zu werden (2.Kor 5,17). Diese Versöhnung ereignet sich nicht durch gutes Zureden und durch Belehrung, - denn niemand läßt sich Erfahrungen, gerade bittere, durch Zureden ausreden- , sondern durch eine korrigierende emotionale Erfahrung[189], die darin besteht, daß die Kinder einen Erwachsenen finden, der nicht verlangt, daß man sich ändert. Die Wahrnehmung dieser Aufgabe ist unverzichtbar, weil gilt, daß "*alle die vorläufigen Formen, in denen sich menschliche Befreiung bzw. Vermenschlichung der Lebensverhältnisse vollziehen, als wichtige, vorbereitende Elemente jener umfassenden Befreiung verstanden werden, die Gott mit den Menschen im Sinn hat.*"[190]

189 Singer, S.70.
190 Exeler, Vermittlung, S.180.

13. Zusammenfassung

Das Forschungsinteresse der vorliegenden Arbeit war, zu erfragen, in welchen Situationen Kinder leben, welche Erfahrungen sie machen und wie sie diese Erfahrungen später deuten. Herausgefunden werden sollte auch, wie sich aus einer Sicht "von unten", aus der Perspektive von Kindern, Erziehungs- und Kommunikationsstrukturen darstellen. Dazu wurden in einem flexiblen Wechselspiel zwischen analytischem Zugriff und empirischem Material Kindererfahrungen interpretativ erschlossen. Die Auswertung zeigte, daß eine Analyse von Kindersituationen nicht innerhalb eines festen Theoriegebäudes vorgenommen werden darf - mit bereits vorrätigen Kategorien -, sondern daß das Material der Autobiographien die Kategorien zur Interpretation der Alltagserfahrung von Kindern erst nahelegt.

Durch die qualitative Erforschung von Kindererfahrungen, die in ihrem erlebten, vertexteten Zusammenhang so weit wie möglich erhalten werden sollten, konnte einerseits der Erziehungsalltag in zehn Familien exemplarisch erfaßt werden und andererseits die Komplexität familialer Erziehungssituationen verdeutlicht werden. Damit ist die Arbeit auch ein (kleiner) Beitrag zu einer interpretativen Familiensoziologie, zur Erziehungsstilforschung und zu einer Soziologie, beziehungsweise einer Psychologie des Kindes.

Das theologische Interesse war, zu erarbeiten, welche (systematische und praktische) Theologie die Erfahrungen der Kinder adäquat aufnehmen kann, und welche religionspädagogischen Möglichkeiten es gibt, auf diese Erfahrungen zu reagieren.

Wenn die vorliegende Arbeit das Ziel hat, die Lebenswelt von Kindern im Spiegel von Autobiographien zu untersuchen, so nicht, um herauszufinden, welche Rolle Religion im Leben von Kindern spielt, sondern um herauszufinden, an welche lebensweltlichen Themen der Religionsunterricht anknüpfen kann. Erwachsene mit deutlichem Abstand zur Kindheit sollten in erzählenden Texten selbst zu Wort kommen, bevor man eine Theologie für Kinder entwirft. Analog zur non-direktiven Seelsorge sollte den Erzogenen mit Aufmerksamkeit und Anteilnahme zugehört werden.

Am Ende wird deutlich, daß eine seelsorgerliche Religionspädagogik eine genaue und breite Analyse von Kindererfahrungen voraussetzt, wenn Religionsunterricht sich kompensatorisch auf die Erfahrungen der Kinder beziehen soll.

Kindheiten kommen in einem doppelten Sinne zu Wort. Einmal kann die Erfahrung der Autoren, die ihre Kindheitsgeschichte erzählen, zur Selbsterfahrung der Eltern und Erzieher beitragen, die mit Kindern eine neue Geschichte haben. Voraussetzung einer seelsorgerlichen Begleitung von Kindern ist somit die Fähigkeit zu biographischer Erinnerung, die Reflexion der eigenen Erziehungsgeschichte. Zum anderen stellt sich für den Leser als Erzieher die Aufgabe, in einem nachvollziehenden, analytischen und entwerfenden Verstehen Bedingungen einer konkreten, erzählten Lebensgeschichte zu erschließen und zugleich Alternativen für begegnende Lerngeschichten zu entwerfen.

Es konnte darüber hinaus gezeigt werden, daß durch die Aufnahme der lebensgeschichtlichen Dimension in die Religionspädagogik nicht nur eine lebensbegleitende, erfahrungsnahe Identitätshilfe im Religionsunterricht ermöglicht wird, sondern ein Beitrag zur Theorie der Religionspädagogik geleistet wird.

Die Frage, welche Informationen Kinder in der Erziehung über sich selbst und ihren Wert erhalten, legt nahe, die Konzeption des Religionsunterrichts von einem Kernstück reformatorischer Theologie her, der Rechtfertigungslehre, zu entwerfen. Die Bemühung um eine Vermittlung von Theologie und Biographie führt zu einer Entfaltung der Rechtfertigungslehre für Kinder unter den Bedingungen von Schule. Die Erfahrungen der Kinder stellen sich als Anfrage an die Tragfähigkeit der Rechtfertigungslehre dar, insbesondere an ihre anthropologischen Implikationen.

Die Rechtfertigungslehre, insbesondere in ihrer Neuinterpretation als Verständnis, Offenheit, Annahme und Sympathie kann auch unter den Bedingungen der Leistungsschule einen sinnvollen Beitrag zur Selbstverwirklichung des Schülers leisten.

Nicht mehr berücksichtigt werden konnte die Frage einer Öffnung der Schule für den außerschulischen Alltag der Kinder, die Stellung des Religionsunterrichts im Fächerkanon der Schule, sowie die Frage einer *"menschlichen"* Bewertung des Schülers durch die Notengebung.

Einer gesonderten Erörterung bedarf außerdem die Frage der Qualifizierung des Religionslehrers als Seelsorger in Aus- und Fortbildung.

Eine Weiterführung erfährt die vorliegende Arbeit durch eine konkrete Unterrichtsplanung, sowie die Umsetzung des Modells unter den Bedingungen eines Unterrichts im 45-Minuten-Takt.
Eine interessante Aufgabe wäre darüber hinaus, die vorgestellten Ergebnisse zum Selbstwertdefizit der Kinder sinnvoll und fruchtbar zu überprüfen, zu ergänzen und weiterzuführen durch weitere Beobachtungen und Daten der Alltagserfahrung von Kindern, die sowohl qualitativ als auch quantitativ erhoben werden könnten.

I. Quellenmaterial

ADAM, Ursula: Zweitgeburt. Salzburg: Residenz 1980.
GAUCH, Sigfrid: Vaterspuren. Königstein/Ts.:Athenäum 1979.
HOBRECHT, Jürgen: Du kannst mir nicht in die Augen sehen. Berlin: März 1981.
KEMPFF, Diana: Fettfleck. Reinbek b.Hamb.: Rowohlt 1981.
KERSTEN, Paul: Der alltägliche Tod meines Vaters. Köln: Kiepenheuer u.Witsch 1978.
MECKEL, Christoph: Suchbild. Über meinen Vater. Düsseldorf: Claasen 1980.
NOVAK, Helga M.: Die Eisheiligen. 3.Aufl. Darmstadt: Luchterhand 1979.
PALFRADER, Magdalena: Das Diplom. Basel: Stroemfeld 1981.
RESCHKE, Karin: Memoiren eines Kindes. Berlin: Rotbuch 1980.
RAUTER, E.A.: Brief an meine Erzieher. München: Weismann 1979.

II. Literaturverzeichnis

ACKERMAN, Nathan W.: Der wachsende Anwendungsbereich der Familientherapie. In: Handbuch der Ehe- Familien- und Gruppentherapie. Hrsg.: C.J.Sager; H.S.Kaplan. München: Kindler 1973. Bd.2, S.545-567.
ACKERT. Manfred: Themenzentrierte Aktion. In: Kritische Stichwörter zum Religionsunterricht. Hrsg.: J.Glötzner. München: Fink 1981. S.309-315.
ADAM, Gottfried: Der Religionslehrer: Beruf und Person. In: Religionspädagogisches Kompendium. Hrsg.: G.Adam;R.Lachmann. Göttingen: Vandenhoeck u.Ruprecht 1984. S.96-121.
ADLER, Hildegard: Scham und Schuld. Barrieren des Erinnerns in Christa Wolfs und Peter Härtlings Kindheitsmuster und im psychoanalytischen Prozeß. In: Der Deutschunterricht, Stuttgart, 35 (1983) 5, S.5-20.
ADORNO, Theodor W.: Soziologische Schriften I. In: Gesammelte Schriften. Hrsg.: R.Tiedemann. Frankfurt: Suhrkamp 1972. Bd.8
ALANEN, Leena: Von kleinen und großen Menschen. Plädoyer für eine Soziologie der Kindheit. In: Das Argument, Berlin, 31 (1989) 1, S.79-89.
ALHEIT, Peter: Biographieforschung in der Erwachsenenbildung. Teil II. In: Literatur- und Forschungsreport Weiterbildung 13/14. Hrsg.: H.Siebert;J.Weinberg. Münster 1984. S.31-67.
ANGERMEYER, Helmut: Die Kategorie der Erfahrung und der Religionsunterricht. In: Verstehen und Verantworten. Hermeneutische Beiträge aus den theologischen Disziplinen im Auftrag des Dozentenkollegiums der Augustana-Hochschule. Hrsg.: Fr.W.Kantzenbach. Stuttgart: Calwer 1976. S.141-171.
ANSELM, Helmut; Fikenscher, Konrad: Leistungsbewertung im Religionsunterricht der Kollegstufe/Studienstufe. Stuttgart: Calwer 1976 (=Religionspädagogische Praxis;19).
ARBEITSGRUPPE Bielefelder Soziologen (Hrsg.): Alltagswissen, Interaktion und gesellschaftliche Wirklichkeit. 2 Bd. Hamburg 1973.
ARBEITSGRUPPE Bielefelder Soziologen: Kommunikative Sozialforschung. München: Fink 1976.
ARIES, Philippe: Geschichte der Kindheit. Mit einem Vorwort v. H.v.Hentig. 3.Aufl. München: Hanser 1976.

ARIES, Philippe: Die Familie - ein Gefängnis der Liebe. Ein Gespräch mit Philippe Ariès. In: Familien-Bande: Chancen und Krisen einer Lebensform. Weinheim: Beltz 1986. S.10-17. (=Psychologie-heute-Sonderband).

ATTESLANDER, Peter: Methoden der empirischen Sozialforschung. Berlin: de Gruyter 1971.

AUFENANGER, Stefan: Die Rekonstruktion autobiographischer Texte - Zur Dramaturgie von Elias Canettis 'Die gerettete Zunge'. In: Brauchen wir andere Forschungsmethoden? Hrsg.: D.Garz;Kl.Kraimer. Frankfurt a.M.: Skriptor 1983. S.189-205 (= Monographien Pädagogik; 33).

BAACKE, Dieter: Ausschnitt und Ganzes - Theoretische und methodologische Probleme bei der Erschließung von Geschichten. In: Aus Geschichten lernen. Hrsg.: D.Baacke; Th.Schulze. München: Juventa 1979. S.11-50.

BAACKE, Dieter: Biographie: Soziale Handlung, Textstruktur und Geschichten über Identität. In: Pädagogische Biographieforschung. Hrsg.: D.Baacke; Th.Schulze. Weinheim: Beltz 1985. S.3-28.

BAACKE, Dieter: Einige unvorgreifliche Gedanken in Thesenform zur Eröffnung der Arbeitsgruppe 10: "Wissenschaftliche Erschließung autobiographischer und literarischer Quellen für pädagogische Erkenntnis". In: Neue Sammlung, Göttingen, 18 (1978), 4, S.321-324.

BAACKE, Dieter: Normalbiographie, Empathie und pädagogische Phantasie. In: Zeitschrift für Pädagogik, 18.Beiheft: Beiträge zum 8.Kongreß der Deutschen Gesellschaft für Erziehungsgwissenschaft. Weinheim 1983. S.298-306.

BAACKE, DIETER: Die 6- bis 12jährigen. Einführung in Probleme des Kindesalters. Weinheim: Beltz 1984.

BABCOCK, Dorothy E.; Keepers,Terry D.: Miteinander wachsen: Transaktionsanalyse für Eltern und Erzieher. München: Kaiser 1980.

BALDERMANN, Ingo: Lernerfahrungen mit der Bibel. In: Religionsunterricht als religionspädagogische Herausforderung. Hrsg.: R.Lachmann. Festschrift für Helmut Angermeyer zum 70.Geburtstag. Aachen: Haag u.Herchen 1982. S.81-88 (=Religionspädagogik heute; 9).

BALDERMANN, Ingo: Die Bibel - Buch des Lernens. Göttingen: Vandenhoeck u.Ruprecht 1980.

BALTZ, Ursula; Buschbeck,Bernhard; Huch, Gudrun; Veit,Gerhard; Wibbing,Siegfried: Kinder fragen nach dem Leben. Religionsbuch 1. und 2.Schuljahr. Frankfurt: Hirschgraben 1988.

BANDLER,Richard; Grinder,John; Satir,Virginia: Mit Familien reden. Gesprächsmuster und therapeutische Veränderung. München: J.Pfeiffer 1978 (= Leben lernen; Bd.30).

BANDURA, Albert: Gewalt im Alltag. In: Psychologie heute, Weinheim, 6 (1979) 7, S.23-29

BARGHEER, Friedrich W.: Kritische Analyse von Gebeten in Religionsbüchern für die Grundschule. In: Gebet und Gebetserziehung. Hrsg.: F.Bargheer,I.Röbbelen. Heidelberg: Quelle & Meyer 1971. S.110-130.

BARGHEER, Friedrich W.: Das Interesse der Jugendlichen und der Religionsunterricht. Gütersloh: Mohn 1972.

BARTH, Karl: Die Kirchliche Dogmatik. 2.Aufl. Zürich: EVZ-Verlag 1964.

BARTH, Karl: Das Wort Gottes und die Theologie. München: Kaiser 1925.

BAST, Heinrich, u.a.(Hrsg.): Gewalt gegen Kinder. Kindesmißhandlungen und ihre Ursachen. Reinbek b.Hamb.: Rowohlt 1975.
BATESON, Gregory u.a.: Schizophrenie und Familie. Frankfurt: Suhrkamp 1969
BAUDLER, Georg: Die Familie. In: Handbuch der Religionspädagogik. Bd. 1: Religiöse Bildung und Erziehung. Hrsg.: E.Feifel u.a. Gütersloh: Mohn 1973. S.178-190.
BAUDLER, Georg: Thesen zu Grundfragen des Religionsunterrichts heute. In: Erfahrung - Symbol - Glaube: Grundfragen des Religionsunterrichts. Hrsg.: P.Biehl. Frankfurt: Haag u.Herchen 1980. S. 9-36.(=Religionspädagogik heute, Bd.2)
BAUDLER, Georg: Religiöse Erziehung heute. Paderborn: Schöningh 1979.
BAUER, Karl W.;Hengst, Heinz (Hrsg.): Wirklichkeit aus zweiter Hand. Kindheit in der Erfahrungswelt von Spielwaren und Medienprodukten. Hamburg: Rowohlt 1980.
BAUMGARDT, Ursula: Kinderzeichnungen - Spiegel der Seele. Kinder zeichnen Konflikte ihrer Familien. Zürich: Kreuz Verlag 1985
BAUMGART, Reinhart: Das Leben - kein Traum? Vom Nutzen und Nachteil einer autobiographischen Literatur. In: Literatur aus dem Leben. Autobiographische Tendenzen in der deutschsprachigen Gegenwartsliteratur. Hrsg.: H.Heckmann. München: Hanser 1984. S.8-28.
BAURIEDL, Thea: Beziehungsanalyse. Das dialektisch-emanzipatorische Prinzip der Psychoanalyse und seine Konsequenzen für die psychoanalytische Familientherapie. Frankfurt 1980.
BAURIEDL, Thea: Zwischen Anpassung und Konflikt. Theoretische Probleme der ichpsychologischen Diagnostik. Göttingen: Vlg. f. Med.Psychologie im Vlg. Vandenhoeck u.Ruprecht 1982.
BECK, Reinhilde: Familientherapie. Modelle zur Veränderung familialer Beziehungsmuster. Bad Heilbrunn/Obb.: Klinkhardt 1985.
BECK, Ulrich: Die Zukunft der Familie. In: Psychologie heute, Weinheim, 14,(1987) 11, S.44-49
BECK-GERNSHEIM, Elisabeth: Auswirkungen des Geburtenrückgangs auf familiale Lebensverhältnisse und Persönlichkeitsentwicklung. In: Bevölkerungsentwicklung und nachwachsende Generation. Bericht eines Arbeitskreises der Gesellschaft für sozialen Fortschritt. Hrsg.: Der Bundesminister f.Jugend, Gesundheit und Familie. Stuttgart:Kohlhammer 1980. S.186-207.
BECK-GERNSHEIM, Elisabeth: Familie im Modernisierungsprozeß - Zum historisch neuen Spannungsverhältnis zwischen Elternschaft und eigener Lebensgeschichte von Mann und Frau. In: Subjektorientierte Arbeits- und Berufssoziologie. Hrsg.: K.M.Bolte;E.Treutner. Frankfurt: Campus 1983. S.270-292
BECK-GERNSHEIM, Elisabeth: Vom "Dasein für andere" zum Anspruch auf ein Stück "eigenes Leben". Individualisierungsprozesse im weiblichen Lebenszusammenhang. In: Soziale Welt, Göttingen, 34 (1983) 3, S.307-340.
BECK-GERNSHEIM, Elisabeth: Die Inszenierung der Kindheit. In: Psychologie heute, Weinheim, 14 (1987) 12, S.30-35.
BEICKEN, Peter: "Neue Subjektivität": Zur Prosa der siebziger Jahre. In: Deutsche Literatur in der Bundesrepublik seit

1965. Untersuchungen und Berichte. Hrsg.: P.M. Lützeler; E.Schwarz. Königstein/Ts.: Athenäum 1980. S.164-181.
BERNA, Jaques: Schulschwierigkeiten als Folge seelischer Störungen. 3.Aufl. München: Reinhardt 1965.
BERNA, Jaques: Kinder beim Analytiker. Erziehungsprobleme und Therapie. München: Piper 1973
BERNFELD, Siegfried: Sisyphos oder die Grenzen der Erziehung. Frankfurt: Suhrkamp 1967. (1.Aufl. Leipzig 1925)
BERNHARD, Thomas: Der Keller. Eine Entziehung. Salzburg: Residenz 1976.
BETTELHEIM, Bruno: Liebe allein genügt nicht. Die Erziehung emotional gestörter Kinder. Stuttgart: Klett-Cotta 1970
BETTELHEIM, Bruno: Die Geburt des Selbst. Erfolgreiche Therapie autistischer Kinder. München: Kindler 1977
BETZ, Felicitas: Die Seele atmen lassen. Mit Kindern Religion entdecken. München: Kösel 1989
BETZ, Otto: Konturen einer Theologie der Erfahrung und ihre Konsequenzen für die religiöse Erziehung. In: Zugänge zur religiösen Erfahrung. Hrsg.: O.Betz. Düsseldorf: Patmos 1980. S.63-79.
BETZ, Otto (Hrsg.): Zugänge zur religiösen Erfahrung. Düsseldorf: Patmos 1980
BIEHL, Peter: Erfahrungsbezug und Symbolverständnis. In: Erfahrung - Symbol- Glaube. Grundfragen des Religionsunterrichts. Hrsg.: P.Biehl; G.Baudler. Frankfurt: Haag u.Herchen 1980. S.37-121 (=Religionspädagogik heute, Bd.2)
BIEHL, Peter: Zur Funktion der Theologie in einem themenorientierten Religionsunterricht. In: Streit um den problemorientierten Unterricht in Schule und Kirche. Hrsg.: H.B.Kaufmann. Frankfurt: Pro Schule 1973, S.64-79.
BIEHL, Peter: Erfahrung als hermeneutische, theologische und religionspädagogische Kategorie. Überlegungen zum Verhältnis von Alltagserfahrung und religiöser Sprache. In: Erfahrungen in religiösen Lernprozessen. Hrsg.: H.-G. Heimbrock. Göttingen: Vandenhoeck u.Rupprecht 1983. S. 13-69
BIEHL, Peter: Theologie im Kontext von Lebensgeschichte und Zeitgeschehen. Religionspädagogische Anforderungen an eine Elementartheologie. In: Theologia practica. München. 20 (1985), 2, S.155-170
BIEHL, Peter: Der biographische Ansatz in der Religionspädagogik. In: Religion und Biographie. Perspektiven zur gelebten Religion. Festgabe für G.Otto zum 60. Geburtstag. Hrsg.: A.Grözinger; H.Luther. München: Kaiser 1987. S.272-296.
BIERMANN, Gerd: Kinder im Schulstreß. In: Kinder im Schulstreß. Hrsg.: G.Biermann. München: Reinhardt 1977. S.9-26.
BIESINGER, Albert: Mein Glaube, wie er zustande kam, und was dieser Prozeß mit Zuwendung zu tun hat. In: Katechetische Blätter, München, 108 (1983) S.736-738.
BIESINGER, Albert: Religionsunterricht als Beziehungslernen. In: Katechetische Blätter, München, 108 (1983) S.820-827.
BINNEBERG, Karl: Pädagogische Fallstudien. In: Zeitschrift für Pädagogik, Weinheim, 25 (1979) 3, S. 395-402.
BITTNER, Günther: Zur psychoanalytischen Dimension biographischer Erzählungen. In: Neue Sammlung, Göttingen, 18 (1978),4, S.332-338.
BITTNER, Günther: Das 'falsche Selbst' des Kindes und die 'allmächtige Mutter'. In: Selbstwerden des Kindes. Ein

neues tiefenpsychologisches Konzept. Hrsg.: G.Bittner. Fellbach: Bonz 1981. S.149-159.
BITTNER, Günther;Thalmann, Hans Christian: Über die Verbreitung psychischer Störungen bei Kindern im Grundschulalter, in: Zeitschrift für Pädagogik, Weinheim 16 (1970), S.83-98.
BITTNER,Günther; Ertle,Christoph; Schmid,Volker: Schule und Unterricht bei verhaltensgestörten Kindern. In: Deutscher Bildungsrat, Gutachten und Studien der Bildungskommission. Bd 35 (=Sonderpädagogik 4).
BITTNER, Günther: Zur Wiederherstellung des Bildes vom Kind. Aspekte der Entwicklungs- und Tiefenpsychologie. In: Frühe Kindheit. Hrsg: A.Niegl. Wien: Forum St.Stephan 1985. S.69-82.
BITTNER, Günther: Zerrissene Welten - zerrissene Menschen - zerrissene Kinder. In: Kindgerechte Arbeitszeitgestaltung. Kinder, Erwachsene, Institutionen im Interessenkonflikt. Hrsg.: I.Wehrmann; H.Seehausen. Bremen: Selbstverlag des Diak.Werkes Bremen 1989. S.39-56
BLUMER, Herbert: Der methodologische Standort des Symbolischen Interaktionismus. In: Arbeitsgruppe Bielefelder Soziologen. Bd.1, S.80-146.
BOEHNKE, Heiner: Die zerstörte Biographie. In: LebensGeschichten. Hrsg: P.Dahl; R.Kremer. Zehn Interviews über Biographisches, Zeitgeschichte und die Rolle des Schreibens. Bornheim-Merten: Lamuv 1981. S.11-18.
BÖLTKEN, Ferdinand: Auswahlverfahren. Eine Einführung für Sozialwissenschaftler. Stuttgart: Teubner 1976. (=Studienskripten zur Soziologie; 38)
BÖSEL, Monika: Lebenswelt Familie. Ein Beitrag zur interpretativen Familiensoziologie. Frankfurt: Campus 1980 (=Campus Forschung; Bd.152).
BOLLNOW, Otto Friedrich: Die pädagogische Atmosphäre - Untersuchungen über die gefühlsmäßigen zwischenmenschlichen Voraussetzungen der Erziehung. Heidelberg 1964 (=Anthropologie und Erziehung, Bd 12).
BOLLNOW, Otto Friedrich: Existenzphilosophie und Pädagogik. Versuch über unstetige Formen der Erziehung. Stuttgart: Kohlhammer 1959.
BONHOEFFER, Dietrich: Nachfolge. 14.Aufl. München: Kaiser 1983.
BOSZORMENYI-NAGY,Ivan; Spark,Geraldine: Unsichtbare Bindungen. Die Dynamik familiärer Systeme. Stuttgart: Klett-Cotta 1981.
BRAUNMÜHL, Ekkehard von: Antipädagogik. Studien zur Abschaffung der Erziehung. Weinheim: Beltz 1976[2].
BRAUNMÜHL, Ekkehard von: Zeit für Kinder. Frankfurt a.Main: Fischer 1978.
BRETTSCHNEIDER, Werner: "Kindheitsmuster". Kindheit als Thema autobiographischer Dichtung. Berlin: E.Schmidt 1982.
BRINKMANN, Wilhelm: Gewalt gegen Kinder. Eine provokative Skizze gegen Scheinheiligkeit und vordergründige Aufregung. In: Kinderschutz als sozialpolitische Praxis. Hilfe, Schutz und Kontrolle. Hrsg.: W.Brinkmann; M.-S.Honig. München: Kösel 1984. S.21-43.
BRINKMANN, Wilhelm; Honig,Michael Sebastian: Kinderschutz als sozialpolitische Praxis. Hilfe, Schutz und Kontrolle. München: Kösel 1984.
BROCKMANN, Gerhard: 'Stellvertretende Medien' am Beispiel des Themas Sünde. In: Der Evangelische Erzieher, Frankfurt, 30 (1978), S.291-303.
BROCKMANN,Gerhard;Stoodt,Dieter: Schülerorientierung als Situationserschließung und Situationsbearbeitung. In:

Wissenschaft und Praxis in Kirche und Gesellschaft 65 (1976), 6, S.256-269.
BRONSEN, David: Autobiographien der siebziger Jahre: Berühmte Schriftsteller befragen ihre Vergangenheit. In: Deutsche Literatur in der Bundesrepublik seit 1965. Untersuchungen und Berichte. Hrsg.: P.M.Lützeler; E.Schwarz. Königstein/Ts.: Athenäum 1980. S.202-214.
BROST, Elsbe: Versteckte Hilferufe. In: Kinderleben in Geschichte und Gegenwart. Hrsg.: Chr.Büttner; A.Ende. Weinheim: Beltz 1984. S.89-92 (=Jahrbuch der Kindheit; Bd.1).
BRÜCK, Horst: Die Angst des Lehrers vor seinem Schüler. Zur Problematik verbliebener Kindlichkeit in der Unterrichtsarbeit des Lehrers - ein Modell. Reinbek b.Hamburg: Rowohlt 1976.
BUBER, Martin: Reden über Erziehung. 8.Aufl. Heidelberg: L.Schneider 1964.
BÜCHNER, Peter: Vom Befehlen und Gehorchen zum Verhandeln. Entwicklungstendenzen von Verhaltensstandards und Umgangsnormen seit 1945. In: Kriegskinder, Konsumkinder, Krisenkinder. Hrsg.: U.Preuss-Lausitz u.a.. Weinheim: Beltz 1983. S.196-212.
BÜTTNER, Christian; Volmerg,Ute: Familiendynamik der Gewalt - Kinder und Eltern spielen Familie. In: Wenn Liebe zuschlägt. Hrsg.: Chr.Büttner. München: Kösel 1984. S.41-80.
BÜTTNER, Christian: Mit aggressiven Kindern leben. Weinheim: Beltz 1988 (=Reihe Pädagogik).
BUSCHBECK, Bernhard: Angst und ihre Überwindung als Thema des evangelischen Religionsunterrichts. Einführende Bemerkungen zu drei Unterrichtsmodellen über das Thema 'Angst'. In: Der Evangelische Erzieher, Frankfurt, 24(1972) 6, S.425-428.
BUSCHBECK, Bernhard: Religion von sechs bis zehn. Ein Arbeitsbuch zum Religionsunterricht für Ausbildung und Praxis. Gütersloh: Mohn 1981.
BUSCHBECK, Bernhard; Failing, Wolf-Eckart: Religiöse Elementarerziehung. Gütersloh: Mohn 1976.
CALVIN, Johannes: Unterricht in der christlichen Religion. Nach der letzten Ausgabe (1559) übersetzt und bearbeitet v.O.Weber. Neukirchen-Vluyn: Neukirchener 1963.
CARUSO, Igor A.: Soziale Aspekte der Psychoanalyse. Reinbek b.Hamb.: Rowohlt 1972.
CASPARY, Heinrich-Nikolaus: Religionslehrer in der Volkskirche - Idealisten, Realisten und fünf andere Typen. In: Der Evangelische Erzieher, Frankfurt, 35 (1983) S.338-350.
CLAESSENS, Dieter: Familie und Wertsystem. Eine Studie zur 'zweiten soziokulturellen Geburt' des Menschen. 2.überarb. Aufl. Berlin: Duncker u.Humboldt o.J.
COMBE, Arno: Alles Schöne kommt danach. Die jungen Pädagogen - Lebensentwürfe und Lebensgeschichten der Nachkriegsgeneration. Reinbek b.Hamb.: Rowohlt 1983.
COOPER, David: Der Tod der Familie. Reinbek b.Hamb.: Rowohlt 1972
DE MAUSE, Lloyd (Hrsg.): Hört ihr die Kinder weinen. Eine psychogenetische Geschichte der Kindheit. Frankfurt a.Main: Suhrkamp 1977.
DERESCH, Wolfgang: Kirchliche Jugendarbeit als Anstiftung zur Identitätsfindung. In: Jugend in der Kirche zur Sprache bringen. Hrsg.: R.Hanusch; G.Lämmermann. München: Kaiser 1987. S.301-308.

DESSAI, Elisabeth: Auf dem Weg in die kinderlose Gesellschaft. Reinbek b.Hamb.: Rowohlt 1979.
DESSAI,Elisabeth; Alt-Rosendahl,Renate: Wohnen und Spielen mit Kindern. Alternativen zur familienfeindlichen Architektur. Frankfurt: Ullstein 1978.
DESSAI, Elisabeth: Erziehung ohne Elternstreß. Wie Eltern und Kinder besser miteinander auskommen. München: Kindler 1981².
DILTHEY, Wilhelm: Der Aufbau der geschichtlichen Welt in den Geisteswissenschaften. In: Gesammelte Schriften. Bd.VII, 6.unveränd.Aufl. Stuttgart: Teubner 1973.
DINSLAGE, Axel: Was soll aus dem Kind werden? In: Familien-Bande: Chancen und Krisen einer Lebensform. Weinheim: Beltz 1986. S.215-218 (=Ein Psychologie-heute-Sonderband).
DIRKS, Marianne (Hrsg.): Glauben Frauen anders? Erfahrungen. 2.Aufl. Freiburg: Herder 1983.
DORMEYER, Detlev: Die Bibel antwortet. Einführung in die interaktionale Bibelauslegung. München: J.Pfeiffer 1978.
DREHSEN, Volker: Kontinuität und Wandel der Religion. Die strukturell-funktionale Analyse in der deutschen Religions- und Kirchensoziologie nach 1945. In: Religion in den Gegenwartsströmungen der deutschen Soziologie. Hrsg.: K.F.Daiber; Th.Luckmann. München: Kaiser 1983. S.86-135 (= Religion-Wissen-Kultur; 1).
DREWITZ, Ingeborg: Junge Menschen messen ihre Erwartungen aus, und die Meßlatten stimmen nicht mehr - die Herausforderung: Tod. Stuttgart: Radius 1986.
EBELING, Gerhard: Dogmatik des christlichen Glaubens. Tübingen: Mohr 1979. Bd.III.
EBELING, Gerhard: Die Klage über das Erfahrungsdefizit in der Theologie als Frage nach ihrer Sache. In: G.Ebeling: Wort und Glaube Bd. III. Tübingen: Mohr 1975. S.3-28.
EBELING, Gerhard: Das Wesen des christlichen Glaubens. Tübingen: Mohr 1959.
EBERT, Klaus: Zur Rolle des Religionslehrers. Überlegungen zu einem schwierigen Beruf. In: Religionslehrer - Person und Beruf. Erfahrungen und Informationen, Modelle und Materialien. Hrsg.: H.-G.Heimbrock. Göttingen: Vandenhoeck u.Ruprecht 1982. S.53-80.
EGGERS, Christian: Die kindliche Depression. In: Zeitschrift für Kinder- und Jugendpsychiatrie, Bern 16 (1988) 4,S.196-202.
EICHER, Peter: Die verlorene Unschuld. Zum Verhältnis von Dogmatik und Poetik im christlichen Erfahrungsraum. In: Zugänge zur religiösen Erfahrung. Hrsg.: O.Betz. Düsseldorf: Patmos 1980. S.37-62.
ENDE, Aurel: Der alltägliche Krieg gegen die Kinder. In: Vom Krieg der Erwachsenen gegen die Kinder. Möglichkeiten der Friedenserziehung. Hrsg.: Hessische Stiftung Friedens- und Konfliktforschung. Frankfurt a.Main: Suhrkamp 1984. S.18-25.
ENDE, Aurel: Kinderfeindlichkeit - Gibt's die?, in: Jahrbuch der Kindheit, 1. Weinheim: Beltz 1980, 2.Jg. S.80-84.
ENDE, Aurel: Kindheit in Deutschland. Damit's kein Prachtkind wird. In: Psychologie heute, Weinheim, 7 (1980),12, S.37-42.
ENGELBERT, Angelika: Kinderalltag und Familienumwelt. Eine Studie über die Lebenssituation von Vorschulkindern. Frankfurt a.Main: Campus 1986.
ENGFER, Anette; Schneewind, K.: Elterliches Erziehungsverhalten und kindliche Persönlichkeit. Eine Untersuchung zum

Zusammenhang zwischen Erziehungseinstellungen von Eltern und ihrem Bild von der kindlichen Persönlichkeit. In: Auswirkungen elterlicher Erziehungsstile. Göttingen: Vlg. f.Psychologie 1975. S.72-95.

ENGLERT, Rudolf: Glaubensgeschichte und Bildungsprozeß. Versuch einer religionspädagogischen Kairologie. München: Kösel 1985.

ERIKSON, Erik H.: Kindheit und Gesellschaft. Stuttgart: Klett 1957.

ETTL, Thomas: Wer nicht hören will, muß fühlen. Zum Problem des Agierens in Kindertagesstätten. In: Reproduktion der frühen Erfahrung. Psychoanalytisches Verständnis alltäglicher und nicht alltäglicher Lebenssituationen. Hrsg.: A.Leber u.a. Frankfurt: Fachbuchhandlung f.Psychologie 1983. S.35-55. (=Psychoanalytische Reflexion und therapeutische Verfahren in der Pädagogik; Bd.8).

EXELER, Axel: Bericht. Die Vermittlung von der Befreiungsbotschaft durch die Katechese. Zur katechetischen Arbeit in Lateinamerika. In: Katechetische Blätter, München, 95 (1970) 3, S.179-187.

EXELER, Axel: Der Religionslehrer als Zeuge. In: Katechetische Blätter, München, 106 (1981) 1, S.3-14.

FABRICIUS, Volker: Von der Universität in die Schule. Über den Berufsanfang eines "Evangelischen Erziehers". In Der Evangelische Erzieher, Frankfurt, 35 (1983) 4, S.367-375.

FARSON, Richard: Menschenrechte für Kinder - Die letzte Minderheit. München: 1975

FEIFEL, Erich: Die Bedeutung der Erfahrung für religiöse Bildung und Erziehung. In: Handbuch der Religionspädagogik.Bd.1. Hrsg.: E.Feifel u.a. Gütersloh: Mohn 1973. S.86-107.

FEIFEL, Erich: Identitätsfindung und Sinnfrage im schülergerechten Religionsunterricht. In: Katechetische Blätter, München, 104 (1979), S.142-163.

FEIFEL, Erich: Schülerorientierung. In: Kritische Stichwörter zum Religionsunterricht. München: Fink 1981. 273-282.

FEIGE, Andreas: Erfahrungen mit Kirche. Daten und Analysen einer empirischen Untersuchung über Beziehungen und Einstellungen junger Erwachsener zur Kirche. Hannover: 1982

FILSTEAD, William J.: Soziale Welten aus erster Hand. In: Explorative Sozialforschung. Hrsg.: K.Gerdes. Stuttgart: Kohlhammer 1979, S. 29-40.

FLITNER, Andreas: Konrad, sprach die Frau Mama...Über Erziehung und Nichterziehung. Berlin: 1982.

FLITNER, Andreas: Wenn das Erziehung ist. In: Theorie und Praxis der Sozialpädagogik, Bielefeld, 91 (1983) 5, S.232-234.

FÖLLING-ALBERS, Maria: Was heißt "Leben und Lernen" in der Grundschule?. Anmerkungen zu einem pädagogischen Dilemma. In: Grundschule, Braunschweig, 21 (1989) 2, S.14-16.

FOX, Helmut: Katholische Religion. München: Ehrenwirth 1986 (=Kompendium Didaktik).

FRAAS, Hans-Jürgen: Der Schüler: Religiöse Sozialisation-Religiöse Erziehung. In: Religionspädagogisches Kompendium. Hrsg.: G.Adam;R.Lachmann. Göttingen: Vandenhoeck u.Ruprecht 1984. S.77-95.

FRAAS, Hans-Jürgen: Glaube und Identität. Grundlegung einer Didaktik religiöser Lernprozesse. Göttingen: Vandenhoeck und Ruprecht 1983.

FRANCKE, August Hermann: Pädagogische Schriften. Besorgt von Hermann Lorenzen. 2.Aufl. Paderborn: Schöningh 1964.
FREUD, Sigmund: Zur Psychopathologie des Alltagslebens. Über Vergessen, Versprechen und Vergreifen, Aberglauben und Irrtum. 20.Aufl. Frankfurt: Fischer 1977.
FRIEDEMANN, A: Psychohygiene. In: Lexikon der Psychologie. Hrsg.: W.Arnold u.a. Freiburg:Herder 1976. Bd.3. S.27-32.
FROMM, Erich: Anatomie der menschlichen Destruktivität. 2.Aufl. Stuttgart: Deutsche Verlags-Anstalt 1974.
FUCHS, Ottmar: Prophetische Kraft der Jugend? Zum theologischen und ekklesiologischen Ort einer Altersgruppe im Horizont des Evangeliums. Freiburg: Lambertus 1986.
FUCHS, Werner: Biographische Forschung. Eine Einführung in Praxis und Methoden. Opladen: Westdeutscher Vlg. 1984
GAMM, Hans-Jochen: Umgang mit sich selbst. Hamburg:1979
GARZ,Detlev; Kraimer,Klaus: Brauchen wir andere Forschungsmethoden? Beiträge zur Diskussion interpretativer Verfahren. Frankfurt a.Main: Skriptor 1983. (=Monographien Pädagogik;33)
GENSER, Burkhard: Erziehungswissen von Eltern. In: Familiäre Sozialisation. Hrsg.: K.Schneewind; H.Lukesch. Stuttgart: Klett-Cotta 1978. S.27-43.
GERDES, Klaus: Explorative Sozialforschung. Stuttgart: Enke 1979.
GERSTENBERGER,Gerhard; Schrage,Wolfgang: Leiden. Stuttgart: Kohlhammer 1977.
GIL, David G.: Gewalt gegen Kinder. In: Gewalt gegen Kinder. Kindesmißhandlungen und ihre Ursachen. Hrsg.: H.Bast u.a. Reinbek b.Hamburg: Rowohlt 1975. S.241-263.
GILLES, Astrid: Nur ich allein. Aufwachsen als Einzelkind. In: Kindsein ist kein Kinderspiel. Hrsg.: F.Hagedorn. Frankfurt a.Main: Fischer 1987. S.36-58.
GLASER, Barney G.; STRAUSS, Anselm L.: Die Entdeckung gegenstandsbezogener Theorie. In: Qualitative Sozialforschung. Hrsg.: C.Hopf; E.Weingarten. 1.Aufl 1979. Stuttgart: Klett 1984. S.91-111.
GLÖTZNER, Johannes: Problemorientierung. In: Kritische Stichwörter zum Religionsunterricht. Hrsg.: J.Glötzner. München: Fink 1981.
GLOGER-TIPPELT, Gabriele: Der Übergang zur Elternschaft.Eine entwicklungspsychologische Analyse. In: Zeitschrift für Entwicklungspsychologie und Pädagogische Psychologie, Göttingen, 17 (1985) S.53-92.
GÖNDÖR, Jürgen: Als Lehrer im Lernprozeß. Erfahrungen eines Referendars mit TZI im Religionsunterricht. In: Religionslehrer- Person und Beruf. Erfahrungen und Informationen, Modelle und Materialien. Hrsg.: H.G.Heimbrock. Göttingen: Vandenhoeck u.Ruprecht. S.107-132.
GOLLWITZER, Helmut: Krummes Holz - aufrechter Gang. München: Kaiser 1970.
GOODE, William J.: Gewalt und Gewalttätigkeit in der Familie. In: Gewalt gegen Kinder. Kindesmißhandlungen und ihre Ursachen. Hrsg.: H.Bast u.a.(Arbeitsgruppe Kinderschutz). Reinbek b.Hamb: Rowohlt 1975. S.131-155.
GORDON, Thomas: Familienkonferenz. Die Lösung von Konflikten zwischen Eltern und Kind. Hamburg: Hoffman u.Campe 1972.
GORDON, Thomas: Lehrer-Schüler-Konferenz. Hamburg: Hoffman u.Campe 1977.

GRÄB, Wilhelm; Korsch,Dieter: Selbsttätiger Glaube. Die Einheit der Praktischen Theologie in der Rechtfertigungslehre. Neukirchen-Vluyn: Neukirchener 1985.
GRELL, Jochen: Techniken des Lehrerverhaltens. 6.Aufl. Weinheim: Beltz 1976.
GREMMELS, Christian: Emanzipation und Erlösung. In: Emanzipation und Religionspädagogik. Hrsg.: W.Offele. Zürich: Benziger 1972. S.21-38.
GREMMELS, Christian, Pfeifer, Hans: Theologie und Biographie. Zum Beispiel Dietrich Bonhoeffer. München: Kaiser 1983.
GRIMM, Reinhold: Elternspuren, Kindheitsmuster. Lebensdarstellung in der jüngsten deutschsprachigen Prosa. In: Vom Anderen und vom Selbst. Hrsg.:R.Grimm,J.Hermand. Königstein i.Ts.: Athenäum 1982. S.167-182.
GRÖSCH,Dieter; Willigmann,Siegfried: Biographisches Arbeiten mit Jugendlichen. Anregungen für die Schule aus der außerschulischen politischen Bildung. In: Westermanns Pädagogische Beiträge. Braunschweig, 35 (1983) 12, S.608-613.
GRÖZINGER, Albrecht; Luther,Henning (Hrsg.): Religion und Biographie. Perspektiven zur gelebten Religion. Festgabe für G.Otto zum 60.Geburtstag. München: Kaiser 1987.
GROM, Bernhard: Religionspädagogische Psychologie des Kleinkind-, Schul- und Jugendalters. Düsseldorf: Patmos 1981.
GRUNDKE, Peter: Interaktionserziehung in der Schule. Modell eines therapeutischen Unterrichts. München: 1975.
GSTETTNER, Peter: Biographische Methoden in der Sozialisationsforschung. In: Handbuch der Sozialisationsforschung. Hrsg.: K.Hurrelmann; D.Ulich. Weinheim: Beltz Vlg.1980. S.371-392.
GUDJONS, Herbert: Erzogene über Erziehung. Neue Wege der Biographieforschung, in: Westermanns Pädagogische Beiträge, Braunschweig, 35 (1983), 12, S.582-584.
GUDJONS, Herbert;Pieper,Marianne;Wagener,Birgit: Auf meinen Spuren. Das Entdecken der eigenen Lebensgeschichte. Vorschläge und Übungen für pädagogische Arbeit und Selbsterfahrung. Reinbek b.Hamb.: 1986.
GUKENBIEHL, Hermann: Die Familie als primärer Sozialisationsraum. In: Felder der Sozialisation. Sozialwissenschaftliche Beiträge zum Studium pädagogischer Berufe. Hrsg.: H.Gukenbiehl. Braunschweig: Westermann 1979. S.101-127.
HABERMAS, Jürgen: Erkenntnis und Interesse. Frankfurt a.Main: Suhrkamp 1968.
HÄRLE,Wilfried, Herms,Eilert: Rechtfertigung. Das Wirklichkeitsverständnis des christlichen Glaubens. Ein Arbeitsbuch. Göttingen: Vandenhoeck & Ruprecht 1980.
HALBFAS, Hubertus: Lehrerhandbuch Religion. Informationen und Materialien zur Unterrichtsvorbereitung. Düsseldorf: Patmos o.J.
HALBFAS, Hubertus: Fundamentalkatechetik. Lehrerhandbuch Religion. 2.Aufl. Düsseldorf: Patmos 1975.
HAMANN, Bruno: Familie heute. Ihre Funktion und Aufgabe als gesellschaftliche und pädagogische Institution. Frankfurt a.Main: Diesterweg 1988 (=Themen der Pädagogik).
HANUSCH, Rolf: Evangelische Jugendarbeit als Grenzüberschreitung. In: Jugend in der Kirche zur Sprache bringen. Hrsg.: R.Hanusch,G.Lämmermann. München: Kaiser 1987. S.309-322.

HANUSCH, Rolf;Lämmermann,Godwin: Jugend in der Kirche zur Sprache bringen. Anstöße zur Theorie und Praxis kirchlicher Jugendarbeit. München: Kaiser 1987.

HARDACH-PINKE, Irene (Hrsg.): Kinderalltag. Deutsche Kindheiten in Selbstzeugnissen 1700-1900. Reinbek b.Hamb.: Rowohlt 1981.

HARK,Helmut: Religiöse Neurosen. Ursachen und Heilung. Stuttgart: Kreuz Verlag 1984.

HARRIS, Thomas: Ich bin o.k. - Du bist o.k. Reinbek b.Hamb.: Rowohlt 1977.

HASSENSTEIN,Bernhard: Die Bedeutung der Familie für die Persönlichkeitsentwicklung der Kinder. In: Familie - Feindbild und Leitbild. Dokumentation. Hrsg.: J.M.Fontes u.a. Köln: Adamas 1977. S.51-76.

HAVERS, Norbert: Erziehungsschwierigkeiten in der Schule. Klassifikation, Häufigkeit, Ursachen und pädagogisch-therapeutische Maßnahmen. Weinheim: Beltz 1978.

HAVERS, Norbert: Der Religionsunterricht - Analyse eines unbeliebten Fachs. Eine empirische Untersuchung. München: Kaiser 1972.

HEIMBROCK, Hans-Günter: Zur Bedeutung der Selbst-Findung für das Berufskonzept des Religionslehrers. In: Religionslehrer - Person und Beruf. Erfahrungen und Informationen, Modelle und Materialien. Hrsg.: H.-G.Heimbrock. Göttingen: Vandenhoeck u.Ruprecht 1982. S.160-182.

HEIMBROCK, Hans-Günter: Pädagogische Diakonie. Beiträge zu einem vergessenen Grenzfall. Neukirchen-Vluyn: Neukirchener 1986.

HEINEMANN, Horst: Himmel und Hölle. Ein Unterrichtsmodell für das 7.-8-Schuljahr. In: Lernziele und Religionsunterricht. Hrsg.: H.Heinemann u.a. Zürich: Benziger 1971².

HEINZE,Thomas: Qualitative Sozialforschung. Erfahrungen, Probleme und Perspektiven. Opladen: Westdeutscher Vlg. 1987.

HEINZE, Thomas; Klusemann,Hans W.: Ein biographisches Interview als Zugang zu einer Bildungsgeschichte. In: Aus Geschichten lernen. Hrsg.: D.Baacke; Th.Schulze. München: Juventa Vlg. 1979. S.182-225.

HEINZE, Thomas; Klusemann,H.W.;Soeffner,H.G.(Hrsg.): Interpretation einer Bildungsgeschichte. Überlegungen zur sozialwissenschaftlichen Hermeneutik. Bensheim: päd-extra-Buchvlg. 1980.

HELLE, Horst: Verstehende Soziologie und Theorie der Symbolischen Interaktion. Stuttgart: Teubner 1977 (=Studienskripten zur Soziologie; 45)

HELMKE, Andreas; Väth-Szusdziara, Roswitha: Familienklima, Leistungsangst und Selbstakzeptierung bei Jugendlichen. In: Familiäre Sozialisation und Intervention. Hrsg.:H.Lukesch u.a. Bern: Vlg. Hans Huber 1980. S.199-219.

HENGST, Heinz, u.a.: Kindheit als Fiktion. Fünf Berichte. Frankf.a.M.: Suhrkamp 1981.

HENGST, Heinz: Geschwindigkeit und Vergänglichkeit. In: Kinderkultur. Hrsg.: K.Köstlin. Bremen: Landesmuseum 1987.

HENRY, Walburga: Wie ich wohne. Wohnräume als Lebensräume. In: Kindsein ist kein Kinderspiel. Hrsg. F.Hagedorn. Frankfurt: Fischer 1987. S.152-166.

HENNINGSEN, Jürgen: Autobiographie und Erziehungswissenschaft. Fünf Studien. Essen: Neue Deutsche Schule 1981 (= neue pädagogische Bemühungen. 87).

HENSELER, Heinz: Zur Entwicklung und Regulation des Selbstwertgefühls (Die psychoanalytische Theorie des narzißtischen Systems). In: Psychoanalytische Entwicklungspsychologie. Hrsg.: D.Ohlmeier. Freiburg:Rombach 1973. S.51-68.
HENTIG, Hartmut v.: Kinder unter uns. In: H.v.Hentig: Die entmutigte Republik. Politische Aufsätze. München: Kindler 1980.
HENTIG, Hartmut v.: Vorwort. In: Ariés, Ph.: Geschichte der Kindheit. 3.Aufl. München: Hanser 1976. S.7-44.
HEUER, Gerhild: Selbstmord bei Kindern und Jugendlichen. Ein Beitrag zur Suizidprophylaxe aus pädagogischer Sicht. Stuttgart: Klett-Cotta 1979.
HILD, Helmut (Hrsg.): Wie stabil ist die Kirche? Bestand und Erneuerung. Ergebnisse einer Meinungsbefragung. Gelnhausen: Burckardthaus Vlg. 1974.
HINTE, Wolfgang: Non-direktive Pädagogik - theoretische Ansätze und Handlungskonzept einer alternativen Weiterbildung. Dissertation. Gesamthochschule Essen. 1978.
HÖNIGSWALD, Richard: Über die Grundlagen der Pädagogik. Ein Beitrag zur Frage des Pädagogischen Universitäts-Unterrichts. 2.umgearb.Aufl. München: E.Reinhardt 1927.
HOEPPEL, Rotraut: Perspektiven der erziehungswissenschaftlichen Erschließung autobiographischer Materialien. Autobiographien als kommunikativ-pragmatische Formen der Selbstreflexion. In: Zeitschrift für Pädagogik, Weinheim, 18.Beiheft (Beiträge zum 8.Kongreß der Deutschen Gesellschaft für Erziehungswissenschaft). Weinheim 1983. S.307-312.
HOERNING, Erika: Biographische Methode in der Sozialforschung. In: Das Argument, Berlin, 22 (1980) 5, S.677-687.
HOFFMANN-RIEM, Christa: Die Sozialforschung einer interpretativen Soziologie. Der Datengewinn. In: Kölner Zeitschrift für Soziologie und Sozialpsychologie, Opladen, 32 (1980) S.339-372.
HOFFMANNSTHAL, Linda: Der garstige Schüler. In: Westermanns Pädagogische Beiträge, Braunschweig, 35 (1983) 11, S.556-560.
HONIG, Michael-Sebastian: Verhäuslichte Gewalt: sozialer Konflikt, wissenschaftliche Konstrukte, Alltagswissen, Handlungssituationen. Eine Explorativstudie über Gewalthandeln von Familien. Frankfurt: 1986.
HOPF,Christel; Weingarten,Elmar (Hrsg.): Qualitative Sozialforschung. Stuttgart: Klett 1979.
HOPF,Christel: Qualitative Sozialforschung. Stuttgart: Klett-Cotta 1984.
HURRELMANN, Klaus: "Anspruch auf die Lebensphase Kindheit". Referat für den Deutschen Kinderschutztag am 9.Juni 1989. Unveröff.Mskr.
JACOBS,Bernhard;Strittmatter,Peter: Der schulängstliche Schüler. München: 1979
JEHLE, Frank: Augen für das Unsichtbare. Grundfragen und Ziele religiöser Erziehung. Zürich: Benziger 1981.
JENTSCH, Werner: Geleit im Unterricht. In: Wege zum Menschen, Göttingen 19 (1967) 2, S.268-289.
JENTSCH, Werner: Handbuch der Jugendseelsorge. Teil II: Theologie der Jugendseelsorge. Gütersloh: Mohn 1963.
JÖRG, Sabine: Per Knopfdruck durch die Kindheit. Die Technik betrügt unsere Kinder. Weinheim: Quadriga 1987.
JOEST, Wilfried: Thesen zur Problematik der Vermittlung in der Theologie. In: Das Wort, das weiterwirkt. Aufsätze zur

Praktischen Theologie in memoriam Kurt Frör. Hrsg.: D.Stollberg u.R.Riess. München: Kaiser 1981. S.108-121.
JOHANSEN, Erna M: Betrogene Kinder. Eine Sozialgeschichte der Kindheit. Frankfurt: Fischer 1978.
JOSUTTIS, MANFRED:
JÜNGEL, Eberhard: Metaphorische Wahrheit. In: P.Ricoeur-E.Jüngel: Metapher. Zur Hermeneutik religiöser Sprache. München: Kaiser 1974 (=Sonderheft der Zeitschrift Ev.Theologie).
JÜNGEL, Eberhard: Der Gott entsprechende Mensch. In: E.Jüngel:Entsprechungen. Gott - Wahrheit - Mensch. Tübingen: Mohr 1980.
JÜRGENS, Hans W.;Pohl,Katharina: Kinderzahl - Wunsch und Wirklichkeit. Stuttgart: Deutsche Verlags Anstalt 1975.
KABISCH, Richard: Wie lehren wir Religion? Versuch einer Methodik des evangelischen Religionsunterrichts für alle Schulen auf psychologischer Grundlage. 2.Aufl. Göttingen: Vandenhoeck u.Ruprecht 1912.
KÄMPFER, Horst: Antipädagogik: Ein Schritt. In: Theorie und Praxis der Sozialpädagogik, Bielefeld,91 (1983),5, S.237-240.
KAKO, Karl A.: Antipädagogik: Ein Weg. In: Theorie und Praxis der Sozialpädagogik, Bielefeld, 91(1983), 5,S.235-236.
KASCHNITZ, Marie Luise: Das Haus der Kindheit. Frankfurt a.Main: Fischer 1985.
KASPAR, Franz: Religionsunterricht mit und für Sonderschüler. In: Religionsunterricht an Sonderschulen. Konzeptionen und Modelle für die Praxis. Hrsg. F.Kaspar. München: J.Pfeiffer 1974. S.5-13.
KASSEL, Maria: Tiefenpsychologische Anmerkungen zur Persönlichkeit des Religionslehrers. In: Religionslehrer-Person und Beruf. Erfahrungen und Informationen, Modelle und Materialien. Hrsg.: H.-G.Heimbrock. Göttingen: Vandenhoeck u.Ruprecht 1982. S.133-159.
KAUFMANN, Hans Bernhard: Thesen zum thematisch-problemorientierten Unterricht. In: Streit um den problemorientierten Religionsunterricht. Hrsg.: H. B.Kaufmann. Frankfurt: Diesterweg 1973. S.36-39
KAUFMANN, Franz Xaver: Kinder als Außenseiter der Gesellschaft. In: Merkur. Deutsche Zeitschrift für europäisches Denken, Stuttgart, 34 (1980), 8, S.761-771.
KAZEMI-VEISARI, Erika: Zur gesellschaftlichen und pädagogischen Funktion von Spielwaren in der Gegenwart. Eine Analyse ihres wesentlichen Beitrages zur Entfremdung in der Kindheit und zur Problematik in der Institution Kindergarten, Frankfurt: Haag u.Herchen 1987.
KELLMER-PRINGLE, Mia: Was Kinder brauchen. Stuttgart: Kohlhammer 1979.
KEMPE, Ruth,S.; Kempe, C.Henry: Kindesmißhandlung. Frankfurt: Ullstein 1984.
KEUPP, Heinrich (Hrsg.): Normalität und Abweichung. Fortsetzung einer notwendigen Kontroverse. München: Urban & Schwarzenberg 1979 (=Fortschritte der klinischen Psychologie Bd.17)
KINTER,J.;Kock,M.;Thiele,D.: Spuren suchen. Leitfaden zur Erkundung der eigenen Geschichte. Reinbek b.Hamb.: Rowohlt 1985.
KIPPHARDT, Heinar: März. Königstein/ Ts.: Athenäum 1974.
KLAFKI, Wolfgang: Ziele zeitgemäßer Grundschulpädagogik. In: Grundschule, Braunschweig, 21 (1989) 2,S.25-29.

KLESSMANN, Michael: Identität und Glaube. Zum Verhältnis von psychischer Struktur und Glaube. München: Kaiser 1980.

KLEINING, Gerhard: Umriß zu einer Methodologie qualitativer Sozialforschung. In: Kölner Zeitschrift für Soziologie und Sozialpsychologie, Opladen, 34 (1982) S.224-253.

KMIECZIAK, Peter: Wertstrukturen und Wertwandel in der Bundesrepublik Deutschland. Göttingen: Vlg Otto Schwartz 1976.

KOHLHAMMER, Michael; Mai,Manfred (Hrsg.): Das Land der Kinder mit der Seele suchen. Beziehung statt Erziehung. Stuttgart: Kreuz 1984.

KOHLI, Martin: Wie es zur "biographischen Methode" kam und was daraus geworden ist. Ein Kapitel aus der Geschichte der Sozialforschung. In: Zeitschrift für Soziologie, Stuttgart, 10 (1981), 3, S.273-293.

KOLLMANN, Roland: "Verhaltensstörungen" im Unterricht. In: Katechetische Blätter, München, 108 (1983), S.180-193.

KONTOS,Silvia;Walser,Karin: ...weil nur zählt, was Geld einbringt. Probleme der Hausfrauenarbeit. Gelnhausen: Burckardthaus-Lätare 1979.

KONUKIEWITZ, Wolfgang: Religionslehrer. In: Kristische Stichwörter zum Religionsunterricht. Hrsg.: J.Glötzner. München: Fink 1981. S.255-264.

KORCZAK, Janos: Das Recht des Kindes auf Achtung. Hrsg.: E.Heimpel u.H.Roos. Göttingen: Vandenhoeck u.Ruprecht 1970.

KOS-ROBES, Martas; Reinelt,Toni: Zum Schülerselbstmord. In: Kinder im Schulstreß. Hrsg.: G.Biermann. München: Reinhardt 1977. S.110-119.

KRANZ, Walter: Kindesmißhandlung: Die Abhängigkeit der Daten von Standpunkt und Zielen des Betrachters. In: Familiendynamik, Stuttgart, 4 (1979) 4, S.362-375.

KRATZ,Bettina: Erfahrungsbericht einer Fachleiterin über die zweite Ausbildungsphase von Religionslehrern an Gymnasien. In. Der Evangelische Erzieher, Frankfurt, 35 (1983) S.375-379.

KREPPNER, Kurt: Sozialisation in der Familie. In: Handbuch der Sozialisationsforschung. Hrsg.: K.Hurrelmann; D.Ulich. Weinheim: Beltz 1980. S.396-422.

KRIZ, Jürgen: Methodenkritik empirischer Sozialforschung. Eine Problemanalyse sozialwissenschaftlicher Forschungspraxis. Stuttgart: Teubner 1981.

KUNSTMANN, Wilfried: Jeden Tag zwei Stunden vor der Glotze. Kinder und Bildschirmmedien. In: Kindsein ist kein Kinderspiel. Hrsg. F.Hagedorn. Frankfurt: Fischer 1987. S.124-151.

KUPFFER, Heinrich: Antipsychiatrie und Antipädagogik. Erziehungsprobleme in der 'totalen Institution". In: Die Deutsche Schule 66 (1974), S.591 ff.

KUPFFER, Heinrich: Das Kind in der öffentlichen Erziehung. In: Die Gleichberechtigung des Kindes. Hrsg.: E.v.Braunmühl. Frankf.a.M.: Fischer 1976. S.111-169.

KUPHAL, Armin: Abschied von der Kirche: Traditionsabbruch in der Volkskirche. Gelnhausen. Burckardthaus-Lätare 1979.

KURY, Helmut: Erziehungsstil und Aggression bei straffälligen Jugendlichen. In: Familiäre Sozialisation und Intervention. Hrsg.: H.Lukesch u.a. Bern: Vlg. Hans Huber 1980. S.337-351.

KURY, Helmut;Bäuerle, Siegfried: Perzipierter elterlicher Erziehungsstil und Angst bei Schülern. In: Familiäre

Sozialisation und Intervention. Hrsg. H.Lukesch u.a. Bern: Vlg Hans Huber 1980. S.307-322.
LAING, Ronald D.: Gespräche mit meinen Kindern. Köln: Kiepenheuer u.Witsch 1978.
LAING, Ronald D.; Esterson,A.: Wahnsinn und Familie. Familien von Schizophrenen. Köln: 1975.
LANGEVELD, Martinus J., Die Schule als Weg des Kindes. Braunschweig: Westermann 1960.
LEBER, Aloys: Rückzug oder Rache. Überlegungen zu unterschiedlichen milieuabhängigen Folgen früher Kränkung und Wut. In: Reproduktion der frühen Erfahrung. Psychoanalytisches Verständnis alltäglicher und nicht alltäglicher Lebenssituationen. Hrsg.: A.Leber u.a. Frankfurt a.Main: Fachbuchhandlung f.Psychologie 1983. S.118-130. (=Psychoanalytische Reflexion und therapeutische Verfahren in der Pädagogik; Bd.8).
LEBER, Aloys: Frühe Erfahrung und späteres Leben. In: Reproduktion der frühen Erfahrung. S.o. S.11-28.
LEIST, Marielene: Kein Glaube ohne Erfahrung. Notizen zur religiösen Erziehung des Kindes. 3.Aufl. Butzon u.Bercker 1982.
LENZEN, Dieter (Hrsg.): Pädagogik und Alltag. Stuttgart: Klett-Cotta 1980.
LEUENBERGER, Robert: Kirchlicher Dienst an der Schule. Schulseelsorge. In: Handbuch der Religionspädagogik. Bd 1: Religiöse Bildung und Erziehung: Theorie und Faktoren. Hrsg.: E.Feifel u.a. Gütersloh: Mohn 1973. S.383-387.
LIDZ,Theodore, Familie und psychosoziale Entwicklung. Frankfurt: Fischer 1971.
LIPPITZ,Wilfried;Rittelmeyer, Christian: Phänomene des Kinderlebens. Beispiele und methodische Probleme einer pädagogischen Phänomenologie. Bad Heilbrunn/Obb. 1989.
LOCH,Werner: Lebenslauf und Erziehung. Essen: Neue deutsche Schule 1979.
LOCH, Werner: Die Verleugnung des Kindes in der Evangelischen Pädagogik. Essen: Neue deutsche Schule 1964.
LOHFF, Wenzel: Rechtfertigung neu verstanden. In: Evangelische Kommentare, Stuttgart, 6(1973), 12, S.752-754.
LORENZER, Alfred: Die Analyse der subjektiven Struktur von Lebensläufen und das gesellschaftlich Objektive. In: Aus Geschichten lernen. Hrsg.: D.Baacke; Th.Schulze. München: Juventa 1979. S.129-145.
LORENZER, Alfred: Möglichkeiten qualitativer Inhaltsanalyse: Tiefenhermeneutische Interpretation zwischen Ideologiekritik und Psychoanalyse. In: Das Argument, Berlin, 23 (1981) 2, S.170-180.
LOTT, Jürgen: Erinnerte Lebensgeschichten. Zur Thematisierung von Erfahrungen mit Religion in der kirchlichen Erwachsenenbildung. In: Theologia practica, München, 21(1986) 1, S.33-49.
LUBRICH, Sabine: Der Schülerselbstmord in der deutschsprachigen Literatur in differential-diagnostischer und psychoanalytischer Sicht. Regensburg: Roderer 1985.
LÜHRMANN, Dieter: Jesus: Geschichte und Erinnerung. In: Concilium, Einsiedeln, 10 (1974) 3, S.175-181.
LÜSCHER, Kurt: Ökologie und menschliche Entwicklung in soziologischer Sicht. Elemente einer pragmatisch-ökologischen Sozialisationsforschung. In: Umweltbedingungen familialer Sozialisation. Beiträge zur sozialökologischen Sozialisationsforschung. Hrsg.: L.Vaskovics. Stuttgart: Enke 1982. S.73-95.

LÜSCHER, Kurt: Perspektiven einer Soziologie der Sozialisation - Die Entwicklung der Rolle des Kindes. In: Zeitschrift für Soziologie, Stuttgart, 4 (1975), S.359-379.
LÜSCHER, Kurt; Nave-Herz,Regina: Zur Einführung: Familienalltag. In: Zeitschrift für Sozialisationsforschung und Erziehungssoziologie, Weinheim, 2 (1982) 2, S.161-166.
LÜSCHER, Kurt: Das Kind in der Gesellschaft. In: Frühe Kindheit. Hrsg.: A.Niegl. Wien: Forum St.Stephan 1985 S.19-30.
LUKESCH,Helmut, Erziehungsstil. In: Theorien und Grundbegriffe der Erziehung und Bildung. Enzyklopädie Erziehungsiwssenschaft. Bd.1. Hrsg.: D.Lenzen; Kl.Mollenhauer. Stuttgart: Klett-Cotta 1983, S.403-405.
LUSSEYRAND, Jacques: Das wiedergefundene Licht. Stuttgart: Kreuz 1973.
MAHRHOLZ, Werner: Deutsche Selbstbekenntnisse. Ein Beitrag zur Geschichte der Selbstbiographie von der Mystik bis zum Pietismus. Berlin: 1919.
MANGOLD,Burkart; Seidel,Josef: Der Suizidversuch als kinderpsychiatrischer Notfall. In: Praxis Kinderpsychologie und Kinderpsychiatrie 23 (1974) S.233-240.
MAURER, Friedrich: Lebensgeschichte und Identität. Frankfurt a.Main: Fischer 1981.
MAYNTZ, Renate; Holm,Kurt; Hübner, Peter: Einführung in die Methoden der empirischen Soziologie. 3.Aufl. Opladen: Westdeutscher Vlg. 1972.
METTE, Norbert: Voraussetzungen christlicher Elementarerziehung: Vorbereitende Studien zu einer Religionspädagogik des Kleinkindalters. Düsseldorf: Patmos 1983.
METZ, Johann Baptist: Glaube in Geschichte und Gesellschaft. Mainz: Grünewald 1977.
MEUELER, Erhard: Die Lebenswirklichkeit als auszulegender Text. Einige Anmerkungen zu Evangelischer Erwachsenenbildung. In: Der Evangelische Erzieher, Frankfurt, 39 (1978) 3, S.253-268.
MEVES, Christa: Verhaltensstörungen bei Kindern. München: Piper 1971.
MIETH, Dietmar: Die Bedeutung der menschlichen Lebenserfahrung. In: Concilium, Einsiedeln, 12 (1976) 12, S.623-633.
MIETH, Dietmar: Was ist Erfahrung? In: Zugänge zur religiösen Erfahrung. Hrsg. O.Betz. Düsseldorf: Patmos 1980. S.9-25.
MILLER, Alice: Das Drama des begabten Kindes und die Suche nach dem wahren Selbst. Frankfurt a.Main: Suhrkamp 1979.
MILLER, Alice: Am Anfang war Erziehung. Frankfurt a. Main: Suhrkamp 1980.
MILLER, Alice: Du sollst nicht merken. Variationen über das Paradies-Thema. Frankfurt a.Main: Suhrkamp 1981.
MILLER, Alice: Das verbannte Wissen. Frankfurt a Main: Suhrkamp 1988
MILLER, Alice: Zwölf Punkte aus 'Bilder einer Kindheit'. In: UN-ge-Hört. Tägliche Kindsmißhandlungen. Hrsg.: A.Stettbacher. Bern: Zytglogge 1987. S.9-12.
MISSILDINE, W.Hugh: In dir lebt das Kind, das du warst. Vorschläge zur Bewältigung des Alltags. 5.Aufl. Stuttgart: Klett-Cotta 1986.
MÖBIUS, Monica: Wir sind die Autoren unserer eigenen Geschichte. In: Psychologie heute, Weinheim, 13 (1986) 2, S.28-33.

MOLLENHAUER, Klaus: Theorien zum Erziehungsprozeß. Zur Einführung in erziehungswissenschaftliche Fragstellungen. München: Juventa 1972.
MOLLENHAUER, Klaus: Vergessene Zusammenhänge. Über Kultur und Erziehung. München: Juventa 1983.
MOLLENHAUER, Klaus: Familie-Familienerziehung. In: Theorien und Grundbegriffe der Erziehung und Bildung. Enzyklopädie Erziehungswissenschaft. Hrsg.: D.Lenzen; K.Mollenhauer. Bd.1. Stuttgart: Klett-Cotta 1983. S.412-419.
MOLLENHAUER,Klaus;Brumlik,Micha;Wudtke,Hubert: Die Familienerziehung. München: Juventa 1975.
MOLLENHAUER, Klaus; Rittelmeyer, Christian: Methoden der Erziehungswissenschaft. München: Juventa 1977. (= Grundfragen der Erziehungswissenschaft; 3)
MOOR, Paul: Heilpädagogik. Ein pädagogisches Lehrbuch. Bern: Vlg. Hans Huber 1965.
MORGENROTH, Hannelore: Den Brunnen aufschließen. Selbsterfahrungen mit biblischen Geschichten. München: Kösel 1989.
MRESCHAR, Renate I.(Hrsg.): Erzieher und Erzogene: Schüler, Lehrer, Eltern im Blickpunkt d. Forschung. Bonn: Verlag Deutscher Forschungsdienst 1985.
MÜHLBAUER, K.R.: "Wer nicht hören will, muß fühlen." Anmerkungen zu einem fragwürdigen Erziehungsgrundsatz. In: Der Mensch und seine Gefühle. Hrsg.: V.Schubert. St.Ottilien 1985. S.213-261.
MÜHLFELD, Claus u.a.: Auswertungsprobleme offener Interviews. In: Soziale Welt, Göttingen, 32 (1981) 3, S.325-352.
MÜLLER, Helmuth: Suizid bei Kindern und Jugendlichen. In: Therapie der Gegenwart 114 (1975) S.1055-1068.
MUSCHG, Adolf: Literatur als Therapie? Ein Exkurs über das Heilsame und das Unheilbare. Frankfurter Vorlesungen. Frankfurt a. Main: Suhrkamp 1981.
NAVE-HERZ, Regina: Familiale Veränderungen in der Bundesrepublik Deutschland seit 1950. In: Zeitschrift für Sozialisation und Erziehungssoziologie, Weinheim, 4 (1984) 1, S.45-63.
NEIDHARDT, Friedhelm: Strukturbedingungen und Probleme familialer Sozialisation. In: Familiensoziologie. Ein Reader als Einführung. Hrsg.: D.Claessens; P.Milhoffer. 5.veränd.Aufl. Königstein/Ts.: Athenäum 1980.
NEIDHART, Walter: Religion und Biographie im Religionsunterricht. In: Religion und Biographie. Perspektiven zur gelebten Religion. Hrsg.: A.Grözinger; H.Luther. München: Kaiser 1987. S.310-321.
NEUENZEIT, Paul: Ziel Gottes ist der Mensch. Zur Begründung zielgerichteten Handelns im Religionsunterricht. In: Katechetische Blätter, München, 108 (1983), S.809-819.
NEUMANN, Bernd: Identität und Rollenzwang. Zur Theorie der Autobiographie. Frankfurt a.Main: Athenäum 1970.
NEUMANN, Bernd: Die Wiedergeburt des Erzählens aus dem Geist der Autobiographie? Einige Anmerkungen zum neuen autobiographischen Roman am Beispiel von Hermann Kinders Der Schleiftrog und Bernward Vespers Die Reise. In: Basis. Jahrbuch für deutsche Gegenwartsliteratur, 9 (1979). Hrsg.: R,Grimm; J.Hermand. Frankfurt a.Main: Suhrkamp 1979. S.91-121.
NICKLAS, Hans; Ostermann, Anne: "Opfer" und "Täter" familiärer Gewalt. Problemstellung und Stand der Forschung. In: Wenn Liebe zuschlägt. Gewalt in der Familie. Hrsg.: Chr.Büttner. München: Kösel 1984. S.13-40.

NIGGL, Günther: Geschichte der deutschen Autobiographie im 18.Jahrhundert. Theoretische Grundlegung und literarische Entfaltung. Stuttgart: Metzler 1977.

NIPKOW, Karl Ernst: Erziehung und Unterricht als Erschließung von Sinn. In: Der Evangelische Erzieher, Frankfurt, 29 (1977) S.398ff.

NIPKOW, Karl Ernst: Elementarisierung biblischer Inhalte. Zum Zusammenspiel theologischer, anthropologischer und entwicklungspsychologischer Perspektiven in der Religionspädagogik. In: Bibel und Elementarisierung. Hrsg. I.Baldermann; K.E.Nipkow; H.Stock. Frankfurt: Haag u.Herchen 1979. S.35-73. (=Religionspädagogik heute; 1).

NIPKOW, Karl Ernst: Grundfragen der Religionspädagogik.3 Bände. Gütersloh: Mohn 1982.

NIPKOW, Karl Ernst: Lebensgeschichte und religiöse Lebenslinie. Zur Bedeutung der Dimension des Lebenslaufs in der Praktischen Theologie und Religionspädagogik. In: Jahrbuch der Religionspädagogik. Bd 3. Hrsg. P.Biehl u.a.. Neukirchen-Vluyn: Neukirchener 1987. S.3-35.

NIPKOW, Karl Ernst: Erwachsenwerden ohne Gott? Gotteserfahrung im Lebenslauf. München: Kaiser 1987 (=Kaiser Traktate N.F.;6).

NISSEN, Gerhardt: Psychische Störungen im Kindes- und Jugendalter. Ein Grundriß der Kinder- und Jugendpsychiatrie. 2.Aufl. Berlin: de Gruyter 1986.

OELKERS, Jürgen: Subjektivität, Autobiographie und Erziehung. In: Zeitschrift für Pädagogik, Weinheim 33 (1987), S.325-334.

OELKERS,Jürgen; Lehmann,Thomas: Antipädagogik: Herausforderung und Kritik. Braunschweig: Westermann 1983.

OEVERMANN, Ulrich: Zur Logik der Interpretation von Interviewtexten. Fallanalyse anhand eines Interviews mit einer Fernstudentin. In: Interpretation einer Bildungsgeschichte. Hrsg.: Th.Heinze. Bensheim: päd.extra-Buchvlg. 1980. S.15-70.

OPP, Karl D.: Methodologie der Sozialwissenschaften. Einführung in Probleme ihrer Theorienbildung. Reinbek b.Hamb.: Rowohlt 1970.

OSTNER, Ilona: Berufsform und berufliche Sozialisation von Frauen. In: Subjektorientierte Arbeits- und Berufssoziologie. Hrsg.: K.Bolte; E.Treutner. Frankfurt a.Main: Campus 1983. S.110-140.

OSTNER,Ilona;Pieper,Barbara: Problemstruktur Familie - oder: Über die Schwierigkeit in und mit Familie zu leben. In: Arbeitsbereich Familie. Umrisse einer Theorie der Privatheit. Hrsg.:I.Ostner; B.Pieper. Frankfurt: Campus 1980. S.96-170.

OTTO, Gert: Religionsunterricht. In: Praktisch-Theologisches Handbuch. Hrsg.: G.Otto. 2.überarb. u.erg. Aufl. Hamburg: Furche 1975. S.515-525.

OTTO, Gert: Jugend und Kirche. Einige Aspekte eines aufschlußreichen Verhältnisses. In: Jugend in der Kirche zur Sprache bringen. Hrsg.: R.Hanusch; G.Lämmermann. München: Kaiser 1987. S.335-353.

PARMENTIER, Michael: Der hilfreiche Passant. In: Phänomene des Kinderlebens. Beispiele und methodische Probleme einer pädagogischen Phänomenologie. Hrsg.: W.Lippitz; Chr.Rittelmeyer. Bad Heibrunn/Obb.: Klinkhardt 1989. S.127-136.

PASCAL, Roy: Die Autobiographie. Gehalt und Gestalt. Stuttgart: Kohlhammer 1965.

PERNHAUPT, Günter; Czermak, Hans: Die gesunde Ohrfeige macht krank. Über die alltägliche Gewalt im Umgang mit Kindern. Wien: ORAC 1980.
PETILLON, Hanns: Der unbeliebte Schüler. Braunschweig: Westermann 1978.
PETILLON, Hanns: Soziale Beziehungen zwischen Lehrern, Schülern und Schülergruppen. Überlegungen und Untersuchungen zu Aspekten der sozialen Interaktion in vierten Grundschulklassen. Weinheim: Beltz 1982.
PETRI,Horst; Lauterbach,Matthias: Gewalt in der Erziehung. Plädoyer zur Abschaffung der Prügelstrafe. Frankfurt: Fischer 1975.
PFEIL, Elisabeth: Die Berufstätigkeit von Müttern. Eine empirisch-soziologische Erhebung an 900 Müttern aus vollständigen Familien. Tübingen: Mohr 1961.
PIEPER, Barbara: Kinderspiel im Wohnbereich: Ein "vorprogrammierter Konflikt". In: Arbeitsbereich Familie. Umrisse einer Theorie der Privatheit. Hrsg.: I.Ostner; B.Pieper. Frankfurt: Campus 1980. S.208-234.
PIEPER, Barbara: Subjektorientierung als Forschungsverfahren - vorgestellt am Beispiel häuslicher Arbeit. In: Subjektorientierte Arbeits- und Berufssoziologie. Hrsg.: K.Bolte; E.Treutner. Frankfurt a.Main: Campus 1983. S.294-323
POSTMAN, Neil: Das Verschwinden der Kindheit. Frankfurt: Fischer 1983.
POSTMAN, Neil: Wir amüsieren uns zu Tode. Frankfurt: Fischer 1985.
PRAWDZIK, Werner: Der Religionsunterricht im Urteil der Hauptschüler. Eine empirische Untersuchung auf der 9.Klasse Hauptschule in München. Zürich: Benziger 1973.
PREUL, Reiner: Religion - Bildung - Sozialisation. Studien zur Grundlegung einer religionspädagogischen Bildungstheorie. Gütersloh: Mohn 1980.
PRINGLE, Mia Kellmer: Was Kinder brauchen. Stuttgart: Klett-Cotta 1979.
RABE-KLEBERG, Ursula; Zeiher,Helga: Kindheit und Zeit. Über das Eindringen moderner Zeitorganisation in die Lebensbedingungen von Kindern, in: Zeitschrift für Sozialisationsforschung und Erziehungssoziologie, Weinheim, 4 (1984) 1, S.29-43.
RASKE, Michael: Rollenkonflikte des Religionslehrers. In: Katechetische Blätter, München, 103 (1978), S.110-124.
RECHTFERTIGUNG im neuzeitlichen Lebenszusammenhang. Studien zur Neuinterpretation der Rechtfertigungslehre im Auftrag des Theologischen Ausschusses der Vereinigten Ev.-Luth. Kirche Deutschlands. Hrsg.: W.Lohff. Gütersloh: Mohn 1974
REDL, Fritz; Winemann,David: Kinder, die hassen. Freiburg: Piper 1970.
REENTS, Christine: Kritisch-produktives Denken im Religionsunterricht. Modelle für die Klassen 3-6. Gütersloh: Mohn 1974.
REENTS, Christine: Religionsunterricht im 1.Schuljahr. Stuttgart: Kohlhammer 1985.(=Religionsunterricht in der Grundschule).
REISER, Horst: Identität und religiöse Einstellung. Hamburg: Furche 1972.
REISER, Horst; Trescher, Hans Georg (Hrsg.): Wer braucht Erziehung? Impulse der Psychoanalytischen Pädagogik. 2.Aufl. Mainz: Grünewald 1987.

REMPLEIN, Heinz: Die seelische Entwicklung des Menschen im Kindes- und Jugendalter: Grundlagen, Erkenntnisse und pädagogische Folgerungen der Kinder- und Jugendpsychologie. 14.umgearb.Aufl. München: Reinhardt 1966.
RERRICH, Maria: Veränderte Elternschaft. Entwicklungen in der familialen Arbeit mit Kindern seit 1950. In: Soziale Welt, Göttingen, 34 (1983) 4, S.420-449.
RICHTER, Horst Eberhard: Patient Familie. Reinbek b.Hamb.: Rowohlt 1970.
RICHTER, Horst Eberhard: Die Rolle des Familienlebens in der kindlichen Entwicklung. In: Familiendynamik, Stuttgart, 1 (1976) 1, S.5-24.
RICHTER, Horst Eberhard: Der Gotteskomplex. Reinbek b. Hamb: Rowohlt 1979.
RIESS, Richard: Zur Seelsorge an Schülern. In: Perspektiven der Pastoralpsychologie. Hrsg.: R.Riess. Göttingen: Vandenhoeck u.Ruprecht. S.167-187.
RITTER, Werner H.: Erfahrung. Plädoyer für einen anderen 'Stil' theologischen Denkens und Redens. In: Theologia Practica. München: 20 (1985) 4, S.339-349.
RÖSSLER, Dietrich: Grundriß der Praktischen Theologie. Berlin: de Gruyter 1986.
ROGERS, Carl: Die klientenbezogene Gesprächspsychotherapie. München: Kindler 1973.
ROGERS, Carl: Die Entwicklung der Persönlichkeit. Stuttgart: Klett-Cotta 1973.
ROGERS, Carl: Die Kraft des Guten. Ein Apell zur Selbstverwirklichung. 2.Aufl. München: Kindler 1978.
ROLFF, Hans Günter; Zimmermann, Peter: Kindheit im Wandel. Eine Einführung in die Sozialisation im Kindesalter. Weinheim: Beltz 1985.
ROSENBAUM, Heidi: Familie als Gegenstruktur zur Gesellschaft. Kritik grundlegender theoretischer Ansätze der westdeutschen Familiensoziologie. 2.überarb.Aufl. Stuttgart: Enke 1978
ROSENSTIEL,Lutz u.a.: Lust auf Kinder? Höchstens eins..In: Psychologie heute, Weinheim, 11 (1984) 5, S.20-31.
RÜLCKER, Tobias: Familienbedingungen heutiger Kindheit. In: Die Grundschule, Braunschweig, 21 (1989) 5, S.16-19.
RUMPF, Horst: Die künstliche Schule und das wirkliche Lernen. Über verschüttete Züge im Menschenlernen. München: Ehrenwirth 1986.
RUPP, Klaus Jürgen: Familiensoziologie und Familientherapie. Möglichkeiten einer Integration der psychoanalytisch orientierten Familientherapie in eine kritische Familiensoziologie. Frankfurt a.Main: Campus 1974.
RUTSCHKY, Katharina (Hrsg.): Schwarze Pädagogik. Quellen zur Naturgeschichte der bürgerlichen Erziehung, Frankfurt: Suhrkamp 1977.
SALZMANN, Madeleine: Die Kommunikationsstruktur der Autobiographie. Bern: Peter Lnag 1988 (=Züricher germanistische Studien,11).
SARTRE, Jean Paul: Die Wörter. Reinbek b. Hamb.: Rowohlt 1965.
SASS, Hans-Werner: Links von sich selbst. Probleme mit der Emanzipation. (Ein selbstkritisches Vorwort). In: Antiautoritäre Erziehung oder die Erziehung der Erzieher. Hrsg.: H.W.Sass. Stuttgart: Metzler 1972. S.1-32.
SATIR, Virginia: Selbstwert und Kommunikation. Familientherapie für Berater und zur Selbsthilfe. 4.Aufl. München: Pfeiffer 1980.

SAUTER, Gerhard: Zur theologischen Revision religionspädagogischer Theorien. In: Evangelische Theologie, München 46 (1986), 2, S.127-148.
SCHÄFER, Rolf: Der Evangelische Glaube. Tübingen: Mohr 1973.
SCHARFENBERG, Joachim: Einige Probleme religiöser Sozialisation im Lichte neuerer Psychoanalyse.In: Wege zum Menschen, Göttingen, 26 (1974) 5, S.343-351.
SCHARFENBERG, Joachim: Religionspädagogik und Gruppendynamik. In: Die Gruppe als Weg. Hrsg.: O.Betz; F.Kaspar. München J.Pfeiffer 1973. S.221-241.
SCHARFFENORTH, Gerta: Einführung. In: E.Schuchardt: Warum gerade ich? Behinderung und Glaube. Gelnhausen: Burckhardthaus-Lätare. S.7-9.
SCHECK, Rafael: Aspekte deutscher Kindheit: 1740-1820. Die Autobiographie als Quelle für die Geschichte der Kindheit. In: Gefördert und mißhandelt. Kinderleben zwischen 1740 und heute. Hrsg.: Chr. Büttner; A.Ende. Weinheim: Beltz 1987. S.11-35. (=Reihe Pädagogik).
SCHIBILSKY, Michael: Religiöse Erfahrung in der Subkultur. In: Zugänge zu religiöser Erfahrung. Hrsg.: O.Betz. Düsseldorf: Patmos 1980. S.80-111.
SCHIBILSKY, Michael: Trauerwege. Beratung für helfende Berufe. Düsseldorf: Patmos 1989.
SCHIEK, Gudrun: Rückeroberung der Subjektivität: der selbstreflexive Ansatz in der Ausbildung von Sozialwissenschaftlern. Frankfurt: Campus 1982.
SCHILLEBEECKX, Edward: Jesus. 3.Aufl. Freiburg: Herder 1975.
SCHILLING, Klaus: Didaktische Entwürfe der Sonderpädagogik - Konsequenzen für die Religionspädagogik. In: Katechetische Blätter, München, 104 (1979), S.380-387
SCHMALKALDISCHE Artikel. In: Die Bekenntnisschriften der evangelisch-lutehrischen Kirche. Göttingen: Vandenhoeck u.Ruprecht 1976. S.407-468.
SCHMIDBAUER, Wolfgang: Intimsphäre: Ein Freiraum wird zum Entsorgungspark. In: Familien-Bande: Chancen und Krisen einer Lebensform. Weinheim: Beltz 1986. S. 176-181.(=Psychologie-heute-Sonderband).
SCHMIDT, Günter R.: Die Grundhaltung des Religionslehrers und ihre religionspädagogische Bedeutung. In: Der Evangelische Erzieher, Frankfurt, 35(1983), S.327-337.
SCHMIDTCHEN, Stefan: Kinderpsychotherapie. Grundlagen, Ziele, Methoden. Stuttgart: Kohlhammer 1989.
SCHNEEWIND,Klaus: Auswirkungen von Erziehungsstilen. In: Auswirkungen elterlicher Erziehungsstile. Hrsg.: H.Lukesch. Göttingen: Vlg. f.Psychologie 1975, S.14-27.
SCHNEEWIND, Klaus u.a.: Eltern und Kinder. Umwelteinflüsse auf das familiäre Verhalten. Stuttgart: Kohlhammer 1983.
SCHNEIDER, Michael: Den Kopf verkehrt aufgesetzt oder die melancholische Linke. Aspekte des Kulturzerfalls in den siebziger Jahren. Darmstadt: Luchterhand 1981.
SCHOENEBECK, Hubertus von: Unterstützen statt Erziehen. Die neue Eltern-Kind-Beziehung. München: Kösel 1982.
SCHOENEBECK, Hubertus von: Antipädagogik im Dialog. Weinheim: Beltz 1985.
SCHOENEBECK, Hubertus von: Freundschaft mit Kindern. In: Westermanns Pädagogische Beiträge, Braunschweig, 35 (1983),12,S.540.
SCHOENEBECK, Hubertus von;Flitner Andreas: Ein Dialog über Antipädagogik und Pädagogik, in: Westermanns pädagogische Beiträge, Braunschweig, 35 (1983) 12, S.538-542.

SCHOTTLAENDER, Felix: Biographie und Technik. in: Das Ich und seine Welt. Stuttgart: 1959.
SCHUCHARDT, Erika: Warum gerade ich...? Behinderung und Glaube Pädagogische Schritte mit Betroffenen und Begleitenden. 2.erw.Aufl. Gelnhausen: Burckhardthaus-Lätare 1984. (= Kennzeichen;9).
SCHUCHARDT, Erika: Jede Krise ist ein neuer Anfang. Aus Lebensgeschichten lernen. hrsg. u. eingel. von E.Schuchardt unter Mitarb. v.M.Winkelheide. 2.Aufl. Düsseldorf: Patmos Vlg.1985 (= Eine Veröffentlichung des Comenius-Instituts).
SCHUCHARDT, Erika: Krise als Lernchance. Eine Analyse von Lebensgeschichten. Mit e.Einf.v.H.Siebert. 1.Aufl. Düsseldorf: Patmos Vlg.1985 (=Eine Veröffentlichung des Comenius-Instituts).
SCHUCHARDT, Erika: Innovative Forschung - Beispiel Biographischer Ansatz. In: Zwanzig Jahre Bildungsforschung - zwanzig Jahre Bildungsreform. Hrsg.: F. Edding. Bad Heilbrunn/Obb.: Klinkhardt 1987. S.138-154.
SCHÜLEIN, Johann August: ..."Vater (oder Mutter) sein dagegen sehr." Über strukturelle Veränderungen von Primärkontakten am Beispiel der frühen Eltern-Kind-Beziehungen. In: Soziale Welt,Göttingen, 38 (1987) 4, S.411-436.
SCHULZ, Wolfgang: Offene Fragen beim offenen Unterricht. In: Grundschule, Weinheim, 21 (1989) 2, S.30-37.
SCHULZE,Theodor: Autobiographie und Lebensgeschichte.In: Aus Geschichten lernen. Hrsg.: D.Baacke;Th.Schulze. München: Juventa 1979, S.51-98.
SCHULZE, Theodor: Lebenslauf und Lebensgeschichte. Zwei unterschiedliche Sichtweisen und Gestaltungsprinzipien biographischer Prozesse. In: Pädagogische Biographieforschung. Hrsg.: D.Baacke;Th.Schulze. Weinheim Juventa 1985. S.29-63. (=Beltz Monographien).
SCHULZE, Theodor: Thesen zur wissenschaftlichen Erschließung autobiographischer Quellen für pädagogische Erkenntnis. In: Neue Sammlung, Göttingen, 18 (1978) 4, S.324-332.
SCHULZE, Theodor: Geschichte und Theorie der Schule in Erinnerungen. In: Zeitschrift Pädagogik. Weinheim, 40 (1988),1, S. 8-11.
SCHULZE, Theodor: Auf der Suche nach einer neuen Identität. In Zeitschrift für Pädagogik, 18.Beiheft (Beiträge zum 8.Kongreß der Deutschen Gesellschaft für Erziehungswissenschaften). Weinheim, 1983. S.313-320.
SCHWAB, Sylvia: Autobiographik und Lebenserfahrung. Versuch einer Typologie deutschsprachiger autobiographischer Schriften zwischen 1965-1975. Würzburg 1981.
SCHWEITZER, Friedrich: Lebensgeschichte und Religion. Religiöse Entwicklung und Erziehung im Kindes- und Jugendalter. München: Kaiser 1987.
SCHWEITZER,Rosemarie von;Pross,Helge: Die Familienhaushalte im wirtschaftlichen und sozialen Wandel. Göttingen: Schwartz 1976.
SCHWEITZER, Wolfgang: Der Gekreuzigte - unser Gott heute: Christliche Freiheit im Dienst am Menschen. Frankfurt: 1972.
SECK-AGTHE, Monika;Maiwurm, Bärbel: Neun Monate, München: Frauenbuchverlag 1981.
SEEHAUSEN, Harald: Kinderzeit -Erwachsenenzeit. In: Kindgerechte Arbeitszeitgestaltung. Hrsg.: I.Wehrmann;H.Seehausen. Bremen: Selbstverlag des Diak.Werkes 1989. S.57-88.

SEEHUBER, Dagmar: Probleme der Erwachsenen bei der Kindererziehung (Ein Erfahrungsbericht). In: Antiautoritäre Erziehung oder die Erziehung der Erzieher. Hrsg.: H.W.Sass. Stuttgart: Metzler 1972. S.42-62.
SELVINI-PALAZZOLI, Mara u.a.: Paradoxon und Gegenparadoxon. Ein neues Therapiemodell für die Familie mit schizophrener Störung. Stuttgart: Klett 1977.
SHORTER, Edward: Die Geburt der modernen Familie. Reinbek b.Hamb.: Rowohlt 1977.
SICHTERMANN, Barbara: Leben mit einem Neugeborenen. Frankfurt a.Main: Fischer 1980.
SICHTERMANN, Barbara: Vorsicht Kind. Eine Arbeitsplatzbeschreibung für Mütter, Väter und andere. Berlin: Wagenbach 1982.
SIEBERT, Horst: Lebensgeschichten aus theoretischer Sicht. Einführung zu E.Schuchardt: Krise als Lernchance. S.13-27.
SILBERBERG, Hermann-Josef: Emanzipation - Identität - Erlösung. Schulpolitische, tiefenpsychologische, theologische Aspekte eines religionspädagogischen Grundkonzeptes unter besonderer Berücksichtigung der Zen-Meditation. Dissertation.Bochum 1977.
SILBERBERG, Hermann-Josef: Von Beruf Religionslehrer oder: Die Herausforderung von Identität, Spiritualität und Sachkompetenz. Düsseldorf: Patmos 1982.
SINGER, KURT: Die Übertragung in der wechselseitigen Beziehung zwischen Schüler und Lehrer. Unbewußte Konflikte als Störung des pädagogischen Bezugs. In: Tiefenpsychologie und Pädagogik. Über die emotionalen Grundlagen des Erziehens. Hrsg.: P.M.Pflüger. Stuttgart: Klett-Cotta 1977. S.63-75.
SITUATIONSANSATZ und Religionspädagogik. Hrsg.: Comenius-Institut: Münster 1976. Druck: Ibbenbürener Vereinsdruckerei GmbH. (=Reihe: Förderprogramm für den Kindergarten; 3).
SOEFFNER; Hans Georg: Anmerkungen zu gemeinsamen Standards standardisierter und nicht standardisierter Verfahren in der Sozialforschung. In: Jahrbuch 1985. Fernuniversität Hagen.
SÖLLE, Dorothee: Stellvertretung. Ein Kapitel Theologie nach dem "Tode Gottes". Stuttgart: Kreuz Verlag 1965.
SÖLLE, Dorothee: Realisation. Studien zum Verhältnis von Theologie und Dichtung nach der Aufklärung. Darmstadt: Luchterhand 1973.
SÖLLE, Dorothee: Die Hinreise. Stuttgart: Kreuz 1975.
SÖLLE, Dorothee: Fliegen lernen. Gedichte. Berlin: Fietkau 1979.
SÖLLE, Dorothee: Verrückt nach Licht. Gedichte. Berlin:Fietkau 1984.
SÖLLE, Dorothee: "Das Eis der Seele zu spalten". Theologie und Literatur auf der Suche nach einer neuen Sprache. In: Jahrbuch der Religionspädagogik. Neukirchen-Vluyn: Neukichener 1988. S.3-20.
SOMMER, Gert: Kompetenzerwerb in der Schule als primäre Prävention. In: Gemeindepsychologie. Therapie und Prävention in der sozialen Umwelt. Hrsg.: G.Sommer; H.Ernst. München: Urban u.Schwarzenberg 1977. S.70-98.
STACHEL, Günter: Unterricht über Lebensfragen. Material für den Unterricht im achten bis zehnten Schuljahr. 2.Aufl. Zürich: Benziger 1971.
STACHEL, Günter: Religionsunterricht als offene Frage. In: Handbuch der Religionspädagogik. Bd.1: Religiöse Bildung

und Erziehung: Theorie und Faktoren. Hrsg.: E.Feifel u.a. Gütersloh: Mohn 1973. S.21-32.
STECK, Walter: Die Ausbildung einer pastoraltheologischen Identität im Vikariat. In: Wege zum Menschen, Göttingen, 31 (1979) 4, S. 266-284.
STEFFENSKY, Fulbert: Jugend 1980 - Depressive Heimatlosigkeit. In: Radius 1980, S. 27-32.
STEINERT, Heinz (Hrsg.): Symbolische Interaktion. Arbeiten zu einer reflexiven Soziologie. Stuttgart: Klett 1973 (=Konzepte der Humanwissenschaften).
STETTBACHER, Anne: UN-ge-HÖRT. Tägliche Kindsmißhandlungen. Mit einem Vorwort und zwölf Thesen v. A.Miller. Bern: Zytglogge 1987.
STIERLIN, Helm: Delegation und Familie. Beiträge zum Heidelberger familiendynamischen Konzept. Frankfurt: Suhrkamp 1978.
STIERLIN, Helm: Das Tun des Einen ist das Tun des Anderen. Eine Dynamik menschlicher Beziehungen. 2.Aufl. Frankfurt: Suhrkamp 1978.
STIERLIN, Helm: Von der Psychoanalyse zur Familientherapie: Theorie, Klinik. Stuttgart: Klett 1975.
STIERLIN, Helm: Eltern und Kinder. Das Drama von Trennung und Versöhnung im Jugendalter. Frankfurt: Suhrkamp 1977.
STIERLIN, Helm u.a.: Das erste Familiengespräch. Stuttgart:Klett-Cotta 1977.
STOBER, Bernt: Familie und Kindesmißhandlung. Eine Literaturübersicht. In: Zeitschrift Familiendynamik, Stuttgart, 4 (1979) 4, S.376-388.
STOCK, Hans: Theologische Elementarisierung und Bibel. In: Bibel und Elementarisierung. Hrsg.: I.Baldermann;K.E.Nipkow;H.Stock. Frankfurt: Haag u.Herchen 1979.(= Religionspädagogik heute; 1). S.75-86.
STOLLBERG, Dietrich: Seelsorge praktisch. Göttingen: Vandenhoeck u.Ruprecht 1970.
STOLLBERG, Dietrich: Wahrnehmen und Annehmen. Seelsorge in Theorie und Praxis. Gütersloh: Mohn 1978.
STOLLBERG, Dietrich: Dreiecke oder von der Sozialen Balance im Unterricht. Einführende Bemerkungen und Überlegungen zur themenzentrierten Interaktion (TZI) nach Ruth Cohn. In: Tiefenpsycologie und Pädagogik. Hrsg.: P.M.Pflüger. Stuttgart: Klett 1977. S.194-213.
STOODT, Dieter: Die Praxis der Interaktion. In: Der Evangelische Erzieher, Frankfurt, 23 (1971) 1, S.1-10.
STOODT, Dieter: Religionsunterricht als Interaktion. Düsseldorf: Pro Schule 1975.
Stoodt, Dieter: Unterricht als Therapie? Am Beispiel des sozialisationsbegleitenden Religionsunterricht. In: Tiefenpsychologie und Pädagogik. Über die emotionalen Grundlagen des Erziehens. Hrsg.: P.M.Pflüger. Stuttgart: Klett 1977. S.178-193.
STOODT, Dieter: Der Lehrer im sozialisationsbegleitenden Religionsunterricht. In: Religionslehrer - Person und Beruf. Erfahrungen und Informationen, Modelle und Materialien. Hrsg.: H.-G.Heimbrock. Göttingen: Vandenhoeck u.Ruprecht 1982. S.97-106.
STOODT, Dieter: Sozialisationsbegleitender Religionsunterricht. In: Kritische Stichwörter zum Religionsunterricht. Hrsg.: J.Glötzner. München: Fink 1981. S. 302-308.
STOODT, Dieter: Information und Interaktion im Religionsunterricht. In: Religionsunterricht - wohin? Hrsg.: K.Wegenast. Gütersloh: Mohn 1971. S.293-310.

STURM, Wilhelm: Religionspädagogische Konzeptionen des 20.Jahrhunderts. In: Religionspädagogisches Kompendium. Hrsg. G.Adam; R.Lachmann. Göttingen: Vandenhoeck u.Ruprecht 1984.
SULLIVAN, Harry Stack: Die interpersonale Theorie der Psychiatrie. Frankfurt: Fischer 1983.
SZCZEPANSKI, Jan: Die biographische Methode. In: Handbuch der empirischen Sozialforschung. Hrsg.: R.König. 3.Aufl. Stuttgart: Enke 1962. S. 226-252. (= Band 4: Komplexe Forschungsansätze).
TACKE, Helmut: Glaubenshilfe als Lebenshilfe. Probleme und Chancen heutiger Seelsorge. Neukirchen-Vluyn: Neukirchener 1975.
TAUSCH, Annemarie; Tausch,Reinhard: Erziehungspsychologie. 8.gänzlich neugestaltete Aufl. Göttingen: Vlg. f.Psychologie 1977.
THALMANN, Hans Christian: Verhaltensstörungen im Grundschulalter. Stuttgart: 1971.
THOMAS,Isaac; Znaniecki, Florian: The Polish Peasant in Europe and America. 2.Bände. Neue Ausgabe, New York 1958 (zuerst 1919-21).
TIEDEMANN, Joachim, u.a.: Sozial-emotionales Schülerverhalten und elterliche Erziehungsmuster. In: Zeitschrift für Entwicklungspsychologie und Pädagogische Psychologie, Göttingen, 13 (1981) 4, S.331-340.
TILLICH, Paul: Systematische Theologie. Bd.III. Stuttgart: Evang.Verlagswerk 1966.
TILLMANN, Klaus-Jürgen: "Es gibt Lehrer, die einen vor der ganzen Klasse blamieren." Erfahrungen von Schülern in der 5.Klasse. In: Westermanns Pädagogische Beiträge, Braunschweig, 35 (1983) 12, S.603-607.
TISCHLER, Gregor: Sensibel werden - religiös erziehen. München: Kösel 1988.
TYRELL, Hartmann: Familie und gesellschaftliche Differenzierung. In: Familie - wohin? Leistungen, Leistungsdefizite und Leistungswandlungen der Familie in hochindustriellen Gesellschaften. Hrsg.: H.Pross. Reinbek b.Hamb.: Rowohlt 1979. S.13-77.
ULONSKA, Herbert: Identität und Rolle des Religionslehrers. In: Der Evangelische Erzieher, Frankfurt, 29 (1977) , S.376-386.
ULONSKA, Herbert: Rollenerwartungen der Schüler an ihre Religionslehrer. In: Religionslehrer - Person und Beruf. Erfahrungen und Informationen, Modelle und Materialien. Hrsg.: H.G.Heimbrock. Göttingen: Vandenhoeck u.Ruprecht 1982. S. 81-96.
URDZE, Anrejs; Rerrich, Maria S.: Frauenalltag und Kinderwunsch. Motive von Müttern für oder gegen ein zweites Kind. Frankfurt a.Main: Campus 1981.
VESPER, Bernward: Die Reise. Reinbek b.Hamb.: Rowohlt 1983.
VEIT, Marie: Alltagserfahrungen von Jugendlichen, theologisch interpretiert. In: Jahrbuch der Religionspädagogik. Neukirchen-Vluyn: Neukirchener 1985.
VIERZIG, Siegfried; Sorge,Helga: Handbuch Religion I. Sekundarstufe II- Studium. Stuttgart:Kohlhammer 1979.
VIERZIG, Siegfried: Frauen und Männer: Geschlechtsrollenidentität und religiöse Sozialisation. Was sich an religiösen Autobiographien beobachten läßt. In: Religion und Biographie. Perspektiven zur gelebten Religion. Hrsg.: A.Grözinger; H.Luther. München: Kaiser 1987. S.163-173.

VIERZIG, Siegfried: Der Lehrer im Religionsunterricht. In: Informationen zum Religionsunterricht 8 (1976) S.19-24.
VIERZIG,Siegfried;Kreis,Ernst: Lernziele des Religionsunterrichts. Versuch einer Systematisierung. In: Lernziele und Religionsunterricht. Hrsg. H.Heinmann u.a. 2.Aufl. Zürich: Benziger 1971. S.57-72.
VOGT, Theophil: Worauf Erfahrung Theologie hinweist. In: Evangelische Theologie, München, 46 (1986) 2, S.170-180.
WÄCHTER, Hartmut: Das Schüler-Gespräch. Lehrer und Schüler bearbeiten gemeinsam ihre sozialen Probleme. (1.-4.Schuljahr). Hrsg.: Red. betrifft:Erziehung u.d.päd.Lektorat des Beltz Vlg. Weinheim: Beltz 1980.(=Reihe Marburger Grundschulprojekt).
WAGENER, Birgit: Allmächtiger Vater und ohnmächtiger Sohn. Bernward Vespers gescheiterter Versuch, sich von der eigenen Erziehung zu befreien, in: Westermanns Pädagogische Beiträge. Braunschweig 35 (1983), 12, S.594-598.
WAGNER-WINTERHAGER, Luise: Dichtung und Wahrheit. Bericht zur Arbeitsgruppe 10 auf dem 6.Kongreß der Deutschen Gesellschaft für Erziehungswissenschaft in Tübingen. In: Neue Sammlung 18 (1978), 4, S.317-320.
WEBER, Otto: Grundlagen der Dogmatik. 2.unveränd.Aufl. Neukirchen-Vluyn: Neukirchener 1972.
WEGENAST, Klaus: Das Problem der Probleme. In: Der Evangelische Erzieher, Frankfurt, 24 (1972), 2, S.102-125.
WEGENAST, Klaus: Problemfelder religiöser Erziehungswirklichkeit, in: Handbuch der Religionspädagogik. Bd 1: Religiöse Bildung und Erziehung: Theorie und Faktoren. Hrsg.: E.Feifel u.a. Gütersloh: Mohn 1973. S.49-64
WEGENAST, Klaus: Aufgaben und Ziele religiöser Bildung und Erziehung. In: Handbuch der Religionspädagogik. Bd 1: Religiöse Bildung und Erziehung: Theorie und Faktoren. Hrsg.: E.Feifel. Gütersloh: Mohn 1973. S.108-114.
WEGENAST, Klaus: Wo stehen wir? In: Religionsunterricht als religionspädagogische Herausforderung. Festschrift für H.Angermeyer zum 70.Geburtstag. Hrsg.: R.Lachmann. Aachen: Haag u.Herchen 1982. S.15-24.(=Religionspädagogik heute;2).
WEGENAST, Klaus: Theologie und Religionspädagogik. In: Der Evaangelische Erzieher, Frankfurt, 28 (1976) S.156-177.
WEGENAST, Klaus: Der christliche Glaube als Lehre im Religionsunterricht. In: Religionspädagogisches Kompendium. Hrsg.: G.Adam; R.Lachmann. Göttingen: Vandenhoeck u.Ruprecht 1984. S.224-273.
WEISS, Peter: Abschied von den Eltern. Frankf.a.Main: Suhrkamp 1979.
WIBBING, Siegfried: Die Welt des Grundschülers und das Angebot des Glaubens. In: Der Evangelische Erzieher, Frankfurt, 21 (1969),5, S.175-183.
WIBBING, Siegfried: Wunder und christliche Existenz heute. Überlegungen für Unterricht und Predigt. Gütersloh: Mohn 1979. S.82.
WILSON, Thomas P.: Qualitative "oder" quantitative Methoden in der Sozialforschung. In: Kölner Zeitschrift für Soziologie und Sozialpsychologie, Opladen, 34 (1982), S.487-508.
WINDAUS, Eberhard: Strafe und Zivilisationsprozeß. In: Die Rebellion der Mädchen. Hrsg.: Chr.Büttner;A.Ende. Weinheim: Beltz 1986. S.121-141. (=Jahrbuch der Kindheit; 3)

WINKLER, Michael: Stichworte zur Antipädagogik. Stuttgart: Klett-Cotta 1982.
WINKLER, Michael: Erfolgsgeschichte der Antipädagogik. In: Westermanns Pädagogische Beiträge, Braunschweig, 35 (1983) 12, S.532-537.
WINTER, Helmut: Der Aussagewert von Selbstbiographien: Zum Status autobiographischer Urteile. Heidelberg: Winter Universitätsvelg. 1985 (= Beiträge zur neueren Literaturgeschichte, Folge 3; Bd.70).
WINN, Marie: Kinder ohne Kindheit. Reinbek.B.Hamb.: Rowohlt 1984.
WIRSCHING,Michael;Stierlin, Helm: Krankheit und Familie. Konzepte, Forschungsergebnisse, Therapie. Stuttgart: Klett 1982.
WOHMANN, Gabriele: Ausflug mit der Mutter. 9.Aufl. Darmstadt: Luchterhand 1986.
WOLF, Christa: Kindheitsmuster. 3.Aufl. Darmstadt: Luchterhand 1977.
WOLF, Christa: Dankrede anläßlich der Verleihung des Büchner-Preises. In: Jahrbuch der Deutschen Akademie f.Sprache u.Dichtung, 1980, II.Lieferung. Heidelberg 1981. S.67-77.
WOLF, Christa: Kein Ort. Nirgends. 4.Aufl. Darmstadt: Luchterhand 1980.
WOLFF, Hanna: Jesus der Mann. Die Gestalt Jesu in tiefenpsychologischer Sicht. 3.Aufl. Stuttgart: Radius 1977.
WOLFF,Reinhart: Kindesmißhandlung und ihre Ursachen. In: Gewalt gegen Kinder. Hrsg.: H.Bast u.a.(Arbeitsgruppe Kinderschutz). Reinbek b.Hamb.: Rowohlt 1975. S.13-44.
WÜRKER, Achim: Irritation und Szene. Anmerkungen zur tiefenhermeneutischen Literaturinterpretation. In: Zur Idee einer psychoanalytischen Sozialforschung. Dimensionen szenischen Verstehens. Alfred Lorenzer zum 65.Geburtstag. Hrsg.: J.Belgrad u.a. Frankfurt a.Main: Fischer Taschenbuch 1987. S.303-316.
WUTHENOW, Ralph-Rainer: Das erinnerte Ich. Autobiographie und Selbstdarstellung im 18.Jahrhundert. München: Beck 1974.
WYNNE,Lyman C. u.a.: Pseudo-Gemeinschaft in den Familienbeziehungen von Schizophrenen. In: Schizophrenie und Familie. Hrsg.: G.Bateson u.a. Frankfurt: Suhrkamp 1969. S.44-80.
WYNNE, Lyman C: Einige Indikationen und Kontraindikationen für exploratorische Familientherapie. In: Familientherapie. Hrsg.: I.Boszormenyi-Nagy; J.L.Framo. Reinbek b. Hamb.: Rowohlt: 1975. Bd.2, S.53-88.
ZAPP, Kristina Johanna: Wer weiß am besten, was gut für Kinder ist? Theologische Gedanken zur Antipädagogik. In: Theorie und Praxis der Sozialpädagogik, Bielefeld (92) 3, 1984, S.146-149.
ZEIHER, Helga: Die vielen Räume der Kinder. Zum Wandel räumlicher Lebensbedingungen seit 1945. In: Kriegskinder, Konsumkinder, Krisenkinder. Zur Sozialisationsgeschichte seit dem 2.Weltkrieg. Hrsg.: U.Preuss-Lausitz. Weinheim: Beltz 1983. S.176-195.
ZEIHER, Helga: Veränderte Zeitstrukturen für das Leben von Kindern. In: Unsere Kinder,Fachzeitschrift für Kindergarten- und Kleinkindpädagogik. 44 (1989) 1, S.1-6.
ZIEHE, Thomas: Pubertät und Narzißmus. Sind Jugendliche entpolitisiert? 2.unveränd. Aufl. Frankfurt a.Main: EVA.

ZILLEẞEN, Dietrich: Glaube und Erfahrung. In: Religionspädagogisches Werkbuch. Hrsg. D.Zilleßen. Frankfurt a.Main: Diesterweg 1972. S.179-183.

ZILLEẞEN, Dietrich: Religionsunterricht. In: Praktische Theologie Heute. Hrsg.: F.Klostermann u.R.Zerfaß. München/Mainz: Kaiser/Grünewald: 1974. S.486-499.

ZIMMER, Jürgen: Die vermauerte Kindheit. Bemerkungen zum Verhältnis von Verschulung und Entschulung. Weinheim: Beltz 1986.

ZIRKER,Hans: "Narrative" Geborgenheit in einer problematischen Welt?: Katechetische Blätter, München, 101(1976) S.731-735.

ZWEITER Familienbericht. Familie und Sozialisation: Leistungen und Leistungsgrenzen der Familie hinsichtlich des Erziehungs- und Bildungsprozesses der jungen Generation. Hrsg.:Bundesminister für Jugend, Familie und Gesundheit. Bonn 1975.

ZWERGEL, Herbert A.: Identitätsproblematik und Religionsunterricht. In: Katechetische Blätter, München, 104 (1979), S.127-138.